Axel Esser / Martin Wolmerath

Mobbing

W0084437

Der Ratgeber für Betroffene und ihre
Interessenvertretung

Dritte, überarbeitete Auflage

Bund-Verlag

Die Deutsche Bibliothek – CIP-Einheitsaufnahme

Esser, Axel:
Mobbing : der Ratgeber für Betroffene und ihre
Interessenvertretung / Axel Esser/Martin Wolmerath. – 3., überarb.
Aufl. – Frankfurt am Main : Bund-Verl., 1999
ISBN 3-7663-2962-6

3. Auflage 1999
© 1997 by Bund-Verlag GmbH, Frankfurt am Main
Herstellung: Inga Tomalla, Frankfurt am Main
Umschlag: Angelika Richter, Heidesheim
Satz: Satzbetrieb Schäper GmbH, Bonn
Druck: Freiburger Graphische Betriebe, Freiburg
Printed in Germany 1999
ISBN 3-7663-2962-6

Vorwort

Heinz Leymann hat vor einigen Jahren eine Debatte über ein Thema angestoßen, das sich nicht von heute auf morgen erledigen wird – Mobbing. Mittlerweile liegen zahlreiche Publikationen von Sozialwissenschaftlern und Juristen vor, die für mehr Problembewußtsein gesorgt haben. Was bislang jedoch fehlt, ist ein praktischer Ratgeber zur Konfliktbewältigung, der sich insbesondere an Betriebsräte, Personalräte und Mitarbeitervertretungen wendet. Wenn es um konkrete Handlungsstrategien geht, enthalten sich viele kluge Theoretiker vorsichtshalber der Stimme.

Mit diesem Ratgeber, der nunmehr bereits in der dritten Auflage vorliegt, haben die beiden Autoren diese Lücke geschlossen. Er enthält eine Fülle von Ratschlägen und praktischen Tips, wie mit Gesprächen und anderen außerrechtlichen Mitteln eine Lösung gefunden werden kann. Nur wenn dieser Weg nicht zum Erfolg führt, kommen rechtliche Sanktionen ins Spiel, die von der Bestrafung wegen Beleidigung und Körperverletzung über Schadensersatzansprüche bis hin zur vergleichsweise harmlosen Versetzung reichen. Auch dazu findet der Leser umfassende, in leicht zugänglicher Form präsentierte Information.

Besonderes Interesse verdient die »Muster-Betriebsvereinbarung«, die selbstredend auch für den öffentlichen Dienst gedacht ist. Sie orientiert sich an dem scheinbar so simplen Grundsatz »Vorbeugen ist besser als heilen« und enthält eine Menge von Anregungen, wie eine betriebliche Interessenvertretung unerträgliche Umgangsformen im Betrieb erfolgreich bekämpfen kann. Da die Verhältnisse von Betrieb zu Betrieb und von Dienststelle zu Dienststelle unterschiedlich sind, enthält der Entwurf keine Einheitsformulierung, sondern zu jedem Problemkomplex eine Auswahl an sinnvollen Formulierungsvorschlägen.

Wenn sich »Mobbing« erst fern am Horizont abzeichnet, ist die richtige Zeit für eine Initiative des Betriebsrats oder des Personalrats gekommen. Die Autoren geben ihm dafür das nötige Instrumentarium an die Hand.

Wie den beiden Vorauflagen ist auch der dritten Auflage eine weite Verbreitung zu wünschen.

Bremen, im März 1999   Wolfgang Däubler

Inhaltsverzeichnis

Vorwort   5
Abkürzungsverzeichnis   13
Literaturverzeichnis   15
Vorbemerkungen   17

I.   Was ist Mobbing? – Ein kurzer Abriß
      des Konzeptes von Leymann   19
      1. Die Definition von Mobbing   20
      2. Das Phasenmodell   21
      3. Die Mobbing-Handlungen – das »Mobben« .   22
      4. Der Leidensweg der Mobbingopfer   28
      5. Ursachen für Mobbing   32
      6. Was Mobbing nicht ist   33
      7. Mittel gegen Mobbing   35
      8. Gibt es das typische Mobbingopfer?   37

II.   Angreifen, Standhalten oder Flüchten?
      – Handlungsmöglichkeiten von
      Mobbingbetroffenen   39

III.   Das Dilemma eines Betriebsrats – Auch die
      Mobber sagen, sie würden gemobbt   51
      1. Zur Beweislage und Glaubwürdigkeit   52
      2. Loyalität und Schuld   57
      3. Handlungsfähigkeit und soziale Kompetenz . .   58
      4. Sich ein eigenes Bild machen   60

IV.   Sicherheit bei der Beurteilung von Mobbing
      gewinnen – Die Übung an einem Fallbeispiel . . .   63
      1. Der Fall »Manfred«   63
      2. Bewertung des Fallbeispiels
         und Schlußfolgerungen   66

V. Was unterscheidet Mobbing von anderen
    Konflikten am Arbeitsplatz? 75
    1. »Alarmglocken« für den betrieblichen Alltag . 75
    2. Was ist ein Konflikt? 76
    3. Wer mobbt, betreibt feindselige Ausgrenzung 79
    4. Das Wesen der Feindseligkeit 80
    5. Das Wesen der Ausgrenzung 81
    6. Die persönlichen Voraussetzungen
       für Mobbing 85
       a) Erste Voraussetzung:
          Mobber fühlt sich beeinträchtigt 86
       b) Zweite Voraussetzung: Offene und faire
          Auseinandersetzung scheint riskant 90
       c) Dritte Voraussetzung:
          Moralische Bedenken sind geringer
          als das Eigeninteresse 91
       d) Vierte Voraussetzung: Personen machen
          Probleme; Person weg – Problem gelöst! . . 92
    7. »Suchtfaktor«: billiger Triumph 93

VI. Das Handlungsfeld der betrieblichen
     Interessenvertretung – Ein Überblick 95

VII. Allgemeine Mobbing-Prävention 99
     1. Die Menschen aufklären oder
        Arbeitsbedingungen ändern? 99
     2. Risikoabteilungen oder den ganzen Betrieb
        ansprechen? 101
     3. Was bewirkt Mobbing-Aufklärung? 102
     4. Mobbing-Aufklärung wird »schlafende
        Hunde« wecken 104
     5. Möglichkeiten und Methoden der Mobbing-
        Prävention 107
        a) Aufklärung 107

b) Ein offenes Ohr haben 109

c) Informationen an Entscheidungsträger und
betriebliche Strukturen gegen Mobbing
am Arbeitsplatz 110

6. Und plötzlich ist »alles Mobbing« 112

VIII. Die Mobbing-Sprechstunde 113

1. Parteilichkeit, Neutralität und Objektivität . 116

2. Anforderungen an die Beratungsperson . . . 117

3. Das Erstgespräch mit einem
Mobbingbetroffenen 121

4. Festlegung des Ziels der Beratung 122

5. Der Mobbingbetroffene ist im Affekt 123

6. Vermittlung von realistischer Zuversicht . . . 124

7. Keinen billigen Trost spenden und keine
»Heldengeschichten« erzählen 126

8. Problemorientierte Vorgehensweise 129

9. Die »Ja, aber...«-Falle und andere
Schwierigkeiten 131

10. Übereilte Aussprachen vermeiden 138

IX. Die Mobbing-Analyse 139

1. Sich ein klares Bild vom Mobbingprozeß
machen 142

a) Das Puzzle zusammensetzen
(Erster Analyseschritt) 144

b) Informationen gegen den Strich bürsten
(Zweiter Analyseschritt) 148

c) Forderungen und Zukunftsvision
(Dritter Analyseschritt) 150

2. Die Beweggründe des Mobbers herausfinden . 151

a) In die Haut des Mobbers schlüpfen
(Vierter Analyseschritt) 153

b) Kosten/Nutzen-Rechnung des Mobbings
(Fünfter Analyseschritt) 159

c) Wege aus dem Labyrinth
(Sechster Analyseschritt) 162

3. Das betriebliche Kräftespiel ermitteln 163

   a) Ohnmacht und Stärken
   des Mobbingbetroffenen
   (Siebter Analyseschritt) 163

   b) Macht und Schwachstellen des Mobbers
   (Achter Analyseschritt) 167

   c) Betriebliche Hintergründe und Probleme
   (Neunter Analyseschritt) 173

4. Praktische Mobbing-Analyse an einem
   Fallbeispiel 174

X. Eingreifen in einen Mobbing-Konflikt
(Mobbing-Intervention) 191

1. Zielsetzung des Eingreifens 193

2. Zehn Eckpunkte für ein erfolgversprechendes
   Eingreifen in Mobbing-Konflikte 197

3. Persönliche Gegenwehr des
   Mobbingbetroffenen 202

4. Schlichtungsversuche des Betriebsrats 209

5. Konfliktbereinigung und Machteingriff
   durch Vorgesetzte 220

6. Wann genau ist Mobbing erfolgreich
   überwunden? 225

XI. Rechtliche Bewertung von Mobbing
am Arbeitsplatz 239

1. Rechtliche Bewertung des Verhaltens
   des Mobbers 240

   a) Strafrechtliche Aspekte 241

   b) Zivilrechtliche Aspekte 253

   c) Arbeitsrechtliche Aspekte 257

2. Rechtliche Bewertung des Verhaltens
   des Arbeitgebers 262

a) Strafrechtliche Aspekte 262
b) Arbeitsrechtliche Aspekte 265
3. Rechtliche Bewertung des Verhaltens
des Betriebsrats 267

XII. Rechtliche Handlungsmöglichkeiten
des Mobbing-Betroffenen 269
1. Unterstützung der Unterstützer 271
2. Privatklage 273
3. Beschwerde 275
4. Ermahnung, Abmahnung und Kündigung . . . 282

XIII. Rechtliche Handlungsmöglichkeiten
des Betriebsrats 287
1. Rechtliches Vorgehen gegen den Mobber . . . 288
2. Rechtliches Vorgehen gegen den Arbeitgeber . 290

XIV. Betriebsvereinbarung »Mobbing« 293

XV. Der betriebliche Mobbing-Beauftragte 301

Anhang 305
1. Zwei Fragebogen zur Selbstklärung bei Mobbing . . 305
a) Fragebogen für den engagierten Helfer 305
b) Fragebogen für den Mobbingbetroffenen 311
2. Musterschreiben für Ermahnungen
und Abmahnungen des Arbeitgebers 314
3. Musterbetriebsvereinbarung »Mobbing« 318
4. Checkliste für handlungsorientierte
Beratungsgespräche mit Mobbingbetroffenen 351
5. Auszüge aus einschlägigen Gesetzen 353
6. Anschriftenverzeichnis zu Mobbing 386

Stichwortverzeichnis 389

Abkürzungsverzeichnis

a. a. O.	am angegebenen Ort
Abb.	Abbildung
Abs.	Absatz
AiB	Arbeitsrecht im Betrieb (Zeitschrift)
AOK	Allgemeine Ortskrankenkasse
ArbG	Arbeitsgericht
ArbSchG	Arbeitsschutzgesetz
Art.	Artikel
Aufl.	Auflage
BAG	Bundesarbeitsgericht
ber.	berichtigt
BetrVG	Betriebsverfassungsgesetz
BGB	Bürgerliches Gesetzbuch
BGBl.	Bundesgesetzblatt
BildScharbV	Bildschirmarbeitsverordnung
bzw.	beziehungsweise
ca.	circa
DAG	Deutsche Angestelltengewerkschaft
DDR	Deutsche Demokratische Republik
DGB	Deutscher Gewerkschaftsbund
d. h.	das heißt
DM	Deutsche Mark
etc.	et cetera
evtl.	eventuell
f.	folgend, folgende
ff.	fortfolgend, fortfolgende
GG	Grundgesetz
h. M.	herrschende Meinung
Hrsg.	Herausgeber

i. V. m.	in Verbindung mit
kda	Kirchlicher Dienst in der Arbeitswelt
KSchG	Kündigungsschutzgesetz
LAG	Landesarbeitsgericht
m. w. N.	mit weiteren Nachweisen
Nr.	Nummer
NZA	Neue Zeitschrift für Arbeitsrecht
ÖGB	Österreichischer Gewerkschaftsbund
Rn.	Randnummer, Randnummern
s.	siehe
S.	Seite
s. a.	siehe auch
SGB III	Sozialgesetzbuch III (Arbeitsförderung)
SGB X	Sozialgesetzbuch X (Verwaltungsverfahren…)
sog.	sogenannt, sogenannte, sogenanntes
StGB	Strafgesetzbuch
StPO	Strafprozeßordnung
u.	und
u.a.	und andere
usw.	und so weiter
vgl.	vergleiche
z.B.	zum Beispiel
ZPO	Zivilprozeßordnung

Literaturverzeichnis

Brinkman/Kirschner; Dealing with people you can't stand; New York u. a., 1995

Däubler; Das Zivilrecht. Ein Leitfaden durch das BGB; Reinbek bei Hamburg, 1997 (zitiert: Band 1 = Däubler ZR 1; Band 2 = Däubler ZR 2)

Däubler; Zurückhaltung des Rechts; in: Leymann (Hrsg.), Der neue Mobbing-Bericht; Reinbek bei Hamburg, 1995

Däubler/Klebe/Kittner; Betriebsverfassungsgesetz; 5. Aufl.; Köln, 1996 (zitiert: DKK-Bearbeiter)

Eichhorn/Steinmann; Abmahnung – was tun? Der Ratgeber für Arbeitnehmer und deren Interessenvertretungen; Köln, 1997

Fisher/Kopleman/Kupfer-Schneider, Jenseits von Machiavelli. Kleines Handbuch der Konfliktlösung; Frankfurt/Main, New York, 1995

Glasl; Konfliktmanagement; Bern, 1990

Haller/Koch; Mobbing – Rechtsschutz im Krieg am Arbeitsplatz; NZA 1995, 356

Heinemann; Mobbing – prupvald bland barn och vuxna; Natur och Kultur; Stockholm, 1972

Huber; Psychoterror am Arbeitsplatz – Mobbing; Niedernhausen/Taunus, 1993/1994

Izard; Die Emotionen des Menschen; Weinheim, Basel, 1981

Kittner/Pieper; Arbeitsschutzgesetz; Köln, 1997

Kittner/Trittin; Kündigungsschutzrecht; 3. Aufl.; Köln, 1997

Kleinknecht/Meyer-Goßner; Strafprozeßordnung; 43. Aufl.; München, 1997

Kollmer; Mobbing im Arbeitsverhältnis; Heidelberg, 1997

Kraushaar; Die Einigungsstelle; AiB 1996, 113 und 282

Leymann; Psychoterror am Arbeitsplatz und wie man sich dagegen wehren kann; Reinbek, 1993 (zitiert: Leymann 1993)

Leymann (Hrsg.); Der neue Mobbing-Bericht; Reinbek, 1995 (zitiert: Leymann 1995)

Lindemeier; Neue Arbeit – Neues Denken?; Psychosoziale Probleme: ihre Ursachen und Interventionsmöglichkeiten; Beruf und Gesundheit 2/96

Neuberger; Mobbing, Übel mitspielen in Organisationen; München und Mering, 1994 (zitiert: Neuberger 1994)

Neuberger; Mobbing, Übel mitspielen in Organisationen; München und Mering, 1995 (zitiert: Neuberger 1995)

Neuberger; Mobbing, Übel mitspielen in Organisationen; München und Mering, 1999 (zitiert: Neuberger 1999)

Niedl; Mobbing, Bullying am Arbeitsplatz; Mering, 1995

Palandt; Bürgerliches Gesetzbuch; 58. Aufl.; München, 1999

Rebmann/Säcker/Rixecker; Münchener Kommentar zum Bürgerlichen Gesetzbuch; Band 5, Schuldrecht Besonderer Teil (zitiert: MüKo-Bearbeiter); 3. Aufl.; München, 1997

Resch; Wenn Arbeit krank macht; Frankfurt/Main, Berlin, 1994

Roxin; Strafverfahrensrecht; 24. Aufl.; München, 1995

Schaub; Arbeitsrechtshandbuch; 8. Aufl.; München, 1996

Schönke/Schröder; Strafgesetzbuch; 25. Aufl.; München, 1997 (zitiert: Schönke/Schröder-Bearbeiter)

Tröndle; Strafgesetzbuch; 48. Aufl.; München, 1997

Vorbemerkungen

Mobbing ist ein Problem, das nahezu in jedem Betrieb anzutreffen ist. Die Ausfallkosten, die deutschen Betrieben durch Mobbing entstehen, werden auf über 30 Milliarden DM pro Jahr geschätzt, wobei davon ausgegangen wird, daß es rund 1,27 Millionen Mobbingopfer in Deutschland gibt (Angaben lt. Lindemeier, S. 4). Beschäftigte sowie Vorgesetzte können im gleichen Maße Opfer von Schikanen, Gemeinheiten und Ausgrenzungen werden. Allerdings muß man dabei nicht tatenlos zusehen. Es gibt vielfältige Möglichkeiten, gegen Mobbing am Arbeitsplatz vorzugehen. Mit diesem Buch möchten wir einige Handlungsmöglichkeiten aufzeigen.

Wir wenden uns mit unseren Ausführungen insbesondere an die Interessenvertretungen in den Betrieben und Dienststellen, da diese es maßgeblich in der Hand haben, gegen Mobbing am Arbeitsplatz einzuschreiten beziehungsweise präventiv gegen Mobbing vorzugehen. Demzufolge ist es gerade für Mitglieder der Interessenvertretungen wichtig, sich über Mobbing zu informieren und die tatsächlichen sowie rechtlichen Aspekte dieses Problems zu erfahren. Auch wenn wir bei unseren Ausführungen stets vom »Betriebsrat« ausgehen, so ist anzumerken, daß sich diese Erläuterungen grundsätzlich auch auf die Personalvertretungen in den Dienststellen übertragen lassen.

Daneben möchten wir mit unserem Buch all jene ansprechen, die sich – aus welchen Gründen auch immer – mit Mobbing auseinandersetzen – sei es als Mobbingbetroffener, Freund, Arbeitskollege, Mitglied einer Mobbing-Initiative, Mobbingbeauftragter etc.

Wir haben uns bemüht, Ihnen das Lesen unseres Buches zu erleichtern, indem wir stets vom Mobber sprechen – wohlwissend, daß Mobber auch mehrere Personen sein können. Frauen sollen mit diesem Ratgeber ebenfalls angesprochen werden, wenngleich wir aus Vereinfachungsgründen die männliche

Form gewählt haben – in der Hoffnung, daß die Leserinnen dieses Buches dafür Verständnis aufbringen.

Dieses Buch kann nicht die Beiziehung von Experten im konkreten Einzelfall ersetzen. Wir empfehlen, stets Rat und Hilfe geeigneter Fachleute (z. B. Arzt, Therapeut, Jurist) einzuholen. Es gibt viele Möglichkeiten, bei Mobbing einzugreifen. Hierbei ist allerdings stets zu bedenken, daß ein konkretes Mobbingproblem eine Eigendynamik mit nicht vorhersehbaren Folgen entwickeln kann.

Obwohl sexuelle Belästigungen am Arbeitsplatz Mobbing sein können, haben wir uns mit dieser Erscheinungsform der psychischen Belastungen am Arbeitsplatz nicht speziell befaßt. Personen, die sexuellen Belästigungen am Arbeitsplatz ausgesetzt sind bzw. sich mit dieser Thematik beschäftigen, sollten zusätzlich zu dem vorliegenden Buch auf ergänzende Spezialliteratur zurückgreifen.

Dank sagen wir jenen, die mit ihren Anregungen, Fragen und Diskussionsbeiträgen zur Verwirklichung dieses Buchprojektes beigetragen haben, das nunmehr bereits in der dritten Auflage vorliegt.

Wir hoffen, daß wir mit unserem Buch einen Beitrag zur Bewältigung der Mobbingprobleme in den Betrieben und Dienststellen leisten, die anscheinend immer größere Ausmaße annehmen.

Guderhandviertel
und Hamm,
März 1999

Axel Esser
Martin Wolmerath

I. Was ist Mobbing? – Ein kurzer Abriß des Konzeptes von Leymann

Mobbing ist in Deutschland bereits zu einem festen Begriff geworden. Betriebliche Probleme und Konflikte gab es zwar schon immer, aber erst der Psychologe *Heinz Leymann*, 1932 bis 1999, (vgl. *Leymann* 1993) hat den eingängigen Begriff dafür geprägt und theoretische Überlegungen dazu entwickelt. Wer sich mit Mobbing befassen will, muß diesen Ansatz kennen. Für die praktische Auseinandersetzung mit Mobbingvorgängen im Betrieb ist das Konzept nach unserer Auffassung zwar unzureichend, aber es bildet die theoretische Grundlage für eigene Lösungswege bei der Mobbingbewältigung. Für Leser, die bisher keine Gelegenheit hatten, es kennenzulernen, geben wir hier eine kritische Zusammenfassung des ursprünglichen Mobbingkonzepts.

Den Ausgangspunkt bildeten arbeitsmedizinische Beobachtungen: Arbeitnehmer fielen aus dem Berufsleben, die psychisch und physisch so schwer angeschlagen waren, daß eine Wiedereingliederung in den Betrieb, ja sogar eine Rückkehr in den normalen Lebensalltag unwahrscheinlich bis aussichtslos erschien. Keine der üblichen arbeitsmedizinischen Ursachen war dafür verantwortlich (z. B. Vergiftung, Verstrahlung, Arbeitsunfälle, körperlicher Verschleiß). Bei genauerem Hinsehen entpuppten sich nicht wenige dieser Fälle als Ergebnis einer langjährigen beruflichen Leidensgeschichte. Die »schwierigen Fälle« waren jahrelang der Ausgrenzung und Schikane durch Arbeitskollegen und Vorgesetzte ausgesetzt, hatten sich verzweifelt und ohne rechte Chance gewehrt, hatten physische und psychische Schäden davongetragen und waren schließlich aus dem Berufsleben ausgeschieden. Neben körperlichen und arbeitsplatzbedingten Ursachen tauchte mit einem Mal ein Feld zwischenmenschlicher Feindschaft als mögliche Ursache von Arbeitsunfähigkeit auf.

Als Arbeitswissenschaftler engagierte sich *Leymann* dafür, daß diese schädigenden betrieblichen Vorgänge als Ursache für Berufs- und Arbeitsunfähigkeit offiziell anerkannt werden. Eine solche Anerkennung hätte Konsequenzen für Arbeitgeber und das Sozialversicherungssystem, welche die Verantwortung und Kosten für Schutzmaßnahmen, Rehabilitation und Wiedereingliederung übernehmen müßten. Von Gegnern wird argumentiert, daß es sich um ein aufgebauschtes Modethema handele und damit ein Problem herbeigeredet wird, was keines ist (»Mobbing gibt's nicht!«). Außerdem wird behauptet, daß die Mobbingopfer selbst schuld seien, weil sie wegen persönlicher charakterlicher Mängel Mobbing geradezu provozieren würden oder weil sie auch ohne betrieblichen Streß »durchgedreht« wären.

1. Die Definition von Mobbing

Das Kunstwort Mobbing ist dem englischen Verb *to mob* (= über jemanden lärmend herfallen, anpöbeln, angreifen, attackieren) entlehnt. Es gibt außerdem das Wort *mob law* (= Lynchjustiz), das für die Vorgänge beim Mobbing auch nicht unpassend ist. Der Verhaltensforscher *Konrad Lorenz* bezeichnete damit Gruppenangriffe von eigentlich unterlegenen Tieren, um einen Gegner zu verscheuchen. Der schwedische Arzt *Heinemann* untersuchte Gruppengewalt von Kindern und führte dafür den Ausdruck *Mobbing* ein (vgl. *Heinemann* 1972). Schließlich wird er angewendet, um psychische (Gruppen-)Gewalt im Arbeitsleben zu charakterisieren.

Was passiert bei Mobbing? Beschäftigte oder Vorgesetzte handeln feindselig gegen eine einzelne Person. Die Feindseligkeit wird in einer Grauzone zwischen erlaubten und verbotenen Handlungen ausgetragen. Die Feindseligkeit wird oft intrigant vorgetragen, d. h. sie wird verdeckt initiiert, hinter »Scherzen« versteckt oder völlig anonym durchgeführt. Oft werden Angriffe so geplant, daß die Böswilligkeit nur schwer zu beweisen ist, oder sie werden mit »objektiven Daten« unterfüttert, welche die Feindseligkeit legitimieren sollen. Bevorzugt werden Arglosigkeit und Schwachstellen des Opfers ausgenutzt. Alle Möglichkeiten zu einer gleichberechtigten Auseinandersetzung werden ausgeschlossen. Es wird vorbeugend versucht, die Möglichkeiten der Gegenwehr zu vereiteln oder systematisch zu untergraben. Die Feindseligkeit wird über längere Zeit ausgeübt. Die Chancen des Mobbingbetroffenen zur Gegenwehr sind gering. Es gibt folgende aktuelle **Definition:**

 Wichtig:
»Unter Mobbing wird eine konfliktbelastete Kommunikation am Arbeitsplatz unter Kollegen oder zwischen Vorgesetzten und Untergebenen verstanden, bei der die angegriffene Person unterlegen ist (1) und von einer oder einigen Personen systematisch, oft (2) und während längerer Zeit (3) mit dem Ziel und/oder dem Effekt des Ausstoßes aus dem Arbeitsverhältnis (4) direkt oder indirekt angegriffen wird und dies als Diskriminierung empfindet.« (*Leymann* 1995, S. 18)

Betriebsräte können sich nicht allein auf diese Definition stützen, wenn sie bestimmte Vorgänge im Betrieb als »Mobbing« oder »kein Mobbing« eindeutig zuordnen wollen. Wir kommen darauf jedoch in den Kapiteln IV. und V. zurück.

2. Das Phasenmodell

Leymann hat einige hundert Mobbingbetroffene interviewt, dabei typische Verläufe kennengelernt und daraufhin ein Phasenmodell (s. Abb. 1) entworfen. In seinem Gesamtablauf zeigt sich eine Eskalation des Schreckens, bis hin zum völligen Ausschluß aus dem Berufsleben und erheblichen somatischen und psychischen Folgeschäden.

Das Phasenmodell ist eine gute »Landkarte«, um sich zu orientieren, was im Verlauf von Mobbing auf die Betroffenen zukommen kann und im schlimmsten Fall auch zukommt.

Es muß berücksichtigt werden, daß die interviewten Personen tatsächlich solche waren, die alle Mobbingetappen mitgemacht haben und am Ende des Ausgrenzungsprozesses angekommen waren. Aufgrund seines arbeitswissenschaftlichen Forschungsinteresses untersuchte *Leymann* die schlimmstmöglichen Verläufe (sog. »Worst-case-Szenario«).

Dieses Modell kann leicht falsch verstanden werden, wenn man glaubt, daß jeder Mobbingfall gesetzmäßig in der Reihenfolge des Phasenmodells ablaufen müßte. Dies ist sicher nicht der Fall. Bei manchem gehen Rechtsbrüche der Personalverwaltung (Phase 3) dem Psychoterror (Phase 2) voraus. Andere halten das Mobbing nicht lange aus und kündigen ziemlich bald (das wäre ein Sprung von Phase 2 in Phase 5). Wieder andere werden lange Zeit gemobbt, es gibt aber keine Rechtsbrüche der Personalverwaltung und keine Fehldiagnosen (keine Phasen 3 und 4). Trotzdem endet das Problem schließlich mit längerer Arbeitsunfähigkeit oder Versetzung. Es kann außerdem passieren, daß sich die Mobbingsituation ohne äußere Hilfe wieder entspannt oder daß Mobbing über Jahre hinweg mit geringer Intensität erfolgt, ohne daß ein regelrechter Ausschluß betrieben wird.

3. Die Mobbing-Handlungen – das »Mobben«

Das Phasenmodell zeichnet den extremen Leidensweg von Mobbingopfern nach, geht damit weit über das eigentliche Mobben, nämlich den unmittelbaren Psychoterror am Arbeitsplatz hinaus.

Abb. 1: Phasenmodell – Der Weg in die Mobbing-Katastrophe

	Betriebliche Ebene	Persönliche Ebene
Phase 1	**Konflikte in der Organisation** einzelne Unverschämtheiten und Gemeinheiten	Erste Streßsymptome, Bewältigung durch individuelle Anpassung: Versöhnungsangebote, Ignorieren, Kampf, Konfliktbearbeitung
Phase 2	**Mobbing und Psychoterror** Konzentration auf eine einzelne Person	Angst, Verwirrung, Selbstzweifel, Zunahme der Isolierung, psychosomatische Störungen
Phase 3	**Rechtsbrüche durch Über- und Fehlgriffe der Personalverwaltung** Versetzung, Abmahnung, Drohungen, Abqualifizierung, Kündigungsversuche	Innere Kündigung, Rückzug oder Auflehnung, Beschwerden, Erschöpfung und verstärkte psychosomatische Störungen
Phase 4	**Ärztliche und therapeutische Fehldiagnosen;** Vergebliche juristische Schritte	Generelle Verunsicherung und Mißtrauen, tiefe Verzweiflung, posttraumatisches Streßsyndrom
Phase 5	**Ausschluß aus der Arbeitswelt** Versetzungen (mehrfach), Abschieben auf funktionslosen Arbeitsplatz, Kaltstellen, langfristige Arbeitsunfähigkeit, Einlieferung in eine Nervenheilanstalt, Kündigung, Frührente, Eigenkündigung	Depression, Obsession, Suchtmittelmißbrauch, massive Gesundheitsstörungen, posttraumatisches Streßsyndrom, Persönlichkeitsstörungen, Suizid(versuche)

Anmerkungen:
- Das ursprüngliche Phasenmodell enthielt nur vier Phasen. Die Phase 4 »Fehldiagnosen« wurde erst im Mobbing-Report (*Leymann* 1995) erwähnt.
- In der Spalte »Persönliche Ebene« haben wir den Phasen die in etwa entsprechende psychische, soziale und somatische Befindlichkeit und Situation des Mobbingbetroffenen zugeordnet. Eine exakte Zuordnung kann nicht erfolgen, weil jeder Betroffene individuell unterschiedlich reagiert und jede Mobbingsituation ebenfalls unterschiedlich ist.

Eine ärztliche Fehldiagnose oder eine der wirklichen Sachlage nicht angemessene Reaktion der Betriebsleitung kann Teil eines Gesamtprozesses sein, den wir heute Mobbing nennen, aber sie werden selten in der Form eines persönlichen niederträchtigen Angriffs ausgetragen.

Ein Nachteil des Phasenmodells ist, daß wir Mobbing nur über sein Endergebnis definieren können. Erst dann, wenn ein Mensch aufgrund betrieblicher Vorgänge ins Abseits und in die Krankheit getrieben worden ist, können wir mit Sicherheit sagen: »Das **war** Mobbing!«. Im betrieblichen Alltag dürfen wir natürlich nicht solange warten. Um beurteilen zu können, ob es sich bei bestimmten Konflikten um Mobbing handelt oder nicht, kann zusätzlich *Leymanns* Auflistung von 45 Mobbinghandlungen zu Rate gezogen werden, die er aus Interviews mit Mobbingopfern herausgefiltert hat. Die im folgenden als »45er-Liste« bezeichnete Auflistung ist in Abb. 2 dargestellt. Obwohl *Leymann* der Auffassung ist, daß diese Auflistung die möglichen Mobbinghandlungen relativ vollständig wiedergibt, finden sich bei anderen Autoren viele weitere Mobbinghandlungen (vgl. *Huber, Neuberger* 1994 und 1995, *Niedl* 1995). An *Leymanns* Aufstellung kann man kritisieren, daß sie auf kommunikative Handlungen beschränkt ist (es fehlt z. B. Sabotage), daß nonverbale Angriffe zu wenig berücksichtigt wurden und gleichartige Handlungen mehrfach genannt werden (z. B. »lustig machen«).

Auch ist die innere Logik der Aufstellung nicht ganz stimmig. Dennoch gibt die »45er-Liste« einen guten ersten Eindruck über die Vielfältigkeit der Mobbingmöglichkeiten. Der Phantasie beim Mobben scheinen kaum Grenzen gesetzt. Es ist unwahrscheinlich, daß jemals eine vollständige Liste zur Verfügung stehen wird.

Zu beachten ist, daß zwar jede dieser Handlungen für sich genommen unerfreulich ist, es sich jedoch noch nicht um »ausgereiftes« Mobbing handeln muß. Man denke zurück an die Definition von Mobbing, die erfordert, daß solche Handlungen systematisch, oft und über einen längeren Zeitraum erfolgen müßten. Die aufgelisteten Handlungen sind sozusagen mögliche *Bausteine des Mobbing*. Es handelt sich auch nicht um eine abschließende Prüfliste, mit der man folgendermaßen vorgehen könnte: »Alle Handlungen, die enthalten sind, sind Mobbing; alle Handlungen, die nicht verzeichnet sind, sind kein Mobbing.« Interessanter als die einzeln aufgeführten Mobbinghandlungen sind die übergreifenden Kategorien von Mobbinghandlungen, die *Leymann* herausgearbeitet hat. Mit ihnen läßt sich der Zweck und das Ziel der einzelnen feindseligen Handlungen durchschauen (in Kapitel V. befassen wir uns noch eingehend mit den »Motiven« und dem »Sinn« des Mobbing). Im einzelnen handelt es sich um folgende fünf Kategorien:

- **Angriffe auf die Möglichkeit, sich mitzuteilen**
  Beispiel: Man fährt Leuten immer wieder über den Mund, indem Gegenargumente oder Erklärungen gar nicht mehr abgewartet werden. Hiermit können z. B. das Selbstwertgefühl und die Einflußmöglichkeiten des Angegriffenen attakkiert werden.

- **Angriffe auf die sozialen Beziehungen**
  Beispiel: Ein Vorgesetzter weist jemandem Arbeitsräume fernab von allen anderen Beschäftigten zu. Diese Angriffe zielen auf die realen Möglichkeiten der Zusammenarbeit und des Zusammenseins mit anderen.

- **Angriffe auf das soziale Ansehen**
  Beispiel: Der Mobber versucht, das soziale Ansehen der Zielperson in den Augen der anderen Beschäftigten herabzusetzen, mit dem Ziel der sozialen Isolierung. Hiermit werden die zukünftigen Möglichkeiten der Zusammenarbeit, der Unterstützung und des Zusammenseins mit anderen untergraben.

- **Angriffe auf die Berufs- und Lebenssituation**
  Beispiel: Durch den Entzug des Passwortes wird die Ausführung der Arbeit am PC behindert. Dadurch wird natürlich die

Abb. 2: Beispiele für Mobbing-Handlungen
Die »45er-Liste« nach *Leymann* 1993

1. Angriffe auf die Möglichkeit, sich mitzuteilen:

- Der Vorgesetzte schränkt die Möglichkeiten ein, sich zu äußern (1)
- Man wird ständig unterbrochen (2)
- Kollegen schränken die Möglichkeiten ein, sich zu äußern (3)
- Anschreien oder lautes Schimpfen (4)
- Ständige Kritik an der Arbeit (5)
- Ständige Kritik am Privatleben (6)
- Telefonterror (7)
- Mündliche Drohungen (8)
- Schriftliche Drohungen (9)
- Kontaktverweigerung durch abwertende Blicke oder Gesten (10)
- Kontaktverweigerung durch Andeutungen, ohne daß man etwas direkt ausspricht (11)

2. Angriffe auf die sozialen Beziehungen:

- Man spricht nicht mehr mit dem Betroffenen (12)
- Man läßt sich nicht ansprechen (13)
- Versetzung in einen Raum weitab von den Kollegen (14)
- Den Arbeitskollegen wird verboten, den Betroffenen anzusprechen (15)
- Man wird wie »Luft« behandelt (16)

3. Angriffe auf das soziale Ansehen:

- Hinter dem Rücken des Betroffenen wird schlecht über ihn gesprochen (17)
- Man verbreitet Gerüchte (18)
- Man macht jemanden lächerlich (19)
- Man verdächtigt jemanden, psychisch krank zu sein (20)
- Man will jemanden zu einer psychiatrischen Untersuchung zwingen (21)
- Man macht sich über eine Behinderung lustig (22)
- Man imitiert den Gang, die Stimme oder Gesten, um jemanden lächerlich zu machen (23)

Die »45er-Liste« nach Leymann 1993

- Man greift die politische oder religiöse Einstellung an (24)
- Man macht sich über das Privatleben lustig (25)
- Man macht sich über die Nationalität lustig (26)
- Man zwingt jemanden, Arbeiten auszuführen, die sein Selbstbewußtsein verletzen (27)
- Man beurteilt den Arbeitseinsatz in falscher und kränkender Weise (28)
- Man stellt die Entscheidungen des Betroffenen in Frage (29)
- Man ruft ihm obszöne Schimpfworte oder andere entwürdigende Ausdrücke nach (30)
- Sexuelle Annäherungen oder verbale sexuelle Angebote (31)

4. Angriffe auf die Qualität der Berufs- und Lebenssituation:

- Man weist dem Betroffenen keine Arbeitsaufgaben zu (32)
- Man nimmt ihm jede Beschäftigung am Arbeitsplatz, so daß er sich nicht einmal selbst Aufgaben ausdenken kann (33)
- Man gibt ihm sinnlose Arbeitsaufgaben (34)
- Man gibt ihm Aufgaben weit unter seinem eigentlichen Können (35)
- Man gibt ihm ständig neue Arbeitsaufgaben (36)
- Man gibt ihm »kränkende« Arbeitsaufgaben (37)
- Man gibt ihm Arbeitsaufgaben, die seine Qualifikation übersteigen, um ihn zu diskreditieren (38)

5. Angriffe auf die Gesundheit:

- Zwang zu gesundheitsschädlichen Arbeiten (39)
- Androhung körperlicher Gewalt (40)
- Anwendung leichter Gewalt, zum Beispiel um jemandem einen »Denkzettel« zu verpassen (41)
- Körperliche Mißhandlung (42)
- Man verursacht Kosten für den Betroffenen, um ihm zu schaden (43)
- Man richtet physischen Schaden im Heim oder am Arbeitsplatz des Betroffenen an (44)
- Sexuelle Handgreiflichkeiten (45)

Arbeitsleistung des Betroffenen vermindert, was dann später zum Anlaß genommen wird, eine schlechte Leistung zu bemängeln.

- **Angriffe auf die Gesundheit**
  Beispiel: Einer wirbelsäulengeschädigten Person wird mit dem Hinweis, sie solle »sich nicht so anstellen«, eine vorhandene Hebehilfe verweigert.

Welche Angriffsformen finden nun besonders häufig statt? In einer Befragung ermittelte *Niedl* in österreichischen Betrieben, daß Mobbingbetroffene im Vergleich zur unbehelligten Belegschaft wesentlich häufiger »Kritik«, »Ausgrenzung« und »Sanktionen« ausgesetzt waren. Die Begriffe »Ausgrenzung« und »Sanktionen« finden sich nicht in der »45er-Liste«, sondern statt dessen in *Leymanns* allgemeiner Mobbingdefinition.

4. Der Leidensweg der Mobbingopfer

Für *Leymann* ist jeder, der Mobbingangriffen ausgesetzt ist, als Mobbingopfer anzusehen. Wir halten es für sinnvoller, von einem Mobbingopfer erst dann zu sprechen, wenn die Hilflosigkeit und psychosomatische Schädigung sehr groß sind und sich der Mobbingprozeß dem Endstadium nähert. Menschen, die gegenwärtig Mobbingattacken ausgesetzt sind, werden wir als Mobbing*betroffene* bezeichnen.

Mobbingbetroffene verhalten sich unseren Erfahrungen nach zunächst nicht wie Opfer, sondern versuchen aktiv im Rahmen ihrer Möglichkeiten etwas zu unternehmen. Sie wehren sich verbal, versuchen eine Aussprache, beschweren sich bei Vorgesetzten (s. Abb. 3). Von den Personen, die dabei erfolgreich waren, ist in der Diskussion über Mobbing allerdings nichts mehr zu hören. Haben die Gegenmaßnahmen und Versöhnungsversuche dagegen nicht geholfen, geht der Leidensweg für die Betroffenen weiter.

> [!] **Wichtig**:
> Wer durch Mobbing angegriffen wird, sollte nicht vor-
> schnell als Opfer eingestuft werden.

Zum Leiden gehört zunächst einmal, daß sich der Mobbingbetroffene in eine Ausnahmesituation gestellt sieht. Er wird häufig
oder ständig angegriffen, andere nicht. Die Frage liegt nahe:
»Warum ich?«
Die Angriffe stellen die persönliche, soziale Sicherheit und die
berufliche Integration in Frage. Das verunsichert und verursacht Streß. Schlaflose Nächte, Magen- und Darmprobleme,
Kopfschmerzen und andere psychosomatische Störungen können auftreten. Angst oder Wut, Selbstzweifel und Auflehnung,
Mut schöpfen oder Erschöpfung wechseln sich ab. Je nach Per-
sönlichkeit und Vorgeschichte kann das schließlich in eine De-
pression münden oder in ein dauerhaftes Aufbegehren, eine
sog. Obsession.
Leymann machte die Beobachtung, daß die Befindlichkeit von
Mobbingopfern mit denen der Opfer von Naturkatastrophen,
Unglücken oder Gewalttaten vergleichbar ist. Das gemeinsame
Merkmal solcher persönlicher Katastrophen ist die existentielle
Bedrohung für den Betroffenen bei gleichzeitig erlebter Hilflosigkeit.
Das ist der Situation eines Beifahrers bei einem Beinaheunfall
vergleichbar. Der Fahrer erlebt im Augenblick der Gefahr einen
Adrenalinstoß, d. h. kurzzeitige Aktivierung (Streß), welche er
aber in Handlung umsetzen kann (z. B. Gegenlenken, Bremsen
und Ausweichen). Der Beifahrer kann dagegen die Gefahr nur
passiv hinnehmen. Bei ihm hält die Aufregung länger nach (z. B.
Zittern, Pulsrasen, kalter Schweiß), da keine handlungsmäßige
Abfuhr erfolgen konnte. Der Mobbingbetroffene kommt im
übertragenen Sinne in die Dauerrolle des Beifahrers kurz vor
dem Unfall.

Viele Mobbingbetroffene versuchen, den Mobbingangriffen dadurch vorzubeugen, daß sie überdurchschnittliche Arbeitsleistungen vollbringen, um zumindest bei der Leistung nicht angreifbar zu sein. Das bringt zusätzliche körperliche Belastungen mit sich und bringt in den wenigsten Fällen Abhilfe. Zusätzlich belastet werden Mobbingbetroffene, wenn Vorgesetzte Mobbing dulden oder sogar fördern und wenn ungerechte Maßnahmen gegen den Betroffenen anstatt gegen den Mobber eingeleitet werden.

Weitere Belastungen treten ein, wenn juristische Schritte nicht zum gewünschten Erfolg führen oder sich Entscheidungen endlos hinziehen, was nicht selten der Fall ist. Bedrohlich können sich ärztliche oder therapeutische Diagnosen auswirken, welche die Bedeutung der beruflichen Notlage nicht berücksichtigen, sondern die Ursachen nur in der Persönlichkeit oder in frühkindlichen Schädigungen des Betroffenen suchen.

Wenn alle inneren und äußeren Ressourcen und Bewältigungsmechanismen ausgeschöpft sind, dann nehmen Erschöpfung und Verzweiflung überhand. Längere Zeit von krankheitsbedingter Arbeitsunfähigkeit ist nicht mehr zu umgehen, Einweisungen in (psychiatrische) Kliniken können folgen. Nicht selten werden Selbstmordversuche unternommen. Mobbingbetroffene, die nirgends Unterstützung, Gerechtigkeit und Verständnis finden, verlieren gewissermaßen den »Glauben an die Menschheit«. Tiefe Verzweiflung, verzweifeltes Aufbegehren und Mißtrauen prägen diese Menschen schließlich. In diesem späten Stadium kann es auch zu Persönlichkeitsveränderungen kommen. Bei der Einschätzung von Mobbingbetroffenen werden hierbei oft Ursache und Wirkung vertauscht. Es wird behauptet, daß die Mobbingbetroffenen schon von vornherein psychisch gestört wären und deswegen den normalen Belastungen des Arbeitslebens nicht gewachsen seien. Dagegen stehen zwei Argumente. Erstens zeigt die Erfahrung, daß die Betroffenen erst im Laufe jahrelanger Mobbingattacken die schweren psy-

Abb. 3: Reaktionen und Bewältigungsverhalten von Mobbing-Betroffenen

| Situation eines Mobbing-Betroffenen |

1. Spontane Reaktionen

- Überraschung, Verblüffung, Schreck, Sprachlosigkeit
- Wut, Ärger
- Anflug von Depression, Schuldgefühl, Unsicherheit (»Wieso ich?«; »Wie können Menschen nur so sein?«)

2. Unterschiedliche Formen von Bewältigungsverhalten

- Aktive Gegenwehr: Schimpfen, Angriffe zurückweisen usw.
- Klärungs- und Versöhnungsversuche (»Warum machst du das?«; »Was habe ich Dir getan?«)
- Ausgleich außerhalb der Arbeit suchen
- Unterordnungsversuche (Kritik zuvorkommen; alles besonders gut machen)
- Ignorieren (»dickes Fell« zulegen; so tun, als ob man nichts bemerkt)
- Vermeidungsverhalten (Mobber aus dem Weg gehen)
- Beschwerde beim Vorgesetzen oder Außenstehenden
- Suche nach Rückhalt und Bestätigung
- Verlassen der Situation

3. Beginnende Überforderung des Bewältigungsvermögens

- Dauerhaftes Durchspielen der Situation, im Kreise denken und fühlen
- Abbau der inneren Ressourcen; äußere Unterstützung nimmt ebenfalls ab
- Hoffen auf externe Lösungen
- Schwanken zwischen Selbstbehauptungswillen, Selbstzweifel und Angst

4. Psychosomatische Auswirkungen und Krankheit

- Psychisches Unwohlsein
- Psychosomatische Beschwerden (Dauer-Streß)
- Depressionen oder Obsession
- Mißbrauch von Medikamenten, Alkohol und anderen Drogen
- Posttraumatisches Streßsyndrom
- Arbeitsunfähigkeit

| Situation eines Mobbing-Opfers |

31

chischen Störungen bekommen haben. Und zweitens ist Mobbing auch dann in keiner Weise gerechtfertigt, wenn im Einzelfall Menschen mit psychischen Störungen ins Arbeitsleben eintreten.

5. Ursachen für Mobbing

Abhängig vom eigenen Blickwinkel sowie von der eigenen Betroffenheit kann derjenige, der die Ursachen für Mobbing hinterfragt, schnell zu Vorurteilen und Verallgemeinerungen neigen. Auch ist zu bedenken, daß man mit einer generalisierenden Zuschreibung der Ursachen sowie der Verantwortlichkeit für Mobbing publikumswirksam politisieren – aber auch polemisieren – kann. Auch beim Thema Mobbing scheinen zum Wohle des eigenen Ansehens getreu dem Motto »Nur ich weiß wirklich Bescheid« kritische Stimmen vielerorts eher verpönt zu sein.

Die Ursachen für Mobbing sind vielfältigster Natur. Dies haben wir auf unseren vielen Mobbingseminaren und in Gesprächen mit Mobbingbetroffenen sowie Betriebs- und Personalratsmitgliedern erfahren. Wer Konflikte nicht konstruktiv, offen und fair zu lösen vermag, wird eher zu Mobbing neigen als eine Person, die dies (noch) kann und Konflikte als eine Chance zum Besseren begreift. Wer einem anderen Erfolg, Wohlstand, Anerkennung, Freude etc. neidet, wird ebenfalls eher zu Mobbing neigen als eine Person, die auch anderen Erfolge, Wohlstand, Anerkennung, Freude etc. gönnt. Wer sich als Vorgesetzter seiner Position nicht sicher ist, wird mögliche Konkurrenten eher mobben als ein Vorgesetzter, bei dem dies nicht der Fall ist. Wer als Arbeitgeber Personal – aus welchen Gründen auch immer – abbaut, wird eher zu Mobbing schreiten als derjenige Arbeitgeber, der seine Beschäftigten halten will bzw. deren Zahl sogar zu erhöhen beabsichtigt. Bereits diese kleine Aufzählung veranschaulicht, daß die möglichen Ursachen für Mobbing weitaus zahlreicher sind, als man vielleicht zunächst annehmen möchte. In Zeiten hoher Arbeitslosigkeit kann es sich im Einzelfall für den Arbeitgeber sogar in finanzieller Hinsicht rechnen, eine Personalplanung zu betreiben, die auf Mobbing fußt. Gerade solche Beschäftigten, die man leicht – vielleicht sogar durch billigere Arbeitskräfte – ersetzen könnte, denen man sich jedoch wegen bestehender gesetzlicher Arbeitnehmerschutzvorschriften nur äußerst schwer entledigen kann (z. B. Betriebsratsmitglieder, Schwangere, Erziehungsurlauber, Schwerbehinderte, Mandatsträger), dürften vermehrt unter Arbeitgebermobbing zu leiden haben. Die nunmehr seit vielen Jahren fortschreitende Deregulierung von Arbeitnehmerrechten sowie das allgemeine gesellschaftliche Klima in der Bundesrepublik Deutschland dürften zudem einige Arbeitgeber in ihrer Ansicht bestätigt haben, daß sie uneingeschränkte »Herrscher« über ihre »Imperien« sind, die noch mit jedem Beschäftigten fertig geworden sind. Sobald es sich für die Arbeitgeberseite finanziell rechnet, betriebliche Krisensituationen und Konflikte (z. B. Personalabbau, Ausstoß unliebsamer Arbeitnehmer) mittels Mobbing zu lösen, besteht die Gefahr, daß sie dies auch tun – und sie tun es auch wohl, selbst wenn es bislang keine gesicherten empirischen Ergebnisse für das Ausmaß eines solchen Arbeitgebermobbings gibt.

Aber auch unabhängig von empirischen Befunden muß es das Anliegen einer jeden Interessenvertretung und sollte es auch das Interesse des Arbeitgebers sein, die konkreten Ursachen für Mobbing im Betrieb zu ermitteln und geeignete Maßnahmen zur Ursachenbewältigung zu ergreifen.

6. Was Mobbing nicht ist

Leymann legt keine ausdrückliche Abgrenzung gegenüber anderen aggressiven, feindseligen, unsozialen, hinterhältigen Verhaltensweisen vor. Wie andere Autoren gibt er den allgemeinen

Hinweis, daß nicht jeder Konflikt und jeder Streit mit Mobbing gleichzusetzen ist. Es macht auch aus unserer Sicht keinen Sinn, jede Intrige, jedes Vorenthalten von Informationen, jeden Gebrauch der Ellenbogen sogleich Mobbing zu nennen. Durch die breite Diskussion in den Medien ist der Mobbingbegriff schon in Gefahr, ein Allerweltsbegriff für alle betrieblichen Konflikte und egoistischen Verhaltensweisen zu werden. Wir kommen darauf in Kapitel V. zurück. Zur ersten Orientierung sind hier einige betriebliche Problemfelder aufgeführt, welche nach unserer Einschätzung nicht generell als Mobbing anzusehen sind:

- Feindseligkeiten und Konflikte zwischen Gruppen (z. B. Abteilungen gegeneinander, Mitarbeitergrüppchen, Arbeiter gegen Angestellte, Betriebsrat gegen Geschäftsleitung, Fraktionen im Betriebsrat, Gruppierungen von Vorgesetzten gegeneinander, Meister gegen Techniker);
- Diebstahl durch Arbeitskollegen;
- persönliches Desinteresse oder Antipathie einer Person gegenüber (wenn die Antipathie nicht offensiv und gehässig vorgetragen wird);
- ungerechte und unsoziale Behandlung, die hart, aber nur kurzfristig zur Wirkung kommt (z. B. bei betriebsbedingter Kündigung, Versetzung, Abgruppierung, Kritik, Beförderung anderer, überlastende Arbeitsaufträge);
- Ausnutzung von Informationsvorsprüngen, Vorteilsnutzung für Karrieresprünge.

Es macht außerdem keinen Sinn, von »strukturellem Mobbing« zu sprechen, wie Neuberger (1994) das vorschlägt. Unter strukturellem Mobbing wäre zu verstehen, daß ein problematischer Arbeitsablauf oder unzureichende Arbeitsorganisation, streßfördernde Verordnungen und Anweisungen selbst wie die persönlich vorgetragene Feindseligkeit beim Mobbing einzuschätzen wären. Hier sollte nach unserer Einschätzung der bereits eingeführte Begriff der *strukturellen Gewalt* verwendet werden. Zum Besonderen des Mobbing gehört eben die persönliche Feindseligkeit.

Die Diskussion über Mobbing ist auch deswegen so populär, weil sie erneut darauf aufmerksam macht, wie verbreitet und vielfältig eigennütziges Verhalten im Wirtschaftsleben ist, wie oft auf Kosten anderer vorgegangen wird und wie groß der Schaden ist, den viele davontragen. Wir plädieren trotzdem dafür, daß der Mobbingbegriff nicht für alle Probleme im Betrieb »zuständig« sein soll, sondern auf das Phänomen der chronischen feindseligen Ausgrenzung einzelner konzentriert bleibt.

7. Mittel gegen Mobbing

Das Mittel der Wahl gegen Mobbing ist für *Leymann* die Aufklärung (Prävention). Viele würden, so hofft er, von Mobbing ablassen, wenn sie nur wüßten, was sie dabei anrichten. Außerdem dürfte die allgemeine Sensibilisierung dazu führen, daß weniger Mobbingfälle bis zum bitteren Ende durchgezogen werden können. Betriebliche Interessenvertreter sollten sich nach seiner Auffassung für die Prävention engagieren, denn für den Einsatz in akuten Mobbingkonflikten wären sie oftmals ungeeignet: »Gewerkschaftsvertreter handeln oft unwissend und ohne Engagement. Sie verkaufen das Recht des einzelnen, um weiterhin auf gutem Fuß mit der Mehrheit zu stehen« (*Leymann* 1993, S. 63). Auch in dem von *Leymann* und dem ÖGB herausgegebenen Video mit schwedischen Fallbeispielen kommen die Gewerkschaftsvertreter schlecht weg, weil sie sich heraushalten oder die Situation herunterspielen. Wir teilen diese skeptische Auffassung nicht.

In akuten Mobbingkonflikten ist nach *Leymann* das Mittel der Wahl das Eingreifen von direkten Vorgesetzten bzw. des Managements. Er betont, »daß das Management eigentlich jederzeit die Befugnis und die Mittel in der Hand hat, den Prozeß abzubrechen – selbst wenn schon Jahre verflossen sind« (*Leymann* 1995, S. 37). Aus unserer Sicht ist dies zunächst nur als moralischer Appell zu werten, denn in der betrieblichen Realität dürfte es viele Fälle geben, in denen die Eindämmung von Mobbing zunächst einmal gegen Vorgesetzte und Management erfolgen muß. Oft sind Vorgesetzte mit der Bearbeitung von Konflikten auch persönlich überfordert und der Betriebsrat muß hier unterstützend eingreifen (vgl. Kapitel X.).

Außerdem fordert *Leymann* eine eindeutige Parteinahme, Schutz und persönliche Unterstützung zugunsten des Mobbingbetroffenen ein. Eine mögliche Mitschuld am Geschehen braucht nach seiner Auffassung nicht weiter beachtet zu werden. Seine Definition des »Mobbingopfers« stützt sich allein auf die Tatsache, daß jemand in die Enge getrieben und hilflos ist. Die moralische Schuld am Geschehen und die Forderung nach Genugtuung und Änderung sind dementsprechend allein bei den Mobbern anzusiedeln.

Auch wir sind überzeugt, daß Mobbingbetroffene uneingeschränkt der sozialen Unterstützung bedürfen. Wenn man davon ausgeht, daß Mobbing nur durch Druck zu bändigen ist, dann ist ein Opfer/Täter-Schema nützlich. Es gibt Mobbingfälle, in denen vorsätzlich und skrupellos vorgegangen wird und bei denen ohne Zweifel von Tätern gesprochen werden muß. Häufig kommen bei betrieblichen Konflikten viele Dinge zusammen, und man wird den Beteiligten mit einseitiger Parteinahme bzw. Schuldzuweisung nicht gerecht. Sobald man daran denkt, Schlichtungsverfahren oder andere einvernehmliche Lösungsstrategien anzuwenden, kommt man ohnehin nicht umhin, die positiven und negativen Seiten beider Parteien zu berücksichtigen (siehe dazu Kapitel IX.).

8. Gibt es das typische Mobbingopfer?

Dieser Abschnitt ist entschieden und kurz: Nein, es gibt keine typischen Mobbingopfer. Es liegt in der menschlichen Natur, daß wir soziale Wesen sind und das soziale Dazugehören ein lebenswichtiges Gut ist. Damit ist auch prinzipiell jeder Mensch durch Ausgrenzung und Feindseligkeit verletzlich. *Es kann jeden treffen.* Entsprechend sind unsere eigenen Erfahrungen, was Berufe und betriebliche Stellung von Mobbingbetroffenen angeht: Es geht von der einfachen Reinigungskraft, dem ungelernten Arbeiter bis hin zu bestens ausgebildeten Fachkräften, Universitätsprofessoren und Hauptabteilungsleitern.

Die Suche nach »typischen« Opfern führt leicht dazu, daß vorwiegend nach Schwächen oder besonderen Charaktermerkmalen der Betroffenen gesucht wird, nach dem Motto: »Hätte sich das Opfer anders verhalten, wäre es nicht zu Mobbing gekommen.« Solch eine verkehrte Zuweisung von Verantwortung findet sich gelegentlich auch bei der Beurteilung von Gewaltverbrechen. Es gibt inzwischen einige statistische Befunde, die belegen, daß z.B. Frauen häufiger gemobbt werden sollen als Männer oder daß Mitarbeiter im öffentlichen Dienst stärker betroffen sind als Beschäftigte in der Privatwirtschaft. Diese Annahme ist zwar interessant, sagt aber konkret nichts über die Betroffenen aus. Für die betriebliche Behandlung von akuten Mobbingkonflikten ist es kaum hilfreich, ob man weiß, daß ein statistisch häufiger oder seltener Fall von Mobbing vorliegt. Für einen Betroffenen ist es ohnehin völlig bedeutungslos. Niemandem nützt die Auflistung verschiedener Typen von Mobbingopfern.

Die Chance, im Laufe seines Berufsleben einmal von Mobbing heimgesucht zu werden, dürfte relativ gleichmäßig verteilt sein. Es trifft schließlich auch solche Beschäftigte, die besonders fleißig, akkurat sowie engagiert arbeiten und die im allgemeinen mit allen gut auskommen. Allerdings scheint uns das Vermögen zur Gegenwehr, zur Mobilisierung sozialer Unterstützung oder zum rechtzeitigen Rückzug individuell unterschiedlich ausgeprägt zu sein. Manche Betroffene brauchen länger, bevor sie sich mit ihrem Problem jemandem anvertrauen, einige finden schwerer Unterstützung, wieder andere sind schwer zu irgendeiner Form von Gegenwehr zu bewegen.

Es gibt allerdings auch Typisches beim Mobbing. Dazu gehört, daß die Betroffenen nach einer gewissen Dauer an psychosomatischen Beschwerden leiden (manchmal auch die Mobber). Ein weiteres, häufig zu beobachtendes Problem ist die Lähmung bzw. Erstarrung von Betroffenen zu Beginn eines Mobbingkonflikts. Sehr viele Mobbingbetroffene berichten übereinstimmend, daß ihnen zu irgendeinem Zeitpunkt mit dem Gefühl des Erschreckens oder der Überraschung bewußt geworden sei, daß sie von einer unheimlichen Feindseligkeit bedroht werden (dabei war unerheblich, ob die Betroffenen den Begriff »Mobbing« kannten oder nicht). Der Hintergrund für diese Erstarrung liegt in manchen Fällen in der maßlosen Enttäuschung der Betroffenen, weil sie ausgerechnet von Personen gemobbt werden, denen sie ein solches Verhalten niemals zugetraut hätten oder denen sie in der Vergangenheit sogar freundschaftlich verbunden waren. Auch besonders auf Harmonie orientierte Personen können sich häufig nicht vorstellen, daß ausgerechnet sie zur Zielscheibe geballter Aggression werden konnten. Oft fühlen sich Mobbingbetroffene allein deswegen wie gelähmt, weil sie sich überhaupt nicht vorstellen konnten, daß so etwas in ihrem Betrieb passieren könnte; dies ist insbesondere in kirchlichen Einrichtungen zu beobachten. Je länger diese Erstarrung im Mobbingkonflikt anhält, desto stärker wird die psychische sowie körperliche Belastung und desto schwieriger wird es, Maßnahmen zur Gegenwehr einzuleiten.

II. Angreifen, Standhalten oder Flüchten? – Handlungsmöglichkeiten von Mobbingbetroffenen

Es gelingt nur selten, Mobbing im Alleingang zu bewältigen. Durch Mobbing wird das menschlich zentrale Bedürfnis nach sozialer Anerkennung, Sicherheit und Integration (Dazugehörigkeit) angegriffen. Deswegen besteht die allerwichtigste Gegenmaßnahme darin, soziale Unterstützung zu gewinnen.

Die größten moralischen Stützen für Mobbingbetroffene sollten Familienmitglieder und Freunde sein. Aber auch Bündnispartner im Betrieb sind von größtem Wert. Das kann ein Mitglied des Betriebsrats sowie der Schwerbehindertenvertretung, der Mobbing- oder Konfliktbeauftragte und jeder wohlgesonnene Arbeitskollege und Vorgesetzte sein, auch wenn diese in einer anderen Abteilung oder Niederlassung tätig sind. Das Gefühl, von jemandem verstanden und moralisch unterstützt zu werden, der die mißliche Lage aus der Nähe kennt, hilft sehr.

Ein besonders wichtiger Partner für Mobbingbetroffene ist die betriebliche Interessenvertretung, weil sie den gesetzlichen Auftrag hat, den Schutz eines jeden einzelnen Beschäftigten zu gewährleisten. Zudem besitzt sie die gesetzliche und innerbetriebliche Macht, um gerechtfertigte Ansprüche durchzusetzen. Mobbing untergräbt ja nicht nur die soziale Lage des Betroffenen, sondern gefährdet zudem die wirtschaftliche Existenz des einzelnen oder ganzer Familien. Angesichts hoher Arbeitslosigkeit kann niemand diese Bedrohung auf die leichte Schulter nehmen. Beim Schutz vor Arbeitsanweisungen mit Mobbingcharakter, vor ungerechtfertigten Abmahnungen, Versetzungen und Kündigung sowie für die Durchsetzung zufriedenstellender Arbeitsbedingungen gibt es für Mobbingbetroffene keine Alternative zu einer vertrauensvollen Zusammenarbeit mit dem Betriebsrat.

Der gute Wille des Betriebsrats allein genügt jedoch nicht. Viele

Abschnitte dieses Buches richten sich deswegen direkt an Betriebsräte und andere Interessenvertretungsgremien, um die Kompetenz und das Selbstvertrauen ihrer Mitglieder im Umgang mit Mobbing zu vergrößern. Erst mit den betrieblichen Einflußmöglichkeiten und dem Engagement des Betriebsrats im Rücken steigen die Chancen von Mobbingbetroffenen auf eine zufriedenstellende Lösung ihrer Situation.

Was kann ich als Mobbingbetroffener persönlich tun? Welche Maßnahmen helfen wirklich, welche schaden vielleicht mehr, als daß sie helfen? Die Abb. 4 gibt einen Überblick darüber, welche Handlungsmöglichkeiten einem Mobbingbetroffenen prinzipiell zur Verfügung stehen.

• Geben Sie der Lösung des Mobbingproblems Priorität

Sie werden jetzt vielleicht sagen: »Was soll das? Daß Mobbing ein großes Problem in meinem Leben ist, das weiß ich doch selber!« Daß es Mobbingbetroffenen körperlich und seelisch schlecht geht, daß die berufliche Perspektive möglicherweise in Frage gestellt und die Arbeits- und Lebensfreude mit Sicherheit getrübt ist, ist bekannt. Es ist kaum übertrieben zu sagen, daß Mobbingbetroffene vor einer der größten Bewährungsproben in ihrem Leben stehen. Vor der Arbeit, während der Arbeit und am Feierabend spielt die Angst vor neuen Übergriffen oder deren innere Verarbeitung eine dominante Rolle im Leben von Betroffenen.

Dennoch glauben wir beobachten zu können, daß Mobbingbetroffene häufig aus ihrer belastenden und teilweise verzweifelten Situation nicht die volle Konsequenz ziehen. Viele versuchen, sich irgendwie mit der Situation zu arrangieren oder sie passiv auszuhalten. Dafür gibt es viele verständliche Gründe: Mobbingbetroffene fühlen sich gekränkt oder ungerecht behandelt und hoffen auf eine Entschuldigung oder Besserung, die aber nicht erfolgt. Sie wurden von der plötzlichen Feindseligkeit überrascht, sind fassungslos und sie wissen nicht recht, wie sie

Abb. 4: Handlungsmöglichkeiten eines Mobbing-Betroffenen

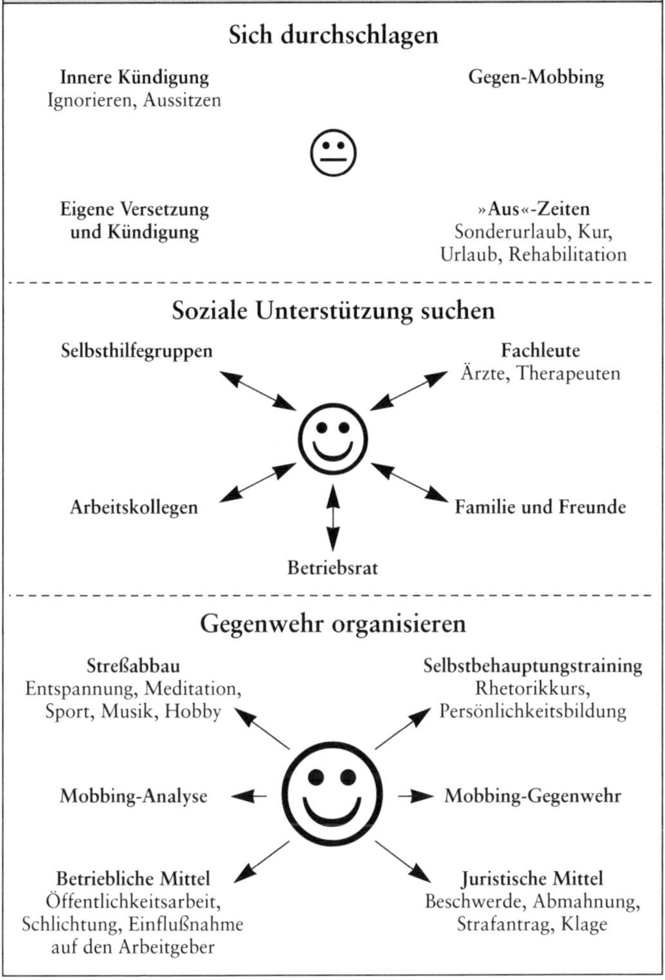

Sich durchschlagen

Innere Kündigung
Ignorieren, Aussitzen

Gegen-Mobbing

**Eigene Versetzung
und Kündigung**

»Aus«-Zeiten
Sonderurlaub, Kur,
Urlaub, Rehabilitation

Soziale Unterstützung suchen

Selbsthilfegruppen

Fachleute
Ärzte, Therapeuten

Arbeitskollegen

Familie und Freunde

Betriebsrat

Gegenwehr organisieren

Streßabbau
Entspannung, Meditation,
Sport, Musik, Hobby

Selbstbehauptungstraining
Rhetorikkurs,
Persönlichkeitsbildung

Mobbing-Analyse

Mobbing-Gegenwehr

Betriebliche Mittel
Öffentlichkeitsarbeit,
Schlichtung, Einflußnahme
auf den Arbeitgeber

Juristische Mittel
Beschwerde, Abmahnung,
Strafantrag, Klage

41

sich wehren sollen. Vielleicht halten Skrupel und Selbstzweifel von Gegenmaßnahmen ab. Oft schwingt die Hoffnung mit, daß sich das Mobbing irgendwie von selbst geben wird. Schließlich spielt eine Rolle, daß sich viele bewußtmachen, welche verheerenden psychischen, sozialen und körperlichen Folgen lange andauerndes Mobbing mit sich bringen kann. Deswegen redet man sich z. B. ein, daß es so schlimm nun wieder auch nicht ist. Vielleicht gibt es auch noch andere Aufgabenbereiche, die von der vollen Konzentration auf das Mobbingproblem abhalten. Wenn Sie durch Mobbing angegriffen werden, sollten Sie der Lösung des Problems die erste Priorität all Ihrer Aktivitäten einräumen. Bedenken Sie, daß Ihre Gesundheit, Ihre berufliche Existenz, die Handlungsfreiheit und Ihre menschliche Würde bedroht sind. Sie sollten dabei nicht warten, bis das Mobbing unerträglich geworden ist. Es muß Sie ja nicht jeder lieben, aber ein respektvoller Umgang ist das mindeste, was Sie von einem jeden erwarten dürfen. Deshalb wehren Sie auch den Anfängen von Mobbing, denn kleine Gemeinheiten und Unverschämtheiten können sich auswachsen, wenn sie keinen Widerstand spüren. Machen Sie sich klar: »Mobbing ist zur Zeit mein *größtes* Problem. Ich will alles tun, um dieses Problem bald zu lösen.«

- **Fassen Sie Mut: Sie können etwas gegen Mobbing tun**
Das Gefühl, daß den Mobbern nicht beizukommen ist, entmutigt und lähmt. Dazu kommt das Unverständnis darüber, warum man überhaupt und auf eine solch widerwärtige Weise angegriffen wird. Wir hoffen aber, daß Sie beim Lesen unseres Ratgebers an Zuversicht gewinnen, daß Mobbing kein auswegloses Schicksal ist. So kränkend und ungerecht Sie es vielleicht auch empfinden, Sie dürfen nicht darauf hoffen, daß die Mobber freiwillig ein Einsehen haben und von selbst das Mobben aufgeben werden. Obwohl die Mobber die Situation verschuldet haben, ist es unumgänglich, daß Sie sich selbst aus der Defensive bringen: Machen Sie sich klar, daß Sie erfolgreich

etwas gegen Mobbing tun können, aber daß Sie auch *handeln* müssen, wenn sich Ihre Lage bessern soll (siehe hierzu die Kapitel IX. und X.).

• **Suchen Sie Gesprächs- und Bündnispartner**
Sie brauchen für Ihr seelisches Gleichgewicht Menschen, mit denen Sie ausführlich über ihre Not sprechen können und die zu Ihnen halten. Es schadet Ihnen, wenn Sie sich in Ihrem Kummer vergraben, weil Sie anderen nicht zur Last fallen wollen oder weil Sie sich vielleicht schämen, ein Mobbingbetroffener zu sein. Wenn Sie augenblicklich in ihrem privaten Umfeld nicht fündig werden, sollten Sie sich um Gleichgesinnte in einem Gesprächskreis oder einer Selbsthilfegruppe bemühen (s. hierzu den Anhang Nr. 6). Vielleicht lassen sich Kontakte zu (ehemaligen) Arbeitskollegen wiederbeleben, die etwas eingeschlafen waren. So wichtig es ist, Gesprächspartner für die Probleme zu haben, so notwendig ist auch eine gewisse Zurückhaltung. Man darf seine sozialen Bezugspersonen nicht grenzenlos mit den eigenen Problemen belasten. Wenn man nur noch über seine schrecklichen Erfahrungen bei der Arbeit redet, wird es dazu kommen, daß die anderen nichts mehr davon hören wollen und sich nach und nach abwenden. Solche Situationen kommen in Familien von Mobbingbetroffenen leider häufiger vor. Entlastend und sinnvoll wäre es, bestimmte Tage in der Woche festzulegen, in denen intensiv und zielgerichtet über die Mobbingprobleme gesprochen wird, während an den übrigen Wochentagen Mobbing »tabu« ist. Außerdem sollte man nicht vergessen »zu leben«, d. h. auch ganz normale Aktivitäten gemeinsam zu machen. Wenn wir eingangs sagten, daß Sie der Lösung des Mobbingproblems erste Priorität einräumen sollen, dann ist damit nicht gemeint, daß darüber ununterbrochen geredet und gegrübelt werden sollte. Es liegt nicht am mangelnden guten Willen, daß die Aufnahmebereitschaft von Familie und Freunden geringer ist als der Wunsch des Mobbingbetroffenen, sein

Leid mitzuteilen. Ständig mit dem Problem eines anderen konfrontiert zu sein, aber zugleich nichts Entscheidendes tun zu können, ist für jeden nach einer gewissen Zeit unerträglich.

Für das Aufsuchen eines Gesprächskreises oder einer Selbsthilfegruppe spricht ferner, daß hier ähnliche Interessen und Erfahrungen zusammentreffen. Neben der moralischen Unterstützung sollten die Gespräche stets auch dazu genutzt werden, praktische Abhilfe für die Mobbingsituation zu durchdenken und zu planen.

Zu geeigneten Bündnispartnern können auch wohlgesonnene Vorgesetzte und der Betriebsrat gehören.

• Lernen Sie, mit guten Ratschlägen gut umzugehen

Gutgemeinte Ratschläge für zwischenmenschliche Konflikte sind ein Problem für sich. Zwar haben alle Mobbingfälle Gemeinsamkeiten, aber jeder konkrete Mobbingfall unterscheidet sich von allen anderen, schließlich ist die jeweilige Situation eine andere und die beteiligten Personen und deren Motive sind verschieden. Somit tragen Ratschläge immer das Risiko, entweder haarscharf am konkreten Problem vorbeizugehen oder so allgemein und »immer richtig« zu sein, daß man mit ihnen nichts anfangen kann. Welche Ratschläge Ihnen auch immer gegeben werden, die Brauchbarkeit für Ihre konkrete Mobbingsituation können Sie nur selbst beurteilen. Dies gilt selbstverständlich auch für unsere Ratschläge. Im besten Fall werden Sie aus den Ratschlägen anderer Leute Ratschläge für sich selbst entwickeln können. Ratsamer wäre es noch, wenn Sie nicht nur allein darüber grübeln, was am besten zu tun ist, sondern Ihr Vorgehen mit vertrauten Personen diskutieren.

• Nehmen Sie professionelle Hilfe in Anspruch

Scheuen Sie sich nicht, professionelle Hilfe in Anspruch zu nehmen. Schließlich sind die Belastungen für Mobbingbetroffene enorm. Gehen Sie unverzüglich zum Arzt, wenn Sie Beschwerden haben, um möglichen gesundheitlichen Langzeitschäden vorzubeugen. Ähnlich, wie sich Manager heutzutage einen »Coach« leisten, um mit dem täglichen beruflichen Streß besser fertig zu werden, können Sie versuchen, einen Therapeuten zu finden, um sich in dieser für sie schweren Zeit unterstützen zu lassen. Bei einem entsprechendem ärztlichen Gutachten, d. h. wenn bei Ihnen erhebliche psychosomatische Schädigungen diagnostiziert wurden, ist es nicht unwahrscheinlich, daß die Krankenkasse die Behandlungskosten übernimmt.

- **Nehmen Sie sich Zeit**

Natürlich wünschen Sie sich, daß die Angriffe lieber heute als morgen vorbei sein sollen. Es ist aber realistischer, wenn Sie sich darauf einrichten, daß das Mobbing noch eine Weile weitergeht, bis Sie nämlich gute Bündnispartner gefunden haben und auf der Basis einer gründlichen Analyse eine erfolgversprechende Strategie zur Überwindung des Mobbings entwickeln konnten. Vielleicht ist eine Perspektive von drei oder vier Monaten angemessen. Hoffen Sie nicht auf eine schnelle Lösung. Stellen Sie sich auf eine gewisse Zeit ein, in der das Problem gelöst werden soll. Mit einer mittelfristigen Zeitplanung gelingt es Ihnen leichter, eine eigene Panikreaktion zu vermeiden. Mancher Mobbingbetroffene hat in einer spontanen Reaktion mit dem Ruf: »Ich halte das nicht mehr aus« die Kündigung des eigenen Arbeitsvertrages ausgesprochen und damit eigene rechtliche und finanzielle Möglichkeiten verschenkt.

- **Analysieren Sie das Problem gründlich**

Vermeiden Sie den größten Fehler bei der Beurteilung von Mobbing. Der steckt nämlich in der Vorstellung, daß mit der moralischen Verurteilung des Mobbings und des Mobbers alles getan wäre und jede weitere Analyse überflüssig ist. Genauso wenig, wie sich Mobbing durch Lamentieren überwinden läßt, hilft bloße moralische Verurteilung oder blinder Aktionismus.

Nehmen Sie sich Zeit, um das Geschehen und die Beteiligten vor Ihrem geistigen Auge zu betrachten und zu analysieren. In Kapitel IX. machen wir Vorschläge für die Art und Weise einer gründlichen Analyse von Mobbing. Ein wichtiges Hilfsmittel stellt nach unserer Vorstellung das Führen eines Mobbingtagebuches dar. Zur Analyse gehört auch, daß Sie sich die Seite Ihrer »Gegner«, deren mögliche Motive und Zwänge genau anschauen. Ebenso unerläßlich ist es, eigene mögliche Schwachstellen zu analysieren und Verfahrenswege zur Überwindung des Mobbings zu entwerfen.

Es reicht nicht, daß Sie sich wünschen, vom Mobber in Ruhe gelassen zu werden.

- **Pflegen Sie Körper und Seele**

Als Mobbingbetroffener merken Sie deutlich, wie sich soziale Probleme negativ auf das psychische und körperliche Wohlbefinden auswirken. Es ist naheliegend, daß man alles versucht, um die belastenden Angriffe abzustellen: »Wenn das Mobbing aufhört, geht es mir auch wieder gut.« Mobbing ist jedoch überwiegend nicht kurzfristig abzustellen. Sie sollten daher jede Möglichkeit nutzen, Ihr beeinträchtigtes Wohlbefinden außerhalb der Arbeit zu verbessern. Lassen Sie sich z. B. von einem Arzt beraten, welche natürlichen Mittel Sie gegen Schlafstörungen anwenden können. Versuchen Sie es z. B. mit Meditation, Yoga, autogenem Training, Sauna, gehen Sie angeln, besuchen Sie kulturelle Veranstaltungen, gehen Sie tanzen. Schließen Sie sich einem Verein an. Das bringt Sie nicht nur auf andere Gedanken, sondern macht Freude, bringt Sie mit anderen Menschen zusammen, und Sie haben die Möglichkeit, Ihr lädiertes Selbstbewußtsein wiederaufzubauen. Regelmäßiger Sport kann Ihnen helfen, die überzähligen Streßhormone abzubauen. Manche warnen, daß man auf diese Weise nur dem eigentlichen Problem im Betrieb ausweicht, indem man Ablenkungen sucht. Es ist schon richtig, daß man sich nicht darum drücken darf, das Mobbingproblem zu lösen, aber wenn Körper und Seele gestärkt wurden, wird das auch besser gelingen.

• Verringern Sie Ihre Abhängigkeit vom Mobber

Solange Sie den Mobber davon überzeugen wollen, daß Sie eigentlich ein guter Mensch sind, der die Angriffe gar nicht verdient hat, bleiben Sie dennoch von seinem Wohlwollen abhängig. Dasselbe gilt, je mehr sie versuchen, Ihre Handlungsweisen gegenüber dem Mobber ins rechte Licht zu rücken oder sich zu rechtfertigen. Auch wenn Sie darauf aus sind, daß sich der Angreifer entschuldigen soll oder bestraft wird, machen Sie Ihre innere Befindlichkeit stark von dessen Verhalten abhängig. Wollen Sie so lange unglücklich bleiben, bis der Mobber sich entschuldigt hat oder bestraft worden ist? Häufig gibt es auch den erfolglosen Versuch, den Mobber davon zu überzeugen, daß er schlecht gehandelt hat. Dahinter steht wohl die vage Hoffnung, daß er sich nach dieser Erkenntnis eines Besseren besinnen wird. Wer auf Einsicht und Wohlwollen des Mobbers hofft, bleibt abhängig und manipulierbar. Dies ist eine wenig erfolgversprechende Strategie. Bedenken Sie, daß ein Mobber sich das eigene Leben leicht zu machen versucht, indem er anderen das Leben schwer macht. Was ist die Alternative? Alle Anstrengungen sollten besser auf das pragmatische Ziel konzentriert werden, daß nämlich die Mobbinghandlungen unterbleiben.

Eine Charakteränderung des Mobbers sollte nicht Ihr oberstes Ziel sein.

• Entwickeln Sie eine eigene Strategie

Der Appell an den Mobber: »Laß mich doch endlich in Ruhe«, hilft erfahrungsgemäß nicht. Sie kommen nicht umhin, eine Strategie zu entwickeln, die der Situation und Ihnen selbst als Person angemessen ist. Wenn Sie ein strategisches Vorgehen entwickelt haben, werden Sie merken, daß sich Ihr Verhalten und Erleben deutlich von Ihren spontanen Reaktionen unterscheiden. Hatten Sie bei Beginn des Mobbings z. B. versucht, Ihren Peinigern möglichst aus dem Weg zu gehen (Vermeidungsverhalten), so kann es nun dazu kommen, daß Sie jeder Begegnung erwartungsvoll entgegensehen, um die Vorkommnisse in Ihr Mobbingtagebuch einzutragen.

Es kann sich im Einzelfall auch als gute Strategie herausstellen, die Mobbingangriffe zu ignorieren bzw. auszusitzen. Voraussetzung ist, daß der Mobbingbetroffene nach gründlicher Analyse der Mobbingsituation und Einschätzung der eigenen Standfestigkeit innerlich von der Richtigkeit und Wirksamkeit überzeugt sein muß. Der Mobber muß ernsthaft spüren, daß er hier nichts mehr bewirken kann. Andere Strategien sind darauf aus, das Sanktionsrisiko für den Mobber zu erhöhen, die soziale Basis des Mobbings (heimliche Befürworter) auszutrocknen oder sein Vorgehen in der Betriebsöffentlichkeit bloßzustellen (vgl. Kapitel X.).

In ausweglosen Situationen kann die beste Strategie auch in einer Kündigung des Arbeitsverhältnisses bestehen. Dieser Schritt sollte jedoch sehr sorgfältig abgewogen werden. Bevor ein Mobbingbetroffener eine Panikentscheidung in einer Streßsituation trifft (»Ich halte das nicht mehr aus, ich laß alles stehen und liegen und gehe«), sollte er sich eine »Auszeit« nehmen (z. B. Resturlaub) und gründlich mit anderen überlegen, was zu tun ist. Oftmals wird die Flinte zu früh ins Korn geworfen: Viele Mobbingsituationen sehen unlösbar aus, es fehlt jedoch tatsächlich nur ein genaues Verstehen und ein entschiedenes Zugreifen an der richtigen Stelle. Wer sich entschließt zu gehen, sollte diesen Schritt erhobenen Hauptes tun und nicht wie ein geprügelter Hund verschwinden. Man sollte auch nicht leichtfertig und voreilig rechtliche Positionen aufgeben. Daß die Mobber mit ihrem üblen Vorgehen den Sieg davontragen, ist für jeden Betroffenen und alle gerecht denkenden Beobachter eine bittere Pille. Hier standzuhalten ist ehrenvoll, kann aber auch die eigenen Kräfte vollends überfordern. Auch dies ist eine Abwägungsfrage.

Manche der zur Verfügung stehenden Abwehrmöglichkeiten wollen Mobbingbetroffene aus Angst, aus dem Gefühl der persönlichen Überforderung, aus moralischen Gründen oder aus Selbstachtung nicht nutzen. Viele der Handlungsmöglichkeiten haben eine widersprüchliche Seite. Stets ist es vom konkreten Einzelfall abhängig, was unternommen werden sollte. Von einer gründlichen Analyse und vom betrieblichen Kräfteverhältnis hängt letztlich ab, ob Sie angreifen, standhalten oder lieber das Weite suchen sollten.

III. Das Dilemma eines Betriebsrats
– Auch die Mobber sagen, sie würden gemobbt

Betriebsräte berichten uns von verschiedenen Schwierigkeiten beim praktischen Umgang mit Mobbing. Manche Probleme sind lediglich in der Unerfahrenheit begründet. Andere Probleme resultieren aus dem Umgang mit den Mobbern. Es scheint jedoch weitere typische Probleme zu geben, die auftreten, sobald ein neuer Fall bearbeitet werden soll. Wir konnten drei Arten von Schwierigkeiten ermitteln, die sich aber auch teilweise überschneiden:

1. Probleme mit der Beweislage (s. Abb. 5).
2. Spielt die Frage von Loyalität und Schuld eine Rolle? Und:
3. Geht es um die Bewahrung oder den Verlust der Handlungsfähigkeit im Mobbingkonflikt?

Ein großes Problem scheint für Betriebsräte darin zu liegen, daß sie sich auf eine sofortige und eindeutige Parteinahme für das jeweilige Mobbing*opfer* festgelegt fühlen, eine Parteinahme, welche sie aber nicht immer gerechtfertigt finden oder nicht ohne Prüfung vornehmen wollen. Der Betriebsrat befindet sich oftmals in einer schwierigen Position, denn er muß sich mit akuten oder unterschwelligen Konflikten befassen, die sich erst zu Mobbing auswachsen könnten, aber nicht müssen. Bei ihm werden Beschwerden vorgetragen, deren Berechtigung erst noch zu prüfen ist, denn nicht jede Beschwerde ist von vornherein berechtigt und wahrheitsgemäß. Er hat mit Konflikten zu tun, bei denen von beiden Seiten kräftig gemobbt wird. Beide Seite beschweren sich und fühlen sich gemobbt und eventuell haben beide Seiten berechtigte Beschwerdegründe. Der Betriebsrat kann auch aufgefordert sein, Mobbingbetroffene zu unterstützen, die sich in der Vergangenheit alles andere als kollegial verhalten und sich deswegen im Betrieb unbeliebt gemacht haben. In manchen Konflikten liegt vorsätzliche Feindseligkeit vor, in anderen Fällen ist die Feindseligkeit das Ergebnis von Mißverständnissen. Außenstehende wollten hilfreich eingreifen, machten aber das Falsche und stehen nun als Mobbingbeteiligte da. Mit diesen Beispielen sei angedeutet, daß sich ein Betriebsrat nicht auf eine schematische Einteilung der Beteiligten in *das Opfer* und *die Täter* einlassen sollte.

1. Zur Beweislage und Glaubwürdigkeit

Wann ist es ratsam, bei Mobbing einzugreifen? Diese Frage ist in jedem Fall dann zu bejahen, wenn ein Mitarbeiter sich beschwert oder um Hilfe bittet, weil er sich als Mobbingbetroffener sieht. Es sollte für eine Aktivierung des Betriebsrats ebenfalls ausreichen, wenn Außenstehende berichten, daß wahrscheinlich Mobbing im Gange ist. Bei ungebetenem Eingreifen kann es allerdings passieren, daß sich die Konfliktparteien die Schlichtung des Betriebsrats regelrecht verbitten, weil z. B. jede Seite noch auf den eigenen Sieg hofft.

Die Schwierigkeiten beginnen aber bereits, wenn man sicher beurteilen will, ob Mobbing vorliegt oder nicht. Die Durchsicht der Mobbingdefinition, des Phasenmodells und der »45er-Liste« bringt nicht in allen Fällen eine befriedigende Sicherheit, ob nun tatsächlich Mobbing vorliegt, wer das Opfer und wer der oder die Täter sind. In Kapitel V. führen wir als ergänzend zu den beschreibenden Kriterien von *Leymann* die beiden inhaltlichen Mobbingkriterien »Feindseligkeit« und »Ausgrenzung« ein. Dennoch wird sich der Betriebsrat gelegentlich damit begnügen müssen, daß er nur ein »sicheres Gefühl« hat, daß es sich um Mobbing handelt, ohne daß es am Wortlaut irgendwelcher Definitionen festzumachen ist.

Wenn der Betriebsrat aufgrund einer Mobbingbeschwerde tätig wird, kann es passieren, daß ihm die Mobber glaubhaft versi-

Abb. 5: Probleme mit Beweislage und Glaubwürdigkeit

- Es läßt sich nicht sicher beurteilen, ob tatsächlich Mobbing stattfindet.
- Unsicherheit, ob bestimmte Umgangsformen schon Mobbing sind.
- Gegenseitiges Mobben ist zu beobachten, aber keiner äußert ein Problem.
- Es wird zwar gemobbt, aber niemand ist unterlegen.
- Die Mobber fühlen sich selbst gemobbt.
- Die Angaben des Mobbingbetroffenen klingen unglaubwürdig.
- Der Mobbingbetroffene ist auch für die Berater »schwierig« im Umgang.
- Berater kann nicht glauben, daß es so schlimm sein soll.
- Es kommen Zweifel, weil die Mobber glaubhafte Gegenbeweise liefern.

chern, daß sie die eigentlichen Mobbingopfer sind, die sich nur zur Wehr gesetzt haben. Dies läßt sich mit gutem Gewissen nicht von vornherein als bloße Schutzbehauptung abweisen. Es kann nicht sein, daß der, der sich zuerst beschwert und klagt, automatisch als schützenswertes Mobbingopfer eingestuft wird, während die andere Seite damit schon vorverurteilt ist. Zwar kann man anführen, daß das spätere Mobbingopfer durchaus zunächst in der stärkeren Position gewesen sein kann. Aus seiner Perspektive des Arbeitsmediziners hat das keine Konsequenzen bezüglich der uneingeschränkten Unterstützung für das Mobbingopfer. Wenn der Betriebsrat dagegen die Geschichte und die Begleitumstände eines Mobbingkonflikts unbeachtet läßt, kann er nicht nur die Lösung des Konflikts und die Hilfe für die Betroffenen untergraben, sondern seine eigene Glaubwürdigkeit in den Augen der Belegschaft zerstören. Man könnte deswegen überlegen, jeden Konflikt zwischen Mitarbeitern in der Frühphase den jeweiligen Vorgesetzten zu melden und an ihn zur Lösung zu übergeben. Aber das ist praktisch unrealistisch. Außerdem würden Menschen entmündigt, wenn man die Bewältigung zwischenmenschlicher Unstimmigkeiten generell an höhere Instanzen delegiert. Vorgesetzte haben zwar mehr betriebliche Macht als Mitarbeiter und könnten deshalb Mobbing durch Machteingriff unterbinden, aber sie haben nicht unbedingt besseres Fingerspitzengefühl oder bessere Fähigkeiten, Konflikte zu bewältigen, als normale Mitarbeiter oder Mitglieder des Betriebsrats. Der blinde Einsatz von Macht gegen Mobbing kann außerdem, trotz bester Absichten, auch leicht ins Gegenteil umschlagen.

Wir glauben, daß ein engagierter Betriebsrat nicht umhin kommt, sich in jedem einzelnen Mobbingfall ein eigenes inhaltliches Urteil zu bilden. Es reicht zu Bewältigung betrieblicher Mobbingsituationen nicht aus, zu wissen, wer das Opfer ist.

Leymann beklagt, daß sein arbeitsmedizinischer Mobbingbegriff in den Medien und durch andere Autoren quasi zu einem modischen Wort für »Konflikt« verwandelt worden ist. Klar ist, nicht jeder Konflikt ist Mobbing. Wir sind allerdings der Auffassung, daß Mobbing am Arbeitsplatz nur bewältigt werden kann, wenn Mobbing als eine besondere Konfliktform behandelt wird. Das bedeutet aber auch, daß allen beteiligten Seiten der Status einer Konfliktpartei einzuräumen ist, unabhängig davon, welche Seite die Grausamkeiten verübt hat. Die Aufgabe des außenstehenden Dritten ist es dann, den Sachverhalt genau zu prüfen und beim Eingreifen die Verhältnismäßigkeit der Mittel zu wahren.

> **!** **Wichtig:**
> Es reicht zur Bewältigung von Mobbing nicht aus zu wissen, wer »Opfer« ist.

Nehmen wir ein fiktives, aber nicht weit hergeholtes Beispiel.

54

Dabei zeigt sich, daß es für den Betriebsrat zur Ermittlung seiner Strategie nicht ausreicht festzustellen, wer der unterlegene Part in einem Mobbingkonflikt ist. In der Abb. 6 haben wir einen Mobbingvorgang im zeitlichen Verlauf dargestellt.

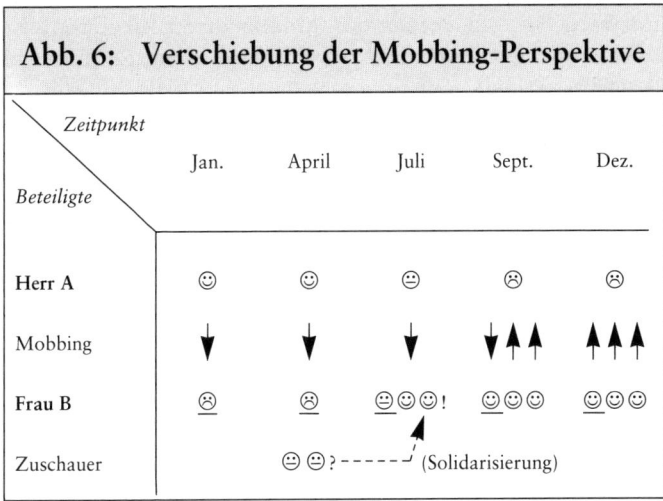

Abb. 6: Verschiebung der Mobbing-Perspektive

Erläuterung des Beispiels: Der Betriebsrat war im April über die Situation von Frau B informiert worden und hatte sich sein Bild gemacht. Demzufolge wurde Frau B von Herrn A übel mitgespielt, sie wurde beschimpft und kritisiert. Der Betriebsrat riet Frau B, zu einer externen Mobbingberatung zu gehen, da man selbst noch nicht genug Erfahrungen mit solchen Problemen habe. Er sei aber bereit, sich zu engagieren. Allerdings wurde der Fall nicht konsequent weiterverfolgt. Zu diesem Zeitpunkt galt Herr A eindeutig als der Mobber und Frau B als die Mobbingbetroffene.

Im Dezember kommt Herr A zur Mobbingberatung der Caritas. Ihm werde seit September von einigen Untergebenen so übel mitgespielt, daß er jetzt dauerhaft krankgeschrieben sei, berichtet er dort. Die Angriffe dauerten zwar noch kein halbes Jahr, seien aber so massiv, daß er es nicht mehr aushalten könne. Unter Heranziehung der Mobbingdefinition, des Phasenmodells und der Auflistung von Mobbinghandlungen wird nun Herr A vom Berater als Mobbingopfer eingestuft. Er schreibt mit Einverständnis von Herrn A einen Brief an die Geschäftsleitung.

Würde nun die Geschäftsleitung ausschließlich aus Sicht des aktuellen Mobbinggeschehens handeln, dann wäre für sie Herr A das Opfer und Frau B sowie die Kollegen die Täter. Damit würde die Geschichte des Konflikts insgesamt nicht gerecht beurteilt. Der Unterschied zwischen den beiden Beobachtungen macht die Begebenheit aus, daß sich einige zunächst neutrale Beobachter im Juli mit Frau B solidarisierten und ab April einen massiven Gegenangriff gegen Herrn A vorbrachten, dem dieser nicht gewachsen war. Wenn man so will, wurde eine Art Selbstjustiz durchgeführt.

In einem unserer Mobbingseminare berichtete ein Betriebsratsmitglied, daß er und zwei weitere Arbeitskollegen in den letzten beiden Jahren ihren gemeinsamen Vorgesetzten zum Alkoholiker gemobbt hätten. Über Jahre habe der Vorgesetzte seine Untergebenen jeweils einzeln traktiert, regelrechten Psycho- und Arbeitsterror ausgeübt, dann habe er versucht, sich gegen eine zunehmende Solidarisierung durchzusetzen. Schließlich hätten die angegriffenen Untergebenen den Spieß umgedreht. Die Handlungen des Vorgesetzten seien haarsträubend gewesen, dennoch sei nun die Tatsache nicht aus der Welt zu räumen, daß sich die drei Kollegen des Mobbings schuldig gemacht hätten. Der anwesende Betriebsrat rang nach diesem Geständnis sichtlich mit der Fassung. Nach einigen Minuten Bedenkzeit sprach er dann sein abschließendes Urteil: »Er hat sich schweinisch benommen, es geschah ihm recht!«

Sehen wir einmal davon ab, daß hier ein Mitglied des Betriebsrats selbst in Mobbing verstrickt war. Was wir aufzeigen wollen ist, daß es aus betrieblicher Sicht oft nicht ausreicht, das Opfer zu identifizieren. Aus der aktuellen Lage abzuleiten, daß die drei Kollegen die ausschließlich bösen Mobber wären, während der Vorgesetzte das bedauernswerte Mobbingopfer ist, wird dem Geschehen nicht gerecht und würde im Betrieb nicht auf Akzeptanz stoßen. Daraus läßt sich der Schluß ziehen:

 Wichtig:
Der Betriebsrat kommt nicht umhin, jeden Fall selbst inhaltlich zu bewerten.

2. Loyalität und Schuld

Es gibt einige Konstellationen, bei denen Betriebsratsmitglieder auf eine Beteiligung an der Bereinigung des Mobbingprozesses verzichten sollten:

- wenn man mit einem der Mobber befreundet oder näher bekannt ist. Schließlich ist es sehr problematisch, später vor die Alternative gestellt zu werden, entweder um der Gerechtigkeit willen die Freundschaft zu riskieren oder umgekehrt wegen der Freundschaft die Gerechtigkeit zu beugen;
- wenn eine starke Abhängigkeit vom Mobber besteht;
- wenn man der Auffassung ist, dem Mobbingbetroffenen werde zu Recht übel mitgespielt.

Es gibt andere Konstellationen, die hohe Anforderungen an die eigene Glaubwürdigkeit, Gerechtigkeit und Ehrlichkeit stellen, bei denen es aber nicht notwendig ist, die Aufgabe des Mobbingbeauftragten an eine andere Person zu delegieren:

- wenn der Mobbingbetroffene die Situation verschuldet hat;
- wenn der Mobbingbetroffene schon eindeutig in die Defensive und Hilflosigkeit geraten ist, aber beide Seiten mit unfairen Mitteln kämpfen. Für die Schlichtung ist diese Konstellation sogar einfacher, weil nicht nur eine Seite nachgeben muß und zu befürchten hat, daß sie allein das Gesicht verlieren könnte;
- wenn man mit dem Mobbingbetroffenen befreundet oder näher bekannt ist; dies erleichtert einerseits die Unterstützung des Betroffenen, kann aber im Umgang mit dem Mobber problematisch werden, weil einem von dieser Seite »Befangenheit« und »Vorurteile« vorgeworfen werden können. Es ist aber nicht notwendig, sich deswegen in die völlig neutrale Rolle eines Richters zu begeben. Es genügt, wenn der anderen Seite eine faire Chance gegeben wird, ihre Sichtweise der Dinge und ihre berechtigten Interessen darzulegen.

3. Handlungsfähigkeit und soziale Kompetenz

Die Furcht von Betriebsratsmitgliedern, den Anforderungen und Erwartungen nicht gerecht zu werden, läßt sich nicht verbal ausräumen. Eigene Unzulänglichkeiten und äußere Unwägbarkeiten mindern die Handlungsfähigkeit des Betriebsrats in Mobbingkonflikten (s. Abb. 7). Zur Erhöhung der Handlungsfähigkeit und der sozialen Kompetenz bieten sich zunächst einmal vertiefende Schulungsmaßnahmen zum Thema Mobbing oder Konfliktmanagement an. Des weiteren könnten Seminare mit dem thematischen Schwerpunkt »Gesprächsführung« bzw. »Grundlagen der Kommunikation« hilfreich sein. Eine wirkungsvolle Unterstützung könnte der in Mobbingangelegenheiten engagierte Betriebsrat durch eine externe Supervision erhalten. Darüber hinaus dürfte der kontinuierliche Kontakt mit anderen Stellen, die mit Mobbing befaßt sind, den Horizont und die Kompetenz erweitern.

Ein echtes Dilemma kann die Situation sein, daß der Mobbing-

Abb. 7: Einschränkungen der Handlungsfähigkeit des Betriebsrats

- Furcht, daß einem der Prozeß aus den Händen gleiten wird;
- Besorgnis, daß alles nur noch schlimmer wird;
- keine vernünftigen Lösungswege in Sicht (»Reden allein nützt doch nicht«);
- der Arbeitgeber oder die Betriebsratskollegen spielen nicht mit;
- das Mobbingopfer leidet zwar, will aber kein Aufsehen erregen;
- eigene Unsicherheit im Umgang und Gespräch mit Mobbingbetroffenen;
- eigene Unsicherheit im Umgang mit Mobbern;
- Überforderung bei Gesprächen am runden Tisch.

---

betroffene zwar stark unter seiner Situation leidet, er sich aber gegen jede Aktivität Dritter wendet. In die Rolle des hilflosen Helfers gestellt, besteht die Gefahr, daß der Helfer selbst wütend und aggressiv gegenüber dem Mobbingbetroffenen reagiert. Hier ist vor allem Geduld gefordert und Respekt vor den Beweggründen des Mobbingbetroffenen nötig, auch wenn man die Gründe für dessen Handlungsunfähigkeit nicht nachvollziehen kann. Insbesondere der Betriebsrat kann zu dem Entschluß gelangen, daß ein Eingreifen gegen Mobbing im Allgemeininteresse der Belegschaft liegt. Dann muß er vollständig in eigener Verantwortung vorgehen und darf den Mobbingbetroffenen nicht als Galionsfigur seiner Maßnahmen mißbrauchen.

Greifen wir die Überschrift des Kapitels wieder auf: Ein Problem für die Handlungsfähigkeit des Betriebsrats könnte sein, daß auch die Mobber behaupten, daß sie gemobbt würden. Der außenstehende Dritte mag nun befürchten, dadurch in eine völlig unübersichtliche Lage von Beschuldigung, Gegenbeschuldigung, Beweis und Gegenbeweis zu geraten. Paradoxerweise ist jedoch die Situation, daß sich die Mobber mit inhaltlichen Argumenten verteidigen, eine gute Ausgangslage für ein Schlichtungsverfahren. Denn obwohl das Gespräch noch auf der Ebene von Beschuldigung und Gegenbeschuldigung ist, findet doch bereits ein *Gespräch über die Situation* statt. Wenn hingegen Mobbing in jeder Hinsicht verdeckt und getarnt erfolgt und seine Existenz geleugnet wird, ist das Eingreifen wesentlich schwieriger.

4. Sich ein eigenes Bild machen

Der Betriebsrat kommt nicht umhin, sich für jeden einzelnen Mobbingfall ein eigenes Urteil zu bilden. Die Urteilsfindung kann in drei Schritten vorgenommen werden. Dabei ist jeder Schritt unabhängig von den anderen zu machen (s. Abb. 8).

Im **ersten Schritt** ist zu prüfen, ob Mobbinghandlungen einer gewissen Intensität, Dauer und Zielgerichtetheit vorliegen. Wir können ermitteln, inwieweit beide Seiten mobben und ob eine Seite bereits die Oberhand gewonnen hat oder wahrscheinlich gewinnen dürfte. Wir können dabei zu einem eindeutigen Urteil kommen, ohne Rücksicht darauf, ob wir mit Beteiligten befreundet oder verfeindet sind und ob wir für das Vorgehen Verständnis aufbringen oder uns der Hintergrund eine gewisse Rechtfertigung für die Feindseligkeit nahelegt.

Im **zweiten Schritt** prüfen wir, ob eine Person in die unterlegene Position geraten ist und/oder persönlich stark an der Auseinandersetzung zu leiden hat. Dann versuchen wir, alle Möglichkeiten der persönlichen Unterstützung zu mobilisieren (Freunde, Beratung, Gespräche, Selbsthilfe, medizinische und therapeutische Hilfe). Dabei ist die Frage der möglichen Mitschuld oder der unterlassenen Chancen unbedeutend. Diese Hilfe ist elementar und sollte von keinerlei Bedingungen abhängig gemacht werden. Das Gewähren dieser Unterstützung darf den Willen, den dahinterliegenden Konflikt sachlich und gerecht lösen zu wollen, nicht untergraben.

Abb. 8: Kurzanalyse eines Mobbingfalles

1. Schritt: Liegt tatsächlich Mobbing vor?

Prüfung von Beschwerden und Beobachtungen anhand folgender vier Kriterien:

- Ist die Mobbingdefinition im wesentlichen erfüllt?
- Sind regelrechte Mobbinghandlungen erkennbar (»45er-Liste«, vgl. S. 26 f.)?
- Ist deutliche Feindseligkeit und/oder Ausgrenzung bemerkbar?
- Welche Mobbingphase liegt vor?

Es geht bei dieser Prüfung nur um die formale Feststellung, ob der sichtbare Konflikt als Mobbingkonflikt abläuft. Anlässe, Gründe, Ursachen sowie Schuldfragen spielen für diese Beurteilung noch keine Rolle. Handelt es sich um keinen Mobbingkonflikt, so sind andere geeignete Maßnahmen zur Behebung des Problems zu ergreifen.

2. Schritt: Ist jemand schutzbedürftig?

Prüfung, ob eine individuelle Notlage vorliegt nach folgenden Kriterien:

- Ist eine Konfliktpartei deutlich unterlegen?
- Werden wehrlosmachende Methoden eingesetzt?
- Ist das Bewältigungsvermögen überfordert?

Der Leidensdruck und die persönliche Not einer Person sind ausreichender Grund für eine persönliche Anteilnahme und Unterstützung. Diese Fürsorge bedeutet keine Vorverurteilung der anderen Konfliktpartei. Das Angebot von Schutz und Unterstützung soll auch dann gewährt werden, wenn der Schutzbedürftige eine Mitschuld am Konflikt hat.

3. Schritt: Welcher Konflikt ist wie zu lösen?

Prüfung der Konfliktthemen sowie der möglichen Ursachen und Hintergründe:

- Gibt es (auch) einen sachlichen Konfliktstoff?
- Welche gegenseitigen Erwartungen gibt es?
- Gibt es Ansätze für Vermittlung und Schlichtung?
- Gibt es unversöhnliche Gegensätze und Interessen?
- Welche Lösungsansätze sind zu erkennen?

Im **dritten Schritt** kommt es darauf an, mit kühlem Verstand die zugrundeliegenden Interessen herauszuarbeiten, abzuwägen und verschiedene Lösungsvarianten zu erarbeiten. Auch bei diametral entgegengesetzten Interessen oder Positionen muß ein Verfahren der Klärung vorbereitet werden. Nach sorgfältiger Prüfung kann sich herausstellen, daß nur ein Machteingriff wirkungsvoll ist. Wenn wir aber Mobbing immer durch Machteingriff unterdrücken wollen, übersehen wir, daß die zugrundeliegenden Interessengegensätze oft nicht bereinigt werden und als nun »gedeckelte« Konflikte weiterschwelen.

IV. Sicherheit bei der Beurteilung von Mobbing gewinnen – Die Übung an einem Fallbeispiel

Es scheint uns sinnvoll, dem Leser ergänzend zu dem theoretischen Überblick die Möglichkeit zu geben, die eigene Urteilsfähigkeit für Mobbing zu trainieren. Deswegen werden hier und im Kapitel IX. Mobbingsituationen in der Form von Übungen präsentiert, bei denen der Leser eine eigene Analyse vornehmen und diese im Anschluß mit unseren Einschätzungen und Überlegungen vergleichen kann.

1. Der Fall »Manfred«

Wir möchten Sie nun bitten, das folgende Fallbeispiel zu analysieren und zu beurteilen. Das Beispiel wurde von *Leymann* (1993, S. 36) vorgelegt und ist in der Mobbingliteratur bereits kritisch hinterfragt worden. Es läßt sich sehr unterschiedlich auslegen, wie an dem anschließenden kritischen Kommentar von *Neuberger* (1994) abzulesen ist. Was aus arbeitsmedizinischer Sicht für *Leymann* eine eindeutige Sache ist, wirft für viele, denen wir das Fallbeispiel vorgelegt haben, eher neue Fragen auf. Wir wollen Ihrer Bewertung jedoch nicht vorgreifen. Lesen und überprüfen Sie den Sachverhalt selbst und fällen Sie Ihr eigenes Urteil. Sie werden hierzu etwa 20 Minuten benötigen. Gehen Sie folgendermaßen vor:

1. Schritt: Lesen Sie den Fall »Manfred« aufmerksam durch.

 Fallbeispiel »Manfred«:

»Manfred arbeitete als Klempner in einem großen Chemiebetrieb in einer Abteilung, die für Reparaturen an Rohrleitungen zuständig ist. Er gehört einer christlichen

Sekte an. Als sei dies eine Selbstverständlichkeit, versuchte Manfred immer wieder, seine Arbeitskollegen zu bekehren und zum Eintritt in die Sekte zu bewegen. Die Kollegen fühlen sich belästigt, doch anstatt das Problem über kollegiale Gespräche, eventuell unter Einschaltung des Chefs, anzugehen, übertragen sie den Konflikt auf die private Ebene.

(*1) Anfangs reagieren sie grob auf Manfreds Bekehrungsversuche. Als das nicht half, ließen sie ihn links liegen. Sie drehten sich weg, wenn er mit seinen Reden anfing. Niemand sprach ihn mehr an.

(*2) Als auch das nicht half, eskalierte die ›Nicht-Kommunikation‹: Die Kollegen weigerten sich, mit Manfred in der Kantine am selben Tisch zu sitzen. Wenn er hereinkam, standen sie auf und verließen den Raum. Aber auch das half nichts.

(*3) Nun verfiel man auf eine groteske Art von Gewaltandrohung, wie man sie in gewissen ›Männergesellschaften‹ beobachten kann: ›Makabere Scherze‹, einschüchternde Drohungen, die nicht wirklich in die Tat umgesetzt werden. So nahm ein belästigter Kollege ein Messer in die Hand und drohte: ›Halt deine miese Klappe, oder …‹. Einer knüpfte einen Henkersknoten und befestigte das Seil unter der Decke des gemeinsamen Umkleideraumes. Oder die Kollegen zimmerten einen Sarg und stellten ihn vor Manfreds Spind auf.

(*4) In dieser Phase verselbständigte sich der Konflikt. Manfred gab die Bekehrungsversuche auf. Aber einmal in Gang gekommen, gingen die ›Scherze‹ der Kollegen weiter, ein ganzes Jahr lang, bis Manfred sich versetzen ließ.«

2. Schritt: Lesen Sie nun den Kommentar von *Neuberger* 1994, S. 109 zum Fall »Manfred«.

Kommentar zum Fall »Manfred«:
»Für *Leymann* gilt Manfred als Mobbingopfer; man kann jedoch die Geschichte auch ganz anders lesen: Mit seinem religiösen Fanatismus dringt Manfred in die Privatsphäre der Arbeitskollegen ein und belästigt sie in erheblichem Maß. Um sich zu schützen, grenzen sie sich ab. Als das den missionarischen Eifer immer noch nicht stoppt, greifen die Kollegen zu härteren Mitteln, werden grob und verletzend. Erst dann reagiert Manfred – zu spät! Wer ist hier Mobber, wer Gemobbter?«

3. Schritt: Versuchen Sie, die folgenden Fragen zum Fall »Manfred« zu beantworten.

Fragen zum Mobbingfall »Manfred«:
1. Werden problematische Handlungen von Manfred durchgeführt? Wenn ja, welche?
2. Welche problematischen Handlungen werden von den Kollegen durchgeführt?
3. Welche Handlungen beider Seiten sind (nach der »45er«-Liste in Kapitel I.3. und entsprechend Ihrer eigenen Wertung) regelrechte Mobbinghandlungen? Warum?
4. Wer geht systematisch, oft und über einen längeren Zeitraum (entsprechend der Mobbing-Definition in Kapitel I.1.) vor? Wer ist unterlegen? Wer wird ausgestoßen?
5. Welche Phasen sind zu beobachten, welche Phasen wurden nicht durchlaufen? Ziehen Sie zur Beantwortung das Phasenmodell (vgl. Kapitel I.2.) hinzu.
6. Abschließendes Urteil zur Frage: Wer ist Mobber, wer ist Mobbingbetroffener?

7. Bis zu welchem Zeitpunkt liegt ein Konflikt vor, und wo beginnt Mobbing?
8. Wie beurteilen Sie jetzt den kritischen Kommentar von *Neuberger*?
   Bleiben für Sie am Mobbingfall »Manfred« noch Fragen offen, oder ist alles klar?
9. Verschiedene Eskalationsstufen des Konflikts sind mit Sternchen (*) gekennzeichnet. Zu welchem Zeitpunkt des eskalierenden Konflikts (siehe Sternchen *1, *2, *3, *4) hätte man als Betriebsrat sinnvoll eingreifen können? Welche Maßnahmen wären jeweils sinnvoll gewesen?

4. Schritt: Vergleichen Sie nun Ihre Antworten mit unserer Bewertung.

2. Bewertung des Fallbeispiels und Schlußfolgerungen

Vergleichen Sie nun Ihre Ergebnisse mit unserer Bewertung des Falls »Manfred«. Vergegenwärtigen Sie sich, in welchen Punkten Sie mit uns übereinstimmen und in welchen Punkten Sie an einer von uns abweichenden Meinung festhalten möchten.

Zu Frage 1: Manfred hat ein religiöses Sendungsbewußtsein und versucht, seine Arbeitskollegen zu bekehren. Dies fällt eindeutig in den Bereich dessen, was erlaubt ist. Doch Manfred reagiert auf den offensichtlichen Unwillen seiner Kollegen nicht, sondern er versucht ausdauernd (von außen betrachtet: penetrant) und gegen den nonverbal und verbal vorgebrachten Widerstand, sein Anliegen offensiv durchzusetzen. Sein religiöses Sendungsbewußtsein dürfte aufgrund des Widerstands vermutlich sogar verstärkt werden – denn typisch für solche Glaubensgemeinschaften ist, daß das Desinteresse in der sozialen Umwelt gerade als Beweis für die »Verderbtheit« der Welt angesehen wird, der man unerschütterlich entgegentreten muß.

Sozial belastend ist sein Eifer, weil er für die anderen eine dauerhafte Belästigung darstellt und weil er dabei den Respekt von den Überzeugungen und Wünschen der anderen vermissen läßt.

Zu Frage 2: Die grobe Zurückweisung der Bekehrungsversuche oder das Wegdrehen, wenn man ungebeten angesprochen wird, das sind sicher nicht die optimalen Formen, um eine Belästigung abzustellen. Aber es handelt sich hierbei noch nicht um nachhaltige unsoziale Verhaltensweisen. Problematisch wird es dagegen, sobald die Arbeitskollegen nicht einzeln, sondern als Kollektiv reagieren – wenn ihn niemand mehr anspricht oder die Arbeitskollegen gemeinsam Raum und Tisch verlassen, sobald Manfred auftaucht. Die makaberen Scherze stellen eindeutig unsoziale Verhaltensweisen dar. Da sich die Arbeitskollegen spätestens hier ihrer Mehrheit und Macht bewußt geworden sind, hätten sie ihre Phantasie auch für sozial verträgliche Methoden einsetzen können, um die unerwünschten Bekehrungen abzustellen.

Zu Frage 3: Entsprechend der »45er«-Liste (vgl. S. 26 f.) sind folgende Handlungen der Arbeitskollegen tatsächlich Mobbinghandlungen: grobe Zurückweisung (Mobbinghandlung Nr. 4); Wegdrehen (Mobbinghandlung Nr. 11); nicht mehr reden (Mobbinghandlung Nr. 12); nicht mehr ansprechen lassen (Mobbinghandlung Nr. 13). Aus der Falldarstellung ist nicht eindeutig herauszulesen, ob die religiöse Einstellung direkt angegriffen wird (das wäre Nr. 24). Es ist auch nicht ablesbar, ob Manfred die »Scherze« als böse Ausgrenzung oder als reale Androhung körperlicher Gewalt (Nr. 40) eingeordnet hat. Für »makabere Scherze« gibt es keine Rubrik in der »45er«-Liste. Die Belästigung und die Respektlosigkeit von seiten Manfreds sind nach der »45er«-Liste keine Mobbinghandlungen. An anderer Stelle beschreibt *Leymann* aber die wesentlichen Unterscheidungsmerkmale zwischen Mobbing und ähnlichen Formen belastender Kommunikation in folgender Weise: »Die Merkmale sind: Konfrontation, Belästigung, Nichtachtung der Persönlichkeit und Häufigkeit der Angriffe über einen längeren Zeitraum hinweg« (*Leymann* 1993, S. 22). Diese Merkmale treffen nun eindeutig auf Manfreds Verhalten zu. Danach wäre es doch Mobbing?

Was Manfreds Verhalten aber insbesondere fehlt, ist jede Form von Feindseligkeit. Darin unterscheidet er sich völlig vom Verhalten seiner Kollegen. Das ist nachvollziehbar, da sein Motiv darin besteht, die Menschen vor dem Unglauben zu retten. Deswegen möchte Manfred mit seinen Kollegen in Kontakt kommen. Im Gegensatz dazu sind die Arbeitskollegen zunehmend darauf aus, Manfred loszuwerden.

Zu Frage 4: Manfred geht systematisch und ausdauernd vor, da er seinem Sendungsbewußtsein konsequent folgt. Er verfolgt sein Ziel über einen längeren Zeitraum. Sein Handeln erfüllt somit zwei Kriterien der Mobbingdefinition (vgl. Kapitel I. 1.). Seine Arbeitskollegen gehen dagegen zunächst nicht systematisch vor, denn sie scheinen auf die jeweiligen Bekehrungsversuche jeweils nur unmittelbar abweisend zu reagieren. Erst ab dem mit (*2) gekennzeichneten Zeitpunkt wird ihr Verhalten ebenfalls systematisch. Der Unterlegene ist ohne Zweifel Manfred, der schließlich aus Selbstschutz die eigene Versetzung betreibt.

Zu Frage 5: Über Phase 1 ist nichts ausgesagt. Sie ist für die Konfliktentwicklung im Fall Manfred auch nicht notwendig. Es ist gut vorstellbar, daß jemand wie Manfred in eine religiöse Sekte eintritt und dann spontan versucht, weitere Personen zu bekehren. Dazu müssen im Vorfeld keine größeren Konflikte in der Abteilung stattgefunden haben. Alle Auseinandersetzungen lassen sich der Phase 2 zuordnen (Psychoterror, Mobben). Phase 3 hat es ebensowenig gegeben wie Phase 4, denn die Personalverwaltung hat nicht eingegriffen und Fehldiagnosen hat es auch nicht gegeben. Phase 5 hat nun teilweise eingesetzt, da es zu einer Versetzung gekommen ist (aber noch nicht zu mehreren Versetzungen).

Zu Frage 6: Es bedarf einiger Überlegungen, um hier zu einem eindeutigen Urteil zu gelangen. Die Handlungen beider Seiten erfüllen etliche Definitionskriterien für Mobbing. Die gravierenden Unterschiede liegen darin, daß erstens bei Manfred keine feindselige Absicht erkennbar ist und er zweitens eindeutig unterlegen sowie hilflos ist und ausgegrenzt wird. Manfred ist das Mobbingopfer.

Zu Frage 7: Wenn wir *Leymann* richtig interpretieren, dann dürfte er den Zeitpunkt, in dem der Konflikt in Mobbing umschlägt, sehr früh ansetzen. *Leymann* schreibt: »Die Kollegen fühlten sich belästigt, doch anstatt das Problem über kollegiale Gespräche, eventuell unter Einschaltung des Chefs, anzugehen, übertragen sie den Konflikt auf die private Ebene. Anfangs reagierten sie grob...« *Leymanns* Erwartung ist demzufolge, daß sie unmittelbar durch klärende Gespräche bzw. Einschalten der Hierarchie hätten reagieren sollen. Statt dessen hätten sie den Konflikt auf die private Ebene gezogen und damit Mobbing begonnen. Doch *Leymanns* Einschätzung, daß die Kollegen den Konflikt auf die private Ebene gezogen hätten, ist nicht korrekt, denn die Konfrontation war von Beginn an auf einer privaten Ebene. Manfreds religiöser Eifer war Privatangelegenheit und hatte nichts mit betrieblichen Belangen zu tun.
Vom Ende her betrachtet, kann leicht gesagt werden, daß die Arbeitskollegen den Konflikt gleich auf eine andere Ebene hätten bringen sollen. Aber in der Anfangssituation – Manfred fängt immer wieder mit Bekehrungsversuchen an, jeder einzelne Arbeitskollege zeigt immer wieder und zunehmend deut-

lich seinen Unwillen – war für keinen der Beteiligten vorauszusehen, wohin das Ganze noch eskalieren würde. Wenn *Leymann* nur die Arbeitskollegen kritisiert, daß sie frühzeitig bessere Wege hätten einschreiten oder den Chef einbeziehen müssen, dann mißt er hier mit zweierlei Maß. Weder Manfred noch die Arbeitskollegen schauen in die Zukunft. Manfred versetzt sich nicht in die Situation seiner Kollegen, die er bekehren will. Schließlich ist es seine Absicht, sie zu bekehren. Die Arbeitskollegen versetzen sich ihrerseits nicht in die Lage Manfreds. Sie fragen sich nicht, welche Folgen ihre zunehmende Verärgerung und Zurückweisung für Manfred haben könnte. Sie wollen vor allem in Ruhe gelassen werden.

Es scheint uns nachvollziehbar, daß die Arbeitskollegen zu Beginn nicht daran denken, den Vorgesetzten einzuschalten. Die von ihnen zu erwartende Reaktion war vielleicht: »Ihr seid doch Erwachsene, könnt Ihr das nicht selber regeln?« Es ist ebenfalls noch nachzuvollziehen, daß die Arbeitskollegen vor kollegialen Gesprächen Abstand nehmen. Denn jedes Zugehen auf Manfred könnte von diesem, da er die Abweisungen bereits ignoriert hatte, mit verstärkten Bekehrungsversuchen beantwortet werden. Der Übergang von Konflikt zu Mobbing erfolgt erst, als sie zu gemeinsam geplanten Maßnahmen übergehen. Aktionen wie Weghören, Nicht-Ansprechen, Nicht-Ansprechen-Lassen, Vom-Tisch-Aufstehen sind ja gewissermaßen defensive Vermeidungsstrategien gegen das Bekehrtwerden (es gäbe natürlich sozialere Methoden). Die Arbeitskollegen gehen eindeutig zu Mobbing über, als sie Manfred durch Drohungen und durch die makaberen Scherze als Person angreifen. Sie machen sich nicht mehr die Mühe, das eigentliche Problem anzugehen, sondern sie suchen Genugtuung und versuchen, Manfred auszugrenzen. Verwerflich ist – und das ist dann Mobbing in Reinkultur –, daß sie nicht nachlassen, als Manfred seine Bekehrungen längst eingestellt hat. Das ist »Nachtreten«, obwohl der Gegner längst am Boden liegt.

Zu Frage 8: Aus *Leymanns* Ausführungen läßt sich schließen, daß er die moralische Verurteilung von Mobbern und gegebenenfalls deren betriebliche Sanktionen einfordert. Auf der Seite der Betroffenen wird dagegen volles Verständnis, Unterstützung und Rücksichtnahme erwartet. Eine Diskussion über Handlungen und Versäumnisse des Opfers soll unterbleiben. Beim Fallbeispiel »Manfred« stoßen *Leymanns* Erwartungen häufig nicht auf ungeteilte Zustimmung. Betriebsratsmitglieder, denen der Fall von uns vorgelegt wurde, sind meist ebenfalls der Meinung, daß Manfred Schutz und Fürsorge benötigt, aber sie können nicht nachvollziehen, warum Manfreds Anteil am Konflikt völlig außer Acht gelassen werden soll. Zudem halten sie eine solche Vorgehensweise aus betrieblicher Sicht nicht für konsensfähig.

Nun steht außer Zweifel, daß sich Manfreds Arbeitskollegen unsozial und unmoralisch verhalten haben. Es steht aber auch außer Zweifel, daß Manfred in naiver oder ignoranter Weise die Situation provoziert hat, und zwar nicht durch einen einmaligen, sondern durch chronische Bekehrungsversuche. Er hat alle Signale seiner Kollegen ignoriert und sich damit seinerseits kontinuierlich über deren Rechte hinweggesetzt.

Wir könnten uns eine erfolgreiche Schlichtung oder ein Clearing-Verfahren nicht vorstellen, wenn wir Manfreds Anteil an dem sozialen Konflikt völlig außer Betracht lassen und uns nur mit dem Mobbing der Mobber befassen. Ein Schlichtungsverfahren muß ja naturgemäß mit einem gewissen Einverständnis der Beteiligten enden – zumindest mit der Frage, wie es weitergehen soll. Wie sollten sich jedoch Manfreds Arbeitskollegen jemals mit dem Ergebnis eines solchen Verfahrens einverstanden erklären, in dem nur ihre Verfehlungen zum Tragen kommen dürfen? Wie sollte dann eine neuerliche Integration von Manfred in den Kollegenkreis möglich sein? Dies dürfte nur über äußeren Druck und Androhung von Sanktionen gelingen. Sodann stellt sich aber die Frage, wie die Kollegen auf derartigen Druck reagieren werden und wohin sie der unterdrückte Groll treiben wird.

Selbst in Fällen, in denen Mobber uneinsichtig und unnachgiebig sind und man um einen Machteingriff seitens der Geschäftsleitung nicht umhin kommt, sollte stets der Maßstab gelten: streng, aber gerecht. Das bedeutet, daß Mobbing verhindert und sanktioniert werden muß. Es bedeutet aber ebenfalls, daß verletzte Rechte von Mobbern nicht unter den Teppich gekehrt werden dürfen, nur weil sie verwerflich gehandelt haben. Fehler und Versäumnisse des Mobbingbetroffenen oder anderer Stellen, die für den Konflikt von Bedeutung sind, dürfen bei der Bewertung des Konflikts nicht tabu sein. Schließlich ist immer wieder zu beachten, daß Mobbingangriffe oft maßlos überzogene Reaktionen auf Handlungen der Mobbingbetroffenen darstellen, die von seiten der Mobber zu einer großen »Schuld« des Mobbingbetroffenen aufgebauscht werden.

Zu Frage 9: Es wird vielfach gesagt, daß die Mobbingkonflikte so frühzeitig wie möglich aufgegriffen und gelöst werden sollten, bevor sie weiter eskalieren. Das ist im Prinzip richtig. Viele Konflikte müssen aber auch erst ein gewisses Reifestadium erreicht haben, bevor überhaupt sinnvoll eingegriffen werden kann. Zum Beispiel müssen die Beteiligten mit ihren eigenen Lösungen bereits gescheitert sein und ein gewisser, bewußter Leidensdruck vorliegen. In der Anfangsphase des Falls »Manfred« dachte jeder Beteiligte vermutlich, daß er allein damit fertig wird. Möglicherweise wäre (*2) der am besten geeignete Zeitpunkt für das Eingreifen des Betriebsrats. Einerseits sind hier die Probleme noch nicht chronisch, andererseits besteht schon ein gewisser Leidensdruck auf beiden Seiten.

Dieser Fall zeigt deutlich, daß man als außenstehender Dritter durchaus unterschiedlicher Meinung sein kann, bis zu welchem Punkt das Verhalten von Manfreds Arbeitskollegen und auch von Manfred selbst akzeptabel, verständlich, nachvollziehbar oder aber unakzeptabel ist. Man kann an der Bearbeitung viel lernen (wie bei jedem konkreten Fall im Betrieb). Es wird aller Voraussicht nach keine absoluten Wahrheiten bei der Beurteilung von Mobbing geben, sondern moralische und pragmatische Spielräume.

Einem Seminarteilnehmer gelang es mit einer einzigen Frage, die Debatte über den Fall »Manfred« noch einmal von vorne beginnen zu lassen. Er fragte: »Wie würdet ihr denn den Fall beurteilen, wenn im Fall ›Manfred‹ das Wort ›Sekte‹ durch das Wort ›Gewerkschaft‹ ausgetauscht würde?«

V. Was unterscheidet Mobbing von anderen Konflikten am Arbeitsplatz?

Die meisten Autoren, die sich mit Mobbing befaßt haben, sind sich in der Annahme einig, daß jedem Mobbingfall ein Konflikt vorausgeht. Die betriebliche Realität scheint aber oft dagegen zu sprechen: Es sind zwar viele zwischenmenschliche Gemeinheiten zu beobachten, aber ein nachvollziehbarer Konfliktstoff ist kaum oder überhaupt nicht zu erkennen. *Leymann* vermutet deswegen auch, daß der ursprüngliche Konflikt im Laufe des Mobbing oft schon längst in Vergessenheit geraten ist.

Wir glauben dies nicht. Wir sind überzeugt, daß Mobbing eine besondere Art und Weise ist, Konflikte auszutragen. In Mobbingkonflikten ist nichts vergessen und es gibt für die Mobber »lebenswichtigen« Konfliktstoff. Dieser Konfliktstoff liegt jedoch nicht offen zutage. Wir werden im folgenden der Frage nachgehen, was den Unterschied zwischen akuten Konflikten ausmacht, in denen gemobbt wird, und solchen, in denen dies nicht passiert. Mit diesem Verständnis wird die Bewältigung von akutem Mobbing erleichtert.

1. »Alarmglocken« für den betrieblichen Alltag

Am Arbeitsplatz brauchen wir eine »griffige« Mobbingdefinition, leicht erkennbare »Alarmglocken«, wenn Gefahr im Verzuge ist. Es wäre völlig übertrieben, wenn sich etwa der Mobbingbeauftragte des Betriebsrates in alle auftauchenden Konflikte einmischen wollte. Es ist auch zu erwarten, daß nicht alle Konflikte, die ihm als Mobbing vorgestellt werden, wirklich Mobbing sind. Es ist außerdem für die betriebliche Praxis undenkbar, daß bei jedem Konflikt ein halbes Jahr mit dem Eingreifen gewartet wird, weil erst nach dieser Zeit definitorisch eindeutig Mobbing vorliegt. Wir dürfen auch nicht jedesmal abwarten, bis sich in einem dauerhaften Streit eine unterlegene Person herauskristallisiert hat. Und schließlich, wie soll man sich zurechtfinden, wenn »auch Allerweltshandlungen, denen man ›mobbende‹ Effekte gar nicht zutrauen sollte, einen Menschen zerbrechen (können)«? (*Leymann* 1993, S. 22) Wir sollten also zielsicher in der Lage sein, »stinknormale« Konflikte von solchen akuten Konflikten zu unterscheiden, die in Mobbing zu eskalieren drohen. Ansonsten verzetteln und verbrauchen wir uns in allgemeiner Konfliktbereinigung. Es wäre bedauerlich, wenn sich der Mobbingbegriff als Ersatzwort für Ärger, Streit und Konflikt abschleifen würde. Die Gefahr besteht, daß sich ein Anti-Mobbing-Akteur in den Augen der Belegschaft und des Managements lächerlich macht, weil er sich als »Friedensengel« an zu vielen Orten schlichtend einmischt, wo dies weder erwünscht noch nützlich ist.

2. Was ist ein Konflikt?

Ein Konflikt entsteht, wenn widerstreitende Interessen und Bedürfnisse aufeinanderstoßen. Mit dem Wort »Konflikt« kann der Widerstreit von Bedürfnissen und Interessen innerhalb eines Menschen oder zwischen Menschen bezeichnet werden. Wenn es bei einem Menschen innerlich zu widerstreitenden Ideen und Bedürfnissen kommt, sprechen wir von einem intrapsychischen Konflikt (d. h. jemand kommt in Konflikt mit sich selber, z. B. in Form von Gewissensbissen oder Entscheidungsnotstand). Bei Interessengegensätzen zwischen Personen wird von einem sozialen Konflikt gesprochen.

• Offener Konflikt

Die widerstreitenden Interessen eines Konflikts können klar artikuliert sein. Jeder Beteiligte und viele Außenstehende wissen im Prinzip, worum es geht. Es kann bereits zum offenem Streit und Schlagabtausch gekommen sein, oder es sind übergeordnete Stellen angerufen worden. Das wäre z. B. bei Kompetenzstreitigkeiten, Konkurrenz, Kampf um verbleibende Arbeitsplätze bei Rationalisierungen denkbar. Es hat auf den ersten Blick den Anschein, als wenn es sich bei Mobbing um Konflikte dieser Art handelte. Mobbingkonflikte wären demzufolge Konflikte, die zunächst »normal« als Streit verlaufen, die dann aber zu keiner Lösung führen, weil niemand aufgeben will. Schließlich eskaliert der Konflikt, Mobbinghandlungen werden von einer oder beiden Seiten eingesetzt, um eine Entscheidung zu erzwingen. Auf diese Weise verlaufen jedoch vermutlich nur wenige Mobbingkonflikte.

- **Verdeckter Konflikt**

Beiden Seiten ist klar, daß sie widerstreitende Interessen haben; aber aus unterschiedlichen Gründen wird ein offener Austausch darüber, d. h. ein Kampf oder die Suche nach einem Kompromiß, vermieden. Wenn die Sache, um die es geht, für die eine oder beide Seite(n) persönlich bedeutend ist, wird der Konflikt verdeckt weiter ausgetragen. Hier werden Bündnisse geschmiedet, Intrigen gesponnen, immer wieder Angriffe vorgebracht, der Gegner zurückgewiesen usw., ohne daß es die ganz große (klärende) Auseinandersetzung gibt. Ein solcher Ablauf dürfte bei Mobbing häufiger anzutreffen sein. Jede Seite weiß, worum es im Prinzip geht, und wundert sich über das Vorgehen der anderen Seite nicht.

- **Konfliktempfinden nur auf einer Seite**

Viele Konflikte scheinen jedoch zunächst ausschließlich im Kopf eines der beteiligten Personen, nämlich des späteren Mobbers, zu schwelen. Ohne Vorwarnung, ohne offenen Streit brechen sie unvermittelt aus und werden mit viel Engagement und Ausdauer ausgetragen. Der Mobbingbetroffene ahnt oft zunächst gar nicht, daß er demnächst heftigen Attacken ausgesetzt sein wird, er kann sich dann gar keinen Reim darauf machen, warum er überhaupt mit dieser Heftigkeit und dauerhaft angegriffen wird. Zusätzlich verwirrend ist, daß Zeiten der Attacken mit relativ friedlichen, desinteressierten, ja sogar freundlichen Phasen abwechseln können. Auf eine typische Frage des Mobbingbetroffenen: »Sagen Sie doch mal, was eigentlich los ist oder was ich Ihnen getan habe?«, geben die Mobber keine klare Antwort. Diese Form scheint uns relativ typisch für Mobbingkonflikte zu sein.

Mobbingbetroffene können sich hierauf häufig keinen Reim machen, wie die folgende Passage zeigt: »Aber du schwankst immer wieder zwischen Wut, Verständnislosigkeit und Verzweiflung – weil du auch nicht kapierst, warum sie immer und immer wieder versucht, dich anzugreifen oder extra alles anders macht – nur um dich zu provozieren.« (aus dem Fall »Britta«; *Huber*, S. 84).

Betrachten wir den Unterschied zwischen einem »normalen« Streit und einem Streit innerhalb eines Mobbingkonflikts etwas genauer:

Streit: Beim Streit steht die Auseinandersetzung um die strittige Sache im Vordergrund. Es werden, obwohl jede Seite möglicherweise ihre ganze Macht in die Waagschale wirft, um die eigenen Interessen durchzusetzen, dennoch bestimmte Verfahrensregeln eingehalten. Vor allem wird die Integrität der anderen Seite und deren soziale Beziehungen nicht grundsätzlich in Frage gestellt.

Mobbingkonflikt: Bei Mobbing steht die Auseinandersetzung mit der strittigen Person im Vordergrund. Das für Außenstehende nicht klar erkennbare Problem ist aus der Sicht des Mobbers gravierend genug, um Unterdrückung, Schikane, Rufmord und Ausgrenzung zu rechtfertigen. Die Schwächung des Gegners wird zum Hauptziel. Die (scheinbare) Hartnäckigkeit des Mobbingbetroffenen, der Arbeitsplatz und Selbstwertgefühl bewahren will, legitimiert aus der Sicht des Mobbers die weitere Eskalation und Willkür bei der Wahl der Methoden.

Glasl unterscheidet neun Eskalationsstufen eines Konflikts (vgl. *Glasl* 1990). Ein typischer Streit wäre nach dessen Konzept im Rahmen der Eskalationsstufen 1 bis 3 zu suchen, die er »Verhärtung«, »Debatte« bzw. »Taten« nennt. Mobbing müßte hingegen bei den Stufen 5 – 7 angesiedelt werden, die er als »Gesichtsverlust«, »Drohen« bzw. »begrenzte Vernichtungsschläge« kennzeichnet. Der Wunsch nach »totaler Zerstörung des Gegners« (Eskalationsstufe 8) oder das Ziel des »Gemeinsam in den Abgrund«, weil die eigene Macht nicht zur Vernichtung des Gegners ausreicht (Stufe 9), dürften bei Mobbing allerdings eher selten auftreten. Während *Glasl* von einer allmählichen Eskalation des Konflikts von Stufe 1 ausgeht, dürfte das Besondere bei Mobbing sein, daß der Konflikt unmittelbar auf einem höheren Konfliktniveau beginnt.

 Wichtig:

Bei Mobbingkonflikten bleibt das zugrundeliegende Problem meist im Hintergrund, während die angegriffene Person als »das Problem« in den Vordergrund gerückt wird.

3. Wer mobbt, betreibt feindselige Ausgrenzung

Leymann legt vier Eckpunkte für die Erfüllung des Tatbestandes »Mobbing« vor:

- feindselige Kommunikation;
- systematisch und mindestens halbjährige Dauer;
- eine Person ist in die Unterlegenheit geraten;
- Ausstoß droht.

Unseres Erachtens sind nicht alle vier Eckpunkte von gleicher Bedeutung.

Was unterscheidet Mobbingangriffe (das eigentliche Mobben) von anderen Streitereien, Unverschämtheiten und Konflikten am deutlichsten? Unseres Erachtens ist es die aufdringliche Feindseligkeit und das deutliche Bestreben nach Herabsetzung und Ausgrenzung der angegriffenen Person, die Mobbing kennzeichnen.

 **Wichtig:**
Der Kern von Mobbing ist feindselige Ausgrenzung.

Weniger bedeutsam scheint uns dagegen das Zeitmoment. Wer von anderen gemobbt wird, spürt die Feindseligkeit unmittelbar und sofort. Dazu ist es nicht nötig, daß die Angriffe schon über längere Zeit erfolgt sind. Man muß auch längst nicht unterlegen und isoliert sein, um sich vor der Zukunft zu fürchten. Die Erwartung, immer wieder – unerwartet – angegriffen zu werden, und die Furcht, daß das soziale Sicherungsnetz unzuverlässig wird, sind allein schon sehr bedrohlich.

4. Das Wesen der Feindseligkeit

Einem »Feind« gegenüber fühlen wir die innere Berechtigung, ihm in jeder Hinsicht und mit allen uns zur Verfügung stehenden Mitteln zu schaden und/oder ihn zu vernichten. Unsere Haltung ist hier wesentlich radikaler und kompromißloser als gegenüber einem, den wir nur als »Gegner« ansehen. Das liegt daran, daß wir dem Feind zutrauen, uns in lebenswichtigen Belangen schaden zu können und dies auch zu wollen. Möglicherweise haben wir bereits die Erfahrung machen müssen, daß der andere uns derart geschadet hat. Unsere Gefühlslage gegenüber einem Feind ist von Zorn, Haß, Ekel und Geringschätzung geprägt.
Zorn, Haß und in abgeschwächter Form Ärger treten als Gefühle dann auf, wenn wir in unserem Handeln und Wollen, bei der Verwirklichung unserer Ziele oder beim Genuß angenehmer Dinge behindert werden. Es reicht, wenn wir uns einbilden,

daß der andere uns in unserer Freiheit behindert oder daß wir fürchten, daß dessen Handlungsweise uns in Zukunft beeinträchtigen könnte, um jemanden innerlich zum Feind zu erklären. Haß und Ärger treten auch auf, wenn wir beleidigt, gedemütigt, übervorteilt oder unter Zwang gestellt worden sind. Die Gefühle der Geringschätzung und des Ekels gegenüber einem Feind machen es uns wiederum oft erst möglich, die moralischen Grenzen und die eigene Furcht vor dem anderen zu überwinden und zu aggressiven Handlungen überzugehen. Jemand, der innerlich noch als »Kollege« angesehen wird, wird nicht so leicht mit Mobbingangriffen überzogen werden, als jemand, der bereits als »Untermensch«, »Idiot« oder »Dreckschwein« tituliert wird. »Die Empfindung von Geringschätzung einem Menschen gegenüber tendiert dazu, (…) daß die Person als »Untermensch« betrachtet wird« (*Izard*, S. 380). Feindseligkeit kann sich in aggressiven Handlungen äußern, die den Betroffenen direkt schädigen sollen. Oft wird bei Mobbing jedoch nicht so direkt schädigend vorgegangen, vielmehr werden indirekt Situationen herbeigeführt, die dem Angegriffenen schaden sollen. Jeder Schaden für den Angegriffenen wird billigend in Kauf genommen. Diese »zurückhaltende« Vorgehensweise hat mit dem Selbstschutz der Mobber zu tun.

5. Das Wesen der Ausgrenzung

In der Mobbingdefinition von *Leymann* 1993 fehlt der Gesichtspunkt der Ausgrenzung. Erst in seinem Mobbingbericht (*Leymann* 1993) definiert er Mobbing als konfliktbelastete Kommunikation »…mit dem Ziel und/oder dem Effekt des Ausstoßes aus dem Arbeitsverhältnis« (*Leymann* 1995, S. 18). Nach seinen Beobachtungen kann dieser Ausstoß, der nicht in einem juristischen Sinne zu verstehen ist (vgl. Kapitel XI.), entweder zielgerichtet sein oder sozusagen als Nebenprodukt des Mobbings abfallen.

Es ist wichtig festzuhalten, daß bei Mobbing offenbar nicht z. B. die Unterwerfung einer Person angestrebt wird, sondern deren Ausschluß. Wäre die Unterwerfung des Mobbingbetroffenen das Ziel, dann wäre aus den Äußerungen des Mobbers in irgendeiner Form abzulesen, was er von seinem »Opfer« eigentlich erwartet. Die Erfahrung lehrt das Gegenteil: Unabhängig davon, ob sich Mobbingbetroffene auflehnen, anbiedern, verstecken oder ob sie Anpassungsversuche unternehmen, geht das Mobbing oftmals unvermindert weiter.

 Wichtig:
Das Bestreben bei Mobbing ist nicht Unterwerfung, sondern Ausgrenzung.

Nach unserer Auffassung ist die Ausgrenzung der Kern von Mobbing. Ausgegrenzt zu werden ist die alltägliche Erfahrung von Mobbingbetroffenen. Egal welche Mobbinghandlungen konkret durchgeführt werden – das Bestreben der Mobber geht immer in dieselbe Richtung: Weg mit der Person!
Leymann hat fünf Kategorien von Mobbingangriffen herausgearbeitet (vgl. Kapitel I. 3.): Es handelte sich um Angriffe (1) gegen die Möglichkeit, sich mitzuteilen (2) auf die sozialen Beziehungen, (3) auf das soziale Ansehen, (4) auf die Berufs- und Lebenssituation und (5) auf die Gesundheit. Um den ausgrenzenden Charakter von Mobbing noch deutlicher zu machen, fassen wir diese fünf Angriffsformen in zwei Gruppen zusammen. Das sind (s. Abb. 9):

1. **Angriffe gegen die Person**
   (z. B. Selbstwertgefühl, Entfaltung, Sicherheit) und
2. **Angriffe gegen das soziale Gefüge**
   (z. B. Anerkennung, Ansehen, Teilhabe).

Bei den Angriffen gegen das soziale Ansehen (z. B. durch öffentliche Demütigung, durch Verleumdung und erfolgreichen Rufmord) ist leicht nachvollziehbar, daß eine soziale Ausgrenzung angestrebt ist. Hier sind die Mobber offensichtlich bestrebt, ihren Kontrahenten das »soziale Wasser« abzugraben.

Warum behaupten wir, daß auch die Angriffe, die direkt gegen die Person gerichtet sind (z. B. Demütigung, Kritik, Herablassung und Nicht-Grüßen), eine Form von Ausgrenzung sind. Jemanden auszugrenzen bedeutet nach unserer Auffassung, daß der Mobber dem Mobbingbetroffenen kontinuierlich signalisiert: »Du bist es nicht wert, daß ich Dir den Minimalstandard mitmenschlichen Umgangs zubillige. Du bist nichts wert. Du bist eine Unperson, ein Untermensch«. Wir müssen uns verdeutlichen, daß Mobbingbetroffenen sozusagen die Geschäftsgrundlage des üblichen menschlichen Miteinanders entzogen wird. Diese Geschäftsgrundlage besteht darin, daß wir üblicherweise mit einer gewissen Rücksicht, Höflichkeit, einer Vermeidung von harscher Kritik, einer Bereitschaft zuzuhören, einer (minimalen) Bereitschaft zur Unterstützung, also mit Respekt rechnen können und im Alltag auch damit rechnen. Beim Mobbing ist aber das Gegenteil der Fall; die Betroffenen müssen ständig vor unliebsamen Überraschungen auf der Hut sein. Einen Menschen, dem das allgemein Übliche, der Minimalstandard menschlichen Umgangs nicht zugebilligt wird, den grenzt man aus. Für den Mobber gehört der Mobbingbetroffene nicht in den Kreis von Menschen, denen solches zusteht.

> **!** **Wichtig**:
> Ausgrenzung umfaßt soziale Isolierung und die Aufkündigung des Respekts. Mobbingbetroffenen wird die Geschäftsgrundlage des üblichen zwischenmenschlichen Miteinanders entzogen.

Abb. 9: Direkte und indirekte Angriffsziele bei Mobbing

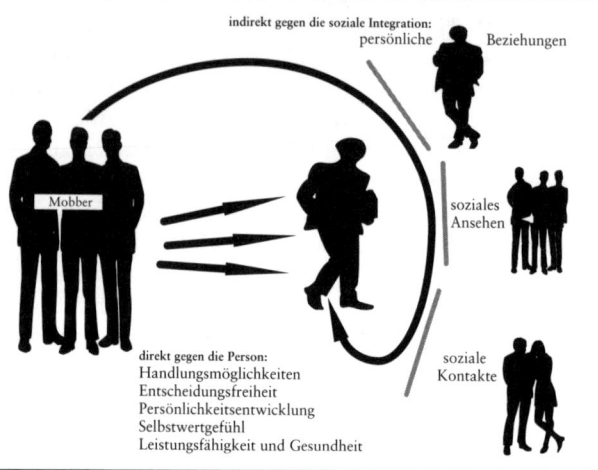

indirekt gegen die soziale Integration:
persönliche   Beziehungen

Mobber

soziales
Ansehen

direkt gegen die Person: soziale
Handlungsmöglichkeiten   Kontakte
Entscheidungsfreiheit
Persönlichkeitsentwicklung
Selbstwertgefühl
Leistungsfähigkeit und Gesundheit

Methoden des direkten Mobbings gegen die Person

- **Kritik:** permanent, destruktiv, verletzend, ohne Alternativen, ohne Berücksichtigung der Umstände, ohne Rücksicht auf den Leistungsstand, Vertuschung wahrer Ursachen, ohne Prüfung des wirklichen Sachverhalts, ohne Möglichkeit der Erläuterung und Rechtfertigung, pauschal, ohne Wohlwollen, ohne Mut zu machen, schuldzuweisend.

- **Sanktionen:** häufig, destruktiv, öffentlich, ohne Wiedergutmachungsmöglichkeiten, ungerechtfertigt, aus Machtmißbrauch.

- **Herabsetzung:** Beleidigungen, verbales und nonverbales Herabsetzen und Schmähen der Person, Verachtung deutlich machen, Entwicklungsbehinderung, (sexuelle) Übergriffe, in die Defensive drängen.

Methoden des indirekten Mobbings über das soziale Umfeld

- **Kooperationsbeziehungen untergraben:** Arbeitszusammenhänge unterbinden, persönliche Unterstützung erschweren, der Mobbingbetroffene wird »verbannt«, Solidarisierung wird zum Risiko, öffentliche Demütigung, Blamage, Gerüchte und Lügen verbreiten, Rufmord, Fehler aufblähen.

- **Manipulation** der Arbeit, Sabotage, Intrigen, gezielte Unter- bzw. Überforderung.

Der Kern von Mobbing ist Ausgrenzung mit den möglichen Eskalationsstufen Verdrängung und Vertreibung und als letzter Stufe die Billigung der Vernichtung. Gleichgültigkeit, Herablassung, Verachtung oder kalter Haß sind als gefühlsmäßige Grundlage nötig. Damit läßt sich Mobbing nun auch gut von anderen unerfreulichen Handlungen wie Belästigung, ungerechte Behandlung, Meckerei sowie Ignoranz unterscheiden. Im Fall »Manfred« waren die Bekehrungsversuche zwar für die Arbeitskollegen lästig, aber Manfred wollte diese nicht ausgrenzen.

 **Wichtig:**
Bei Mobbingkonflikten wird kein Kompromiß gesucht.

Eine Besonderheit des Mobbingkonflikts besteht darin, daß er normalerweise nicht durch einen Kompromiß zu lösen ist. Zwischen dem Streben der Mobber nach Ausgrenzung und dem Wunsch des Mobbingbetroffenen nach (aus seiner Sicht) problemlosen Arbeits- und Sozialbeziehungen gibt es keinen Mittelweg und keinen Interessenausgleich.

6. Die persönlichen Voraussetzungen für Mobbing

Nicht jeder Konflikt führt zu Mobbing. Warum die Mobber einen spezifischen Konflikt nicht als Beschwerde, als Streitgespräch oder in Form einer einmaligen Machtprobe austragen, ist eine interessante Frage. Mobbing aus reiner Boshaftigkeit, pathologischem Haß oder purer Langeweile halten wir eher für eine seltene Erscheinung. Wir fanden vier Voraussetzungen dafür, daß Mobbing einsetzt. Keine dieser Voraussetzungen ist für sich allein genommen die »Ursache« von Mobbing (s. Abb. 10).

Abb. 10: Persönliche Voraussetzungen für Mobbing

a) Mobber fühlt sich beeinträchtigt.
b) Offene und faire Konfliktaustragung wird als Risiko empfunden.
c) Eigeninteresse ist größer als moralische Bedenken.
d) Personalisierende Problemsicht: Die Person ist das Problem mit der Folgerung: »Ist der andere weg, habe ich kein Problem mehr«.

---

a) Erste Voraussetzung:
Mobber fühlt sich beeinträchtigt

Die erste, quasi »natürliche« Voraussetzung für Mobbing ist darin zu sehen, daß Mobber sich in irgendeiner Form beeinträchtigt, behindert, beschädigt fühlen oder ihre Zukunft gefährdet sehen. Der Grund der Beeinträchtigung kann für Außenstehende sowohl verborgen sein, als auch offen zutage treten. Dies zeigt das folgende Beispiel.

 Beispiel:

»Nun bin ich (57) fast 25 Jahre in derselben Firma. Alt bin ich geworden bei der vielen Arbeit. Und alt darf man heutzutage als Frau nicht werden! Besonders dann nicht, wenn ausschließlich Männer die Chefs sind. Die stehen nämlich auf sehr jung, langbeinig und andere Vorzüge. Mir ist doch jetzt ein junges Ding vor die Nase gesetzt worden. Wenig Berufserfahrung, aber eine große Klappe. Ihre hingeschmissenen Stenogramme kann sie kaum lesen. Dafür kocht sie dreimal am Tag Kaffee. Den bringt sie dann ins Chefzimmer – mit Hüftschwung und frischgeschminkten Lippen.
Nun soll sie mich »entlasten«. Und das heißt ja nichts weiter, als daß sie meinen Job kriegen soll. Gnadenbrot

– das hab' ich nun von einem Vierteljahrhundert Firmentreue!«

Der vorstehende Leserbrief, im Jahr 1995 in der Zeitschrift »Das neue Blatt« erschienen, ist ein Beispiel für ein massives Beeinträchtigungsgefühl. Die Sekretärin interpretiert die Neueinstellung in jeder Hinsicht als gegen sich gerichtet. Sie kann sich nur vorstellen, daß sie ausgebootet und aufs Altenteil abgeschoben werden soll. Daß es auch sinnvoll sein könnte, einen personellen Übergang langfristig anzulegen, kommt ihr nicht in den Sinn. Alle Äußerungen bezüglich der neuen Arbeitskollegin sind negativ und herablassend. Der Tenor lautet: »Die kann nichts und hat außer jungem Fleisch für den gemeinsamen Chef nichts zu bieten.« Es könnte ja auch sein, daß die Neue deswegen so viel Kaffee kocht, weil sie noch so unsicher und nicht eingearbeitet ist. Der Unmut der Älteren ist so groß, daß sie sich mittels Leserbrief über ihre Lage beschwert. Wir wissen nicht, ob sich die geschilderte Situation zu einem Mobbingfall entwickelt hat – einige wichtige Voraussetzungen dafür sind schon erfüllt.

Häufig aber sind die Gründe für Mobbing verborgen. Auslöser können Ängste, Vorurteile und furchtsame Erwartungen des Mobbers sein. Der andere wird als Bedrohung der eigenen Interessen wahrgenommen. Inwieweit diese Befürchtungen tatsächlich berechtigt oder überzogen sind, wird nicht genau geprüft. Die einmal ausgelösten Ängste treiben Mobber dazu, den anderen lieber vorsorglich zu bekämpfen, als das Risiko einzugehen, irgendwann einmal in die Defensive zu geraten nach dem Motto »Angriff ist die beste Verteidigung«.

 Wichtig:
Die Handlungsgründe der Mobber haben rationale und emotionale Wurzeln.

Die tatsächliche oder befürchtete Beeinträchtigung muß für den Mobber persönlich gravierend sein, so gravierend, daß ihm Mobbing gerechtfertigt scheint. Für den Außenstehenden ist die emotionale Aufladung des Mobbers oft nicht gut nachzuvollziehen. Auch wenn sich Mobber cool oder zynisch-gelassen über ihr Opfer hermachen, läßt die Hartnäckigkeit, mit der sie den längst unterlegenen Gegner weiter attackieren, auf eine große emotionale Beteiligung des Mobbers schließen. Was bewegt den Mobber? Die folgende Abb. 11 ist eine groteske Offenbarung. Es zeigt sich, daß die Mobber den Mobbingbetroffenen genau das absprechen und entziehen, was sie für sich selbst aggressiv verteidigen wollen: Ansehen, Sicherheit, Handlungsfreiheit.

So kann es z. B. sein, daß ein Vorgesetzter eine ältere Mitarbeiterin allein deshalb loswerden will, weil er fürchtet, daß diese Konstellation seinem Image als jung-dynamische Führungskraft abträglich sein könnte. Kollegen, die häufiger krank sind, provozieren oftmals, ohne das im mindestens zu wollen, ihre Mitkollegen, weil diesen ihre eigene Gesundheitsgefährdung, der hohe Arbeitsdruck usw. bewußt wird. Frisch eingestellte oder neu eingearbeitete Mitarbeiter aus anderen Branchen können Mobbingbetroffene werden, weil die Mobber fürchten, ihre normale soziale Anerkennung einzubüßen oder Einkommensverluste hinnehmen zu müssen, weil durch die Einarbeitung zunächst weniger Leistung erbracht werden kann. Paradoxerweise wird dann viel Energie verbraucht, um den Neuen fertigzumachen, anstatt eine Verbesserung der Situation anzustreben.

Festzuhalten bleibt, daß das Mobbingproblem längst nicht gelöst ist, wenn wir lediglich die verachtenswerte Motivation des Mobbers wie Neid, Eifersucht, Eitelkeit oder Niedertracht festgestellt haben. Vielmehr kommt es darauf an, die Kenntnis der Motive des Mobbers – sei es Eifersucht oder Eitelkeit – für die Lösung nützlich zu verwerten (siehe dazu die Kapitel IX. und X.).

Abb. 11: Die verborgenen Motive eines Mobbers

1. »Mein soziales Ansehen, mein Status sind gefährdet!«
   Beispiele:
   - Ich werde unwichtiger, keiner achtet mehr auf mich.
   - Ich könnte mich lächerlich machen und blamieren.
   - Der andere läuft mir möglicherweise den Rang ab.

2. »Mein Arbeitsplatz, meine berufliche Position sind gefährdet.«
   Beispiele:
   - Ich könnte ausgebootet, umgesetzt, entlassen werden.
   - Ich kann meine Arbeitsleistung nicht erbringen (das hat Folgen).
   - Ich kann die gewohnte Qualität meiner Arbeit nicht erbringen.

3. »Meine Handlungs- und Entscheidungsfreiheit ist gefährdet.«
   Beispiele:
   - Der andere will neue Methoden einführen, die mir nicht liegen.
   - Es gibt »unnötigen« Aufwand zur Klärung.
   - Der andere könnte mir auf gewisse Schlichen kommen.

4. »Ich will mich sicher und anerkannt fühlen.«
   Beispiele:
   - Ich bin in meiner Gruppe anerkannt; das soll auch so bleiben.
   - Ich kann mich (auf Kosten des anderen) ins rechte Licht rücken.
   - Lieber treten als getreten werden.

Von Betriebsräten wird Neid häufig als Motiv für Mobbing vermutetet. Beim Neid liegt die Beeinträchtigung für den Mobber darin, daß andere bessere Entwicklungs- und Lebensmöglichkeiten (Arbeitsplatz, Geld, Anerkennung, Zukunftsaussichten usw.) haben, als man selbst. Diese Möglichkeiten scheinen ihm erstrebenswert und sind ihm zugleich gegenwärtig verschlossen. Er könnte die Sache auf sich beruhen lassen oder eigene Wege suchen, ebenfalls erfolgreich zu sein. Als Mobber versucht er, den anderen zu bestrafen, zu erniedrigen, den Genuß seiner besseren Lage zu vergällen. Der Neid schlägt dabei in aktive Mißgunst um. Im Schlichtungsverfahren ist es denkbar, daß der Schlichter mit dem Mobber die Thematik Neid ohne moralische Verurteilung anspricht und den Mobber auf alternative Handlungsmöglichkeiten aufmerksam macht, wie er die Ziele und Entwicklungsmöglichkeiten, auf die er neidisch war, ohne mißgünstiges Mobbing verwirklichen könnte.

b) Zweite Voraussetzung:
Offene und faire Auseinandersetzung scheint riskant

Dies scheint uns der wichtigste psychologische Hintergrund für Mobbing zu sein. Eine offene und faire Austragung des Konflikts wird als persönliches Risiko eingeschätzt, welches man keinesfalls eingehen möchte. Das Risiko kann darin bestehen, daß der Mobber einfach keine Mittel und Wege kennt, um Konflikte im beiderseitigen Einvernehmen zu bearbeiten und fürchtet, daß ihm alles aus den Händen gleiten wird. Vielleicht schätzt er die Wahrscheinlichkeit, die eigenen legitimen Interessen auf legalem Weg durchzusetzen, als gering ein (z. B. hätte eine Beschwerde im Fall »Manfred« keine Aussicht auf Erfolg, wenn der Vorgesetzte in derselben Sekte ist). Eine offene Auseinandersetzung kann aus sehr unterschiedlichen Gründen gemieden werden:

- Manche Mobber kennen und beherrschen einfach keine anderen Konfliktlösungsverfahren als Kampf. Weil sie siegen wollen, sind ihnen auch unfaire Mittel recht.
- Dem Interesse des Mobbers (»Der andere soll weg!«) stehen gesetzliche Vorschriften, wie z. B. der Kündigungsschutz, im Weg. Der Mobber verfügt über keinerlei Macht und Einwirkungsrechte; er besitzt z. B. keine Weisungsbefugnis.
- Der Mobber weiß, daß seine Motive von seinem sozialen

Umfeld oder von Vorgesetzen nicht akzeptiert würden, weil sie z. B. unmoralisch, egoistisch oder peinlich sind.

- Der Mobber möchte seine Interessen unbedingt zu 100% durchsetzen, aber in einer fairen Auseinandersetzung wären die Chancen für die eigenen Interessen zwischen den Konfliktparteien etwa gleich verteilt und das Ergebnis bleibt zunächst offen.

Mobbing ist als eine verdeckte Strategie zu verstehen, die gewählt wird, wenn die eigenen Interessen nur dann durchsetzbar scheinen, wenn die eigenen dahinterliegenden Motive nicht zu erkennen sind. Verdeckt ist nicht der Angriff, sondern die wirklichen Motive des Angriffs. Es wird versucht, die andere Person in Mißkredit zu bringen, zu schwächen, zu manipulieren und dem übrigen sozialen Umfeld den Beweis zu liefern, daß diese Person das Problem darstellt.

Wenn man so will, ist es paradoxerweise gerade unser Rechtssystem, das Mobbing als eine verdeckte und gewissermaßen gebremste Form der Aggression fördert. Gäbe es die rechtlichen Schutzzäune nicht, würden die Aggressoren ihre Interessen unmittelbar in die Tat umsetzen und die Betreffenden nicht kaltstellen, sondern »kaltmachen«, d.h. wirklich körperlich angreifen, ihres Einkommens berauben oder davonjagen.

c) Dritte Voraussetzung: Moralische Bedenken sind geringer als das Eigeninteresse

Die dritte Voraussetzung ist, daß die moralischen Bedenken geringer als das Eigeninteresse sind. Dies dürfte immer dann naheliegend sein, wenn die eigenen Interessen einem so (lebens-)wichtig vorkommen, daß sie unbedingt und unter allen Umständen durchgesetzt werden sollen. Diese Voraussetzung dürfte in den Betrieben, in denen das eigene berufliche Überleben auf der Tagesordnung steht, wo also »mit harten Bandagen gekämpft wird« und wo angesichts umfassenden Arbeitsplatzabbaus »jeder sehen muß, wo er bleibt«, nur allzu leicht erfüllt sein.

d) Vierte Voraussetzung:
Personen machen Probleme;
Person weg – Problem gelöst!

Die vierte Voraussetzung für Mobbing liegt in einer personalisierenden Sichtweise von Problemen. Viele Menschen machen stets andere Menschen für ihre Situation verantwortlich, d. h. sie erklären sich Unstimmigkeiten und Unzulänglichkeiten des sozialen Lebens stets dadurch, daß bestimmte Personen jeweils »schuld« daran sind, wenn es nicht optimal läuft. Es wird nicht nach tiefergehenden oder übergreifenden Ursachen der Probleme gesucht. Ein Stau auf der Autobahn entsteht nach solcher Betrachtungsweise nicht durch eine Verkettung von Aktionen einer Vielzahl von Verkehrsteilnehmern bei hohem Verkehrsaufkommen, sondern immer dadurch, daß sich bestimmte Personen schuldhaft falsch verhalten haben (z. B. Autofahrer zu langsam gefahren sind, Bauarbeiter die Schilder falsch plaziert haben, Verkehrsplaner die Baustelle zum falschen Zeitpunkt eingerichtet haben).

| ! | Wichtig: |

Mobber sehen die Welt aus einer Er-oder-ich-Perspektive.

Die personalisierende Sicht verbaut häufig die Bereitschaft, in Konflikten nach sachlichen Lösungen oder Kompromissen zu suchen, bei denen alle gewinnen könnten. Das Motto heißt: Die Person **macht** Probleme! Das führt dann schnell zu dem Urteil:

Die Person **ist** das Problem. Und im Umkehrschluß kommen die Mobber dann zu dem Ergebnis: Wenn die Person erst einmal weg ist, habe ich kein Problem mehr. Der erfolgversprechende Weg, um die eigenen Interessen durchzusetzen, liegt für sie in der Ausschaltung und Vertreibung der anderen Person. *Entweder er oder ich!* Diese Sichtweise ist allerdings nicht nur bei Mobbern zu finden.

7. »Suchtfaktor«: billiger Triumph

Viele Beschäftigte leiden darunter, daß ihre Einflußmöglichkeiten auf Arbeitsbedingungen und betriebliche Entscheidungen gering sind. Auch nicht wenige Mobber sind damit unzufrieden, daß sie zu wenig Spielraum und Entscheidungsfreiheit bei der Bewältigung ihrer Arbeitsaufgaben haben. Dazu kommt das Gefühl der Behinderung und Beeinträchtigung, das sie zu Recht oder Unrecht an der Person des Mobbingbetroffenen festmachen. Mobber erleben also selbst durchaus viele Situationen des Ausgeliefertseins bzw. der Einflußlosigkeit. Das Gefühl der relativen Ohnmacht können sie durch erfolgreiche Feindseligkeiten zumindest vorübergehend und teilweise kompensieren.

Allerdings führt Mobbing nicht unmittelbar zum durchschlagenden Erfolg gegenüber dem Betroffenen (ansonsten würde es ja nicht über längere Zeit ausgeübt). Es wirken die kleinen Gemeinheiten, Attacken oder Situationen – in denen der Mobber »die Lacher auf seiner Seite« hat – für den Mobber als Beweis, daß er Einfluß und Macht hat. Jede Situation, in welcher der Mobbingbetroffene schlecht dasteht und dessen Verletztheit für Außenstehende offenkundig wird, kann für den Mobber einen »kleinen Triumph« darstellen.

Dieser Faktor könnte auch erklären, warum es in manchen Mobbingfällen zu einem »Spiel ohne Ende« (vgl. Neuberger 1999) kommt. Zwar wird einerseits für den Mobbingbetroffenen eine Situation erzeugt, die nicht auszuhalten und zum Weg-laufen ist, andererseits ist das Gefühl der Macht, das durch jede erfolgreiche Attacke erzeugt werden kann, für den Mobber so berauschend, daß er versucht, ein endgültiges Ausscheiden des Mobbingbetroffenen jeweils im letzten Augenblick zu verhin-dern. In der Praxis kann es geschehen, daß sich die Situation immer dann scheinbar entspannt und alle Vorkommnisse als Mißverständnisse heruntergespielt werden, wenn eine Verset-zung des Betroffenen in Aussicht steht. Auch sind uns Mob-bingfälle berichtet worden, in denen kurz nach Ausscheiden eines Betroffenen die nächste Person in die Rolle des Mobbing-betroffenen geraten ist. Solche wiederholten Mobbingprobleme mit unterschiedlichen Betroffenen deuten entweder auf gravie-rende strukturelle Probleme des Betriebes bzw. der Dienststelle hin oder auf eine gravierende Mobbingbereitschaft aus den unter 6.a) bis d) genannten persönlichen Beweggründen.

VI. Das Handlungsfeld der betrieblichen Interessenvertretung – Ein Überblick

Was kann die betriebliche Interessenvertretung bei Mobbing tun? Bei genauerer Betrachtung hat etwa ein Betriebsrat ausgesprochen viele Möglichkeiten, bei Mobbing sinnvoll einzugreifen. Welche Möglichkeiten er ergreifen möchte, hängt von der Stärke des Interesses, von der Problematik im Betrieb, von der verfügbaren Zeit und von der Unterstützung durch die Belegschaft sowie dem Arbeitgeber ab. Man kann direkt oder indirekt Einfluß nehmen. Der Betriebsrat kann selbst eingreifen oder dafür sorgen, daß andere (z. B. aus der Personalverwaltung) für Mobbing zuständig werden. Es können strukturelle Änderungen angestrebt werden, die gegen Mobbing vorbeugen (s. Abb. 12).

Insbesondere das Betriebsverfassungsgesetz bildet die rechtliche Grundlage für den Betriebsrat, aktiv gegen Mobbing vorzugehen. Hinzu kommen die umfangreichen betriebspolitischen Handlungsmöglichkeiten des Betriebsrats, die nicht zu gering eingeschätzt werden dürfen.

Nach *Leymanns* Ausführungen verhalten sich noch viele Gewerkschaftsfunktionäre falsch, abwartend und abweisend gegenüber Mobbingproblemen. Er vermutet, daß Betriebsräte oft die Belange eines Einzelnen opfern würden, um mit der Mehrheit der Beschäftigten in Einklang zu bleiben (und wiedergewählt zu werden). Um Loyalitätskonflikten von vorneherein auszuweichen, schlägt *Leymann* vor, daß sich Betriebsräte vor allem in der Prävention engagieren sollen.

Dieses negative Urteil können wir nicht teilen. Viele Betriebsratsmitglieder halten sich nach unserer Erfahrung bei Mobbing deswegen zurück, weil sie sich noch nicht als ausreichend kompetent für die Lösung zwischenmenschlicher betrieblicher Konflikte fühlen.

Insbesondere der Betriebsrat wäre gut beraten, wenn er nicht

**Abb. 12: Handlungsfeld der betrieblichen
Interessenvertreter bei Mobbing**

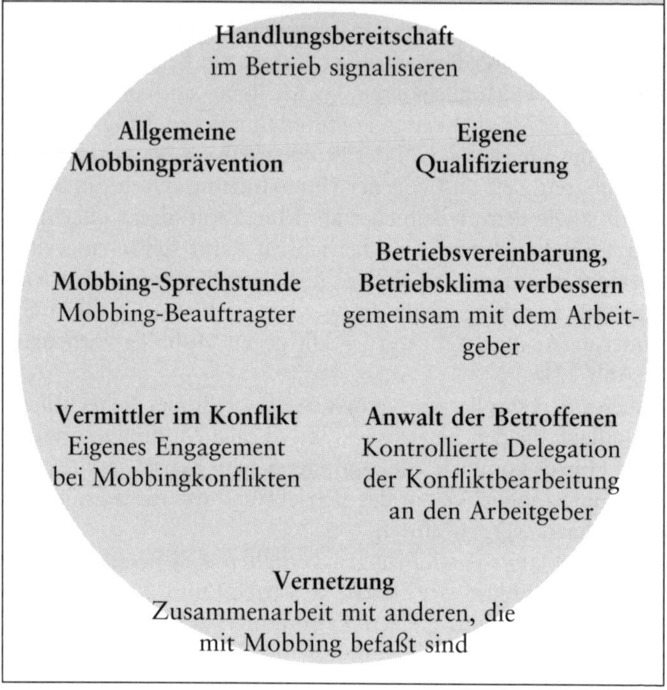

Handlungsbereitschaft
im Betrieb signalisieren

**Allgemeine
Mobbingprävention**

**Eigene
Qualifizierung**

**Betriebsvereinbarung,
Betriebsklima verbessern**
gemeinsam mit dem Arbeit-
geber

Mobbing-Sprechstunde
Mobbing-Beauftragter

Vermittler im Konflikt
Eigenes Engagement
bei Mobbingkonflikten

Anwalt der Betroffenen
Kontrollierte Delegation
der Konfliktbearbeitung
an den Arbeitgeber

Vernetzung
Zusammenarbeit mit anderen, die
mit Mobbing befaßt sind

ständig der gerade aktuellen Mobbingsituation im Betrieb hin-
terherhinkt, sondern wenn er sich vorbeugend Gedanken
macht. So könnte man sich z. B. in einer Betriebsratssitzung mit
dem Tagesordnungspunkt: »Mobbing – wie wollen wir in Zukunft mit dem Thema umgehen?« befassen. Nur wenn der Betriebsrat selbst die Weichen stellt, behält er auch die Initiative
und kann verhindern, daß er von unliebsamen Ereignissen
überrascht wird.

Wenn eine allgemeine Mobbingprävention (vgl. Kapitel VII.) durchgeführt werden soll, ist unbedingt zu beachten, daß eine gewisse Infrastruktur und zumindest das Angebot einer **Sprechstunde** personell abgesichert sein muß. Es gibt nichts Schlimmeres, als daß man das Thema anspricht und dann keinerlei Unterstützung anbieten kann, falls von einzelnen Beschäftigten Bedarf angemeldet wird. Wenn regelmäßige Mobbingberatungen angeboten werden (z. B. im Rahmen der Sprechstunde), dann muß auch entschieden werden, wie tief der Betriebsrat in die Problematik einsteigen soll. Es kann ebensogut eine Beschränkung auf persönliche Unterstützung und Information geben wie ein Angebot auf Diagnose der Situation und auf Unterstützung in der Austragung des Konflikts. Eine Mobbingsprechstunde kann im Rahmen der normalen Sprechstunde des Betriebsrats integriert sein, wobei mehrere Mitglieder in die Mobbingthematik hineinwachsen und Kompetenz erlangen. Es kann auch als exponierter Ansprechpartner ein **Mobbing- oder Konfliktbeauftragter** (vgl. Kapitel XV.) ernannt werden.

Will man als betriebliche Interessenvertretung soweit gehen, daß man in konkreten Mobbingfällen mit dem Mobber und/oder mit dem Arbeitgeber in Verhandlungen tritt oder Druck ausüben will, bedarf es guter Vorbereitung. Wird das direkte Eingreifen in einen Mobbingkonflikt für möglich gehalten, dann ist einerseits ein Auftreten als Anwalt des Betroffenen möglich, andererseits kann der Betriebsrat auch überlegen, als neutraler Schlichter zur Lösung beizutragen (vgl. Kapitel IX. und X.). Wenn er als Anwalt der Betroffenen auftreten will, dann ist dafür zu sorgen, daß eine andere betriebliche oder außerbetriebliche Schlichtungsstelle existiert, die diese Aufgabe kompetent ausfüllen kann. Eine besonders erfolgversprechende Strategie besteht in dem Abschluß einer Betriebsvereinbarung »Mobbing« (vgl. Kapitel XIV. und Anhang Nr. 3).

VII. Allgemeine Mobbing-Prävention

Paradoxe Ausgangslage: Wer gegen Mobbing vorbeugen will, muß bereit sein, sich auf Mobbingkonflikte, Mobbingbetroffene und -opfer einzulassen.

Prävention bedeutet Vorsorge, Verhütung, Vorbeugung oder Risikominderung. Was kann nun der Betriebsrat zur Vorbeugung gegen Mobbing tun? Wir wollen zunächst einige allgemeine Gedanken durchspielen und dann die praktischen Möglichkeiten der Mobbing-Prävention darstellen. Es gibt zwei grundsätzlich verschiedene Herangehensweisen in der Prävention. Im ersten Fall wird versucht, durch Aufklärung und direktes Ansprechen der Menschen diese zu einem besseren Verhalten zu motivieren (Verhaltensprävention). Beim zweiten Ansatz wird versucht, diejenigen Bedingungen und Umstände, die negative Verhaltensweisen der Menschen fördern, zu verändern (Verhältnisprävention).

1. Die Menschen aufklären oder Arbeitsbedingungen ändern?

Alle, die mit Mobbing befaßt sind, stoßen auf grundlegende Probleme der Arbeitswelt insgesamt (Konkurrenzprinzip, Karrierestreben, Angst um den Arbeitsplatz) oder auf konkrete Probleme am Arbeitsplatz (z. B. Managementfehler, widersprüchliche Arbeitsaufträge, Hetze, Fehlplanungen, mieses Betriebsklima). Da ist es naheliegend, durch Veränderung und Humanisierung dieser Bedingungen zu versuchen, Mobbing jede Grundlage zu entziehen. Einige dieser Bedingungen sind aber mit betrieblichen Mitteln gar nicht oder zumindest kurzfristig nicht zu ändern. Man kann es drehen, wie man will, es gibt keine Arbeitsbedingungen, die das Auftauchen von Mobbing am Arbeitsplatz vollständig verhindern könnten.
Andererseits findet sich Mobbing auch an äußerlich unproble-

matischen Arbeitsplätzen. Hier scheint es vor allem am Bewußtsein, an der moralischen Einstellung, an der Konfliktfähigkeit oder an der Zivilcourage der Beteiligten zu mangeln. Es ist naheliegend, die Einstellungen und das Verhalten der Einzelnen beeinflussen zu wollen. Es bieten sich Aufklärung über Mobbing und moralische Erziehung an. Aber auch dieser Ansatz stößt an Grenzen. Unter extremen Arbeitsbedingungen oder bei einem schlechten Betriebsklima ist es für alle Beteiligten auch bei gutem Willen schwer, moralisch hochstehende Erwartungen zu erfüllen.

Jedes einseitige Vorgehen hat deutliche Nachteile: Wenn man ausschließlich versucht, mobbingfördernde Bedingungen auszuschalten, werden die Menschen aus ihrer persönlichen Verantwortung entlassen. Eine Humanisierung der Arbeitswelt voranzutreiben, ohne das eigentliche Motiv des Handelns – nämlich die Zurückdrängung von Mobbing – zu nennen, wäre Prävention hinter dem Rücken der Beteiligten. Das ist widersinnig. Wenn auf der anderen Seite nur versucht wird, die moralische Seite bzw. das Verhalten zu verändern, dann wird man den Menschen ebenfalls nicht gerecht, da man die widersprüchlichen Anforderungen ignoriert, unter denen sie arbeiten.

Uns scheint es deswegen am sinnvollsten, beide Seiten miteinander zu verbinden. Einerseits kann man von Menschen auch unter schwierigen Umständen verlangen, moralischen Anstand und Mitmenschlichkeit zu bewahren und nicht zu Niedertracht sowie Feindseligkeit überzugehen. Andererseits legen problematische Arbeitsbedingungen den Beschäftigten nahe, mitmenschliche Standards fallenzulassen, um irgendwie über die Runden zu kommen. Vielfach sind in den Arbeitsbedingungen unmenschliche, entsolidarisierende Zwänge und Vorgaben in scheinbar sachlicher Form eingebettet (Prämiensystem belohnt z. B. Konkurrenz). Zur Verringerung des allgemeinen Mobbingrisikos im Betrieb sollten wir uns deswegen bemühen, die Bedingungen der Arbeit zu humanisieren.

Einige Betriebsräte fürchten, in zwischenmenschliche Konflikte hineingezogen und zur persönlichen Stellungnahme gezwungen zu werden; sie konzentrieren sich deswegen auf Forderungen nach Veränderung der Arbeitsbedingungen. Zwar ist es erfreulich, daß es überhaupt zu einem Engagement gegen Mobbing kommt, andererseits wird es aber sehr problematisch, sobald der erste Mobbingbetroffene an die Tür des Betriebsrats klopft und tatkräftige Hilfe erwartet bzw. einfordert.

Manches Gremium hofft wiederum, daß ein aufgedeckter Mobbingfall direkt gegen die Geschäftsleitung verwendet werden kann, um von dort aus mehr Engagement für ein besseres Betriebsklima und bessere Arbeitsbedingungen oder andere Forderungen zu erreichen. Mobbingprävention wird in diesem Fall als Druckmittel für andere Interessen benutzt. Dabei muß bedacht werden, daß dann möglicherweise der Mobbingbetroffene für ein allgemeines Problem instrumentalisiert und zur Erreichung eigener Interessen mißbraucht wird.

Was also tun? Wir denken, daß die betriebliche Interessenvertretung zunächst mit den Beschäftigten ins Gespräch kommen und sie über das Phänomen Mobbing aufklären sollte. Gemeinsam könnten die Schwierigkeiten analysiert werden, die einerseits Mobbing nahelegen und andererseits Mitmenschlichkeit und Rücksicht zurückdrängen. Schließlich könnte über positive betriebliche Bedingungen nachgedacht werden, die weniger unproduktive zwischenmenschliche Konflikte hervorbringen.

2. Risikoabteilungen oder den ganzen Betrieb ansprechen?

Es ist vorstellbar, Informationen zum Mobbing nur in solchen Abteilungen zu verbreiten, die besonders gefährdet sind oder in denen Mobbing bereits aufgetreten ist. Das ist ökonomisch gedacht, da der (Zeit-)Aufwand auf die relevanten Bereiche beschränkt bleibt.

Man kann sich aber auch das Ziel setzen, die Mobbingaufklärung im gesamten Betrieb zu betreiben. Zwar ist dies mit einem höherem Aufwand verbunden, jedoch ist aus der Gesundheitsforschung bekannt, daß der Nutzeffekt einer breiten Prävention größer ist. Das hat mehrere Gründe: Einmal kommt für den Betrieb einfach mehr dabei heraus, wenn alle Betriebsangehörigen ein »bißchen weniger mobben«, als wenn in einer ausgewählten Abteilung einige wenige Beschäftigte viel weniger mobben. Zweitens dürften ein bereits eskalierter Konflikt in einer Mobbingabteilung kaum durch allgemeine Aufklärung, sondern nur durch konkrete konfliktlösende Maßnahmen befriedet werden können. Ein weiterer Vorteil der allgemeinen Aufklärung liegt darin, daß die Geschäftsleitung sensibilisiert wird und sich möglicherweise das Betriebsklima verbessert (s. Abb. 13).

Wenn es der betrieblichen Interessenvertretung mit Mobbing ernst ist, sollte diese über einen etwas längeren Zeitraum und mit verschiedenen Mitteln versuchen, wirklich alle Betriebsangehörige zu erreichen. Hierzu zählen insbesondere die Betriebsversammlungen. Ferner kommen alle dem Betriebsrat zugänglichen Informations- und Kommunikationsmöglichkeiten in Betracht.

Bei einer Konzentration auf die kritischen Bereiche im Betrieb ist unter Umständen sogleich eine Verstrickung in betriebliche Konflikte zu erwarten, und es muß Stellung bezogen werden. Bei allgemeiner Aufklärung mittels Medien (z. B. über das Betriebsratsinfo) oder auf einer Betriebsversammlung ist der Streßfaktor für die Aufklärer geringer.

3. Was bewirkt Mobbing-Aufklärung?

Die Aufklärung erreicht möglicherweise alle Ohren, aber sicher nicht alle Herzen. Es ist ein Irrtum zu glauben, daß Prävention das Problem Mobbing für alle Zeiten vom Tisch schaffen könn-

Abb. 13: Kosten und Nutzen verschiedener Aufklärungswege

Zielgruppe / Kosten/Nutzen	Problemabteilung	Gesamtbetrieb
Aufwand	gering	relativ hoch
Informationseffekt	wenige Beschäftigte werden stark informiert	viele Beschäftigte sind ein wenig informiert
Streßfaktor für die Aufklärer	hoch, wenn starke Konflikte	gering
Effekt auf das Betriebsklima	gering	eventuell hoch
Sensibilisierung des Arbeitgebers	eher gering	hoch (z. B. Betriebsversammlung)

te. Sie hoffen vielleicht, daß (potentielle) Mobber in sich gehen und sagen: »Oh, wenn ich gewußt hätte, welche langfristigen, bösen Folgen mein Verhalten hat!« Das mag im Einzelfall so geschehen. Aber die Interessen, die hinter Mobbing stehen, sind im allgemeinen für die Mobber zu elementar und wichtig, als daß sie auf die Möglichkeiten des Mobbings verzichten wollten. Und es ist nicht nur eine Frage der individuellen Moral. Ein gutes Betriebsklima kann wie ein Kartenhaus zusammenbrechen, wenn beispielsweise eine Betriebsschließung angekündigt wird.

Mit Mobbingaufklärung werden weniger die Mobber, sondern mit größter Wahrscheinlichkeit Mobbingbetroffene erreicht. Ihnen kann am ehesten verdeutlicht werden, daß sie sich in einem abwärts gerichteten Strudel befinden und daß sie sich zum Selbstschutz dringend Unterstützung suchen müssen. Aufklärung kann zu einer breiten Sensibilisierung beitragen, so daß Mobbingkonflikte eher registriert und gemeldet werden. Betriebsräte können durch Aufklärung eine größere Bereitschaft erzeugen, sich auf den Schutz von Betroffenen, auf Konfliktbearbeitung und Schlichtung einzulassen. Mobbingprävention ist dann besonders sinnvoll, wenn es zusätzlich gelingt, in Übereinkunft mit der Geschäftsleitung allgemeine Strukturen zur Konfliktbewältigung zu etablieren.

4. Mobbing-Aufklärung wird »schlafende Hunde« wecken

Wer das Thema Mobbing anspricht, weckt auch konkrete Erwartungen und muß damit rechnen, daß Betroffene kommen und persönlichen Beistand suchen. Es ist zu erwarten, daß schwelende Konflikte aufflammen und daß Stellung genommen werden muß. Mitglieder der Interessenvertretung, die lieber fachlich-sachlich arbeiten und persönliche Konflikte und Querelen meiden, sollten sich nicht überfordern (wobei jeder mit seinen Aufgaben wachsen kann!). Mobbingaufklärung zu betreiben, heißt »schlafende Hunde« wecken. Es macht keinen Sinn, über Mobbing aufklären zu wollen und hinterher keine Kapazität für Hilfesuchende zu haben.

Es ist deswegen sinnvoll, bevor beispielsweise ein Referent zu einer Betriebsversammlung eingeladen wird, geeignete Maßnahmen zu treffen, um mögliche Anfragen aus der Belegschaft aufzufangen. Der dafür notwendige Aufwand ist zum Glück überschaubar. Da im Voraus ohnehin nicht abzuschätzen ist, wie viele Anfragen und Hilfeersuchen auf den Betriebsrat zukommen, sollte man ökonomisch vorgehen und zunächst nur eine minimale Mobbinginfrastruktur bereitstellen. Ein wenig zu tun ist besser als nichts zu tun. Was die minimale Infrastruktur umfassen sollte, zeigt die Abb. 14.

Die wichtigste Voraussetzung für erfolgversprechende Präven-

Abb. 14: Grundausstattung für Mobbing-Prävention

- Der Betriebsrat sollte einige Bücher und Broschüren zu Mobbing zur Ausleihe bereithalten (z. B. Mobbingbroschüren von Gewerkschaften, AOK, DAG, DGB und kda).
- Eine stets aktuelle Adressenliste mit Ansprechpartnern aus dem nahen Umfeld, wie z. B. Selbsthilfegruppen, Beratungsstellen, Mobbingtelefon, mobbingvertraute Ärzte, Therapeuten, Rechtsanwälte, sollte weitergereicht werden können.
- Angebot einer Mobbingsprechstunde bzw. Einplanung eines festen Zeitbudgets für zu erwartende Mobbinganfragen und Hilfeersuchen.
- Pflege von Kontakten und Vernetzung mit kompetenten externen Partnern.

tion ist die innere Bereitschaft der Interessenvertretung, sich mit Mobbing auseinanderzusetzen. Außerdem muß genügend Zeit für die Beratung von Mobbingbetroffenen und die mögliche anschließende Konfliktbearbeitung eingeplant werden. Das Angebot einer »Mobbingsprechstunde« ist ein Muß! Der Betriebsrat kann dabei das Wort »Mobbing« in seinem Beratungsangebot weglassen, wenn er der Auffassung ist, daß die Anonymität der Ratsuchenden im Betrieb geschützt werden muß.

Die vorrätige Literatur über Mobbing (Bücher, Broschüren, Faltblätter), sollte freigiebig an Ratsuchende ausgeliehen werden. Viele Betroffene schätzen es, wenn sie sich zu Hause in Ruhe mit der Mobbingliteratur auseinandersetzen können. Für den mit Mobbing noch unerfahrenen Betriebsrat stellt die verfügbare Literatur bei der Beratung ebenfalls eine Stütze dar, auf die immer wieder zurückgegriffen werden kann.

Sehr wichtig ist eine aktuelle und *auf die Region zugeschnittene* Adressenliste (s. Anhang Nr. 6). Sie können davon ausgehen, daß das Angebot ständig wechselt und wächst. Der Betriebsrat sollte seine Liste durch eigene Recherche vervollständigen und

Abb. 15: Handlungsmöglichkeiten für Mobbing-Prävention

1. **Informationen an die Belegschaft geben (allgemeine Aufklärung)**
   - Vortrag auf einer Betriebsversammlung halten (lassen);
   - einen Infoabend für Interessierte organisieren;
   - Mobbingvideo vorführen und diskutieren;
   - Beiträge im Betriebsratsinfo veröffentlichen;
   - Broschüren im Betrieb auslegen;
   - Mobbing im Einzelgespräch ansprechen.

2. **Informationen aus der Belegschaft sammeln (Offenes Ohr)**
   - anonyme Umfrage »Betriebsklima«/»Mobbing« durchführen;
   - Beschwerden auf »Mobbing« prüfen;
   - offenes Ohr für Mobbing in der Sprechstunde haben;
   - Krankheitsfälle auf »Mobbing« prüfen.

3. **Informationen an Entscheidungsträger geben (Qualifizierung)**
   - Schulung/Qualifizierung der Betriebsratsmitglieder organisieren;
   - Sachverständige zur Betriebsratssitzung einladen;
   - Bücher und Broschüren besorgen und verteilen;
   - Aussprache mit Personalabteilung oder Geschäftsleitung.

4. **Betriebliche Strukturen gegen Mobbing (Nägel mit Köpfen machen)**
   - Qualitätszirkel »Betriebsklima« einrichten;
   - gemeinsames Anti-Mobbingprogramm mit Arbeitgeber entwikkeln;
   - Beschwerdewesen verbessern;
   - Konfliktkommission einrichten;
   - Betriebsvereinbarung »Mobbing« durchsetzen;
   - ethische Grundsätze formulieren (soziale Corporate Identity);
   - Mobbing- oder Konfliktbeauftragten ernennen;
   - Vorschläge zur Verbesserung der Betriebsorganisation unterbreiten.

auf dem laufenden halten. Regional bieten sich als Ansprechpartner immer die Krankenkassen, Gesundheitsämter, regionale Gesundheitsorganisationen, die Gewerkschaften, der Kirchliche Dienst in der Arbeitswelt sowie die regionale Presse an. Wenn diese vielleicht auch selbst nicht aktiv sind, so können sie doch häufig weitere Ansprechpartner nennen. Es empfiehlt sich, nicht nur die Adressen zu kennen, sondern auch persönliche Kontakte aufzunehmen, um selbst Rat, Erfahrungsaustausch und Unterstützung zur Verfügung zu haben. Die Kunst der Mobbingberatung besteht auch darin, weitergehende Hilfsangebote zu kennen, wenn man selbst nicht weiterweiß.

5. Möglichkeiten und Methoden der Mobbing-Prävention

Es gibt viele unterschiedliche Möglichkeiten, präventiv gegen Mobbing vorzugehen (s. Abb. 15).

a) Aufklärung

Die bekannteste und bewährteste Form der Prävention ist die Aufklärung, also das Bereitstellen von Grundinformationen über ein Problem. Die Informationen können mündlich und/oder schriftlich erfolgen. Für den Einsatz von schriftlichem Aufklärungsmaterial sowie einem Video spricht, daß der Betriebsrat mit vergleichsweise geringem Aufwand wichtige Informationen verbreiten kann. Wir glauben allerdings, daß mündliche Aufklärung, verbunden mit der Möglichkeit zur Aussprache, beim Thema Mobbing weit wirkungsvoller ist als das bloße Verteilen von schriftlichem Material. Der Nachteil ist, daß man keinen Einfluß darauf hat, ob das Material auch gelesen wird. Außerdem besteht Mobbing weitgehend aus aggressiver und abwertender Kommunikation, die lähmt und mundtot macht. Indem den Beschäftigten durch mündliche

Aufklärung die Gelegenheit geboten wird, Fragen zu stellen, Argumente auszutauschen, über eigene Mobbingerfahrungen zu berichten oder über Methoden der Gegenwehr zu sprechen, wird bereits ein wichtiger praktischer Schritt gegen die Sprachlosigkeit (und die darin verborgene Ohnmacht) unternommen. Zudem läßt sich die Isolierung von Mobbingbetroffenen besser durchbrechen, wenn viele gemeinsam über Mobbing reden, als wenn jeder für sich etwas über Mobbing liest.

 Wichtig:
Über Mobbing reden ist wirkungsvoller als gegen Mobbing anschreiben.

Soll Mobbing vor einem größeren Zuhörerkreis angesprochen werden, so empfiehlt es sich, optische Medien einzusetzen (z. B. Folien, Plakate, Videos). Die Einladung eines externen Referenten erspart dem Betriebsrat eine eigene inhaltliche Vorbereitung und erhöht die Glaubwürdigkeit. Betriebsrat und Referent sollten sich jedoch im Vorfeld zusammensetzen, um die Eckpunkte des Vortrags mit den Zielen des Betriebsrats abzustimmen. Man kann im Eingangsbereich des Versammlungsraums eine große Wandtafel aufstellen, auf der z. B. eine »Befragung zum Betriebsklima« vorbereitet ist. Auf der Tafel sind den Betriebsrat interessierende Fragen aufgelistet, welche von den Teilnehmern im Vorübergehen durch Ankreuzen mittels dicker Filzstifte oder durch Aufkleben von Haftpunkten beantwortet werden können. Die Fragen müssen so formuliert werden, daß sie leicht mit »Ja« oder »Nein« oder durch übersichtliche Bewertung (sehr, etwas, kaum, gar nicht) zu beantworten sind. Das Ergebnis einer solchen Befragung, das sofort auf einfache Weise ermittelt werden kann, wirkt bereits während der Zusammenkunft wie ein Stimmungsbarometer.
Es ist wenig empfehlenswert, Mobbingbetroffene aus dem eige-

nen Betrieb vortragen zu lassen. Nachdem sie sich so stark exponiert haben, sind sie noch stärker vom guten Willen des Umfeldes abhängig als jemals zuvor. Beispiele aus dem eigenen Betrieb vorzustellen, ist ebenfalls nicht zu empfehlen, es sei denn, sie konnten konstruktiv abgeschlossen werden. Aber auch in derartigen Fällen ist eine Anonymisierung empfehlenswert. Fälle aus den eigenen Reihen tragen bei Versammlungen eher zur Polarisierung bei; auch ist nicht zu erwarten, daß bei hundert und mehr Beteiligten einer Betriebsversammlung positive Impulse für eine Lösung entwickelt werden – hier ist eher diplomatisches »Know-how« gefragt. Die Verwendung von betrieblichen Beispielen setzt das Einverständnis des Mobbingbetroffen voraus. Vom Betriebsrat sollten alle Beschäftigten Sorgfalt und Verschwiegenheit erwarten können, wenn es um wichtige persönliche Belange geht.

b) Ein offenes Ohr haben

Die Interessenvertretung kann auch den umgekehrten Weg gehen und zunächst Informationen aus der Belegschaft sammeln. Das kann über eine Umfrage im Betrieb geschehen. Etwas weniger öffentlich können zunächst Beschwerden ausgewertet werden, die in der Personalabteilung und beim Betriebsrat aufgelaufen sind. Ein Anruf oder Besuch bei Arbeitskollegen, die schon länger krank geschrieben sind oder häufiger fehlen, könnte auf die Spur von Mobbing führen. Im Anhang Nr. 1 ist unser Fragebogen zu Mobbing zu finden, der bei Bedarf ausgegeben werden kann.

Ebenso ist es möglich, im Rahmen der Sprechstunde des Betriebsrats direkt oder indirekt etwas über Mobbing am Arbeitsplatz zu erfahren. Es wäre noch besser, betriebsöffentlich darauf hinzuweisen, daß der Betriebsrat in seiner Sprechstunde ab sofort ein offenes Ohr für Mobbing hat.

c) Informationen an Entscheidungsträger und betriebliche Strukturen gegen Mobbing am Arbeitsplatz

Eine gewisse Sensibilisierung und Qualifizierung aller Betriebsratsmitglieder sollte vor einer breiten Prävention im Betrieb durchgeführt sein. Dies ist am besten dadurch zu organisieren, daß ein Experte aus der Region als Referent zu einer Sitzung des Betriebsrats eingeladen wird. Eine gute Grundlage für ein gemeinsames Vorgehen von Interessenvertretung und Arbeitgeber könnte die gemeinsame Teilnahme an einer Schulung sein. Besser, als gar nichts zu tun, ist es allemal, das Thema Mobbing auf die Tagesordnung einer Betriebsratssitzung zu setzen und sich darüber auszusprechen, was der einzelne weiß und was man in der Zukunft zu tun gedenkt.

Beabsichtigt der Betriebsrat, mit dem Arbeitgeber in Gespräche oder Verhandlungen zur Verbesserung des allgemeinen Betriebsklimas zu kommen, wäre es verhandlungstaktisch unklug, mit Vorwürfen über bisherige Versäumnisse einzusteigen. Wenn der Arbeitgeber selbst mittels Mobbing reagiert oder es billigend in Kauf nimmt, hat der Betriebsrat zunächst sowieso keine Chance zu einer gemeinsamen Strategie. Ihm wird eine massive Abwehrhaltung entgegenstehen. Die erforderlichen Maßnahmen müssen dann im Alleingang, unter Ausnutzung aller rechtlichen Möglichkeiten, geplant werden. Bei der Umsetzung solcher Maßnahmen (z. B. »Mobbingbüro«) sollte der Arbeitgeber stets informiert werden und ihm jederzeit die Möglichkeit offenstehen, auf den fahrenden Zug aufzuspringen. Der Betriebsrat muß hierbei abwägen, ob er wirkungsvoll gegen Mobbing vorgehen will oder ob es in erster Linie darum geht, den Arbeitgeber vorzuführen.

Besser ist es, an den Eigeninteressen des Arbeitgebers anzuknüpfen. Das sind – pauschal gesagt – Qualität, Tempo, Image, Flexibilität, Kosten und Profit. In der Mobbingliteratur sowie in Zeitungsartikeln wird oft mit großen Zahlen hantiert, welche

Kosten Mobbing sowohl für die einzelnen Betriebe als auch volkswirtschaftlich verursachen. Diese Rechnungen sind für die betriebliche Überzeugungsarbeit ungeeignet. Es handelt sich bislang um reine Spekulationen. Niemand weiß derzeit wirklich, wieviele Mobbingfälle mit Krankheitswert in Deutschland jährlich auftreten und welche medizinischen und betrieblichen Kosten dadurch entstehen. Außerdem lassen allgemeine Zahlen keine Rückschlüsse auf den einzelnen Betrieb zu. Schauen Sie sich vielmehr den eigenen Betrieb an und kalkulieren Sie konkret und betriebsnah, welche Folgeprobleme (z. B. Fehlzeiten, Fehlentscheidungen) und welche Kosten (z. B. Kosten wegen Kündigung, Neueinstellung und Einarbeitung) durch Mobbing bereits entstanden oder zu erwarten sind.

 **Wichtig:**

Legen Sie dem Arbeitgeber eine betriebliche Kostenrechnung über Mobbing vor.

Der Betriebsrat kann aus seiner Mitte einen Mobbingbeauftragten ernennen. Damit zeigt die Interessenvertretung deutlich Flagge und hat zugleich einen Ansprechpartner für alle Beteiligten bekannt gemacht. In einigen Fällen ist es gelungen, vom Arbeitgeber zusätzliche Freistellungen für solche Beauftragte zu erhalten.

Wenn sich Arbeitgeber und Betriebsrat auf eine Betriebsvereinbarung zu Mobbing, die auch Verfahrensschritte zur Konfliktbereinigung und Sanktionen enthält, oder zumindest auf »ethische Grundsätze des Umgangs« einigen können, dann ist damit schon die hohe Schule der Mobbingprävention erreicht.

6. Und plötzlich ist »alles Mobbing«

Wird Mobbing innerhalb eines Betriebes oder einer Dienststelle zum Thema gemacht – beispielsweise durch schriftliches Material oder ein Referat auf der Betriebsversammlung -, so ist nicht auszuschließen, daß das Thema in kürzester Zeit in einigen Bereichen bzw. Abteilungen intensiv diskutiert wird. Viele Gemeinheiten, Kränkungen und Konflikte werden angesprochen, die vorher eher passiv hingenommen wurden. Dabei kann es geschehen, daß der Begriff Mobbing überstrapaziert wird und als Sinnbild für jede Form von Auseinandersetzung herhalten muß – plötzlich ist alles Mobbing.

Betriebsräte fürchten sich teilweise vor einer solchen Entwicklung, weil sie dann erwarten, mit Bagatellen und geringfügigen Problemen überschwemmt zu werden. Geschäftsführungen fürchten ihrerseits, daß ihnen möglicherweise jede Form der Disziplin aus der Hand genommen wird, weil jegliches Vorgesetztenverhalten (z.B. Kritik, Ermahnung oder Anweisungen) als Mobbing denunziert werden könnte.

Wir halten diese Befürchtungen für nicht gerechtfertigt und schätzen diese Entwicklung, überall Mobbing zu vermuten und zu sehen, als ein vorübergehendes sowie unproblematisches Phänomen ein. Es ist sogar sinnvoll und erforderlich, daß innerhalb der Belegschaft über den Begriff Mobbing (kontrovers) diskutiert wird, wenn ein weitreichender Konsens darüber geschaffen werden soll. Die Sensibilität für Konflikte und Unstimmigkeiten soll schließlich durch präventive Maßnahmen gestärkt werden. Die Erfahrungen bei VW nach Abschluß der Betriebsvereinbarung »Partnerschaftliches Verhalten am Arbeitsplatz« (vgl. ArbuR 1996, 443) zeigen, daß weniger schwere Fälle von Mobbing öffentlich wurden, also nicht – wie manche erwartet hatten – die gravierenden Mobbingkatastrophen. Diese leichteren Konfliktfälle sind jedoch genau die, um die es bei der Verhütung von Mobbing gehen soll.

VIII. Die Mobbing-Sprechstunde

Dieses Kapitel enthält Überlegungen und Hinweise für Betriebsratsmitglieder, die im Rahmen der üblichen Sprechstunde oder ausdrücklich als Mobbingbeauftragter des Betriebsrats mit Betroffenen Gespräche führen wollen. Die Arbeit von Betriebsräten erfordert zunehmend soziale Kompetenz. Nur wenige Betriebsratsmitglieder verfügen jedoch über systematische Kenntnisse der Gesprächsführung. Deswegen erscheint uns dieses Kapitel notwendig und sinnvoll. Damit Sie sich besser in die Beratungssituation hineinversetzen können, werden Sie häufig direkt in der Rolle des Beraters angesprochen. Mobbingbetroffene und andere Leser, die selbst keine Beratung durchführen, sind zwar nicht direkt angesprochen, können aber sicher auch einige interessante Aspekte herauslesen.

Eine Mobbingsprechstunde anzubieten, ist – wie gesagt – ein Muß für jeden Betriebsrat, der etwas gegen Mobbing unternehmen will. Man muß dieses Beratungs- und Gesprächsangebot nicht unbedingt so nennen, wenn zu befürchten ist, daß ein Teil der betroffenen Beschäftigten aufgrund der Namensgebung nicht kommen würde. Wie auch immer der Betriebsrat sein Angebot nennt, wichtig ist, daß allen im Betrieb klar ist, daß der Betriebsrat eine offene Tür und ein offenes Ohr für Mobbingbetroffene und andere Konfliktgeschädigte hat.

Der Betriebsrat ist frei in der Entscheidung, ob er die Behandlung von Mobbingfällen an ein oder wenige Mitglieder delegiert oder ob sich alle mit der Problematik bis hin zur persönlichen Betreuung von Betroffenen befassen wollen. Der Betriebsrat kann – betriebspolitisch wirksam – einen »Mobbingbeauftragten des Betriebsrats« ernennen. Dieser kann auch »Konfliktbeauftragter« oder »Dezernent für das Betriebsklima« heißen.

Mit dem Begriff »Mobbingberatung« ist im folgenden die Folge von Beratungssitzungen gemeint, in der sich Mobbingbeauftragter und Mobbingbetroffener austauschen und – falls gewünscht – gemeinsam Pläne und Strategien zur Überwindung des Mobbings entwerfen. Mögliche Abläufe von Mobbingberatungen sind in der Abb. 16 dargestellt.

Eine Mobbingberatung wird in den meisten Fällen damit beginnen, daß Sie von einem Arbeitskollegen aufgesucht werden und dieser direkt oder über Umwege auf das Thema Mobbing zu sprechen kommt. Dies ist das *Erstgespräch*. Es ist dabei nicht ausgeschlossen, daß sich ein Ratsuchender so vorsichtig an das Thema herantastet, daß auch der zweite Gesprächstermin nochmals wie ein Erstgespräch abläuft. Je nachdem, was im Verlauf dieses Gesprächs herauskommt, wird man den weiteren Verlauf und das Ziel der Beratung gemeinsam festlegen können.

Welchen Weg die Mobbingberatung mit einer bestimmten ratsuchenden Person nehmen wird, läßt sich nicht vorhersagen. Das muß gemeinsam im Verlauf der Gespräche ausgehandelt werden. Möglicherweise möchte der Ratsuchende nur einige Grundinformationen zu Mobbing und kommt dann nicht wieder. Es kann sein, daß nur regelmäßige moralische Unterstützung vereinbart wird. Dies können beispielsweise Treffen sein, bei denen der Mobbingbetroffene sich aussprechen kann, aber keine weiteren Maßnahmen erfolgen sollen (das wäre z. B. denkbar, wenn der Betroffene kurz vor der Rente steht und nur noch irgendwie durchkommen möchte). Es kann sein, daß nur Interesse nach Adressen für externe Institutionen und Personen besteht. Externe Unterstützung kann allerdings auch ergänzend einbezogen werden, um die betriebliche Beratung und Konfliktbearbeitung zu verstärken.

Es sollte unbedingt respektiert werden, wenn der Mobbingbetroffene keine weitergehende Konfliktbearbeitung in Zusammenarbeit mit der Interessenvertretung möchte. Allerdings muß sich der Betriebsrat auch fragen, wieviel Kapazität er für bloßen Trost aufzubringen vermag und inwiefern eine externe

Abb. 16: Ablauf einer Mobbing-Beratung

ERSTGESPRÄCH
persönliches Kennenlernen,
Problem erläutern lassen,
sachliche Informationen

**moralische
Unterstützung**
offenes Ohr, Trost,
seelischer »Mülleimer«

**externe
Unterstützung**
Selbsthilfe, Beratung,
medizinische Hilfe,
therapeutische Unterstützung

**HANDLUNGSORIENTIERTE
BERATUNGSGESPRÄCHE**
Mobbing-Analyse,
Konfliktvorbereitung,
persönliche Stärkung

externe Beratung
juristisch,
konflikttechnisch

BEARBEITUNG DES MOBBINGKONFLIKTS

Aussprache

Vorladung
beim Arbeitgeber

gerichtliche
Klärung

Betreuung dann sinnvoller wäre. Die Interessenvertretung ist natürlich an dauerhaften Verbesserungen der sozialen Arbeitsbedingungen im Betrieb interessiert. Dieses Interesse darf jedoch nicht über den Kopf des Mobbingbetroffenen hinweg umgesetzt werden. Sie würden den Mobbingbetroffenen mißbrauchen, wenn Sie ihn aus allgemeinen betriebspolitischen Interessen heraus in Konflikte treiben, die er nicht will und die er nicht aushält. Nur wenn sich Ratgeber und Ratsuchender einig werden, macht es Sinn, die Beratung zu intensivieren und in eine zielgerichtete Bearbeitung des Konflikts überzuleiten.

1. Parteilichkeit, Neutralität und Objektivität

Sie mögen befürchten, daß Sie als Mobbingberater eventuell einmal vor den falschen Wagen gespannt werden und sich dadurch im Betrieb lächerlich oder unglaubwürdig machen könnten. Als Sicherheit könnte Ihnen vorschweben, daß Sie stets distanziert und objektiv mit den Ratsuchenden umgehen, damit Ihnen dies nicht passiert. Eine distanzierte Haltung gegenüber Mobbingbetroffenen wird die Interessenvertretung jedoch in keiner Weise davor schützen, daß ihr von bösen Zungen Parteilichkeit und mangelnde Objektivität vorgeworfen wird. In der Beratung bleibt Ihnen gar nichts anderes übrig, als sich auf den Menschen einzulassen, der zu Ihnen kommt. Sonst wird die Mobbingberatung zur Mogelpackung. Wer Unterstützung anbietet, sollte sein Versprechen auch halten und nicht nachträglich wieder versuchen, eine neutrale Position einzunehmen.

Wir geben zu bedenken, daß jemand, der sich als Mobbingbetroffener empfindet, tatsächlich einen hohen Leidensdruck hat. Es wird ihm tatsächlich übel mitgespielt, er leidet, ist krank, ihm drohen betriebliche Sanktionen. Egal, wieviel Schuld am Entstehen des Mobbingkonflikts und wie viele versäumte Gelegenheiten zur Befriedung auf Kosten des Mobbingbetroffenen gehen, so ist dennoch uneingeschränkte menschliche Unterstützung erforderlich. In die Mobbingberatung werden stets die Menschen kommen, denen die Probleme über den Kopf wachsen, die es nicht mehr aushalten, die keine oder geringe Ressourcen haben oder die besonders sensibel sind. Sich dieser Menschen anzunehmen und sich mit ihnen verbunden zu fühlen, schließt keineswegs aus, daß man versucht, auch den anderen Beteiligten im Mobbingkonflikt gerecht zu werden.

Daß jemand seine Betroffenheit nur vortäuscht und seinerseits die Mobbingsprechstunde mißbraucht und manipuliert, um sich Vorteile in innerbetrieblichen Querelen zu verschaffen, ist nicht völlig auszuschließen. Es ist aber ein umständlicher sowie riskanter Weg und wir glauben nicht, daß ein solcher Mißbrauch der Beratung allzu lange unentdeckt bleibt. Auch ist kein Schaden für das Ansehen der Interessenvertretung zu erwarten, wenn diese im Normalfall dem Ratsuchenden vertraut und dabei schon einmal getäuscht wird.

2. Anforderungen an die Beratungsperson

Man muß nicht psychologischer Experte sein, um Mobbingbetroffene beraten zu können. Wenn der Berater einige typische Fehler vermeidet, die im Alltag beim Verteilen von guten Ratschlägen oft gemacht werden, kann nahezu jeder diese Aufgabe bewältigen. Nur in extremen Fällen sind Mobbingbetroffene so belastet, daß ausschließlich oder überwiegend externe medizinische oder therapeutische Hilfe angezeigt ist. Dann sollte eine Beratung durch den Mobbingbeauftragten im Hinblick auf arbeitsrechtliche und arbeitsplatzbezogene Fragen erst zu einem späteren Zeitpunkt (wieder) aufgenommen werden. Hilfreich wäre in solchen Fällen stets, daß der Berater diese Hilfsbereitschaft eindeutig signalisiert.

Das Wichtigste ist ohnehin passiert, wenn sich jemand die Zeit nimmt und vorurteilsfrei den Schilderungen des Mobbingbetroffenen zuhört. Es spricht natürlich nichts dagegen, daß Sie sich in Gesprächsführung, Kommunikationstechniken usw. fortbilden, wenn Ihnen die Möglichkeiten dazu gegeben sind. Es spricht auch vieles für die Einbeziehung von externen Moderatoren und Konfliktberatern, wenn ein Problem eskaliert. Leider ist es nicht so einfach, den Arbeitgeber von der Finanzierung externer Mobbingexperten zu überzeugen, zumal solche Experten oft nicht sofort zur Verfügung stehen, wenn sie gebraucht werden. Haben Sie Mut und werden Sie als Interessenvertreter Experte in eigener Sache.

Immer wieder werden Menschen, die sich auf ein Gespräch mit Mobbingbetroffenen einlassen, mit dem Satz konfrontiert: »Sie sind der erste, der mir mal wirklich zuhört und das ernst nimmt, was ich sage.« Dies spiegelt einen Teil des Leidenswegs von Mobbingbetroffenen wider. Keiner hat sich wirklich Zeit genommen, vielfach wurden die Schwierigkeiten, sich gegen die Mobber zu wehren als persönliches Unvermögen abgewertet. Es wurden halbherzige Ratschläge und wenig einfühlsamer Trost gespendet. Diese Fehler sollten sich in der Beratung nicht wiederholen.

Das erste Gespräch, das zwischen Ihnen und einem Mobbingbetroffenen stattfindet, legt den Grundstein für eine vertrauensvolle Beratung. Bei zu wenig Einfühlungsvermögen gibt es dagegen von vornherein Risse im Fundament. Aber die Beratung besteht nicht nur aus einem Erstgespräch, sondern es soll ein Arbeitsbündnis gebildet werden, um das Mobbingproblem möglichst zu lösen. Was kann der Berater zur Bildung dieses grundsätzlichen Vertrauens beitragen?

> **!** **Wichtig:**
> Wer beraten will, muß nicht auf alles einen Rat wissen.

Die Mobbingberatung besteht nicht darin, daß Sie für alle Problemlagen fertige Lösungen parat haben. Dazu sind die

Konflikte, die im Betrieb möglicherweise auftauchen können, zu unterschiedlich. Sie brauchen ein Grundwissen zu Mobbing. Einfühlungsvermögen für die Situation des Betroffenen ist unerläßlich. Ferner sollten Sie Freude daran haben, passende Konzepte für die Lösung des jeweils vorliegenden Mobbingproblems zu entwickeln. Ob diese Ideen erfolgreich umgesetzt werden können, entscheiden Sie ohnehin nicht allein.

Allgemein läßt sich empfehlen, glaubwürdig und vertrauenswürdig zu sein. Sie müssen nicht alles sagen, was Sie denken. Manchmal ist es sogar ratsam, etwas zurückzuhalten und lieber zu anderer Zeit vorzubringen. Aber alles, was Sie sagen, muß ehrlich sein. Legen Sie offen, was Sie sich zutrauen und wo Sie Probleme bei der Unterstützung sehen. Wenn Sie selbst im Augenblick nicht weiterwissen, dann überspielen Sie das nicht. Wecken Sie keine falschen Hoffnungen. Tun Sie aber unbedingt das, was Sie versprochen haben zu tun. Vermeiden Sie jegliches Doppelspiel: Entrüsten Sie sich beispielsweise nicht im Beisein des Mobbingbetroffenen heftig über den untätigen Arbeitgeber und streichen dem Arbeitgeber im Beisein des Betroffenen dann gezielt Honig um den Bart, um etwas für den Betroffenen rauszuschlagen. Der Betroffene wird dies möglicherweise nicht als taktisch klugen Schachzug Ihrerseits werten, sondern vermuten, daß Sie möglicherweise hinter dem Rücken von jedermann schlecht reden.

Persönliche Anforderungen an die Beratungsperson
- Glaubwürdig und vertrauenswürdig sein;
- eigene Grenzen akzeptieren und nennen;
- handlungsfreudig und zurückhaltend sein können;
- gefühlsmäßig beteiligt, aber nicht mitgerissen sein, d. h. Nähe zur Person, aber Abstand zum Sachverhalt haben;
- ausreichend Zeit mitbringen.

Für das Vertrauensverhältnis ist es wichtig, sowohl die persönlichen Möglichkeiten mitzuteilen als auch die eigenen Grenzen. Sind Sie ein eher zurückhaltender Typ, dann wird es Ihnen vielleicht nicht leicht fallen, mit dem Mobber ein hartes Wortgefecht zu führen. Sprechen Sie offen mit dem Mobbingbetroffenen darüber, welche Erwartungen Sie erfüllen können oder wollen und welche nicht.

Ein Mobbingbetroffener ist in die Defensive geraten und braucht offensive Unterstützung. Wir denken, daß Mobbingberater sowohl handlungsfreudig als auch zurückhaltend sein müssen, um ihrer Aufgabe gerecht zu werden. Wie soll das gehen? In bestimmten Situationen, die sich aus der Beratung ergeben, müssen Sie entschlossen handeln, beispielsweise in der Konfrontation mit direkten Vorgesetzten, dem Arbeitgeber oder dem Mobber. Hier kann es erforderlich sein, daß Sie die Interessen des Mobbingbetroffenen ganz entschieden vertreten. Andererseits ist auch immer wieder Zurückhaltung angesagt. Vor allem dürfen Sie nicht ungefragt stellvertretend für den Mobbingbetroffenen handeln oder ihn zu Entscheidungen treiben. Aber auch beim Umgang mit Mobbern und Vorgesetzten kann diplomatisches Geschick von größerer Wirkung sein als ein moralischer Eisenbesen. Es ist nicht zu vermeiden, daß Sie gelegentlich Fehler machen; versuchen Sie besonnen und reflektiert vorzugehen.

Wichtig ist, sich auf die Schilderungen des Mobbingbetroffenen einzulassen und mitzufühlen, wie es einem in dieser scheußlichen Situation ergehen kann. Aber lassen Sie sich nicht mitreißen. Es genügt völlig, daß der Ratsuchende nahezu handlungsunfähig ist. Ihr Mitgefühl müssen Sie nicht in der Weise ausdrücken, daß es Ihnen ebenso geht wie dem Mobbingbetroffenen. Versuchen Sie, innerlich *Abstand zu den Vorgängen* zu halten bei gleichzeitiger *Nähe zur Person.*

Sicherlich ist das Zeitkonto des Beraters nicht unbegrenzt. Aber vor allem für das erste Gespräch gilt: Nehmen Sie sich ausreichend Zeit. Wenn Sie spontan Sympathie für den Betroffenen haben, dann verbergen Sie das nicht aus »Neutralitätsgründen«. Wenn Sie hingegen Antipathie verspüren, sollten Sie zumindest versuchen, dem Betreffenden gegenüber gerecht zu sein.

3. Das Erstgespräch mit einem Mobbingbetroffenen

Das erste Gespräch (s. a. Anhang Nr. 4) gehört dem Mobbingbetroffen als Person, erst die weiteren Gespräche gehören der Problemlösung. Viele Gedanken und Gefühle müssen erst einmal heraus. Manchmal erscheint der Mobbingbetroffene völlig aufgelöst, weil er kurz zuvor eine extreme Mobbingsituation erlebt hat. Oft hatten Mobbingbetroffene bisher keine oder nur wenig Möglichkeiten, ihr Problem einmal als Ganzes darzustellen. Bieten Sie als Beratungsperson diese Gelegenheit.

Zuhören – Nachfragen – Zuhören

- Situation des anderen wirklich verstehen wollen;
- Problem und Problemsicht des Betroffenen ernst nehmen;
- realistische Zuversicht vermitteln;
- keine voreiligen Ratschläge geben, Ruhe bewahren.

Manches, was der Mobbingbetroffene vorbringt, mag nicht völlig durchdacht oder widersprüchlich sein. Das ist zu erwarten, wenn ein Betroffener endlich einmal Vertrauen schöpft und darüber sprechen kann, was ihn bedrückt. Fassen Sie sich in Geduld. Hören Sie aufmerksam zu und versuchen Sie, so viel wie möglich zu verstehen. Fragen Sie nach, wenn Sie etwas nicht genau verstanden haben. Aber heben Sie sich Ihre Warum-Fragen für die spätere Mobbinganalyse auf (vgl. Kapitel IX.). Belasten Sie das Gespräch auch nicht mit voreiligen Ratschlägen. Zugespitzt ausgedrückt, sind in dieser Beratungsphase eigentlich alle Ratschläge voreilig. Für den Ratsuchenden sind eventuell sachliche Informationen zu Mobbing, Entstehung und Verlauf von Interesse.

Mancher Ratsuchende wird nach kurzer Zeit nur so »sprudeln«, andere werden sich nur sehr zögerlich äußern und ihre Situation unscharf oder mit allgemeinen Redewendungen darlegen. Lassen Sie sich hier nicht entmutigen. Das Wichtigste im Erstgespräch ist ohnehin nicht, ob Sie das Problem vollständig verstanden und schon Lösungen parat haben, sondern ob zwischen dem Mobbingbetroffenen und Ihnen Vertrauen zu wachsen beginnt.

4. Festlegung des Ziels der Beratung

Zum Ende des ersten (oder zweiten) Gesprächs sollte man gemeinsam die Ziele der Beratung feststecken. Finden Sie gemeinsam heraus, welchen Verlauf die Beratung nehmen soll: Möchte der Betroffene nur moralische Unterstützung, allgemeine Beratung oder soll der Mobbingkonflikt analysiert und beeinflußt werden? Im Verlauf der weiteren Gespräche können Sie nochmals überprüfen, ob die ursprüngliche Zielsetzung noch gilt oder verändert werden soll. Dies schafft Klarheit zwischen den Beteiligten und gibt der Beratung eine klare Linie sowie Verbindlichkeit. Es hilft, Enttäuschungen aus unausgesprochenen Erwartungen zu vermeiden.

 **Wichtig:**
Es gibt bei Mobbing keine ganz schnellen Lösungen.

Geben Sie dem Ratsuchenden ein klares Bild darüber, was Sie zu tun in der Lage sind, wieviel Zeit Sie investieren können und welche Eingriffsmöglichkeiten Sie zunächst einmal sehen. Verweisen Sie von vornherein darauf, daß es keine schnellen Lösungen geben wird, sondern daß mit Bedacht vorgegangen werden muß.

5. Der Mobbingbetroffene ist im Affekt

Mitglieder von Betriebsräten äußerten uns gegenüber gelegentlich die Befürchtung, daß Mobbingbetroffene in einer Beratung »außer sich geraten« könnten und sie dann nicht weiter wüßten. Im großen und ganzen ist diese Furcht unbegründet, weil sich Mobbingbetroffene in existentieller Not sicherlich dorthin wenden, wo sie professionelle Hilfe erwarten können, nämlich beim Arzt, einer Klinik, einem Therapeuten oder der Telefonseelsorge.

Manchmal – wenn auch äußerst selten – kann es geschehen, daß ein Mobbingbetroffener in extremer Wut, Panik oder Verzweiflung in die Beratungssitzung kommt und die Gefahr besteht, daß er sich im Affekt zu unüberlegten Handlungen hinreißen läßt. Er droht beispielsweise, sofort fristlos zu kündigen, das Büro seines Peinigers zu zertrümmern oder mit Selbstmord. Die meisten Leser werden mit solchen Situationen wahrscheinlich nie konfrontiert sein, aber wir halten es für besser, wenn Sie sich einmal gedanklich mit solchen Extremsituationen auseinandersetzen, um dann im Ernstfall handlungsfähig zu bleiben. Was können Sie tun? Versuchen Sie, selber ruhig zu bleiben. Das heißt vor allem, daß Sie den roten Faden der Beratung nicht aus den Händen gleiten lassen dürfen. Im Affekt bricht die ganze Not des Betroffenen durch. Der Hilferuf nach außen ist dramatisch, damit den Außenstehenden die Ernsthaftigkeit des Anliegens deutlich wird.

Bringen Sie Ruhe ins Gespräch. Das erreichen Sie, indem Sie sich die Vorfälle ausgiebig schildern lassen. Enthalten Sie sich dabei jeder negativen Bewertung, hören Sie zu, fragen Sie nach. Versuchen Sie nicht, sofort gegen die unüberlegten Handlungen zu argumentieren. Es hilft mehr, wenn Sie Verständnis zeigen können: »Das Ganze ist für Sie also so schlimm, daß Sie nun schon daran denken ...« Kommen Sie im weiteren Verlauf des Gesprächs auf die Unterstützungsmöglichkeiten und Auswege, die es gibt. Als Außenstehender haben Sie einen gefühlsmäßigen Abstand zum Problem und können sachlicher abwägen, welche Möglichkeiten einem Mobbingbetroffenen heute, morgen und nächste Woche zur Verfügung stehen. Das ist es, was der Mobbingbetroffene im Affekt **von Ihnen** benötigt.

Was tun, wenn Sie als Berater akut überfordert sind?

Rufen Sie eine Klinik, einen Arzt oder Therapeuten, die Telefonseelsorge oder den sozialpsychiatrischen Dienst an. Die kennen sich mit akuten seelischen Krisen aus. Vielleicht hat der Mobbingbetroffene schon Kontakte? Fragen Sie ihn. Rufen Sie im Einverständnis mit dem Mobbingbetroffenen eine Stelle an. Erklären Sie am Telefon, daß Sie die entstandene Situation nicht allein bewältigen können und daß kompetente Hilfe nötig ist.

Übergeben Sie das Gespräch gegebenenfalls an den Mobbingbetroffenen. Lassen Sie einen Arzt kommen oder fahren Sie notfalls gemeinsam zu einer Stelle, die Krisenintervention durchführt.

Telefonnummern dieser Dienste können leicht über die Gelben Seiten, das Gesundheitsamt oder die Telefonauskunft ermittelt werden.

6. Vermittlung von realistischer Zuversicht

Inzwischen ist in vielen Medien über das Thema Mobbing berichtet worden, es hat schon Spielfilme und Hörspiele darüber gegeben. Wahrscheinlich hat Ihr Gegenüber schon einige Informationen gesammelt. Aber sicher ist das nicht und möglicherweise ist der sachliche Informationsstand (z. B. aufgrund der seelischen Belastung) nicht so gut. Auf jeden Fall macht es Sinn, sachliche Informationen über Mobbing zu vermitteln oder dem Betroffenen etwas aus dem Literaturvorrat zum Lesen mit nach Hause zu geben. Für die Betroffenen ist es immer eine Entlastung, wenn sie konkret erfahren, daß es auch anderen so ergangen ist wie ihnen.

Sachliche Zuversicht vermitteln Sie dadurch, daß Sie sachliche Informationen über Ursachen, Verlauf und Folgen von Mobbing, aber auch über die Möglichkeiten zur Gegenwehr aufzeigen. Geben Sie z. B. eine kurze Zusammenfassung der Gedanken von *Leymann* (vgl. Kapitel I.). Vergleichen Sie anhand der »45er«-Liste, ob im konkreten Fall vergleichbare Mobbinghandlungen vorliegen. Legen Sie das Verlaufsschema oder die Definition als Fotokopie vor und kommen Sie darüber mit dem Mobbingbetroffenen ins Gespräch.

 Wichtig:
Soziale Unterstützung ist das wichtigste Mittel gegen Mobbing.

Die soziale Unterstützung durch Freunde, Verwandte, ehemalige und gegenwärtige Arbeitskollegen oder durch professionelle Helfer ist das allerwichtigste Mittel gegen Mobbing. Freundschaft und Verständnis schützen davor, psychisch ins Abseits zu geraten. Wenn wir auch permanent vor voreiligen und ungebetenen Ratschlägen warnen, so geben wir selbst hier den eindringlichen Rat: Führen Sie dem Mobbingbetroffenen immer wieder die Bedeutung sozialer Unterstützung für sein seelisches Überleben vor Augen. Unterstützen Sie ihn dabei, soziale Kontakte und Unterstützung zu finden und zu bewahren. Da Mobbing dem Angegriffenen gerade dadurch den Boden unter den Füßen wegzieht, daß die soziale Integration, das Ansehen, die Wertschätzung untergraben werden, besteht die wirksamste Gegenwehr im Aufbau und in der Pflege unterstützender Beziehungen.

Sachliche Informationen vermitteln

- Ursachen, Verlauf (Phasen) und Folgen von Mobbing;
- Bedeutung von sozialen Bündnispartnern und Unterstützern;
- Widerstands- und Handlungsmöglichkeiten;
- Mobbingliteratur;
- Adressen für weitere Beratung, Selbsthilfe, Gesundheit.

Mobbingbetroffene kommen häufig mit dem Gefühl zur Beratung, daß die eigenen subjektiven Möglichkeiten ausgeschöpft sind. Eine sachliche Information über die rechtlichen und ausserrechtlichen Handlungsmöglichkeiten ist deswegen wichtig. Im Erstgespräch sollten hiervon besser nur einige Aspekte angesprochen werden, weil ansonsten zunächst eher Verwirrung gestiftet wird. Mit fortdauernder Beratung muß dann über alle Handlungs- und Widerstandsmöglichkeiten beraten werden. Jede Form der Gegenwehr sollte inhaltlich daraufhin überprüft werden, ob sie im konkreten Fall zu einer Lösung führen kann. Zur sachlichen Information gehört unbedingt die bereitliegende Mobbingliteratur und die Adressen der außerbetrieblichen Ansprechpartner.

7. Keinen billigen Trost spenden und keine »Heldengeschichten« erzählen

Bei den positiven Empfehlungen für eine sinnvolle Mobbingberatung haben wir den Wert der »sozialen Beziehungen« herausgestellt. Bei den Empfehlungen, was besser zu unterlassen ist, wollen wir uns auf die »pauschalen Tröstungen« beschränken. Sie sind oft gut gemeint, bewirken aber nichts Gutes und machen oft alles noch schlimmer.

Appelle der Art: »Nimm es doch nicht so schwer!« oder »Mach dir einfach nichts daraus!« sind geradezu beleidigend. Denn das Problem für den Mobbingbetroffenen besteht doch gerade darin, daß es so schwer für ihn ist und daß er es deswegen so schwer nimmt. Dies ist unbedingt zu respektieren. Anderenfalls nützt die Beratung nichts, weil sich der Ratsuchende zu recht nicht ernst genommen oder sogar abgewertet fühlt. Als Außenstehender hat man da leicht reden; wären wir selbst in der Situation, würde uns die Souveränität möglicherweise auch schnell ausgehen.

 Fallbeispiel »Harald«:
Der kleinwüchsige Harald wurde jahrelang von seinen Kollegen als »unser Zwerg« tituliert. Er hatte immer gute Miene zum bösen Spiel gemacht, war innerlich jedoch sehr gekränkt und fühlte sich ausgegrenzt. Irgendwann faßte er sich endlich ein Herz und sprach seinen besten Freund darauf an. Dieser wußte zunächst gar nichts anderes darauf zu antworten als: »Ach, das mußt du doch einfach nicht so ernst nehmen, das meinen wir alle doch nicht so.« Dieser als Trost gemeinte Satz war jedoch eine herbe Enttäuschung für Harald. Dem Kollegen ließ das Gespräch jedoch keine Ruhe. Zum ersten Mal war ihm bewußt geworden, daß Harald offensichtlich an dieser gedankenlosen Unverschämtheit sehr zu leiden hatte und daß sein »Trost«, daß es niemand so ernst meinte, kein Trost sein konnte. Er ging erneut auf Harald zu und versprach ihm, diese herablassende Bemerkung nie wieder auszusprechen.

Tröstungen wie »Denk lieber an was anderes« sind immer noch populär. Aber wir sollten nicht vergessen, daß die Mobbingsprechstunde die Funktion haben sollte, Probleme zu bewältigen, und nicht die, den Betroffenen die Probleme auszureden. Auch tröstende Ermutigungen der Art »Es wird schon wieder« kann man sich getrost sparen, denn sie ermutigen nicht. Diese Art von Trost versucht vom Leid »wegzutrösten«.

127

Warum wird in dieser Weise getröstet, wenn es doch eher das Gegenteil bewirkt? Es ist vielleicht nur eine traditionelle Art und Weise, so wie kleine Kinder getröstet werden, indem man sie ablenkt. Und gedankenlos setzen wir das uns bekannte Trost-Verfahren auch für Erwachsene ein – für sie aber ein leicht durchschaubares Ablenkungsmanöver.

Keinen billigen Trost spenden

- Keine pauschalen Tröstungen (»Wird schon wieder«);
- keine Verharmlosung (»Nimm's doch nicht so schwer«);
- keine Entmündigung (»Das machen wir schon«);
- keine eigenen Heldengeschichten (»Bei mir war es so ...«).

Am ehrlichsten können Sie Trost spenden, indem Sie schlicht und einfach ihr Mitgefühl ausdrücken: »Ja, das ist eine sehr bedrückende Situation für Sie!« oder »Das ist ja so eine Gemeinheit, die Sie da jede Woche durchmachen. Überkommt Sie da nicht manchmal eine fürchterliche Wut?« Diese Art von Mitgefühl geht nicht vom bedrohlichen Thema weg, sondern läßt sich darauf ein. Ein weiterer Trost für den Ratsuchenden ist es, wenn es Ihnen gelingt, eine Vertrauensbasis aufzubauen.
Eine andere beliebte, aber uneffektive Form der Beratung besteht darin, daß eigene ehemalige Probleme berichtet und anschließend die erfolgreichen Lösungswege geschildert werden. Beliebt ist bei Hobby-Beratern auch, spontan in der Phantasie auszumalen, wie man selber in der Situation des Betroffenen handeln würde und diese spontanen Einfälle dann als Ratschlag weiterzugeben. Das sind die eigenen »Heldengeschichten«. Sie sind meistens wirklich gut gemeint, doch haben sie eine paradoxe Wirkung. Das Gute daran ist, daß der Ratgebende versucht, sich auf die gleiche Ebene wie der Ratsuchende zu begeben: »Sieh, ich war auch schon mal in so einer schwierigen Situation. Ich bin also wie du, nicht besser und nicht schlechter. Du kannst mir vertrauen, ich stehe zu dir.« Zweitens sollen die

Heldengeschichten die Zuversicht vermitteln, daß es doch noch Auswege und Lösungen gibt.

Die paradoxe Wirkung von Heldengeschichten besteht jedoch darin, daß beim Ratsuchenden häufig unterschwellig eine gegenteilige Botschaft ankommt, die in etwa lautet: »Es ist doch ganz einfach, mit der Situation fertig zu werden, du müßtest dich nur besser anstellen.« Mobbingbetroffene haben ohnehin mit ihrem Selbstwertgefühl zu kämpfen. Nun begegnen sie jemandem, dem Lösungen so leicht über die Lippen kommen und der selbst scheinbar alles im Griff hat. Das wirkt zusätzlich erniedrigend. Als Mobbingbetroffener wird man auch Zweifel bekommen, ob sich der Berater auf die Probleme wirklich einlassen will.

Natürlich darf der Berater auch eigene Erlebnisse, eigene Problemlösungsideen in die Beratung einfließen lassen. Es kommt auf den Zeitpunkt an. Bleiben Sie sich der paradoxen Wirkung bewußt und lassen Sie ihre »Heldengeschichten« so einfließen, daß Sie dabei nicht »besser dastehen«, sondern daß der Mobbingbetroffene darin tatsächlich Beispiele gelungener Konfliktbearbeitung erkennen kann, die ihm aber genügend Spielraum lassen, seinen eigenen Weg zu gehen.

8. Problemorientierte Vorgehensweise

In jeder Beratung werden Ratschläge erwartet und Ratschläge gegeben. Aber, wie bereits gesagt, seien Sie mit guten Ratschlägen zurückhaltend. Der Weg zur Hölle ist mit guten Vorsätzen und guten Ratschlägen gepflastert. Die Beratungssituation enthält eine verdeckte Hierarchie (Ratgeber oben – Ratsuchender unten), durch die das Vertrauen untergraben werden kann.

Wichtig:

Behandeln Sie die Bewältigung des Mobbingproblems als gemeinsame Aufgabe.

Wenn Sie Ratschläge an den Mobbingbetroffenen geben, dann betrachten Sie diese als »Vorschläge zum Nachdenken«. Viele gute Ratschläge lassen sich in der konkreten Situation eines Mobbingbetroffenen nur schwer umsetzen. Oder der Ratsuchende hat große Furcht, zur Tat zu schreiten. Bezähmen Sie Ihre Ungeduld. Der Mobbingbetroffene ist nicht gekommen, um als lebender Beweis Ihrer Beratungskünste zu dienen.

Problem- und handlungsorientiert vorgehen

- Problemlösung suchen, keine »Psychotherapie« versuchen;
- Ratschläge als Vorschläge zum Nachdenken erteilen und Geduld bei deren Umsetzung;
- Mobbinganalyse durchführen;
- Schwachstellen verstehen;
- Selbstbehauptung des Mobbingbetroffenen fördern;
- Vorbereitung der Konfliktbewältigung;
- Durchführung der Konfliktbewältigung.

Versuchen Sie keine wie auch immer geartete »Psychotherapie«, d. h. versuchen Sie nicht, die Person zum Besseren zu ändern. Betrachten Sie den Mobbingkonflikt als das gemeinsame Problem, das es zu entschärfen oder sogar zu lösen gilt. Setzen Sie sich mit dem Mobbingbetroffenen »auf dieselbe Seite des Tisches«, um das Problem zu begreifen und wirkungsvoll einzugreifen. Bei dieser Herangehensweise vermeiden Sie auch die Beratungshierarchie. (Zu Mobbinganalyse und Mobbingintervention siehe Kapitel IX. und X.)

9. Die »Ja, aber...«-Falle und andere Schwierigkeiten

Wir wünschen Ihnen sehr, daß Sie mit oder trotz unserer Ratschläge bei der Beratung von Mobbingbetroffenen gute Fortschritte machen. Es gibt natürlich immer wieder Situationen, in denen das Gegenteil von dem herauskommt, was Sie als Ziel angesteuert haben. Manche Schwierigkeiten lassen sich vermeiden, wenn sie bekannt sind. Wir stellen fünf verschiedene »Fallen« vor, in die man bei Beratungssituationen unvorhergesehen geraten kann.

Die »Ja, aber...«-Falle

In diese Falle tappen Sie, wenn Sie zu früh, zu häufig, zu heftig Ratschläge erteilen oder wenn Sie die Ängste des Ratsuchenden nicht wahrnehmen.

 Beispiel einer »Ja, aber...«-Falle:

Berater: Das beste Mittel gegen den Mobber wäre ein Mobbingtagebuch.

Ratsuchender: Nun, das habe ich schon mal versucht, aber das bringt ja doch nichts.

Berater: Wieso, in einem anderem Fall hatte es guten Erfolg. Sie müssen es nur machen!

Ratsuchender: Gut und schön, aber was mach ich letzten Endes damit? Bewiesen ist dann doch trotzdem nichts.

Berater: Sie müssen einfach Zeugen und Zeugnisse dazu bekommen. Fragen Sie doch mal einen Kollegen, der dabei war, ob er das bezeugt.

Ratsuchender: Aber mit mir will doch keiner mehr was zu tun haben.

Berater: Haben Sie denn schon einmal wirklich versucht, einen zu fragen?

Ratsuchender: Nein, aber das würde ich auch nicht versuchen. Das wäre ein gefundenes Fressen.
Berater (langsam ärgerlich): Was wollen Sie nun eigentlich. Soll ich Ihnen nun helfen oder was? Jeden Ratschlag, den ich hier vorbringe, machen Sie zunichte.

In diesem Beispiel geht der Berater nicht mit offenen Ohren in das Gespräch. Hinter den abwehrenden Bemerkungen des Ratsuchenden, die den Berater schließlich wütend machen, zeigen sich jeweils ernstzunehmende Aspekte des Problems. Der Berater möchte hier eigentlich nur seinen eigenen Tip, das Mobbingtagebuch, an den Mann bringen und wischt alle Bedenken vom Tisch. Am Ende einer »Ja, aber…«-Falle droht fast immer ein Zerwürfnis. Der Berater wird ärgerlich, weil er sich in eine Falle gelockt fühlt: Einerseits ist er um Rat gebeten worden, andererseits wird jeder Rat mit einem »Aber« in Frage gestellt. Der Ratsuchende fühlt sich nicht respektiert und nicht wirklich gehört. Er wird seinerseits ärgerlich oder enttäuscht.
Eine »Ja, aber…«-Falle kann auch zuschnappen, ohne daß der Berater Fehler macht, nämlich dann, wenn der Ratsuchende überfordert, wankelmütig, seiner Ziele und Erfolgschancen unsicher ist. Um praktische Experimente zu vermeiden, die Risiken bergen und Angst heraufbeschwören, wird erst einmal alles in Frage gestellt und zerredet. Das ist bei Mobbingbetroffenen sicherlich nicht selten der Fall. Diese Falle kann aber auch zuschnappen, wenn der Mobbingbetroffene eigentlich gar nicht aktiv werden will, wenn er insgeheim hofft, daß Sie die Probleme stellvertretend für ihn in die Hand nehmen. Die »Ja, aber…«-Falle ist nicht unbedingt auf das Wörtchen »aber« angewiesen, man kann auch auf andere Weise Einwände formulieren. Das Gefühl, in dieser Falle zu sitzen, kann Sie auch dann überkommen, wenn Sie nun schon mehrere Sitzungen hatten und sich scheinbar weiter alles nur im Kreis dreht, obwohl Sie schon viele Ansätze von Lösungen vorgebracht haben.

Drei mögliche Ursachen für die »Ja, aber...«-Falle

- Die mit den guten Vorschlägen verbundenen Schwierigkeiten und Risiken werden nicht genau analysiert und nicht fundiert ausgeräumt (rationaler Engpaß).
- Die Ängste vor dem Handeln und die Erwartungsängste vor negativen Konsequenzen sind sehr groß (emotionaler Engpaß).
- Der Ratsuchende will, daß der Ratgeber stellvertretend handelt, oder er will gar nicht, daß etwas getan werden soll (motivationaler Engpaß).

Egal, welche Gründe hinter der Falle stecken, Sie können sich in drei Schritten wieder selbst aus der Falle befreien. Der erste Schritt besteht darin, daß Sie offen ansprechen, daß Sie das Gefühl haben, in einer »Ja, aber...«-Falle zu sitzen. Fragen Sie den Mobbingbetroffenen, ob er das auch so sieht. Wenn ja, dann gehen Sie zum zweiten Schritt über. Wenn nicht, versuchen Sie in Erfahrung zu bringen, welchen praktischen Nutzen die Gespräche aus der Sicht des Mobbingbetroffenen hatten. Der zweite Schritt besteht dann darin, daß Sie etwa fragen: »Wie müßte der Rat beschaffen sein, der Ihnen helfen könnte?« Sie kommen damit dem persönlichen Zerwürfnis (Enttäuschung/Ärger) zuvor und geben beiden Seiten eine neue Chance, das Mobbingproblem sachlich und von derselben Seite des Tisches zu betrachten. Geben Sie dem Ratsuchenden ausreichend Zeit, darüber nachzudenken, welche Aspekte und Bedingungen ein »guter Ratschlag« haben müßte. Mit ziemlicher Sicherheit werden dem Betroffenen einige einfallen und Sie können dann gemeinsam weiter an Lösungen arbeiten.

> **!** **Wichtig:**
>
> Eine hilfreiche Frage, wenn die Beratung nicht weiterkommt: »Wie müßte der Rat beschaffen sein, der Ihnen helfen könnte?«

Diese Frage muß wiederum auch mit Bedacht eingesetzt werden, weil sie sich ansonsten verschleißt. Versuchen Sie, in einem dritten Schritt herauszufinden, welche tieferen Ursachen dahinter liegen, daß Sie beide in die Falle gegangen sind. Wurde nicht genug nachgedacht, dann lag ein rationaler (gedanklicher) Engpaß vor. Wurden die Ängste, Erwartungen und Befürchtungen nicht genügend berücksichtigt, dann ist man auf einen emotionalen Engpaß gestoßen. Möglicherweise hat man versäumt, sich genau über die Ziele der Beratung zu verständigen, so daß zum Beispiel die Motive von Ratgeber (»Etwas gegen den mobbenden Vorgesetzten unternehmen!«) und Ratsuchendem (»Mal alles loswerden können«) nicht übereinstimmen.

Die »Mülleimer«-Falle

Der Mobbingbetroffene kommt immer und immer wieder in die Beratung, aber offensichtlich gibt es keinerlei Bewegung in der Situation und keinerlei Versuche seitens des Betroffenen, seine Probleme in neuer Weise anzugehen. Sie stellen fest, daß der Ratsuchende kommt, um seinen Kummer loszuwerden, um Trost und Zuspruch zu erhalten. Sie fühlen sich als »seelischer Mülleimer« benutzt, weil Sie Ihre Aufgabe als eher ergebnisorientiert sehen.

Zunächst ein Wort zum Ausdruck »seelischer Mülleimer«. Wir wissen nicht, wer diesen abwertenden Begriff in die Welt gesetzt hat; es muß ein Zyniker gewesen sein. Sich beim anderen »ausheulen« oder anlehnen zu dürfen ohne sofortige Gegenleistung und ohne sofortigen Anspruch auf eine handfeste Lösung von Problemen, dürfte zu den menschlichen Grundbedürfnissen gehören.

 **Wichtig:**

Es gibt keine seelischen Mülleimer.

Wenn Sie aber nach der dritten Sitzung das Gefühl bekommen, es geht nur darum, Dampf und Frust abzulassen und zu klagen, dann dürfen Sie schon fragen, ob die Geschäftsgrundlage der Gespräche mit den Aufgaben des Betriebsrats vereinbar ist. Ob und wann dieser Punkt erreicht ist, müssen Sie entscheiden. Es hängt von Ihrer freibleibenden Kapazität und von Ihrer persönlichen Geduld ab. Regelrechte Mobbingopfer brauchen sicherlich sehr viel Zuwendung und Unterstützung, welche Sie als betrieblicher Berater weder fachlich noch zeitlich und vielleicht auch nicht persönlich leisten können. Jetzt wäre es an der Zeit, die gemeinsamen Ziele zu prüfen und zu überlegen, welche externe Hilfe aktiviert werden könnte.

Die »Antipathie«-Falle

Was tun, wenn Sie Ihren Gesprächspartner nicht leiden können, wenn Sie vom Ratsuchenden schon Schlechtes gehört und das Vorurteil sich zu bestätigen scheint? Geben Sie sachliche Informationen zu Mobbing, geben Sie die Ihnen bekannten Adressen weiter und legen Sie fairerweise offen, daß Sie aus persönlichen Gründen eine Zusammenarbeit ablehnen. Es sollte klar sein, daß die eigene Sympathie jemandem nicht automatisch deswegen zufällt, weil er Mobbingbetroffener ist. Auch Sympathie kann zur Falle werden, wenn es Ihnen z. B. zunehmend wichtig wird, daß Sie mit dem Ratsuchenden in jeder Frage übereinstimmen.

Die »Drehtür«-Falle

Es scheint, als ob sich der Mobbingbetroffene in einer Drehtür zwischen dem Beratungszimmer und dem Betrieb befindet. Es gibt zwar erfolgreiche Eingriffe, aber mit großer Regelmäßigkeit steht der Mobbingbetroffene wieder bei Ihnen, und es muß nachgebessert oder wieder ganz von vorne begonnen werden. Langsam zweifeln Sie an den eigenen Fähigkeiten oder am Ratsuchenden. Das Risiko in der »Drehtür«-Falle besteht wiederum im

Zerwürfnis zwischen Berater und Ratsuchendem, weil der Berater zunehmend an der Bereitschaft oder Fähigkeit des Ratsuchenden, ernsthaft an der Lösung der Probleme zu arbeiten, zweifelt. Zu bedenken ist hier stets, daß manche betrieblichen Konstellationen tatsächlich so verstrickt und problemgeladen sind, daß nicht mehr als vorübergehende Reparaturen möglich sind. In anderen Fällen waren die bisherigen Lösungen nicht optimal, und es mußte nachgebessert werden. Sie sollten daran denken, sich eine externe Beratung (Supervision) zu genehmigen.

Die »Drama«-Falle

Es kann sein, daß Ihnen die Schilderungen des Mobbingbetroffenen weitaus überzogen oder unglaubwürdig vorkommen. In der Situation des Erstgesprächs sollten Sie dies einfach hinnehmen und keinesfalls kommentieren. Sie wissen, es ist ein großes Problem für Mobbingbetroffene, daß ihnen niemand glaubt und viele es für »halb so schlimm« halten, was vorgeht. Außerdem sollten Sie bedenken, daß viele feindselige Mobbinghandlungen im wahrsten Sinne des Wortes »unglaublich« sind.

Vielleicht verdichtet sich aber Ihre Skepsis im Verlauf der Beratung zu der Gewißheit, daß sich nicht alles so dramatisch zugetragen hat wie der Mobbingbetroffene es schildert. Dann besteht die Gefahr der inneren Distanzierung. Die Beratung wird gefährdet. Solche Dramatisierungen können einfach zum Redestil der Person gehören, sicherlich sollen sie dazu dienen, andere auf die Schwere des Problems aufmerksam zu machen. Wenn Sie sich dadurch gestört fühlen oder wenn Sie glauben, daß sich der Ratsuchende nur selbst damit schadet, sprechen Sie das Problem unbedingt an. Machen Sie auf die negativen Konsequenzen von Übertreibungen aufmerksam und zeigen Sie auf, inwiefern die Bewältigung der Mobbingsituation auch ohne Dramatisierungen voran gebracht werden kann.

In der Abb. 17 haben wir alle Aspekte, die für die Beratung von Mobbingbetroffenen wichtig sind, zusammengefaßt.

Abb. 17: Was in der Mobbing-Beratung zu beachten ist

Anforderungen an die Beratungsperson:

- glaubwürdig und vertrauenswürdig
- eigene Grenzen akzeptieren und nennen
- handlungsfreudig und zurückhaltend
- Nähe zur Person – Abstand zum Sachverhalt
- ausreichend Zeit

Zuhören – unterstützen:

- Situation des anderen wirklich verstehen wollen
- Problem und Problemsicht des Betroffenen ernst nehmen
- realistische Zuversicht vermitteln
- keine voreiligen Ratschläge und Lösungen geben

Sachliche Informationen über Mobbing geben:

- Ursachen, Verlauf (Phasen) und Folgen von Mobbing
- Bedeutung von sozialen Bündnispartnern und Unterstützern
- Widerstands- und Handlungsmöglichkeiten
- Mobbingliteratur
- Adressen für weitere Beratung, Selbsthilfe, Gesundheit

Keinen billigen Trost spenden:

- keine pauschalen Tröstungen (»Wird schon wieder«)
- keine Verharmlosung (»Nimm's doch nicht so schwer«)
- keine Entmündigung (»Das machen wir schon«)
- keine eigenen »Heldengeschichten« (Bei mir war das so ...)

Problem- und handlungsorientiert vorgehen:

- Problemlösung suchen, keine Psychotherapie versuchen
- Ratschläge als Vorschläge zum Nachdenken –
  Zurückhaltung mit Ratschlägen – Geduld bei der Umsetzung
- Mobbing-Analyse durchführen
- Schwachstellen verstehen
- Selbstbehauptung des Mobbingopfers fördern
- Vorbereitung für die Konfliktbewältigung
- Durchführung der Konfliktbewältigung

10. Übereilte Aussprachen vermeiden

Mobbingbetroffene können sich durch das Beratungsgespräch soweit ermutigt fühlen, daß sie unmittelbar zur Tat schreiten und selbst eine Aussprache im Kollegenkreis herbeiführen wollen. Aus Rücksichtnahme auf die Arbeitskollegen verzichten sie womöglich darauf, ein Betriebsratsmitglied oder jemand anderen als Vertrauten und Zeugen mitzunehmen. Es ist uns mehrfach von Betroffenen berichtet worden, daß eine solche gutgemeinte, aber schlecht vorbereitete Aussprache in ein regelrechtes Tribunal gegen den Mobbingbetroffenen umgeschlagen ist. Statt einer Verbesserung der Situation trat in diesen Fällen eine deutliche Verschlimmerung ein. Als Berater sollten Sie den Betroffenen natürlich darin unterstützen, aktiv zu werden. Vor dem möglichen Risiko, daß eine spontane Aussprache in einen »Hexenprozeß« umschlagen kann, sollten Sie den Ratsuchenden allerdings warnen. Die mögliche Alternative besteht in einer gründlichen Vorbereitung sowie einem strategischen Vorgehen, wie wir es in den folgenden Kapiteln darstellen.

IX. Die Mobbing-Analyse

Die Mobbinganalyse ist kein Selbstzweck. Mit ihrer Hilfe läßt sich ein effektives und sicheres Eingreifen in einen Mobbingkonflikt vorbereiten. Am Ende einer solchen Analyse werden Sie ein Denkmodell des Ihnen jeweils vorliegenden Mobbingfalls gewonnen haben. Erst anhand eines solchen Denkmodells wird es möglich sein, langfristig zielgerichtet (strategisch und taktisch) einzugreifen.

Möglicherweise erscheint Ihnen die Mühe einer aufwendigen Analyse zu groß. Wenn Sie gewohnt sind, unverzüglich und entschieden einzugreifen und bisher dabei Erfolg hatten, wollen wir Sie nicht von Ihrer Vorgehensweise abhalten. Mobbingfälle sind jedoch häufig komplizierte soziale Konflikte mit den verschiedensten Beteiligten, die jeweils von anderen Interessen und Sorgen motiviert sind. Einfach strukturierte Eingriffe wie das »Machtwort«, die »Ermahnung unter vier Augen« oder das »Mutzusprechen« haben bei Mobbing sehr oft nicht die Wirkung, die man sich von ihnen verspricht. Gescheiterte Lösungsversuche erschweren wiederum die Lösung von Mobbingkonflikten.

> **!** **Wichtig:**
> Bevor Sie in Mobbing **ein**greifen, sollten Sie versuchen, es zu **be**greifen.

Unseres Erachtens lohnt sich die Mühe. Nicht von ungefähr schenken wir der Analyse von Mobbingfällen große Beachtung. Mobbingberater, Betriebsrat und Betroffener sind mit diesem Kapitel gleichermaßen angesprochen.

Die hier vorgestellten Analyseschritte sind eine Art geistige Werkzeugsammlung, mit deren Hilfe Sie sich selbst Wege zur Lösung Ihrer konkreten Mobbingprobleme erarbeiten können. Das erscheint uns sinnvoller, als eine Anzahl von »Patentrezepten« zu präsentieren. Natürlich können Sie Ihr Analyseverfahren auch anhand anderer Fragen und in anderer Reihenfolge strukturieren, als wir das hier vorstellen. Unser System der Analyseschritte scheint sich offenbar in der betrieblichen Praxis zu bewähren, wie wir durch Rückmeldungen erfahren haben.[*] Wenn Sie sich als Berater in ein neues Mobbingproblem einarbeiten, werden Sie regelmäßig nicht alles erfahren, was Sie gerne wissen möchten. Als Mobbingberater sollten Sie daran denken, daß Sie nicht als Staatsanwalt wirken müssen, der dem Richter eine lückenlose Indizienkette vorlegen muß, um die Verurteilung eines nicht geständigen Angeklagten zu erwirken. Die Aufgabe des Mobbingberaters liegt nicht in der Überführung eines Straftäters, sondern in der Unterstützung von Mobbingbetroffenen und im Auffinden von Konfliktlösungen. Machen Sie sich deshalb stets unbefangen ein eigenes Bild des Geschehens. Auch wenn das Bild zunächst unscharf ist, werden sich die entscheidenden Konturen schon bald zu erkennen geben. Es kommt bei der Analyse eines Mobbingfalls nicht darauf an, alles zu erfahren, sondern strategisch wichtiges Wissen zu erlangen, das zu einer Veränderung der festgefahrenen Situation genutzt werden kann.

Wir haben die Analyse in drei Abschnitte unterteilt, zu denen jeweils drei Analyseschritte gehören (s. Abb. 18). Wir bezeichnen unser Verfahren als »Die 3 × 3 Schritte der Mobbing-Analyse«. Zunächst einmal müssen Beobachtungen zusammengetragen werden: Was passiert denn hier genau? Im zweiten Abschnitt muß versucht werden, etwas über die Beweggründe des Mobbers herauszufinden und die Bedingungen auszuloten, unter denen der Mobber seine Feindseligkeiten einstellen könn-

---

[*] Ein Hinweis für die Leser der ersten Auflage: Im Vergleich zur ersten Auflage haben wir weder die Schrittfolge der Analyseschritte noch die inhaltlichen Begründungen geändert. Die äußere Darstellung und die Benennung der Schritte weichen jedoch gegenüber der ersten Auflage ab. Wir bitten dies zu berücksichtigen.

Abb. 18: Die 3 × 3 Schritte der Mobbing-Analyse

Sich ein klares Bild vom Mobbingprozeß machen (Kapitel IX. 1.)

Das Puzzle zusammensetzen	*Informationen gegen den Strich bürsten*	*Forderungen und Zukunftsvision*
Mobbingtagebuch, Mobbinglandkarte	Kritische Prüfung von Beobachtung und Meinung	Offensiver Entwurf des zukünftigen Miteinanders

Die Beweggründe des Mobbers herausfinden (Kapitel IX. 2.)

In die Haut des Mobbers schlüpfen	*Kosten/Nutzen- Rechnung des Mobbings*	*Wege aus dem Labyrinth*
Die Welt mit den Augen der anderen sehen	Vorteile für die Fort- setzung des Mobbings	Zukünftige Handlungs- alternativen des Mobbers

Das betriebliche Kräfteverhältnis ermitteln (Kapitel IX. 3.)

Ohnmacht und Stärken des Mobbing- betroffenen	*Macht und Schwachstellen des Mobbers*	*Betriebliche Hintergründe und Probleme*
Inneres Einverständnis, Schwächen zu Stärken	Suche der Archillesferse	Strukturelle Probleme, öffentliche Meinung

te. Im dritten Schritt wird versucht, das Kräftespiel zwischen Mobbingbetroffenem, Mobber und »Möglichmachern« (ein treffender Begriff von *Leymann*) sowie die gesamte betriebliche Lage zu analysieren.

Der Mobbingbetroffene und der Mobbingberater sollten die Analyse gemeinsam durchführen, wobei eine Einbeziehung des Betriebsrats notwendig werden kann, wenn sich aus der Analyse ergibt, daß rechtliche Schritte angebracht sind. Die insgesamt neun Analyseschritte werden in diesem Kapitel schrittweise erläutert.

1. Sich ein klares Bild vom Mobbingprozeß machen

Zunächst werden ausreichend Informationen über die Mobbingvorkommnisse benötigt. Quellen für diese Informationen sind:

- ausführliche Schilderungen durch den Betroffenen;
- eigene Beobachtungen;
- Berichte von Außenstehenden (Arbeitskollegen, Vorgesetzte);
- Beweise und Indizien;
- ✕ zunächst keine geeignete Quelle: der Mobber selbst.

Wir raten Ihnen als Mobbingberater, auf eine direkte Befragung des Mobbers zunächst zu verzichten! Dadurch werden Ihnen zunächst einige Informationen entgehen. Aber Sie sollten diesen Verlust von Informationen in Kauf nehmen. Die Analysephase soll auf die Interessen des Mobbingbetroffenen, auf die Bewertung der Situation und auf den Entwurf eines zukünftigen Arbeitszusammenhangs gerichtet sein. Das muß in Ruhe geschehen. Wenn der Mobber in dieser Phase angesprochen wird, kann das für ihn den Charakter eines Angriffs haben. Das entscheidende Risiko ist, daß Sie während der Informationsphase unmittelbar in die Mobbingauseinandersetzung geraten. Es kann sogar zu einer Eskalation der Situation kommen, auf die

Sie noch gar nicht vorbereitet sind. Machen Sie als Mobbingberater die Pferde nicht vorzeitig scheu.

 Wichtig:

Berater verzichten bei der Mobbinganalyse besser auf eine Befragung der Mobber, sonst geraten sie **unvorbereitet** mitten in die Auseinandersetzung.

Es ist von Vorteil, wenn der Betriebsrat selbst schon den einen oder anderen Mobbingvorfall mit eigenen Augen beobachten konnte. Solche Beobachtungen können zuweilen auch nachgeholt werden. Dazu kann beispielsweise mit dem Mobbingbetroffenen vereinbart werden, daß ein Betriebsratsmitglied zu bestimmten Zeiten oder Situationen, in denen bisher erfahrungsgemäß Mobbing aufgetreten ist, »zufällig« auf der Bildfläche erscheint.

Berichte von unbeteiligten Dritten sind sehr wertvoll. Dadurch wird die mögliche Unsicherheit des Beraters reduziert, inwieweit die Berichte des Mobbingbetroffenen zutreffen. Zum anderen läßt sich etwas zum Kräfteverhältnis ermitteln: Bei welchen Kollegen besteht eine gewisse Sympathie oder Antipathie zum Mobbingbetroffenen, bei wem ist stillschweigende Zustimmung zu Mobbing gegeben usw. Allerdings sind Zeugen selbst mobbinggefährdet. Die Befragung von Zeugen oder Vorgesetzten hat möglicherweise den Nebeneffekt, daß der Mobber vorgewarnt und seinerseits aktiv wird. Dadurch würde die Zeit für die ruhige Entwicklung eines Konzepts verkürzt.

 Wichtig:

Achten Sie auf eine frühzeitige Sicherung von Beweismitteln, wie ärztliche Atteste, Zeugenaussagen und dergleichen.

Hilfreich sind alle Beweise, welche die Mobbingangriffe bestätigen. Dies können schriftliche Anweisungen, widersprüchliche mündliche Anordnungen, die vor Zeugen getan wurden, zerrissene Papiere usw. sein. Die Beschaffung solcher Beweise sollte Aufgabe des Mobbingbetroffenen sein.

a) Das Puzzle zusammensetzen
(Erster Analyseschritt)

Berichte aus der Vergangenheit sind lückenhaft und unterliegen Erinnerungstäuschungen. Die aussagekräftigste Form einer Bestandsaufnahme von Mobbingangriffen ist das Führen eines Mobbingtagebuchs. Damit lassen sich die aktuellen Vorkommnisse schnell und geschehensgetreu dokumentieren.

• Mobbing-Tagebuch

Ein Mobbingtagebuch ist nicht nur eine Dokumentation der Vorfälle und Begleitumstände zur Beweissicherung, sondern vor allem eine sehr geeignete Arbeitsgrundlage für die Mobbinganalyse. Um diesen Zweck zu erfüllen, müßten neben den eigentlichen Vorfällen auch die jeweiligen Begleitumstände und die Gefühlslage des Mobbingbetroffenen in der aktuellen Situation verzeichnet werden. Das Mobbingtagebuch unterscheidet sich von den altbekannten privaten Tagebüchern dadurch, daß über den Inhalt diskutiert und mit ihm systematisch gearbeitet wird. Als Chronist seines eigenen Leidens, aber auch der Begleitumstände und der möglichen Motive der Gegenseite, kommt der Mobbingbetroffene aus der defensiven Haltung heraus. Wenn er zur Zeit auch noch nichts gegen die Mobbingattacken tun kann, so kann er doch zumindest das Übel dokumentieren. Außerdem wird das Mobbinggeschehen versachlicht. Dadurch, daß die Mobbingvorfälle gedanklich bearbeitet werden und gemeinsam mit dem Mobbingberater oder weiteren Personen besprochen werden, kann der Mobbingbetroffene einen gewissen emotionalen Abstand zum Geschehen gewinnen. Wir stellen in der Abb. 19 die Musterseite eines Mobbingtagebuchs vor.

Abb. 19: Musterseite eines Mobbingtagebuchs

1. Was ist heute (Datum: …) genau vorgefallen?
2. Welche äußeren Bedingungen/Umstände lagen vor?
3. Was ist der Zweck und das Angriffsziel der heutigen Handlung? (z. B. die Zusammenarbeit, meine Selbstachtung, mein Wohlbefinden, mein soziales Ansehen, meine Arbeit und Leistungsfähigkeit, anderes)
4. Stichwort für den Angriff: (Wurde ich als Person und/oder wurde mein soziales Ansehen angegriffen?)
5. Ist ein bestimmter Anlaß/eine tieferliegende Ursache zu erkennen?
6. Welche Gefühle wurden bei mir ausgelöst?
7. Wie habe ich auf den Vorfall reagiert?
8. Wer oder was hat mich unterstützt?
9. Gibt es Zeugen oder Beweise?

Obwohl das Mobbingtagebuch aus unserer Sicht ein sehr geeignetes Hilfsmittel ist, sollte nicht darauf bestanden werden, daß ein Mobbingbetroffener ein solches führt. Was auch immer die individuellen Gründe gegen ein Tagebuch sein mögen, man sollte mit dem Mobbingbetroffenen nicht deswegen in Streit geraten. Wichtig ist, daß überhaupt schriftliche Aufzeichnungen gemacht werden. Die Vorgänge beim Mobbing sind zu komplex, als daß man sich nur auf das Gedächtnis verlassen könnte. Schriftliche Notizen während der Mobbingberatung sind eine weitere gute Möglichkeit; sie können die Funktion eines Mobbingtagebuchs übernehmen.

• **Mobbing-Kalender**

Unabhängig davon, in welcher Form die Aufzeichnungen gemacht werden, sollten Berater und Betroffener nach einer gewissen Zeit dazu übergehen, das Geschehen systematisch aus-
zuwerten. Dazu bietet sich einmal an, eine Chronologie der
wichtigen Mobbingvorfälle bzw. einen Mobbingkalender zu-
sammenzustellen. Der Mobbingkalender hat nicht dieselbe
Funktion wie das Mobbingtagebuch. Beim Mobbingkalender
gilt es, einen Überblick über den zeitlichen Verlauf des Mobbings, Schwankungen, Höhepunkte, Intensität, Steigerung oder
Abschwächung zu bekommen. Im Mobbingtagebuch geht es
hingegen darum, das einzelne Ereignis festzuhalten und dazu
vertiefende Fragen zu stellen.

• **Mobbing-Landkarte**

Eine weitere Möglichkeit, das »Mobbingpuzzle« zusammenzu-
setzen, besteht in der Erstellung einer Mobbinglandkarte. Dies
ist vor allem dann sinnvoll, wenn mehrere Personen am Mobbing beteiligt sind, deren Rollen und Zusammenspiel nicht eindeutig zugeordnet werden können oder wenn z. B. nicht klar ist,
von welchen Personen die zu beobachtenden Intrigen ausgehen.
Auf übersichtliche Weise kann die Abhängigkeit, Beeinflussung
und Kommunikation verschiedener Personen dargestellt werden.

Beispiel einer Mobbing-Landkarte:

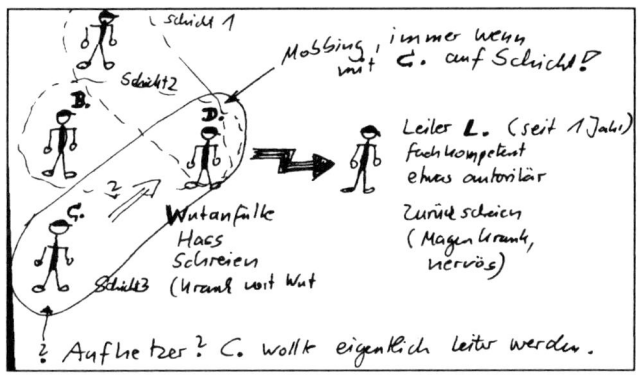

• Fragenkatalog

Neben den verschiedenen Fragen im Mobbingtagebuch kann es sinnvoll sein, jedes Mobbingproblem anhand eines feststehenden Fragenkatalogs durchzuarbeiten. Aus der Kreativitätsforschung weiß man, daß einem beim Versuch einer Problemlösung oftmals aktuell nicht die richtigen Fragen einfallen. Durch Verwendung einer Liste von Fragen kann dies vermieden werden. Es kann natürlich passieren, daß manche Frage nicht zu beantworten ist. Das könnte ein Hinweis dafür sein, an welcher Stelle noch genauer nachgeforscht werden muß. Für andere Fragen läßt sich zuweilen keine sinnvolle Antwort finden, was ein geringfügiger Nachteil dieser Methode darstellt. Sie können sich durch die folgende Liste bzw. durch die beiden Fragebogen im Anhang Nr. 1 für die Erstellung eines eigenen Fragenkatalogs anregen lassen. Mögliche Fragen sind:

• Welche äußeren Bedingungen/betrieblichen Hintergründe lassen sich feststellen?

• In welche Richtung (Person, soziales Umfeld, Arbeit usw.) gehen die Angriffe?

- Sind bestimmte Anlässe zu erkennen? Welche Motive/Ursachen sind zu vermuten?
- Welche Gefühle und Reaktionen wurden beim Mobbingbetroffenen ausgelöst?
- Welche Gegenmaßnahmen hat der Betroffene versucht? Mit welchem Erfolg?
- Welche Personen unterstützen den Mobbingbetroffenen? Wie nützlich und offen ist diese Unterstützung? Welche Personen unterstützen den Mobber und wodurch?
- Wie sieht das Kräfteverhältnis aus zwischen Mobbern, Möglichmachern (z. B. untätige Vorgesetzte), Zuschauern, passiven und aktiven Unterstützern?
- Welche Beweise und verläßliche Zeugenaussagen liegen vor?

b) Informationen gegen den Strich bürsten (Zweiter Analyseschritt)

Manchmal liegen die Taten und die Gründe für Mobbing offen zutage. Häufig tappen Betroffener und Berater allerdings auch im dunkeln, was Motive und Hintergründe des Mobbings angeht. Teilweise versteht man die sozialen Wechselspiele nicht und kann nur schwer ermitteln, wer alles aus der Belegschaft und der Vorgesetztenriege und aus welchen Gründen mit im Spiel ist. Wenn es einem in einer solchen verwirrenden Situation nicht schnell genug gelingt, einen Informanten mit Insiderwissen ins Gespräch zu bringen, dann helfen Ihnen auch alle weiteren Versuche des Nachbohrens wenig. Diese Verwirrung kann nur bei Ihnen liegen, weil von interessierter Seite zielgerichtet daran gearbeitet wird, daß die Manöver verdeckt laufen, und weder der Mobbingbetroffene noch ein anderer einen »Durchblick« haben. Es kann aber auch sein, daß die Verhältnisse für jedermann – Beteiligte wie Beobachter – zweideutig, widersprüchlich und undurchsichtig sind.

In dieser Lage hilft möglicherweise kein weiteres »Mehr« an Information, sondern nur ein kreatives Umgehen mit den bereits vorhandenen Informationen. Wir nennen diese Methode das »Gegen-den-Strich-Bürsten« der bisherigen Beobachtungen. Was bedeutet das im einzelnen?

- Sie können Ihre Spürnase auf alles lenken, was zunächst für das Mobbing nicht so wichtig und bedeutsam ist, Ihnen aber doch irgendwie ungewöhnlich, seltsam oder verschroben vorkommt.
- Sie können sich fragen, welche Mobbingformen bzw. Mobbinghandlungen *nicht* eingesetzt worden sind. Warum nicht? Hat das möglicherweise einen speziellen Grund?
- Sie können herausfinden, zu welcher Zeit, an welchen Tagen, im Beisein oder in Abwesenheit welcher Personen das Mobbing stattgefunden hat. Auch daraus lassen sich im Einzelfall wichtige Rückschlüsse ziehen.
- Sie können sich das Verhalten der Außenstehenden einmal genauer vor das geistige Auge holen: Wer hat was (nicht) getan und gesagt? Was hätte getan werden können?
- Sie können sich als Berater auch fragen, welche Reaktionen/ Emotionen beim Betroffenen nicht hervorgerufen wurden. Oder fragen Sie sich, welche Gegenmaßnahmen der Betroffene versucht hat und welche davon in welcher Weise wirksam waren.

In dem Fall, auf den sich die Mobbinglandkarte auf der Seite 147 bezieht, blieb zunächst unbegreiflich, warum der Mitarbeiter C immer wieder mit vehementer Wut auf den Leiter L der Betriebsfeuerwehr losging und ihm das Leben schwermachte. Es war kein wirkliches Motiv zu entdecken. C äußerte sich kaum dazu, meinte lediglich, daß er L nicht leiden könne, weil dieser so autoritär wäre. Schließlich bemerkte ein Betriebsratsmitglied beiläufig, daß diese Wutausbrüche immer dann und nur dann auftraten, wenn C mit dem Mitarbeiter D gemeinsam Dienst hatte. Diese zunächst nebensächliche Beobachtung war

149

der Schlüssel zum Verständnis des Mobbingproblems. Es stellte sich schließlich heraus, daß D die Hintergrundfigur des Mobbings war. Es war ihm gelungen, C Lügen über L zu erzählen, so daß dieser schließlich wutentbrannte Attacken gegen L fuhr. Das eigentliche Motiv war, daß D gern selbst die Leitung der Betriebsfeuerwehr übernommen hätte, welche die Geschäftsleitung jedoch ein Jahr zuvor dem erfahrenen, externen Bewerber L übertragen hatte.

c) Forderungen und Zukunftsvision (Dritter Analyseschritt)

Dieser Schritt sollte auf jeden Fall durchgeführt werden. Es ist im allgemeinen so, daß Mobbingbetroffene und auch die unterstützenden Personen die Erwartungen und Forderungen an den Mobber eher negativ und pauschal formulieren. Es wird erwartet, daß der Mobber bestimmte Handlungen unterläßt: »Hört doch endlich auf mit dem Quatsch.« Eine derartig negativ formulierte Forderung an den Mobber hat einen deutlichen Nachteil. Es wird keine klare Richtung angegeben, was denn der Mobber stattdessen machen soll. Die Alternativen bleiben letztlich wieder dem Mobber überlassen.

 Wichtig:
Sagen Sie dem Mobber klar, was Sie von ihm wollen. Begnügen Sie sich nicht damit, nur das Abstellen des Mobbens einzuklagen.

Wir empfehlen deswegen, die Erwartungen an den Mobber klar und positiv zu formulieren. So könnte man sich im Fall »Manfred« (s. Kapitel IV.) vorstellen, daß er seine Forderung an die mobbenden Kollegen so formuliert hätte: »Laßt mich doch endlich mit euren blöden Scherzen in Ruhe.« Wir würden Manfred folgende Alternative empfehlen: »Ich erwarte, daß ihr mich freundlich oder zumindest neutral behandelt. Wenn ihr nicht über religiöse Themen sprechen wollt, so sagt mir dies in einer sachlichen Weise. Ich erwarte außerdem, daß in Zukunft karnevalistische Scherze mit Stricken, Särgen und anderen Todesbotschaften nicht mehr durchgeführt werden.«

Es hat einen doppelten Vorteil, wenn der Mobbingbetroffene seine Erwartungen als positive Forderungen an die Beziehung formuliert. Erstens zeigt es an, daß er an Klarheit und Sicherheit gewonnen hat. Zweitens bringt eine klare verbale Vorgabe den Mobber eher in den Zugzwang, inhaltlich erklären zu müssen, wieso er zur Erfüllung der Forderungen nicht bereit ist. In dieser Phase der Mobbinganalyse wäre es allerdings noch zu früh, diese Forderungen bereits an den Mann bringen zu wollen. Es kommt zum jetzigen Zeitpunkt allein darauf an, sie klar zu formulieren.

2. Die Beweggründe des Mobbers herausfinden

Warum machen wir soviel Aufhebens um den Mobber? Wäre es nicht einfach angemessen, Mobber zur Rechenschaft zu ziehen, anstatt sich noch mit ihren Motiven zu beschäftigen? Wir stimmen zu, die Handlungsweisen von Mobbern fordern Strafe und Vergeltung heraus. Vor allem in der Rolle des betrieblichen Mobbingbeauftragten sollten Sie aber folgendes bedenken:

- Wenn Sie Machtmittel (Sanktionen, Strafe) einsetzen oder einfordern, müssen Sie von vornherein auch bereit sein, die Machtmittel bis zur letzten Konsequenz, d. h. bis zur Kündigung oder zur gerichtlichen Auseinandersetzung, auszureizen, falls keine Besserung eintritt. Durch leere Drohungen – das gilt hier wie anderswo – machen Sie sich lediglich lächerlich. Insbesondere als Betriebsratsmitglied sind Sie beim Einsatz von betrieblichen Machtmitteln darauf angewiesen, daß die Geschäftsleitung mitspielt. Androhung und Verhängung von Strafen verhärten zumeist die Fronten. Selbst wenn es oberflächlich so aussieht, als bestünde Ruhe, droht der Konflikt stets wieder – eventuell in anderer Form – aufzubrechen.

- Mobber handeln zwar nach außen aggressiv und gemein, aber nicht selten sind sie innerlich schwach und ihre Beweggründe sind oft defensiv. Erich Fromm hat den Satz geprägt: »Wer nicht leiden will, muß hassen.« Je besser Sie die (verborgenen) Motive des Mobbers kennen, desto größere Möglichkeiten stehen Ihnen als Schlichter (unparteilicher Dritter) oder als Anwalt des Betroffenen zur Verfügung. Berücksichtigen Sie den Motivhintergrund des Mobbers, denn so steigen die Chancen, daß er auf den Zug einer einvernehmlichen Lösung springt.

- Mobber verteidigen ihre Interessen aggressiv. Beim erfolgreichen Einsatz von Machtmittel mögen sie unterliegen, aber ihre Interpretation der Dinge, daß nämlich nur der Stärkere siegt, bleibt unangetastet. Sie werden alles daransetzen, in der nächsten Lebenssituation wieder in die Rolle des Stärkeren zu kommen. Bei einer erfolgreichen Schlichtung, in der auch ein Teil ihrer Interessen zum Tragen kommen kann oder zumindest vermieden wird, daß sie das Gesicht verlieren, könnten sie bessere Möglichkeiten kennenlernen, wie man Interessenausgleich betreiben kann.

- Es wäre einfach ein strategisch gravierender Fehler, wenn man die Hintergründe, Stärken und Schwächen des Gegners in einem Mobbingkonflikt nicht kennt, sondern sich nur auf die eigene Betroffenheit und die moralische Beurteilung der Vorfälle konzentriert.

Wir haben ausgeführt, daß Mobbing eine Form von Konfliktführung darstellt. Es muß Gründe dafür geben, warum gemobbt wird und keine anderen Verfahren der Interessenwahrnehmung benutzt werden: Der Mobber muß sich beeinträchtigt fühlen. Ihm ist oder scheint ein fairer Interessenausgleich verbaut. Sein Eigeninteresse ist größer als moralische Bedenken und er hofft, daß die Probleme mit der erfolgreichen Ausgrenzung der gemobbten Person verschwinden werden. Um die Mobberseite besser zu verstehen, schlagen wir die drei folgenden Analyseschritte vor:

- in die Haut des Mobbers schlüpfen;
- eine Kosten/Nutzen-Rechnung des Mobbbings aufstellen;
- Wege aus dem Labyrinth suchen.

a) In die Haut des Mobbers schlüpfen (Vierter Analyseschritt)

Es mag auf den ersten Blick befremden, daß wir uns bei der Analyse des Mobbingkonflikts bemühen sollen, die Seite des Mobbers zu verstehen, da sich dieser doch moralisch ohnehin abqualifiziert hat. Schließlich empfinden wir seine Vorgehensweise als unmoralisch, kriminell, abstoßend oder beängstigend (oder alles zusammen).

Was die Hintergründe, Motive, Überlegungen unserer Gegner bzw. Feinde angeht, wollen wir es oft genug gar nicht so genau wissen. Wir lassen uns lieber in unserem Urteil bestätigen, daß der »Feind« ohnehin nur schlechte, hinterhältige und niederträchtige Absichten hat. Dahinter steckt auch für einen Mobbingberater möglicherweise die Angst, daß man dem anderen auf den Leim gehen könnte oder die Furcht, später einen Irrtum zugeben zu müssen. Überwinden Sie einmal Bedenken und Widerwillen bei dem Gedanken, unter die Haut eines Mobbers zu schlüpfen – denn Wissen ist Macht.

Es gibt prinzipiell zwei Wege für den Eingriff in Mobbingkonflikte: das Verhandlungs- bzw. Schlichtungsmodell und der Machteingriff. Der unschätzbare Vorteil eines tiefergehenden Verständnisses der Motive und Interessen des Mobbers liegt darin, daß wir dann wirklich über Mittel verfügen, um im Schlichtungsverfahren Einfluß auszuüben (wir vertiefen das im nächsten Kapitel). Zum Beispiel besteht die Möglichkeit, dem

Mobber alternative Handlungsweisen zum Mobbing anzubieten, mit denen auch seine legitimen Interessen gewahrt bleiben.

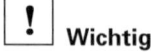 **Wichtig:**
Es gibt zwei grundsätzliche Methoden, bei Mobbing einzuwirken: Machteingriff und Schlichtung/Verhandlung.

In die Haut des Mobbers zu schlüpfen bedeutet, sich soweit wie möglich in dessen Situation und in dessen Sicht der Dinge hineinzuversetzen. Was bekämpft er, wo reagiert er besonders heftig? Die wichtigste Frage ist die nach seinen tieferliegenden Interessen, welche er durch Mobbing verteidigt. Welche Befürchtungen könnte der Mobber im Hinblick auf die Zukunft haben? Mit der Berufstätigkeit ist ein Bündel von persönlichen Motiven verknüpft: Einkommen, gesellschaftliches Prestige, soziale Integration und Anerkennung, Herausforderung, Lebenssinn usw. Das gilt für Mobber wie für Mobbingbetroffene und alle anderen Beschäftigten.

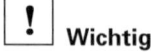 **Wichtig:**
Sich in den Mobber einfühlen heißt nicht, sein Verhalten zu billigen und mit ihm übereinzustimmen.

In der Arbeitspsychologie wird die Unterscheidung gemacht zwischen Menschen, die in erster Linie aufgabenorientiert sind, und Menschen, die vornehmlich personenorientiert handeln. Zusätzlich kann danach unterschieden werden, ob diese Menschen eher offensiv oder defensiv vorgehen. Dies ist in der Abb. 20 dargestellt.
Diese Idee haben die amerikanischen Personaltrainer *Brinkman* und *Kirschner* entwickelt. Dabei haben sie vier grobe betriebliche Typen gebildet, die wir als die »Macher«, die »Meister«, die »Kumpel« und die »Knechte« übersetzt haben. Wahr-

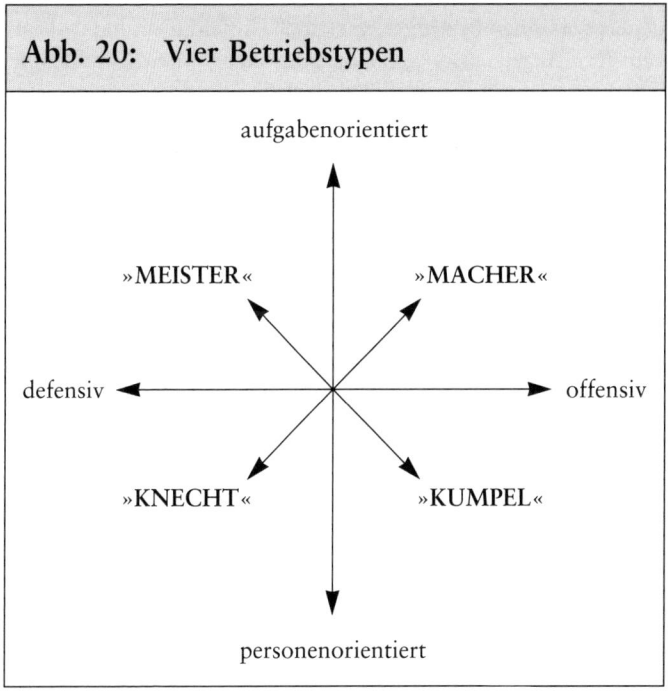

Abb. 20:   Vier Betriebstypen

aufgabenorientiert

»MEISTER«   »MACHER«

defensiv   offensiv

»KNECHT«   »KUMPEL«

personenorientiert

scheinlich wird sich nun jeder irgendwo wiederfinden und gleichzeitig sagen, solche Typen in Reinkultur gibt es gar nicht. Das ist richtig. Die entstehenden »Typen« sind keine konkreten Personen. Vielmehr zeigen sie charakteristische Handlungstendenzen auf. Niemand ist auf diese Rollen festgelegt.

Es gibt Mitarbeiter, deren wichtigstes Motiv die unmittelbar soziale Anerkennung und Absicherung ist. Wenn sie zusätzlich eher offensiv sind, wirken sie als Betriebsnudel, als Entertainer, als Kanzlerkandidat oder einfach als »Kumpel«. Sie sind in der Lage, andere zu inspirieren, für gute Stimmung zu sorgen. Ihnen kann die Freude an der Arbeit aber vergällt werden, wenn sie das von ihnen benötigte belebende Umfeld nicht haben können. Ihre Arbeitsleistung bleibt dann hinter ihren Möglichkeiten zurück; sie leben mit der inneren Kündigung usw. Wer ohnehin eher defensiv um soziale Kontakte bemüht ist, sich durch Anpassung oder durch den Versuch, es allen recht zu machen, beliebt machen will, gehört zu den Mauerblümchen, stillen Wassern und Samaritern. Ihre Rolle haben wir mit dem Wort »Knechte« bezeichnet.

Andere sind ausgesprochen leistungs- und ergebnisorientiert. Die soziale Anerkennung, die auch sie brauchen und anstreben, holen sie sich über den Umweg der vollbrachten Leistung. Offensive Leistungserbringer stellen die Durchführung der Sache in den Vordergrund, es sind die »Macher«. Hier dürfen schon einmal Späne fliegen und der zügigen Erledigung muß auch schon einmal die Qualität im Detail geopfert werden. Die defensiven Leistungsorientierten versuchen dagegen, ihre Aufgaben perfekt, fehlerlos und unangreifbar zu erledigen: Sie sind die »Meister«.

Von den Autoren *Brinkman* und *Kirschner* kommt nun die erhellende Idee, daß ein Großteil der zwischenmenschlichen betrieblichen Auseinandersetzungen darauf zurückzuführen sei, daß Menschen in ihrer grundlegenden Wertorientierung behindert und frustriert sind und mit aller Macht versuchen, eine gefühlsmäßig zufriedenstellende Position zurückzugewinnen (s. Abb. 21).

Der »Macher«, dessen Zielstellung gefährdet ist, dem zu viele Hindernisse im Weg liegen, wird zunehmend rücksichtslos. Auch die Macher suchen und wollen Anerkennung, aber nicht unbedingt bei Untergebenen und Gleichgestellten, sondern in höheren Sphären. Darum wird alles und jeder, der im Weg steht, angegriffen, attackiert, zu Höchstleistungen angetrieben oder ausgemustert. Der gefährdete Macher wird zum Tyrannen. Im Betrieb sind gerade solche Personen problematisch, an die der Anspruch des Machens groß ist oder die diesen An-

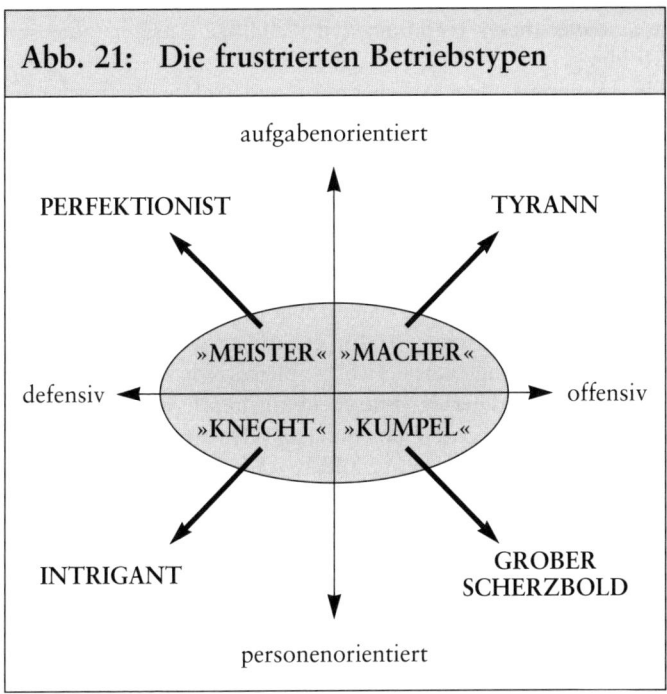

Abb. 21: Die frustrierten Betriebstypen

aufgabenorientiert

PERFEKTIONIST   TYRANN

»MEISTER« »MACHER«

defensiv   offensiv

»KNECHT« »KUMPEL«

INTRIGANT   GROBER
                                 SCHERZBOLD

personenorientiert

spruch an sich selbst haben, denen aber keine ausreichenden betrieblichen und persönlichen Ressourcen zur Verfügung stehen (Führungsschwäche und Mißmanagement). Hier finden sich vielfältige Ansätze zum Mobbing.

Der »Meister«, dem z. B. die Zeit für die abschließende Sicherung der eigenen Ergebnisse fehlt, wird ungerecht, perfektionistisch und pedantisch, kritisiert alle anderen, wird unzugänglich, blockiert die Zusammenarbeit. Der gefährdete Meister wird zum aggressiven Perfektionisten. Durch Pedanterie, bürokratische Maßnahmen, Rechthaberei oder als Heckenschütze

157

usw. bietet dieser Handlungstyp vielfältige Ansatzpunkte für Mobbing.

Ein »Kumpel«, dem Anerkennung und Gefolgschaft schwinden, mag in Depressionen verfallen, was aber unwahrscheinlich ist. Zu erwarten sind eher verstärkte Bemühungen um Bekanntheit und Anerkennung. Er ist für seine groben, verletzenden Scherze bekannt und gefürchtet. Unter dem Mobbingaspekt könnten auch persönliche Angriffe gegen (vermeintliche) Konkurrenten von Bedeutung sein.

Der »Knecht« ist für alle da und will es jedem und allen recht und angenehm machen. Dafür erhofft er seinerseits Respekt und Anerkennung. Betrieblich problematisch kann die Unzuverlässigkeit und geringe Entscheidungsfreude werden. Der gestreßte »Knecht« kann zum Ankläger oder Intriganten werden. Er nimmt Rache für lange erduldete schlechte Behandlung. Offen feindselige Mobbinghandlungen sind von diesem Handlungstyp eher nicht zu erwarten. »Knechte« in Vorgesetztenposition werden nur schwerlich gegen Mobbing durchgreifen.

Wenn wir dem Mobber unter die Haut schlüpfen, sollten wir demzufolge prüfen, ob sich der Mobber in der Entfaltung seines Grundinteresses nach Leistung, fachlicher Brillianz, Beliebtheit, Anerkennung und Akzeptanz verletzt fühlt. Gerade in diesem Bereich sind die Reaktionen für den Außenstehenden vergleichsweise überzogen, stärker jedenfalls, als bei einem normalen Konflikt zu erwarten wäre. Haben wir Verständnis für die Motivationslage des Mobbers gewonnen, so können wir noch weitergehen und prüfen, welche dieser Interessen verständlich und nachvollziehbar erscheinen, welche sogar legitim sind, wenn auch die Art der Verteidigung dieser Interessen unmoralisch ist, welche Interessen sind auch bei genauerer Betrachtung unakzeptabel (unsozial, unmoralisch, egoistisch, kriminell, pervers)? Wir werden am Ende dieses Kapitels ein Fallbeispiel bearbeiten.

b) Kosten/Nutzen-Rechnung des Mobbings
   (Fünfter Analyseschritt)

Wir glauben nicht, daß sich ein Mobber irgendwann bewußt mit der Alternative auseinandersetzt: »Soll ich mobben oder nicht, wobei kommt mehr heraus?« Aus einem emotionalen Impuls heraus hat er sich für das Mobben entschieden – und er bleibt dabei. Über Alternativen braucht er nicht nachzudenken, solange Mobbing »erfolgreich« ist.

Wenn dagegen der Mobbingbetroffene wirkungsvolle Gegenmaßnahmen ergreift oder zunehmend von anderen unterstützt wird, kann sich die Kosten/Nutzen-Rechnung verschieben. Die Bilanz, die zugunsten von Mobbing sprach, bekommt für den Mobber ein negatives Vorzeichen, wenn

- der Mobbingbetroffene erfolgreiche Gegenwehr ausübt,
- die Mobbinghandlungen keine Wirkung mehr zeigen,
- das Mobbing öffentlich mißbilligt wird und die öffentliche Meinung gegen den Mobber zurückschlägt,
- für den Mobber unangenehme Sanktionen einsetzen.

Häufig ist aber zu erleben, daß das Mobbing nach den ersten Schritten zur Eindämmung nicht aufhört oder nach kurzer Ruhephase wieder aufflammt. Woran kann das liegen? Vom Mobber wird die Einstellung aller Feindseligkeiten gefordert. Das ist moralisch völlig gerechtfertigt, jedoch strategisch oft zu kurz gedacht: Das bedingungslose Aufgeben bisheriger Verhaltensweisen ist dem Mobber aus verschiedenen Gründen häufig nicht möglich. Er müßte sich selbst und seine Interessen aufgeben, zumindest seiner Empfindung nach.

Wenn ein Mobber nach dem Machtwort des Vorgesetzten widerspruchslos mit dem Mobben aufhört, so setzt er sich damit selbst nachträglich ins Unrecht. Die Erfahrung sagt uns aber, daß die meisten Menschen großen Wert darauf legen, die Selbstachtung zu erhalten und den anderen gegenüber das Ge-

Abb. 22: Aktuelle Kosten/Nutzen-Rechnung für den Mobber

»Was hätte ich davon, wenn ich Mobbing vollständig einstellen würde?«

Mögliche Vorteile für mich:

– Keine Klagen und Beschwerden;
– Ich muß keine rechtlichen oder betrieblichen Sanktionen mehr befürchten.

Wahrscheinliche Nachteile:

– Meine eigenen Interessen verraten;
– Ich habe das Gesicht verloren;
– Ich habe mich ins Unrecht gesetzt;
– Ich schaffe meine Arbeit nicht;
– Ich habe berufliche Nachteile;
– Ich habe soziales Ansehen eingebüßt;
– Ich habe Macht und Freiheit eingebüßt;
– Ich habe zukünftige Möglichkeiten verbaut.

sicht zu wahren. Deswegen ist es recht unwahrscheinlich, daß Mobber ihre Feindseligkeit ohne Rückzugsgefechte einstellen, nur weil beispielsweise ein Vorgesetzter das Verhalten kritisiert hat. Die ultimative Forderung nach vollständiger Einstellung der Feindseligkeiten mag moralisch angemessen sein, paradoxerweise blockiert sie jedoch häufig eine Weiterentwicklung und Lösung des Problems.

Abb. 23: Zukünftige Kosten/Nutzen-Rechnung des Mobbers
Eine alternative Möglichkeit für den Mobber suchen

Zukünftige Vorteile für Mobber:

– Keine Klagen und Beschwerden;
– Keine rechtlichen oder betrieblichen Sanktionen zu befürchten;
– Ich habe soziales Ansehen gewonnen
– Neue Handlungsmöglichkeiten;
– Habe meine Interessen wahren können, wenn auch in anderer Form;
– Ewige Querelen sind beendet.

Zukünftige Nachteile für Mobber:

– Ich mußte mir Kritik gefallen lassen;
– Ich habe nachgegeben;
– Ich muß mit meinem Feind zukünftig auskommen.

! **Wichtig:**

Das Mobben widerspruchslos aufzugeben bedeutet für den Mobber, sich nachträglich ins Unrecht zu setzen.

Wir fragen uns im fünften Analyseschritt stets, was der Mobber davon hätte, wenn er der Erwartung nach vollständiger Einstellung aller Feindseligkeit nachkommen würde. Die Idee für das hier vorgeschlagene Verfahren in den Analyseschritten fünf und sechs stammt aus dem sehr innovativen Buch über Konfliktlösungen von *Fisher, Kopelman* & *Kupfer-Schneider*. Wir haben

161

sie für die spezielle Situation des Mobbingkonflikts umgearbeitet. Wenn wir einmal pauschal die »Rechnung« für den Mobber aufstellen, der sich überlegt, ob er das Mobbing einstellen soll, gelangen wir z. B. zu der Gegenüberstellung, wie sie in der Abb. 22 dargestellt ist.

Wie leicht zu erkennen ist, überwiegen sowohl quantitativ als auch qualitativ die Nachteile. Jeder Eingriff in Mobbingkonflikte sollte diesen Aspekt der Kosten/Nutzen-Bilanz für den Mobber berücksichtigen.

c) Wege aus dem Labyrinth
(Sechster Analyseschritt)

Im folgenden Schritt überlegen wir, wie die Kosten/Nutzen-Rechnung aussehen müßte, die es dem Mobber leichter machen würde, vom Mobbing abzulassen und andere Konfliktmethoden und Umgangsformen zu wählen. Wir erstellen also stellvertretend für den Mobber eine Bilanz, in der die Vorteile des Ablassens vom Mobbing eindeutig überwiegen (s. Abb. 23).

Es ist wichtig, daß hierbei zunächst eine Menge *egoistischer* Vorteile zusammengetragen werden, die dem Mobber erleichtern würden, vom Mobbing abzulassen. Man muß sich also – trotz Bedenkens – erneut in die Perspektive des Mobbers begeben. Man kommt in der Praxis häufig zu überraschenden Einsichten, wenn man dieses Verfahren durchführt.

Wir möchten keineswegs, daß dem Mobber rote Teppiche ausgerollt werden. Es geht darum, einen gangbaren Weg als Alternative zur Konfliktspirale aufzuzeigen. Die oben abgebildete Aufstellung zeigt die Alternativen auf, vor die ein Mobber zukünftig gestellt sein sollte. Zu beachten ist, daß wir uns immer noch in der Phase der Mobbinganalyse befinden, d. h. mit dem Mobber ist nicht über seine heutigen oder zukünftigen Motive gesprochen worden. Das Ergebnis des fünften und sechsten Analyseschritts kann insofern stets nur eine gute Näherung an dessen wirkliche Vorstellungen und Positionen sein. Sie werden jedoch erstaunt sein, wie nahe Sie den wahren Beweggründen kommen und welche konstruktiven Möglichkeiten aus einer solchen Analyse erwachsen können.

3. Das betriebliche Kräftespiel ermitteln

Mobbing ist gemein – es kann auch den Stärksten treffen an seiner schwächsten Stelle. Ein Mobbingbetroffener *ist* den Angriffen ohnmächtig ausgeliefert. Die Ohnmacht liegt darin, daß man Wohlwollen, Fairneß und guten Willen nicht erzwingen kann. Einem geballten Willen nach Ausgrenzung kann sich letztlich niemand widersetzen.

Doch häufig ist die Situation gar nicht so aussichtslos, wie sie auf den ersten Blick erscheint. Auch der Mobber hat seine Schwachpunkte, und der Mobbingbetroffene hat Möglichkeiten, die eigene Ohnmacht zu überwinden. Auch der betriebliche Hintergrund kann Mobbing begünstigen oder im günstigen Fall verhindern helfen. Zur Analyse des betrieblichen Kräftespiels dienen die folgenden drei Schritte der Mobbinganalyse.

a) Ohnmacht und Stärken des Mobbingbetroffenen (Siebter Analyseschritt)

Es kann im Einzelfall sinnvoll sein, Fehler, Versäumnisse, aber auch unverschuldete Schwachstellen des Mobbingbetroffenen etwas genauer anzusehen. Genauer hinsehen soll nicht heißen, daß ihm diese Schwachstellen vorgehalten werden. Vorwürfe und Ratschläge der Art »Sei doch nicht so empfindlich!« und »Warum hast du nicht dies und das getan?« hat der Mobbingbetroffene wahrscheinlich schon öfter gehört. Geholfen haben sie nicht, solidarisch sind sie auch nicht.

Den folgenden Analyseschritt sollte niemand stellvertretend für den Mobbingbetroffenen tun. Der Betroffene muß selbst zu der

163

Überzeugung gelangen, daß es sinnvoll ist, die Gründe für die eigene Ohnmacht etwas genauer unter die Lupe zu nehmen. Im besten Fall sollte dieser Analyseschritt von Mobbingbetroffenen und Mobbingbeauftragten gemeinsam durchgeführt werden. Ebenso sinnvoll ist es, daß der Mobbingbetroffene außerhalb der Beratung, z. B. mit einem Therapeuten, versucht, sich über eigene Schwachpunkte klar zu werden und das Ergebnis der Überlegungen wieder in die Mobbinganalyse mit dem Mobbingberater einbringt.

»Macht« ist nicht einfach etwas, was sich jemand ungefragt genommen hat, sondern auch etwas, was ihm von anderen gegeben oder zugebilligt wurde, wobei diese Macht ganz verschiedene Wurzeln haben kann:

- reale Macht (z. B. Weisungs- und Kündigungsrecht);
- soziale Macht (z. B. ältere Rechte, Verankerung in sozialen Strukturen);
- fachliche Macht (z. B. Erfahrung, Kompetenz, Informationsvorsprung);
- psychologische Macht (z. B. Informationsprivilegien, persönliche Sicherheit, Autorität, Konfliktbereitschaft, Skrupellosigkeit, Gewaltbereitschaft).

Die Ohnmacht eines Mobbingbetroffenen kann einerseits Folge der Macht bzw. des Machtmißbrauchs des Mobbers sein. Es kann sich jedoch zugleich umgekehrt verhalten: Weil sich der Mobbingbetroffene ohnmächtig fühlt und entsprechend verhält, wächst dem Mobber die Macht überhaupt zu. Diesen Gedanken zu akzeptieren, fällt vielen Mobbingbetroffenen schwer. Sie sehen nur Übergriffe und Machtmißbrauch.

Wir wollen den letzten Aspekt vertiefen. Es ist immer wieder erstaunlich, allerdings nur, wenn man nicht selbst betroffen ist, welche verheerende Wirkung banale Alltagsäußerungen haben können. Ein Mobber macht z. B. regelmäßig abfällige Bemerkungen über die angebliche Faulheit und »Versoffenheit« in der

ehemaligen DDR. Eine Arbeitskollegin wird im Laufe eines
halben Jahres so mürbe, daß sie trotz breiter Unterstützung im
Betrieb fluchtartig den Arbeitsplatz verläßt und kündigt. Der
Leser ahnt es: Die Arbeitnehmerin ist zwar weder faul noch
neigt sie dem Alkohol zu, aber sie stammt aus einem der östli-
chen Bundesländer.

Mit sicherem Gespür hatte der Mobber in kurzer Zeit einen
Schwachpunkt gefunden, an dem die Feindseligkeit voll zur
Wirkung kommen konnte. Die Macht des Mobbers über die
Mobbingbetroffene konnte nur deswegen wachsen, weil sich
die Mobbingbetroffene selbst in gewissem Maß »angriffswür-
dig« fühlte. Als Bürgerin der ehemaligen DDR teilt sie mit
vielen anderen eine gewisse Unsicherheit gegenüber den histo-
risch erfolgreichen »Wessis«. Sie ist sich nicht sicher, ob sie
nicht letztlich doch als Person und Arbeitnehmerin an den Anforderungen des neuen Wirtschaftssystems scheitern könnte.

Mobber suchen, da sie ja nicht physisch, sondern psychisch
angreifen, gewisse gefühlsmäßige Schwachpunkte der Mobbingbetroffenen. Viele Mobbingangriffe treffen auf innere
Unsicherheit, Selbstzweifel und Ängste der Mobbingbetroffenen. Die angesprochenen Themen der Mobbingangriffe finden also ein ungewolltes »inneres Einverständnis« bei dem
Betroffenen.

 Wichtig:
Es gibt beim Mobbingbetroffenen häufig ein ungewolltes
»inneres Einverständnis« mit dem Inhalt der Angriffe.

Zur Klarstellung sei hinzugefügt, daß wir damit keineswegs
behaupten, daß Mobbingbetroffene gemobbt werden wollen,
sondern daß sie einige der negativen Botschaften, die der Mobber vorbringt, nicht so einfach von der Hand weisen können.
Das wiedergekäute Vorurteil, daß DDR-Bürger faul seien, kann

nur einen ehemaligen DDR-Bürger verletzen, ein Kölner etwa regt sich über eine derartige Äußerung nicht auf.

> **!** **Wichtig:**
> Es muß in uns eine Saite mitschwingen, um uns verletzlich zu machen. Angriffe, die uns persönlich nicht betreffen, treffen uns auch nicht.

Was haben Mobbingbetroffene und Berater davon, solche Überlegungen anzustellen? Wir denken, daß sich solche inneren Schwachpunkte nicht kurzfristig abstellen lassen. Vielleicht gelingt es aber dem Mobbingbetroffenen, einen gewissen Abstand zu seiner eigenen Verletzlichkeit zu finden. Der innere Abstand macht die Angriffe nicht friedlicher, aber kann den Betroffenen aus der Unterlegenheit und Defensive herausbringen.

Eine andere Form der Ohnmacht ist es, wenn der Mobbingbetroffene aus unterschiedlichen Gründen meint, er dürfe sich nicht wehren. Dies können moralische Gründe sein, Loyalitätsgründe, Angst vor Mißbilligung durch Dritte. Auch hier sollte einmal gründlicher geprüft werden. Zu den Schwachstellen des Mobbingbetroffenen kann auch der Umstand zählen, daß er unentwegt über die Gründe grübelt, warum ausgerechnet er zur Zielscheibe von Mobbing geworden ist. Immer wieder kommen dieselben Gedanken: »Ich bin doch ein guter Mensch, wieso gerade ich, ich habe doch niemandem etwas getan?« Nicht die Tatsache, daß sich der Betroffene wundert, ist das Problem, sondern daß er über den Zustand des Wunderns nicht hinauskommt und z. B. immer neue Anstrengungen unternimmt, dem Mobber zu zeigen, daß sich dieser völlig zu Unrecht an einem »guten Menschen« vergriffen hat. Gerade die positive Ausstrahlung eines Arbeitskollegen kann für andere eine ungeheure Provokation darstellen und zu Mobbing führen.

Eine weitere Gefahr besteht für Mobbingbetroffene, wenn sie

ihr eigenes Wohlergehen zu stark von einer moralischen »Besserung« des Mobbers oder einer symbolischen Geste abhängig machen. Dies ist z.B. der Fall, wenn ein Mobbingbetroffener nur dann wieder an seinen Arbeitsplatz zurückkehren will, wenn sich der Mobber formell bei ihm entschuldigt. Solange sich der Mobber sperrt, bleibt der Mobbingbetroffene sozusagen freiwillig dessen Macht ausgeliefert.

 Wichtig:
Je stärker der Mobbingbetroffene sein Wohlergehen davon abhängig macht, daß sich der Mobber ändert und bessert, desto stärker wird die Fremdbestimmung und die Abhängigkeit vom Wohlwollen der anderen Seite.

Zur **Gegenmacht des Mobbingbetroffenen** gehört in erster Linie die Mobilisierung sozialer Unterstützung am Arbeitsplatz und außerhalb des Betriebes. Gegenmacht kann auch dadurch erwachsen, daß sich der Mobbingbetroffene der eigenen Schwäche deutlich bewußt wird und mit der eigenen Schwäche konstruktiv umzugehen lernt. Das kann heißen, daß er lernt, seine Schwäche durch gezielte Maßnahmen zu kompensieren. Zur Gegenmacht kann gehören, daß er beginnt, der Aggressivität und Unverschämtheit des Mobbers eine beharrliche und überzeugende Aufklärungsarbeit im Betrieb entgegenzusetzen, und daß er den Angriffen der anderen zuvorkommt.

b) Macht und Schwachstellen des Mobbers (Achter Analyseschritt)

An dieser Stelle schreiben wir ausnahmsweise über *die* Mobber in der Mehrzahl, weil die Macht der Mobber vielfach in ihrer großen Zahl begründet liegt.

- **Viele Hunde sind des Hasen Tod**

Als Einzelner direkt gegen eine Phalanx von entschlossenen Feinden anzukommen, ist nicht möglich. Dies ist auch nicht sinnvoll. Hier herrscht eine Gruppendynamik, die nur mit massiver Gegengewalt unterdrückt werden kann, und es fragt sich, ob der Sieg, den man eventuell erstreitet, den Preis wert ist, den der betreffende Mobbingbetroffene zahlen muß.

Leymann sieht das anders. Mobbing hat seiner Meinung nach nichts mit »Gruppendynamik« zu tun, da es sich um Konflikte in der Arbeitswelt handele. Dort würden klare gesetzliche Vorgaben, eine klare betriebliche Hierarchie und klare Aufgabenstellungen gelten – vorausgesetzt das Management funktioniere. Arbeitsrecht, Arbeitsschutzgesetze, Zivilrecht und Strafrecht seien die Mittel der Wahl. Es sei nur recht und billig, wenn Betroffene auf ihren Rechten **pochen** würden, wie er sagt.

Unseres Erachtens dürfen der Mobbingbetroffene sowie der Betriebsrat natürlich nicht leichtfertig auf Rechte verzichten. Aber erstens darf man nicht vergessen, daß **recht haben** nicht unbedingt auch heißt, sein **Recht zu bekommen**. Zweitens ist genau zu überlegen, welchen Preis der Mobbingbetroffene möglicherweise für einen (juristischen) Sieg zu zahlen hat. Ein juristischer Sieg kann beispielsweise in ein erneutes betriebliches Spießrutenlaufen münden, wenn der Mobbingbetroffene in der gleichen Abteilung weiter arbeiten muß. In jedem konkreten Einzelfall müssen passende Entscheidungen gefällt werden. In Mobbingkonflikten wird sich öfter der Gegensatz zwischen dem Gebot der Klugheit und dem Wunsch nach Gerechtigkeit oder Genugtuung auftun. Das bloße Pochen auf Rechten, wie es *Leymann* empfohlen hat, ist eine zu starre Haltung in diesen Konflikten.

! **Wichtig:**
Bei Mobbing läßt sich der Wunsch nach Gerechtigkeit
nicht immer durchsetzen. Das Gebot der Klugheit weist
häufig andere Wege.

Wenn ein Mobbingbetroffener in seinem Betrieb durch unterschiedliche Personen angegriffen wird, ohne daß eine erkennbare Absprache oder Koordination der Mobber zu erkennen ist,
dann ist anzunehmen, daß der Mobbingbetroffene sozusagen
eine »allgemeine Provokation« für eine Reihe von Beschäftigten darstellt. Ursache kann eine – in den Augen vieler – unbe-
rechtigte Beförderung oder die Einstellung einer nicht von der
Belegschaft favorisierten Person sein. Es kann sich aber ebenso
um den Ausdruck von Ausländerfeindlichkeit oder anderer
weit verbreiteter Ressentiments handeln. Die Situation von Carola im folgenden Fallbeispiel ist ein Beleg dafür. Solch ein
Spießrutenlaufen läßt sich kaum durch das Ansprechen einzelner Mobber beseitigen. Hier könnten eventuell allgemeine Aufklärungsmaßnahmen helfen. Wahrscheinlicher ist es, daß ein
kombinierter Einsatz von Aufklärung, Gesprächen und Sanktionen nötig ist, über dessen Erfolg man im voraus nichts sagen
kann.
Wieviel Standhaftigkeit man benötigt, um dem Mobbing einer
ganzen Belegschaft zu trotzen, zeigt das folgende Beispiel von
»Carola«. Juristische Schritte und moralische Belehrung der
Belegschaft hätten sehr wahrscheinlich nichts genutzt, denn die
Belegschaft fühlte sich moralisch im Recht. Carolas Trümpfe
lagen in der richtigen Einschätzung der Lage, in ihrer Beharrlichkeit und in ihrem taktischen Geschick, im entscheidenden
Augenblick das Richtige zu tun. Die Lösung des Mobbingkon-
flikts ist zwar nicht gerecht, Carola nimmt sogar eine finanzielle
Einbuße hin, aber sie ist strategisch gelungen und dauerhaft.

169

Fallbeispiel »Carola«:

Carola wurde aus ungerechten disziplinarischen Gründen in das Amt B versetzt. Weil sie die Angriffe satt hatte, der sie als Personalratsmitglied ständig im Amt A ausgesetzt war, widersetzte sie sich dieser Maßnahme nicht. Das Amt B lag ganz in der Nähe ihres Wohnorts, was auch wegen ihres schwerkranken Mannes von Vorteil war. Es ergab sich aber das Problem, daß sie für die üblichen Tätigkeiten in Amt B unterqualifiziert und ohne Erfahrung war, aber aufgrund ihrer Dienstjahre und vorherigen Tätigkeit mehrere Gehaltsstufen über den meisten Beschäftigten des Amtes B lag. Dies war der Anlaß zu eineinhalb Jahre andauerndem Mobbing. Sehr viele Kolleginnen schnitten sie, gingen aus dem Zimmer, wenn sie kam, wechselten den Tisch in der Kantine usw. Man warf ihr Inkompetenz und Arroganz vor und leitete daraus das Recht ab, Carola in jeder Hinsicht schlecht zu behandeln. Carola hatte sich auf eine gewisse Durststrecke eingestellt, doch damit, daß es so lange dauern würde, hatte sie nicht gerechnet.

Juristisch war dem Verhalten der Kolleginnen nicht beizukommen. Carola hatte sich in weiser Voraussicht eine Gegenstrategie zurechtgelegt. Sie wollte jeweils offen zugeben, wenn sie etwas nicht konnte, und alle Möglichkeiten der Qualifikation nutzen, um dem Standard zu entsprechen. Zunächst war alles vergebens. Allein ihr Büronachbar erkannte den tatsächlich guten Willen von Carola und wandelte sich vom Feind zum heimlichen Verbündeten. Er unterstützte sie fortan moralisch, gab ihr fachliche Tips und warnte sie vor Intrigen (hier zeigt sich wiederum die Bedeutung von menschlicher Unterstützung). Der Umschwung kam erst rund 18 Monate später, als Carola auf eine (wegen des Dienstalters mögliche)

Beförderung verzichtete. Erst hier »glaubten« viele der mobbenden Kolleginnen, daß sich Carola nicht einfach in dem Amt mit hohem Gehalt auf die faule Haut legen wollte, wie es als niederträchtiges Gerücht herumgegangen war. Das Mobbing hörte mit diesem Tag auf.

Leider gab es nur eine einzige Kollegin, die sich bei Carola entschuldigte, und zugab, daß sie sich anfangs in Carola geirrt und ihr zu Unrecht schlechte Motive unterstellt habe. Die anderen gingen ohne Kommentar zur Tagesordnung über – so, als sei nie etwas geschehen.

• Die Eigendynamik der verschworenen Gemeinschaft

Zu den machtvollen Einflüssen beim Mobbing gehört die Gruppendynamik in einer Gruppe von Mobbern. Der Sündenbock entlastet von eigenen Sünden, lenkt durch das Bild eines äußeren Feindes von inneren Zwistigkeiten ab. Eine erfolgreiche Mobbingattacke hat ja jedesmal den Effekt einer inneren, gefühlsmäßigen Verstärkung und Bestätigung, sowohl für den einzelnen Angreifer als auch für die einverstandenen Zuschauer. Sie sorgt dafür, daß sich informelle Führungspositionen herausbilden. Die gemeinsam durchgeführten Gewaltakte führen dazu, daß niemand so leicht wieder aus der Gruppe aussteigen kann. Jetzt hat jeder »Dreck am Stecken«. Ein Nachgeben könnte den Status in der Gruppe gefährden. Ein Ausscheren aus dem Mobbing bringt für jeden einzelnen die Gefahr mit sich, selbst zur Zielscheibe zu werden. Dieses Risiko gehen z. B. auch Unbeteiligte ein, die als Zeugen für den Mobbingbetroffenen auftreten. Hier sind die Mobber nicht nur Täter, sondern zugleich Opfer der von ihnen losgetretenen, aber schwer selbst zu beeinflussenden Dynamik. Hier gezielt Einfluß zu nehmen, dürfte die Möglichkeiten eines Betriebsrats übersteigen. Wenn sich eine solche Gruppe gebildet hat, kann man vielleicht auf den Faktor Zeit setzen (aber damit ist dem Mobbingbetroffenen nicht geholfen) oder es sollte überlegt werden, eine externe

Stelle einzuschalten. Häufig müssen hier Machteingriffe und Sanktionen eingesetzt werden.

● **Jeder ist sich selbst der Nächste**
Jede Mobbinggruppe, jeder einzelne Mobber hat auch Schwachstellen. Es gibt keine Gruppe ohne feine Risse. Überlegen Sie, welche Rollen es in der Mobbingmeute geben könnte. Wir haben »Wortführer«, »Heckenschützen«, »graue Eminenzen« und »Mitläufer« gefunden. Wenn Sie die Beweggründe der Mobber herausfinden wollen (siehe Kapitel IX.2.), um eventuell hier einen Hebel anzusetzen, dann sollten Sie die zentrale Figur der Mobbinggruppe herausfinden und versuchen, dessen Motive zu ergründen. Die zentrale Figur ist aber nicht unbedingt die, die laut und spektakulär vorgeht. In manchen Mobbingkonflikten agiert eine graue Eminenz im Hintergrund (oder sollte lieber vom »Paten« gesprochen werden?). Er gönnt anderen den Platz auf der Bühne und verfolgt seine Interessen insgeheim. Manche Vorgesetzte gehen in dieser indirekten Weise gegen mißliebige Mitarbeiter vor.
Eine Mobbergruppe ist keine Solidar-, sondern eine Zweckgemeinschaft. Wenn das einzelne Mitglied größeren Schaden als Nutzen daraus zieht, besteht zumindest die Tendenz, sich abzulösen und auszusteigen. Mittels Sanktionen und Öffentlichkeitsarbeit kann der Betriebsrat dafür sorgen, daß sich die Kosten/Nutzen-Rechnung der Mobber zuungunsten des Mobbings ändert. Gezielte Gespräche oder Maßnahmen können eingeleitet werden, um einzelne aus dem Mobbingverbund herauszulösen. Hierbei ist zu bedenken, daß eine Mobbergruppe aus Loyalitäts- und Prestigegründen den gemeinsamen Weg in den Abgrund wählt, wobei sie dann möglichst viele Außenstehende mit ins Verderben reißen möchte.

• **Schwachstellen des einzelnen Mobbers**

Ein einzelner Mobber hat, auch wenn er Vorgesetzter ist, viele Schwachstellen. Man muß nur genau hinschauen. Eine Schwachstelle dürfte sein, daß es die wenigsten kaltläßt, wenn sie mit einem staatsanwaltlichen Ermittlungsverfahren konfrontiert werden. Viele Mobber werden irgendwelche »Leichen im Keller« haben: Pflichtwidrigkeiten, mangelnde Arbeitsleistung usw. Es mag in vielen Fällen reichen, daß der Mobbingbeauftragte diese »Leichen« als Druckmittel ins Spiel bringt, damit das Mobbing eingestellt wird. Doch betreiben Sie keine Denunziation von privaten Dingen, es sei denn, der Mobber betreibt genau dasselbe mit dem Mobbingbetroffenen.

Wer sich die Schwachstellen des Mobbers zunutze macht, ist immer auch der Gefahr ausgesetzt, selbst Mobbing zu betreiben. Die Grenzen sind leider fließend. Sie dürfen keine Erpressung betreiben. Als Mobbingbeauftragter steht Ihre Glaubwürdigkeit im Rampenlicht: Sorgen Sie dafür, daß Sanktionen und Druckmittel zurückgenommen werden, sobald der Mobber glaubwürdig von seinem Tun abläßt.

c) Betriebliche Hintergründe und Probleme (Neunter Analyseschritt)

Dieser Analyseschritt ist ebenso wichtig wie die anderen acht. Wir begnügen uns hier allerdings mit wenigen Zeilen, weil weder aus juristischer noch aus psychologischer Sicht dazu Wesentliches beigetragen werden kann. Was die betrieblichen Hintergründe und Zusammenhänge angeht, sind die Mitglieder der Interessenvertretung die Experten. Schauen Sie sich Ihren Betrieb, seine Organisation und Probleme von verschiedenen Seiten an und prüfen Sie deren mögliche Bedeutung für Mobbing. Einige Ansatzpunkte sind:

• wirtschaftliche Situation des Betriebes,
• Konkurrenzsituation, Perspektive der Betriebes,

- Rationalisierung, Outsourcing usw.,
- Mängel in der Arbeitsorganisation,
- Unterbesetzung, Überstunden,
- Termindruck, Arbeitshetze,
- Managementprobleme,
- Kompetenzgerangel,
- Fehler bei Umsetzungen und Einstellungen.

4. Praktische Mobbing-Analyse an einem Fallbeispiel

In den zurückliegenden drei Abschnitten des IX. Kapitels haben wir neun Schritte zur Analyse von Mobbingfällen vorgestellt. Manchem Leser mag dies zu theoretisch gewesen sein oder er ist skeptisch, daß man daraus wirklich einen Nutzen für die Praxis ziehen kann. Sie sollten jedoch berücksichtigen, daß die Beschreibung des Vorgehens für eine solche Analyse teilweise länger ausfällt, als die einzelnen Schritte selbst dauern. Anhand des folgenden Fallbeispiels »Margot Menzel« wollen wir nun eine Analyse anschaulich vorführen. Dabei haben Sie sozusagen Gelegenheit zu einer »Probefahrt«.

Sie haben die Chance auf eine eigenständige Analyse des Falles. Dazu lesen Sie die folgende Beschreibung zunächst vollständig durch, nicht aber die anschließende Analyse. Statt dessen beurteilen Sie den Fall selbst, indem Sie Schritt für Schritt vorgehen. Zur Orientierung dürfte die Abb. 18 genügen. Machen Sie sich Notizen und vergleichen Sie abschließend Ihre eigenen Ergebnisse mit unseren Überlegungen zum Fall »Margot Menzel«.

Mobbingbetroffene sind – verständlicherweise – häufig emotional so belastet, daß sie eine nüchtern-distanzierte Analyse nicht vornehmen mögen. Um so wichtiger scheint uns, daß der Mobbingbeauftragte oder eine andere Vertrauensperson den Betroffenen dazu anregt. Auch in der Mobbingliteratur finden sich Beispiele für unzureichende Analysen. So stellt *Huber* ausführlich und differenziert den Leidensweg der Arzthelferin »Britta

B.« vor, die von ihrer dienstälteren Kollegin Frau K. gemobbt wird. Aber bei der Frage nach den Motiven sowie den Mitteln zur Abhilfe sind letztlich nicht nur die Betroffenen, sondern auch die Autorin, obwohl sie den notwendigen Abstand hat, ratlos. *Huber* kommentiert den Fall abschließend wie folgt:

»*Nicht immer ist der Konflikt klar erkennbar, zumindest für das Opfer. Und in manchen Fällen liegt der Konflikt auch wohl ausschließlich in der Person des Täters – wie bei Frau K. Bei ihr scheint die Triebfeder für ihr Verhalten in einem schwer ergründbaren Neid oder einer chronischen Unzufriedenheit gelegen zu haben. Für das Opfer ist es dann um so schwieriger, zum Teil unmöglich, sinnvoll zu handeln.*« (*Huber*, S. 85)

In der Analyse von *Huber* zum Fall »Britta B.« fehlt insbesondere, daß die Beobachtungen »gegen den Strich gebürstet« wurden und daß der Versuch unternommen wurde, wirklich einmal »unter die Haut des Mobbers zu schlüpfen«. Dabei hätte sich herausgestellt, daß es gerade die guten Seiten des späteren Mobbingopfers waren, welche die Mobberin in heimliche Not stürzten. Das Problem war, daß die neu eingestellte Britta B. die Herzen von Arzt und Patienten im Sturm eroberte und der alteingesessenen, fleißigen, aber nicht gerade leutseligen Arbeitskollegin keinen Platz mehr ließ. Eine richtige Analyse hätte helfen können, die fatale Sie-oder-ich-Situation zu überwinden. Lesen Sie aber nun zunächst die Schilderung des Falles »Margot Menzel«.

 Fallbeispiel »Margot Menzel«:

Margot war mit ihrer Familie aus Mecklenburg-Vorpommern in eine Kleinstadt in Hessen gezogen, nachdem beide Eheleute infolge des Umbruchs die Arbeit verloren hatten. Der Mann hatte hier eine auf drei Jahre befristete

Anstellung gefunden. Auf eine Annonce der Stadtverwaltung hatte sich Margot um eine Stelle beworben, die zwar weit unter ihrem Qualifikationsniveau lag und ebenfalls befristet war, aber dennoch einen beruflichen Neuanfang bedeuten sollte. Sie bekam die Stelle als Aushilfskraft in der Stadtbücherei, zu der mehrere Außenstellen in umliegenden Gemeinden gehörten. Für Margot als promovierte Germanistin sollte dies keine unlösbare Aufgabe sein. Auf den Kontakt mit den Lesern und vor allem mit den Kindern freute sie sich sehr.

An ihrem ersten Arbeitstag fand Margot an ihrem Arbeitsplatz am Kundentresen ein Namensschild mit der Aufschrift »Dr. M. Menzel« vor. Auch an ihrem eigenen Arbeitsplatz hatte die Leiterin ein offensichtlich neues Namensschild aufgestellt: »Frau Herzog«. Margot wollte jeder unnötigen Förmlichkeit vorbeugen und sagte: »Das mit dem Doktor muß doch nicht sein, für Sie und die Kunden bin ich doch einfach Frau Menzel.« Frau Herzog wirkte irgendwie unzufrieden, sagte aber nichts mehr dazu. Daraufhin fertigte Margot ein neues Namensschild mit der Aufschrift »Frau Menzel« an.

Die Einarbeitungszeit verlief problemlos, an die arbeitstechnischen Vorgaben von Frau Herzog konnte sich Margot leicht anpassen, wenn sie auch manches anders gemacht hätte. Aber schnell zeigten sich große Unterschiede sowohl im Umgang mit den Kunden als auch allgemein in der Einstellung gegenüber den Menschen. In die Kundenberatung durch Frau Herzog floß stets ein belehrender und herrischer Ton ein; Frau Herzog war sich jeweils sehr sicher, welche Bücher für ihre jeweiligen Lesekunden geeignet waren und welche nicht. Da ließ sie auch keinen Widerspruch zu. Margot mußte einräumen, daß Frau Herzog tatsächlich sehr belesen und gut informiert war, aber diese bestimmende Art mit den

Kunden sagte ihr überhaupt nicht zu. Sie beriet die Leser freundlich und trotzdem verbindlich und ließ ihnen ihre Vorlieben. So kam es, daß Margot schnell zum »Liebling« der Leserschaft wurde, besonders in den Außenstellen. Diese waren nur tageweise besetzt, wobei sich die Frauen abwechselten. Es stellte sich alsbald heraus, daß an den Tagen, an denen Margot Dienst hatte, die Außenstelle gut besucht war, während an Frau Herzogs Tagen die Leser zunehmend wegblieben.

Mit besonderer Vorliebe lästerte Frau Herzog über die ehemalige DDR und ihre Bürger, die sich auf Kosten des Westens ein schönes Leben machen würden. Offen blieb dabei, ob sie Margot persönlich treffen wollte oder ob sie nur reichlich unsensibel war und sich nicht vorstellen konnte, daß sich Margot angesprochen fühlen mußte.

Unerbittlich war Frau Herzog bei Unordnung, Unpünktlichkeit und Beschädigungen. Besonders wenn Kinder ihre Bücher zu spät zurückgaben oder kleinere Beschädigungen an den Bücher zu finden waren, konnte sie sehr böse werden. Eines Tages kam eine Mutter, deren Kind ein entliehenes Buch völlig demoliert hatte, mit dem Satz in die Bücherei: »Ich bringe Ihnen heute die Bücher zurück. Eines ist jedoch so kaputt, daß es nicht mehr zu flicken ist. Ich möchte den Schaden natürlich ersetzen, bitte sagen Sie mir, was zu tun ist?« Anstatt auf die Entschädigungsbereitschaft der Mutter einzugehen, beschimpfte Frau Herzog die Mutter, daß sie ihre Kinder besser erziehen solle, damit diese in Zukunft pfleglicher mit fremdem Eigentum umgingen. Margot versuchte, vorsichtig zu schlichten: »Aber, Frau Herzog, sie will doch den Schaden ersetzen.« »Ach«, antwortete Frau Herzog, »davon verstehen Sie nichts. Man darf so etwas gar nicht einreißen lassen.« Und zur Mutter gewandt fuhr sie fort:

»Am besten ist es, wenn Sie ihr Kind abmelden, dann gibt es in Zukunft keinen Ärger mehr.«

Ab diesem Zeitpunkt begann eine monatelange Leidenszeit für Margot. Nichts konnte sie Frau Herzog recht machen. Jedes falsch eingestellte Buch, jede verlegte Karteikarte, ein kleiner Schreibfehler auf einem Bestellformular – alles und jedes wurde ihr angelastet. Wenn es nur Kritik gewesen wäre, aber Frau Herzog schrie und tobte wie wild. Gegenargumente überhörte sie. Margot bemühte sich nach Kräften, jeden erdenklichen Fehler zu vermeiden, um möglichst keinen Anlaß für Kritik zu bieten. Nach Feierabend grübelte sie, ob sie auf der Arbeit auch an alles gedacht hätte. Manchmal fuhr sie abends noch einmal zur Dienststelle, um nachzuschauen, ob alles in Ordnung sei. Ihren Wunsch nach einem Fortbildungsseminar schmetterte Frau Herzog aber mit dem Hinweis auf fehlende Haushaltsmittel ab. Jetzt hielt sie sich mit ihren Beschimpfungen auch dann nicht zurück, wenn Büchereibesucher zugegen waren. Fehler waren natürlich unvermeidlich, zumal sich Margot erst einarbeiten mußte. Margot schämte sich jedoch, weil sie ihre Angespanntheit dafür verantwortlich machte. Stets versuchte sich Margot zu rechtfertigen und zu erklären, wie die Fehler zustande gekommen waren oder warum gar kein Fehler vorlag. Notfalls zauberte Frau Herzog auch irgendwelche Mißstände aus dem Hut, um sie Margot vorzuwerfen.

Margot wurde krank. Magenbeschwerden, Nervosität und Schlafstörungen waren die ersten Symptome ihrer Dauerbelastung. Als sie einen leichten Hörsturz bekam, mußte sie krankgeschrieben werden. Auch dies wurde zum Anlaß für Kritik genommen: »Gerade jetzt, wo so viel zu tun ist, müssen Sie mich im Stich lassen.« Zwischendurch gab es auch unerwartete Phasen der friedlichen Koexistenz, in denen auch Privates ausgetauscht wurde.

Margot konnte nie sicher sein, ob das Klima nicht innerhalb der nächsten halben Stunde umkippen würde. Zu Hause konnte sie nicht mehr abspannen. Ständig kreisten die Gedanken um die Arbeit: »Was ist das bloß, daß sie immer auf mir rumhackt? Sie verhält sich so, als wollte ich ihr die Position abnehmen. Aber das will ich doch gar nicht, ist ja auch unrealistisch. Das ist doch gar nicht meine Art. Ich verstehe das nicht.«
Oft dachte sie selbst, für die Arbeit in der Stadtbücherei ungeeignet zu sein. »Ach Quatsch, so schlecht wie die Herzog dich macht, kann man gar nicht sein«, versuchte ihr Ehemann sie zu trösten. Immer wieder suchte sie einen Arzt auf, weil sie sich zunehmend krank fühlte. Ihr Ehemann riet ihr, den Job an den Nagel zu hängen. Doch sie wollte nicht aufgeben. Schließlich faßte sie den Entschluß, zum Personalrat zu gehen. Ganz wohl war ihr bei dem Gedanken nicht, weil sie fürchtete, daß ihr niemand glauben würde. Doch der Personalratsvorsitzende Volker Veith zeigte großes Verständnis, hörte geduldig zu und versprach, mit der Personalchefin Frau Oberlin zu sprechen. Diese war aber erst neu in der Behörde und konnte sich zunächst nicht zum Eingreifen entschließen. Es kam in der Folge zu mehreren Telefonaten und kurzen Gesprächen mit Volker, durch die sich Margot moralisch aufgebaut fühlte. Zwischenzeitlich hatte jedoch ein Gespräch zwischen Frau Oberlin und Frau Herzog stattgefunden, worüber aber nichts nach draußen gelangte. Aus bissigen Bemerkungen von Frau Herzog konnte Margot entnehmen, daß Frau Herzog von der Beschwerde erfahren hatte. »Nun denken Sie, daß Sie bald Ihr Ziel erreicht haben, was? Aber so leicht werden Sie mich nicht los, das garantiere ich Ihnen.« Die Situation wurde nicht besser. Andererseits konnte Margot auch zunehmende Unterstützung spüren: Beschäftigte, die sie teilweise gar

nicht kannte, riefen an oder kamen vorbei, um ihr Mut zuzusprechen. Schließlich beschwerte sich Margot selbst bei Frau Oberlin und drohte damit, daß sie kündigen würde, wenn es sich nicht bald bessert.

Es fand daraufhin ein Gespräch zwischen Herzog, Menzel, Oberlin und Veith statt. Frau Herzog übernahm geradeheraus die Initiative und sagte: »Es ist mir ja klar, warum wir hier sitzen. Ich stelle auch gar nicht in Frage, daß Frau Menzel manchmal von mir kritisiert wird. Aber so leid mir das tut, das war auch jedesmal berechtigt. Wir stehen schließlich mit einer Bücherei im Rampenlicht, da kann es nicht zugehen wie im Tollhaus. Es muß alles seine Ordnung haben. Frau Menzel bemüht sich ja redlich, aber vieles macht sie einfach nicht gut genug. Ich weiß also nicht, was das hier soll.« Margot schilderte die Begebenheiten noch einmal aus ihrer Perspektive und forderte ein Ende der Beschimpfungen. Volker Veith sprach an, daß man von einer neuen Mitarbeiterin keine Wunder verlangen dürfe und daß Frau Herzog doch selber vor etlichen Jahren ohne Ausbildung in der Stadtbücherei angefangen hätte. Margot freute sich sehr darüber, daß Herr Veith sie so klar unterstützte und mit dem Argument entlastete, daß man von neuen Kollegen nicht alles verlangen könne. Die Personalchefin äußerte sich zwar auch prinzipiell gegen Mobbing, meinte aber wohl, sich kein endgültiges Urteil erlauben zu können. Sie appellierte lediglich an beide Seiten, obwohl sie nur Frau Herzog meinte, mit mehr gegenseitigem Verständnis zusammenzuarbeiten.

Frau Herzog wirkte nicht sichtlich beeindruckt und die Sitzung wurde ohne offizielles Ergebnis beendet. In den folgenden Wochen war aber eine deutliche Zurückhaltung von ihrer Seite zu bemerken. Nach den Schulferien ergab sich eine hohe Arbeitsbelastung, weil haufenweise

Bücher zurückgegeben wurden und zudem eine Revision des Buchbestandes durchgeführt werden sollte. Nun kam es wieder häufiger zu Meckereien und Schimpftiraden. Margot wurde langsam mürbe. Eines Tages kam Frau Herzog wutentbrannt von einer Außenstelle in die Bücherei und forderte Margot auf, sofort mit ihr dorthin zu fahren, um sich die »Schweinerei« anzusehen, die sie dort beim letzten Dienst hinterlassen hätte. Die Schweinerei bestand aus nichts weiter als aus Radiergummikrümel auf dem Schreibtisch, Reste vom Bleistiftspitzen im Papierkorb und einigen Büchern und Karteikarten, die noch nicht abgearbeitet waren. Frau Herzog tobte: »Das lasse ich mir nicht gefallen. Ich habe das hier in Jahren aufgebaut und Sie machen mir mit Ihrer schlampigen Arbeit alles zunichte. Sie sind offenbar zu blöd für die einfachsten Sachen, da hilft Ihnen Ihr Doktortitel auch nicht.« In dieser Form ging es noch eine Weile weiter. Als Margot schließlich tränenüberströmt auf das Ende der Tirade wartete, setzte Frau Herzog noch einen letzten Hieb obenauf: »So, das wollte ich Ihnen noch einmal in aller Deutlichkeit sagen! Jetzt können Sie sich meinetwegen beim Bürgermeister oder sonstwo beschweren gehen. Mir ist das völlig egal.«
Margot verließ die Außenstelle, fuhr mit dem Taxi zur Stadtverwaltung, ging zum Personalbüro und verlangte dort die sofortige Beendigung des Beschäftigungsverhältnisses im gegenseitigen Einvernehmen. Nur mit Aufbietung aller Argumente war sie von diesem Schritt abzuhalten. Sie wurde daraufhin vorübergehend beurlaubt.

Erster Analyseschritt

Die wichtigste Voraussetzung für die gesamte Analyse, das Zusammentragen der Geschehnisse, ist hier durch die vorliegende ausführliche Falldarstellung bereits erfüllt.

- *Bedingungen/Hintergründe der Angriffe:* Im Dienst, gelegentlich im Beisein von Büchereibesuchern.

- *Ziel, Art der Angriffe:* Stets wurde die Person Margot angegriffen, einmal indirekt durch herablassende Bemerkungen über DDR-Bürger, zum anderen direkt in Form ständiger und heftiger Kritik, Anschreien, Keine-Widerrede-Zulassen, Beleidigung, Abkanzelung und durch das Aufbauschen kleiner Fehler.

- *Anlässe:* Bestimmte Anlässe waren nicht zu erkennen. Es ging sehr häufig konkret darum, daß Margot die ihr zugeteilte Arbeit nicht absolut exakt, fehlerfrei, termingerecht und ohne Rückstände erledigt hat. Die Kritik war jedoch inkonsequent, d. h. nicht jedesmal erfolgte die heftige Kritikform, wenn Frau Herzog einen Fehler oder scheinbaren Fehler Margots bemerkte. Manchmal wurden dagegen Fehler aus dem Hut gezaubert, z. B. falsch gestellte Bücher.

- *Gefühle:* Bei Margot stellte sich ein Gefühl der Furcht vor den spontanen Ausbrüchen von Frau Herzog ein. Für tatsächliche Fehler schämte sie sich. Ebenso verspürte sie Ärger und Empörung wegen der ungerechten Behandlung. Diese Gefühle unterdrückte sie jedoch. Zusammenfassend rührten die barsche Kritik bei Fehlern und die verachtenden Äußerungen gegenüber DDR-Bürgern etwas in Margot an, nämlich eine gewisse Unsicherheit, ob sie mit ihrer DDR-Vergangenheit dem Arbeitsleben im Westen mit seiner Ellenbogenmentalität usw. überhaupt gewachsen sei. Die herrische Art von Frau Herzog, deren Position als Vorgesetzte, und die Tatsache, daß sie berufsfremd und neu war, gaben ihr offenbar das Gefühl der Unterlegenheit.

- *Unterstützung:* Am Arbeitsplatz ist Margot allein mit Frau Herzog. Der Personalratsvorsitzende gibt ihr starke Rückendeckung und setzt sich auch praktisch ein. Der Ehemann unterstützt sie moralisch. Das Kräfteverhältnis am Arbeitsplatz ist 1:1, wobei Frau Herzog psychologisch bessere Karten hat, während im Betrieb die Sympathien eindeutig zugunsten von Margot verteilt sind.

- *Beweise und abschließendes Urteil:* Die Erläuterungen von Margot sind glaubhaft und insofern unstrittig, als Frau Herzog im Gespräch die Kritik an ihr sogar bestätigt. Es handelt sich um Mobbing. Frau Herzog mobbt; Frau Menzel ist die Mobbingbetroffene.

Zweiter Analyseschritt

Versuchen wir nun, die geschilderten Beobachtungen gegen den Strich zu bürsten. Das bedeutet, auf die Details zu achten, Widersprüche wahrzunehmen und kleine Merkwürdigkeiten tatsächlich merkwürdig zu finden.

- *Was ist nicht geschehen?* Frau Herzog hat nicht versucht, Margot bei anderen Beschäftigten oder der Verwaltung schlechtzumachen, d. h. sie hat zwar Margot als Person angegriffen, aber nicht die sozialen Bezüge und das Ansehen. Ahnte sie, daß sie damit nicht durchkommen würde? Frau Herzog hat nicht versucht, Margot lächerlich zu machen, die Angriffe waren eher verbissen und aggressiv.

- *Fehlende oder nicht versuchte Gegenmaßnahmen:* Margot Menzel hat sich nicht vorgenommen, jedes Anschreien mit gleicher Münze zurückzuzahlen und sich das Anschreien energisch zu verbitten. Ein klarer »Forderungskatalog« an Frau Herzog wurde nicht vorgetragen. Eine verbindliche Regelung für den Umgang wurde von seiten der Personalamtsleiterin nicht vorgeschlagen.

- *Fehlende Unterstützung:* Es fehlte eine klare Verfahrensregelung für den Fall, daß es wieder zu Schreierei/Meckerei durch Frau Herzog kommen würde.

- *Unterschätzte Wirkung:* Frau Herzog hat sich zwar äußerlich unbeeindruckt gezeigt, aber das längerdauernde Ausbleiben von Kritik und anderen Attacken zeigt, daß das Gespräch und die Beschwerde dennoch Wirkung hatten.
- *Mögliche Probleme der Mobberin:* Es scheint für Frau Herzog nicht ganz unproblematisch zu sein, daß Margot einen Doktortitel trägt. Ein Indiz für diese Vermutung ist, daß sie zum Zeitpunkt der Arbeitsaufnahme durch Margot neue Namensschilder aufstellt, bei denen das »Dr.« ausdrücklich herausgehoben ist. Ein zweites Indiz ist die bissige Bemerkung, daß Margot trotz ihres Doktortitels zu blöd zum Arbeiten sei. Diese Bemerkung fällt auf, weil Margot überhaupt nicht mit ihrem Titel hausieren geht, sondern ihn quasi zugunsten eines guten Arbeitsklimas versteckt.

Die Verbissenheit, mit der die formale Ordnung verteidigt wird, ist ebenso bemerkenswert wie die Bestimmtheit, mit der Frau Herzog den Benutzern der Bücherei gegenübertritt, wenn es um Auswahl und Empfehlung von Büchern geht.

Herr Veith liefert fast beiläufig eine Information, die zum Verständnis des Mobbings sehr wichtig sein könnte, nämlich daß Frau Herzog selbst keine Ausbildung zur Bibliothekarin hat, aber trotzdem eingestellt wurde und sich demzufolge erst im nachhinein qualifizieren konnte. Zudem äußert sie einmal: »So leicht werden Sie mich nicht los!« Das könnte darauf schließen lassen, daß sie insgeheim Margot doch als Konkurrentin fürchtet.

Dritter Analyseschritt

Welche positiv formulierten Forderungen könnten an Frau Herzog gestellt und welche positive Zukunftsvision ihrer Zusammenarbeit könnte entwickelt werden?

- Wir erwarten, daß Sie als Leiterin Frau Menzel in ihren Arbeitsbereich gut einführen.

- Wir erwarten von Ihnen Führungsqualitäten und Einfühlungsvermögen. Sie müssen u. a. berücksichtigen, daß eine neue Kraft Zeit braucht, um sich einzuarbeiten. Die Amtsleitung macht Ihre dienstliche Beurteilung davon abhängig, wie gut Sie diese Anforderung erfüllen.
- Wir erwarten von Ihnen konstruktive Mitarbeiterführung. Kritik soll stets sachlich sein, persönliche Angriffe darf sie nicht enthalten (Beispiel . . .). Wir erwarten von Ihnen, daß Sie an einer Schulung zur Mitarbeiterführung teilnehmen, und von dem Dienstherrn, daß er dies ermöglicht.
- Schimpfen und Anschreien sind keine akzeptable Form des Umgangs. Diese müssen in Zukunft unbedingt unterlassen werden.
- Herabwürdigende Aussagen über ehemalige DDR-Bürger sind eine Respektlosigkeit gegenüber Frau Menzel. Sie müssen ebenfalls unterlassen werden.

Vierter Analyseschritt

In die Haut des Mobbers schlüpfen lautet die Devise des vierten Schritts. Man kann sich dabei natürlich vollständig irren oder – im Extremfall – nichts finden. Was »sehen« wir im Fall von Frau Herzog?

Direkt zu beobachten ist, daß Frau Herzog ihre neue Arbeitskollegin Margot nicht leiden kann, daß sie ihr ständig Fehler nachweist und diese dann heftig kritisiert, wobei sie keine Rücksichtnahme kennt. Allerdings geht Frau Herzog auch mit Büchereibesuchern in ähnlicher Weise bestimmend und unnachgiebig um. Margot Menzel als Person ist wahrscheinlich gar nicht so angegriffen, wie sie es selbst empfindet. Es scheint eher so, daß jeder, der nicht »spurt«, von Frau Herzog heftig und moralisierend kritisiert wird. Zu beobachten ist weiterhin, daß Frau Herzog ausgesprochen aufgabenorientiert und dabei offensiv ist (vgl. Abb. 21). Was mit den Menschen ist, die in die

Bücherei kommen oder die mit ihr arbeiten, interessiert sie nicht besonders; wichtig ist vor allem der perfekte Ablauf der Arbeitsorganisation. Man kann sie dem Typ des »Machers« zuordnen. Wenn der Macher in seiner Aufgabenerfüllung behindert wird, schlägt sein Vorgehen leicht in Tyrannei um.

Andererseits verhält sich Frau Herzog perfektionistisch und pedantisch. Dies spricht für eine frustrierte »Meisterin«. Perfektionisten sind aber defensiv-aufgabenorientierte Menschen, was der eben gemachten Feststellung zu widersprechen scheint. Sie geht zwar offensiv mit Kunden und der Mitarbeiterin um, aber der defensive Zug dürfte in ihrer fehlenden beruflichen Qualifikation liegen. Mit der beruflichen Meisterschaft ist es bei ihr jedoch nicht so weit her. Einige notwendige Fertigkeiten muß sie sich im Selbststudium angeeignet haben. Viele Verfahren zur Führung der Bücherei wirken »selbstgestrickt«.

Uns scheint, daß Frau Herzog deswegen quasi allergisch auf den Doktortitel reagiert, weil er für sie eine höhere Kompetenz signalisiert. Durch ständige Kritik versucht sie, die Kompetenz der »Frau Doktor« zu demontieren. Sie äußert zwar nur einmal, daß sie fürchtet, durch die Neue ersetzt zu werden, aber dies könnte ein neuralgischer Punkt sein. Margot Menzel hat zwar keine derartigen Absichten, aber in Frau Herzogs Phantasie könnte die Situation demgegenüber durchaus anders aussehen:

- Frau Menzel will mir meinen Job streitig machen. Sie hat einen Doktor in Germanistik, das könnte dem Dienstherrn als Qualifikation reichen. Schließlich hat man mich ja damals auch ohne entsprechende Ausbildung genommen.

- Man kann mich zwar nicht kündigen, könnte mich aber umsetzen. Beliebt bin ich scheinbar sowieso nicht, denn seit Jahren weigern die sich, meine Stundenzahl zu erhöhen.

- Die Büchereibenutzer gehen lieber zu ihr als zu mir. Das liegt nur daran, weil sie es ihnen leicht macht und sie ihnen alles durchgehen läßt. Die Beliebtheit könnte sich aber zu meinem Nachteil bis hin zum Dienstherrn durchsprechen.

- Frau Menzel will die Bücherei umkrempeln. Was ich mir in Jahren aufgebaut habe, soll nun einfach wertlos sein. Wo bleibt die Anerkennung für mich?

Fünfter Analyseschritt

Wie könnte die *gegenwärtige* Kosten/Nutzen-Rechnung von Frau Herzog aussehen (s. Abb. 24)?

Sechster Analyseschritt

Im sechsten Analyseschritt fragen wir nach der *alternativen* Kosten/Nutzen-Rechnung, der auch die Mobberin zustimmen könnte (s. Abb. 25).

Siebter Analyseschritt

Die Achillesferse von Margot Menzel liegt möglicherweise in ihrer DDR-Vergangenheit und sicherlich in ihrem eigenen Perfektionsanspruch. Hier ist sie durch Bemerkungen von Frau Herzog zu verletzlich, weil sie *be*troffen bzw. unsicher ist, ob nicht doch etwas dran sein könnte. Die Bemerkung des Personalratsvorsitzenden Veith, daß man von einer neuen Kraft keine Wunder erwarten dürfe, hat Frau Herzog kaum beeindruckt. Aber für Frau Menzel bedeutete diese Aussage eine sehr große Erleichterung. Das zeigt ebenfalls, daß sie von sich selbst doch »Wunder« erwartet hatte und sich dementsprechend die Kritik von Frau Herzog über alle Maßen zu Herzen genommen hat. Als Untergebene ist Frau Menzel zunächst natürlich in einer schwächeren Position, zudem ist sie neu und hat weniger Erfahrung.

Zu den Stärken von Margot Menzel gehören, daß der Personal-

Abb. 24: Aktuelle Kosten/Nutzen-Rechnung von Frau Herzog

»Was hätte ich davon, wenn ich nett und freundlich zu Frau Menzel wäre?«

Erwartete Vorteile:

- Keine Gespräche mehr mit der Leiterin der Personalabteilung oder dem Personalrat;
- Positive Meinung über mich in der Bücherei, in der Verwaltung und bei den Büchereibesuchern.

Erwartete Nachteile:

- Man hätte keinen Respekt mehr vor mir;
- Ich hätte mich ins Unrecht gesetzt;
- Die Bücherei läuft »schlurig«;
- Margot läuft mir bei den Lesern den Rang ab;
- Meine Aufbauleistung wird geschmälert;
- Ich muß weiter fürchten, daß die Menzel meinen Platz einnehmen könnte.

---

rat hinter ihr steht, die Personalabteilung zwar unentschlossen ist, aber die Sympathie zu ihren Gunsten wächst. In der Belegschaft erfreut sich Margot wachsender Unterstützung, allerdings hilft ihr das nicht unmittelbar am Arbeitsplatz. Viele Büchereibenutzer bevorzugen sie persönlich und haben ihr zu verstehen gegeben, daß sie mit ihr solidarisch sind. Das Kräfteverhältnis am Arbeitsplatz ist 1:1, wobei Margot mit wachsender betrieblicher Unterstützung rechnen kann. Prinzipiell müßte es demnach für Margot möglich sein, den Angriffen von Frau Herzog standzuhalten bzw. die Verhältnisse zu verändern. Zur Kompensation der Schwachstellen könnte Frau Menzel mit Mitarbeitern anderer Stadtbüchereien zusammenkommen, um Informationen über Arbeitsabläufe und einen Einblick für die

Abb. 25: Alternative Kosten/Nutzen-Rechnung für Frau Herzog

Mögliche Vorteile:	Mögliche Nachteile:

Mögliche Vorteile:
- Mein Arbeitsplatz ist sicher;
- Meine Position ist ungefährdet;
- Mein Engagement für die Bücherei wird grundlegend anerkannt;
- Gelegenheit zur Fortbildung;
- Als kompetente Leiterin anerkannt;
- Kein Ärger mit dem Dienstherrn.

Mögliche Nachteile:
- Es läuft nicht alles so, wie ich will;
- Ich muß mich mit Frau Menzel arrangieren;
- Man denkt, ich hätte überzogen reagiert;
- Wenn ich wütend werde, muß ich mich zurückhalten;
- Zwang zur Fortbildung.

Anforderungen an Hilfskräfte in diesem Bereich zu bekommen. Außerdem könnte die Teilnahme an einem Rhetorikseminar sinnvoll sein.

Achter Analyseschritt

Die Macht von Frau Herzog besteht vor allem darin, daß sie in der unmittelbaren Konfrontation mit Margot Menzel die Oberhand behält, weil sie lauter und entschiedener ist und ungehemmt erst einmal Vorwürfe austeilt und Margot von vornherein in die Defensive redet. Zu den Pluspunkten gehört, daß sie die Bücherei seit vielen Jahren leitet und entsprechende Erfahrungen hat. Zu ihrer Macht im Rahmen der Stadtverwaltung gehört aber auch ihr Ruf, eine schwierige Person zu sein,

189

weil sich kaum einer traut, eine Auseinandersetzung mit ihr zu führen.

Ihre Schwäche liegt darin, daß sie keine qualifizierte Ausbildung hat. Sie ist unfähig zur Personalführung. Es gab auch gelegentlich Beschwerden von Büchereibesuchern über sie. Der Dienstherr müßte klare Dienstanweisungen bezüglich der Personalführung erteilen, wobei entsprechend dem 6. Analyseschritt eine »Einladung« an Frau Herzog formuliert werden sollte. Zu den wirksamen Druckmitteln könnte gehören, daß jede neue Beschwerde von Margot unmittelbar zu einem Gespräch mit dem Dienstherrn und dem Personalrat führt, daß Frau Herzog einen Teil ihres Aufgabenbereichs (Außenstellen) verliert, um eine Trennung der Arbeitsbereiche zu erreichen, und schließlich, daß wiederholtes Mobbing zu Sanktionen führen wird.

Neunter Analyseschritt

Der Personalrat müßte konsequent daran arbeiten, den Dienstherrn davon zu überzeugen, daß Mobbing vorliegt und daß die Duldung von Mobbing dem Image und der Funktionsfähigkeit der Stadtverwaltung abträglich und moralisch nicht zu dulden ist.

X. Eingreifen in einen Mobbing-Konflikt (Mobbing-Intervention)

In der Beratung darüber, wie im konkreten Mobbingfall Abhilfe geschaffen werden soll, sind der Mobbingbetroffene und der Mobbingbeauftragte gleichberechtigte Partner. Gegen das ausdrückliche Veto eines Betroffenen soll und kann der Betriebsrat nicht handeln. Aber in der betrieblichen Umsetzung der Gegenmaßnahmen muß der Betriebsrat aufgrund seiner strategischen und rechtlich abgesicherten Position federführend sein.

In diesem Kapitel ist deswegen wiederum in erster Linie der Mobbingbeauftragte des Betriebsrats angesprochen, der von einem Mobbingbetroffenen um Hilfe gebeten wurde, und nun in das Geschehen aktiv eingreifen will. Wir setzen in der weiteren Darstellung voraus, daß bereits einige Beratungsgespräche stattgefunden haben, daß eine ergiebige Mobbinganalyse vorliegt und daß zwischen dem Mobbingbetroffenen und dem Mobbingbeauftragten ein Vertrauensverhältnis entstanden ist. Wir setzen weiter voraus, daß der Betriebsrat die erforderlichen Schritte mittragen wird.

Prinzipiell stehen bei Mobbing fünf Wege zur Konfliktbehandlung (Intervention) offen:

1. Konfliktbearbeitung bzw. Supervision durch externe Experten;
2. persönliche Gegenwehr des Mobbingbetroffenen;
3. Schlichtungsversuch des Betriebsrats;
4. Konfliktbereinigung/Machteingriff durch Vorgesetzte;
5. juristische Maßnahmen.

Wenn wir von »Mobbingintervention« sprechen, dann meinen wir damit unmittelbares Eingreifen in einen akuten Fall. Nicht gemeint sind: allgemeine Aufklärungsmaßnahmen, der Abschluß einer Betriebsvereinbarung oder die Beratung und moralische Unterstützung eines Mobbingbetroffenen.

Auf die Möglichkeit der Konfliktbearbeitung und Supervision durch externe Experten gehen wir nicht weiter ein. Sie wären bei unübersichtlichen oder sehr verbitterten Auseinandersetzungen empfehlenswert, sind aber häufig nicht durchsetzbar. Zum Einsatz von externen Experten (Konfliktberater, Personalberater, Supervisoren) kommt es grundsätzlich nur, wenn das Management ein eigenes Interesse daran hat oder wenn es dazu verpflichtet werden kann. Die ablehnende Haltung liegt zum Teil an den Kosten, zum Teil aber auch am Unwillen, einen Teil der eigenen Entscheidungsfreiheit in die Hände von Externen zu legen. Die vier übrigen Interventionsmöglichkeiten werden in den folgenden Abschnitten besprochen.

Beim Versuch, Mobbingkonflikte zu lösen, muß mit Überraschungen gerechnet werden, denn »Gefühle wiegen in Konflikten meist schwerer als rationales Denken, vor allem dann, wenn es zu Gewalttätigkeiten gekommen ist«, wie die amerikanischen Konfliktexperten *Fisher, Kopelman* und *Kupfer-Schneider* schreiben (*Fisher* u. a., S. 33). Dieser Hinweis gilt für Mobbingkonflikte, in denen weniger physische, aber hinreichend psychische Gewalt ausgeübt wird. Es sind aber nicht nur unliebsame Überraschungen zu befürchten. Es können auch positive Situationen entstehen, wenn sich z. B. eine völlig verfahrene Situation plötzlich »in Luft auflöst« (ohne daß man genau sagen könnte, wie es dazu kam) oder ein leichter Durchbruch dort erreicht wird, wo mit massivem Widerstand zu rechnen war.

> **!** **Wichtig:**
> Ein einmaliger Kraftakt hilft gegen Mobbing (meistens) nicht.

Das erfolgreiche Eingreifen in Mobbingprozesse beruht nur ausnahmsweise auf einmaligen Kraftakten (Machtwort, Kündigungsdrohung, Versetzung, einmaliges klärendes Vier-Augen-Gespräch). Wird einem einzelnen uneinsichtigen Mobber gekündigt, ist das Mobbing mit großer Wahrscheinlichkeit erfolgreich beendet. Zugleich beinhaltet es eine überzeugende Warnung an eventuelle Nachahmer. Wird hingegen einem Mitglied einer Mobbergruppe gekündigt, kann eine Beendigung des Mobbings eintreten, weil keiner der nächste sein will. Aber auch eine ungewollte Eskalation des Konflikts kann unter bestimmten Umständen das Ergebnis des Kraftaktes sein. Es sind viele Mobbingfälle bekannt, in denen die einmalige gutgemeinte Intervention eines Vorgesetzten nur kurzfristig oder gar nicht hilfreich war.

1. Zielsetzung des Eingreifens

Menschen, die unter akuten Mobbingangriffen leiden, äußern bevorzugt die folgenden Wünsche:
- »Es« soll aufhören!
- Alle sollen sehen, was für ein schlechter Mensch der Mobber ist.
- Der Mobber soll »in der Hölle schmoren«.

Diese Wünsche haben allerdings nicht die Qualität konkreter Ziele. Das ist ein Ergebnis der psychischen Überlastung und Hilflosigkeit der Betroffenen. Zur Überwindung eines Mobbingkonflikts ist jedoch Klarheit des Denkens und des Handelns erforderlich, die im Zusammenspiel von Betroffenem und Beratungsperson entwickelt werden muß. Nur durch die Aufstellung klarer Handlungsziele läßt sich prüfen, ob diese erstens überhaupt realistisch und zweitens, welche konkreten Wege zur Verwirklichung dieser Ziele zu beschreiten sind. Schließlich läßt sich drittens eine Erfolgskontrolle nur anhand konkreter Ziele durchführen. Allzu häufig wird das Gefühl, moralisch auf der richtigen Seite zu stehen, als ausreichende Handlungsgrundlage angesehen. Das ist ein folgenschwerer Irrtum. Diffuse Wünsche, auch wenn sie menschlich sympathisch sind, werden auch nur zu diffusen, letztlich unbefriedigenden Ergebnissen führen.

Mit Hilfe des dritten Analyseschritts (vgl. Kapitel IX. 1.) kann diese Zielbestimmung vorbereitet werden. Gewöhnlich betrachtet man Probleme aus der jeweils »heutigen« Sicht der gegebenen Situation. Wir möchten Ihnen empfehlen, sich den Mobbingkonflikt auch einmal aus der Zukunftsperspektive anzusehen, also vom Ende her. Versuchen Sie, sich einmal in der Phantasie die gewünschte betriebliche und persönliche Situation des Betroffenen, des Mobbers sowie des Umfeldes für die Zeit nach der Beendigung des Mobbings vorzustellen. Welche Wünsche des Mobbingbetroffenen sollten auf jeden Fall erfüllt sein, welche gegebenenfalls, was ist realistisch umsetzbar? Aus dieser gedanklichen (und gefühlsmäßigen) Perspektive lassen sich dann Handlungsschritte für die Umsetzung dieser Zukunftsvision in der Gegenwart erarbeiten.

In der Abb. 26 sind verschiedene »Endergebnisse« von mehr oder weniger erfolgreichen Eingriffen in Mobbingkonflikte aus unterschiedlichen Betrieben und Dienststellen zusammengestellt. Wir möchten keine Empfehlungen aussprechen, sondern wollen Ihnen die Gelegenheit geben, sich durch die Vielfalt der Möglichkeiten inspirieren zu lassen. Diese Vorschläge schließen sich keineswegs gegenseitig aus, sondern können – je nach der betrieblichen und persönlichen Situation – kombiniert werden. Zu beachten ist allerdings, daß manche dieser angesprochenen Lösungen durchaus eine problematische Seite haben mögen und nur für den speziellen Einzelfall geeignet sein können.

Wenn wir einerseits die Wichtigkeit von konkreter Zielbestimmung betonen, so möchten wir andererseits vor allzu starrer Fixierung auf ein einmal festgelegtes Ziel warnen! Auf das Problem erstarrter Erwartungen kommen wir auch in Kapitel X. 6. zurück. Die Kunst besteht auch hier in der Flexibilität (nicht zu

Abb. 26: Mögliche Ergebnisse einer erfolgreichen Mobbing-Intervention

Auflösung des Konflikts z. B. durch

- offene Einsicht des Mobbers, offizielle Entschuldigung
- verschämte Einsicht des Mobbers, Ende ohne offene Erklärungen
- erfolgreiche Schlichtung, gegenseitiges Verständnis und Respekt
- Aussöhnung, Ausräumen von Mißverständnissen und Vorbehalten

Versachlichung des Konflikts z. B. durch

- Umwandlung des personenbezogenen Mobbings in einen Sachkonflikt

Veränderung des Kräfteverhältnisses z. B. durch

- einhellige Mißbilligung von Mobbing im Betrieb
- wirkungsvolle persönliche Gegenwehr des Betroffenen
- »Immunisierung« des Betroffenen gegen die Angriffe
- offene Solidarisierung von Arbeitskollegen mit dem Betroffenen

Erfolgreiche Unterdrückung weiterer Mobbingangriffe z. B. durch

- Öffentlichkeitsarbeit (z. B. Bloßstellen der Mobbingangriffe)
- Kritik und Verwarnung durch Vorgesetzte oder Arbeitgeber
- Androhung oder Durchführung von betrieblichen Sanktionen
- Androhung oder Einleitung juristischer Maßnahmen

Trennung der Konfliktparteien z. B. durch

- Versetzung des Mobbers (bzw. »Rädelsführers« einer Gruppe)
- Versetzung (auch Beförderung) des Mobbingbetroffenen
- das »Aus-dem-Schußfeld-Nehmen« des Mobbingbetroffenen
- Trennung durch Versetzung beider Konfliktparteien

Nachhaltige Bestrafung des Mobbers z. B. durch

- betriebliche Sanktionen (z. B. Betriebsbuße)
- erfolgreiche juristische Schritte
- soziale Verurteilung des Mobbers im Betrieb
- soziale Ausgrenzung des Mobbers im Betrieb (Vorsicht: Gegenmobbing!)

195

verwechseln mit Beliebigkeit!) und in der Entwicklung von unterschiedlichen Alternativen.

Eine grundsätzliche Bemerkung zu den Möglichkeiten und Grenzen des Eingreifens in einen Mobbingkonflikt: Es läßt sich gut vorbereiten und planen, *wie* man eingreifen will. Ebenso hilfreich ist es zu wissen, was man letzten Endes will. Wir appellieren eindringlich, jeden Schritt gut vorzubereiten. Im Gegensatz zum spontanen, emotionsgeleiteten Vorgehen wird es sich langfristig für Sie auszahlen, wenn Sie den Sachverhalt gut durchschauen und wenn Sie konkrete Vorstellungen, Forderungen sowie Handlungsalternativen entwickelt haben.

Trotz guter Vorbereitung und klarer Ziele dürfen Sie jedoch nicht davon ausgehen, daß Sie dadurch bestimmen oder gar erzwingen könnten, *was* als konkretes Ergebnis ihres Eingreifens im Endeffekt *herauskommt*. Das liegt daran, daß die Gefühle, Motive, Gedanken und Taten der Beteiligten (insbesondere die der Mobber) grundsätzlich nicht vorherbestimmt werden können. Die Lösung von Mobbingkonflikten läßt sich eben nicht wie das Abschießen einer Kanonenkugel – zielen, schießen und (hoffentlich) treffen – bewerkstelligen. Zur Beschreibung des notwendigen Problemlösungsverhaltens ist vielmehr das Bild einer Weltraumsonde geeignet, deren Flugroute ständiger Kontrolle und Nachsteuerung bedarf, damit sie ihr Ziel erreichen kann. Je genauer Ihre Zielbestimmung und Analyse des Mobbingkonflikts ist, um so besser können Sie im Bedarfsfall jeweils nachsteuern. Nur so läßt sich verhindern, daß Sie nach dem Scheitern eines Plans völlig frustriert und handlungsunfähig werden, weil sich beispielsweise die ausgesprochene Kündigung eines Mobbers in einem Kündigungsschutzprozeß überraschend als unwirksam erwiesen hat.

2. Zehn Eckpunkte für ein erfolgversprechendes Eingreifen in Mobbing-Konflikte

• **Beginnen Sie mit einem tragfähigen Arbeitsbündnis**
Zwischen dem Berater und dem Mobbingbetroffenen muß ein Arbeitsbündnis begründet werden. Einigen Sie sich auf das grundlegende Vorgehen und die Ziele. Sprechen Sie die geplanten Maßnahmen miteinander ab. Planen Sie als Berater gefühlsmäßig ein, daß es zeitweilige Mißerfolge geben kann. Der Mobbingbetroffene und der Berater sollen sich die entstehenden Aufgaben, soweit es möglich ist, aufteilen. In seiner Funktion als Betriebsrat muß der Berater jedoch häufiger auch stellvertretend für den Betroffenen handeln. Treffen Sie jedoch Vorsorge, daß der Mobbingbetroffene in diesem Arbeitsbündnis nicht in eine passive Rolle gedrängt wird oder sich in Passivität zurückzieht.

• **Stellen Sie die Erwartungen auf eine mittelfristige Perspektive ab**
Auch wenn sich der Mobbingbetroffene nichts mehr wünscht als ein sofortiges Ende des Mobbings, so müssen Sie als Berater auf eine mittelfristige Perspektive eingestellt sein. Es gibt keine Patentrezepte und keine garantierten Schnell-Lösungen bei Mobbing. Es kann schon einige Wochen dauern, bis sich eine Änderung der Situation andeutet. Es können Monate vergehen, bis eine endgültige Klärung – wie auch immer die aussehen mag – eingetreten ist. Wenn Mobbing mehrere Monate oder sogar viele Jahre angedauert hat, wieso sollte dann die Aufhebung des Problems in einigen wenigen Tagen gelingen?

• **Legen Sie nur die grobe Zielrichtung fest**
Soll ein Schlichtungsverfahren bzw. ein Interessenausgleich angestrebt werden? Ist voraussichtlich ein Machteingriff durch Vorgesetzte oder Geschäftsleitung das Mittel der Wahl? Geht es in erster Linie darum, den Mobbingbetroffenen zu entlasten

und ihm dafür Freiräume zu schaffen, oder soll ihm der Rücken gestärkt werden, um den Kampf mit dem Mobber selbst aufzunehmen?

• **Planen Sie jeweils nur die nächste Etappe**
Verschaffen Sie sich einen guten Überblick. Legen Sie zusammen mit dem Mobbingbetroffenen die grobe Richtung fest, in der vorgegangen werden soll (z. B. zunächst Schlichtungsversuch, dann Strafanzeige). Aber bereiten Sie jeweils nur die nächste Maßnahme vor (z. B. ein erstes Gespräch mit dem Wortführer einer Mobbergruppe). Werten Sie erst das Ergebnis einer Maßnahme aus, bevor Sie weitere Schritte unternehmen. Da nie exakt vorherzusagen ist, wie sich die andere Seite verhalten wird, verlaufen alle Interventionsmaßnahmen nach dem Prinzip des naturwissenschaftlichen Experiments »Versuch und Irrtum«. Versuchen Sie, eine Maßnahme, die nicht zum gewünschten Ergebnis führt, nicht als Niederlage zu bewerten, sondern als »Forschungsergebnis«: Überprüfen Sie die Gründe dafür, warum die Maßnahme nicht in der gewünschten Weise gewirkt hat und entwerfen Sie unter Ausnutzung der Erfahrungen eine neue Maßnahme.

• **Gehen Sie beharrlich, aber nicht ungeduldig vor**
Erwarten Sie nicht, daß sich ein Mobber, nachdem er von einem Vorgesetzten unter vier oder sechs Augen warnend angesprochen wurde, sofort und bedingungslos auf die neuen Anforderungen einläßt. Ebensowenig sollten Sie erwarten, daß irgendeine andere Maßnahme sofort etwas ändert. Manche Dinge müssen erst einmal sacken. Der Mobber braucht beispielsweise Zeit, um seinen Rückzug so zu organisieren, daß er sein Gesicht wahren kann. Handelt es sich um mehrere Mobber, ist zu erwarten, daß die neue Lage zunächst untereinander abgeklärt werden muß. In solchen Gruppen werden Risse auch erst im Laufe der Zeit sichtbar. Nach jeder Maßnahme, die Sie (oder

der Mobbingbetroffene) durchgeführt haben, warten Sie ein paar Tage ab und versuchen Sie dann herauszufinden, ob sich nicht insgeheim etwas Positives tut. Bleiben Sie beharrlich und veranlassen Sie den nächsten Schritt, sobald abzusehen ist, daß sich keine Besserung einstellen wird. Versuchen Sie, die Wirkung ihrer Maßnahmen nicht ausschließlich an den Reaktionen des Mobbers abzulesen, sondern beachten Sie auch das soziale Umfeld. Sind dort Veränderungen in den Ansichten und im Verhalten (z. B. dem Mobber gegenüber) zu beobachten? Auch eine Eskalation des Konflikts kann ein Indiz für die Wirksamkeit der Gegenmaßnahmen sein. Möglicherweise zeigt sich der Mobber aber lange Zeit äußerlich unbeeindruckt. Lassen Sie sich davon nicht täuschen und entmutigen, wenn Sie eigentlich davon ausgehen müssen, daß Sie wirksame Maßnahmen eingesetzt haben. Gehen Sie durch diese Phase hindurch. Gerade dann, wenn Sie das »sichere« Gefühl gewonnen haben, daß die Auseinandersetzung mit dem Mobber aussichtslos ist, sollten Sie nicht sofort weitere Maßnahmen »draufsetzen« und auf keinen Fall aufgeben. Beobachten Sie noch eine weitere Woche. Nicht selten tut sich erst dann etwas, wenn Sie gar nicht mehr damit rechnen. Beharrlichkeit ist ein entscheidender Faktor gegen Mobbing.

● **Formulieren Sie klare Erwartungen an alle Beteiligten**
Formulieren Sie klare Erwartungen an alle Beteiligten, d. h. Mobber, Vorgesetzte, »neutrale« Mitarbeiter usw. Auch die Androhung und der Einsatz von Druckmitteln und Sanktionen sollten offen und konsequent erfolgen. Nehmen Sie Sanktionen oder deren Ankündigung zurück, wenn der ursprüngliche Anlaß nicht mehr gegeben ist. Zum Wesen des Mobbings gehört, daß die Feindseligkeit ausgelebt wird, ohne dem Betroffenen eine Chance auf Einstellung der Feindseligkeit einzuräumen. Der Mobber nennt im allgemeinen keine Bedingungen, bei de-

ren Erfüllung der Mobbingbetroffene mit einem Ende des Mobbings rechnen könnte. Verfahren Sie alternativ dazu.

• Schaffen Sie Verbindlichkeiten

Lassen Sie nicht zu, daß Gespräche ohne verbindliche Absprachen enden. Versuchen Sie zumindest, einen neuen Termin zu vereinbaren. Lassen Sie Protokolle schreiben. Verlangen Sie stets, daß Ihre Gesprächspartner zu Ihrem Wort und Ihren Zusagen stehen, auch wenn Sie insgeheim skeptisch bleiben und mit Unzuverlässigkeit und Lügen rechnen müssen. Formulieren Sie klare Erwartungen an Vorgesetzte, die es übernommen haben, mit Mobbern und Mobbingbetroffenem an einem Tisch über die Probleme zu reden. Vertrauen Sie selbst bei erfolgreicher Schlichtung nicht dem (ehrlich gemeinten) Versprechen der Konfliktparteien, sondern schlagen Sie verbindliche spätere Treffen zur Überprüfung des Erfolgs vor, die im Abstand von zwei, vier und sechs Monaten nach erfolgter Einigung stattfinden.

• Moralisieren Sie nicht

Erarbeiten Sie sich eine moralische Richtschnur für die Beurteilung von Mobbingkonflikten. Halten Sie einen fairen Interessenausgleich und wohlwollendes mitmenschliches Umgehen als moralischen Standard hoch. Aber hüten Sie sich davor, jeden und alle moralisch anzuprangern, die nicht sofort bereit und überzeugt sind, auf diesen Zug aufzuspringen. Auch wenn Sie aus ehrlichem Zorn moralisierend über einen Vorgesetzten herfallen, dem die Notwendigkeit eines Eingreifens nicht einleuchtet, schaffen Sie sich eher einen Gegner als einen Bündnispartner.

• Betreiben Sie kein Gegen-Mobbing

Vielleicht liebäugeln Sie oder der Mobbingbetroffene gelegentlich mit dem Gedanken, es dem Mobber mit gleicher Münze zurückzuzahlen. Auch in der Mobbingliteratur wird dies manchmal als legitime Möglichkeit der Gegenwehr dargestellt.

Möglicherweise sind Sie sogar erfolgreich: die Mobber werden eingeschüchtert, der ehemalige Mobbingbetroffene kann aufatmen. Das Fatale am Gegenmobben ist jedoch, daß Sie *nichts gegen Mobbing* unternommen haben. Im Gegenteil, Sie haben eine Bestätigung dafür geliefert, daß der Zweck die Mittel heiligt und daß der Stärkere siegt. Bedenken Sie also die moralischen Nebenwirkungen von Gegenmobbing. Weder der Mobber noch die übrige Belegschaft können z. B. positive Erfahrungen mit konstruktiver Bewältigung von Konflikten machen, wenn der Erfolg auf besserem Mobbing des Mobbingbeauftragten beruht.

 **Wichtig:**
Gehen Sie gegebenenfalls mit List, aber ohne Tücke vor.

Es kann im Einzelfall sinnvoll sein, gegen den Mobber mit List vorzugehen, indem Sie z. B. dafür sorgen, daß die Taten und Aussprüche des Mobbers gegen diesen selbst zurückschlagen. Nur müssen Sie dabei auf jeden Fall die offensive, gnaden- und kompromißlose Feindseligkeit des Mobbings vermeiden.

• **Seien Sie bereit, den Weg bis zu Ende zu gehen**
Bringen Sie den Mobbingkonflikt zu einem Ende, geben Sie nicht auf halbem Wege auf. Wenn die Entwicklung es rechtfertigt, lassen Sie den Mobber ungeschoren davonkommen. Lassen Sie sich nicht von denen mürbe machen, die Köpfe rollen lassen wollen. Aber wenn es unumgänglich ist, sorgen Sie auch für die Einleitung rechtlicher Maßnahmen. Schrecken Sie gegebenenfalls nicht vor der Forderung nach einer Kündigung zurück.

3. Persönliche Gegenwehr des Mobbingbetroffenen

Was kann der Mobbingberater dem Betroffenen in puncto »persönliche Gegenwehr« empfehlen? Um diese Frage geht es in den folgenden Ausführungen.

Eine direkte Gegenwehr gegen Mobbingattacken hat eher Aussicht auf Erfolg, wenn es sich um einen einzelnen Mobber handelt. Voraussetzung ist natürlich, daß der Mobbingbetroffene die Kraft und Entschlossenheit aufbringen kann, sich selbst aktiv und in direkter Konfrontation mit den Mobbern auseinanderzusetzen.

Als Mobbingberater sollte man den Betroffenen nicht drängen, eine persönliche Konfrontation zu suchen. Die Möglichkeit der persönlichen Gegenwehr sollte jedoch auf jeden Fall besprochen werden. Oft sind die Mobbingbetroffenen in einer Situation und psychischen Verfassung, daß sie eigentlich nichts mehr zu verlieren haben (weil sie unmittelbar davor stehen, sich versetzen zu lassen oder zu kündigen). Dennoch haben sie eine große Scheu davor, sich gegen den Mobber persönlich zur Wehr zu setzen.

Der Erfolg persönlicher Gegenwehr gegen Mobbingattacken ist nicht unbedingt darin zu suchen, daß die Mobbingangriffe erfolgreich abgestellt werden konnten. Der Erfolg besteht bereits darin, daß die Gegenwehr das Selbstbewußtsein des Mobbingbetroffenen stärkt und ihn aus seiner defensiven und unterlegenen Position herausbringt. Auf der Seite der Mobber soll der Eindruck entstehen, daß die Phase des »leichten Spiels« sowie die Phase sicherer Überlegenheit zu Ende geht. Der Mobber soll wissen, daß sich seine bisherige Kosten/Nutzen-Bilanz für das Mobbing ins Negative wenden kann.

! **Wichtig:**
Auch kleine Gesten der Gegenwehr bringen den Mobbingbetroffenen aus der inneren Defensive heraus.

Die Frustration und Mutlosigkeit des Mobbingbetroffenen setzt sich aus dem immer wiederkehrenden Erleben von Angriffen zusammen, denen er nichts entgegenzusetzen wußte. Selbst kleine Gesten der Gegenwehr können diesen negativen inneren Trend stoppen und den Eindruck vermitteln: »Ich bin doch nicht völlig hilflos ausgeliefert.«

Deswegen kann es für den Betroffenen belastend sein, wenn er bei Maßnahmen gegen das Mobbing auch wieder nur passiv zuschauen kann, weil Betriebsrat und Arbeitgeber stellvertretend handeln. Manche Mobbingbetroffene bevorzugen hingegen, daß sie mit den betrieblichen Auseinandersetzungen möglichst wenig zu tun haben.

Die Anzeichen von Gegenwehr sind für den Mobber bedrohlich. Eine Eskalation des Mobbings oder Veränderung der Angriffsformen sind jetzt nicht unwahrscheinlich. Wenn sich der Mobbingbetroffene für eine persönliche Gegenwehr entschieden hat, müssen Berater und Mobingbetroffener die Effekte und die unerwünschten Nebeneffekte der Gegenwehr sorgfältig beobachten und miteinander besprechen. Nicht unwichtig ist auch die Reaktion des sozialen Umfeldes, der Kollegen und Vorgesetzten. Wenn ein Großteil der Beschäftigten die Gegenwehr positiv bewertet, steigen die Chancen für den Mobbingbetroffenen, seine Situation durch eigenes Handeln zu verbessern.

• Bleiben Sie solidarisch

Ein Mobbingbetroffener ist häufig am Ende seiner Belastbarkeit und Widerstandskraft. Wenn er sich entschließt, dem Mobber persönlich gegenüberzutreten, ist nicht ausgeschlossen, daß er dabei Fehler begeht oder einen Rückzieher macht. Es wäre fatal, wenn Sie ihm daraus Vorwürfe machen. Im Gegenteil. In dieser Situation haben Sie die Aufgabe, gegen die Selbstvorwürfe des Betroffenen zu argumentieren. Es ist auch schon vorgekommen, daß der Mobbingbetroffene in einer Sitzung, in der Vorgesetzte, Betriebsrat und Mobber anwesend waren, seinen

Mut und seine Wut zusammengenommen hat und völlig außer sich über den Mobber hergefallen ist. Ein solcher Ausfall kann auch für Wohlmeinende bisweilen deplaziert und peinlich wirken. Unter Berücksichtigung der Ausnahmesituation, in der sich der Mobbingbetroffene seit geraumer Zeit befindet, sollten Sie selbst Verständnis dafür haben und bei anderen Anwesenden für Verständnis sorgen. Bleiben Sie solidarisch und ermutigen Sie zum Weitermachen.

● **Raten Sie, vorsichtig zu beginnen**
Da Mobbingbetroffene im Verlauf des Mobbings oft geschwächt und mutlos geworden sind, kommen zunächst nur vorsichtige Gegenmaßnahmen in Betracht, welche die Ressourcen des Betroffenen stärken und nicht zusätzlich belasten. Der Mobbingbetroffene kann bereits mit kleinen Gesten der Gegenwehr, indem er beispielsweise anders als bisher auf Mobbingattacken reagiert, ein wachsendes Selbstbewußtsein zum Ausdruck bringen. In dem folgenden Beispiel ist der stufenweise Aufbau einer Gegenstrategie zu erkennen:

 Fallbeispiel »Anselm«:
Anselm versuchte stets, sich zu rechtfertigen, wenn der Mobber aus nichtigem Anlaß wieder einmal herablassend über ihn hergefallen war. In der gemeinsamen Mobbinganalyse mit dem Mobbingbeauftragten hatte sich aber herausgestellt, daß die von Anselm gewählte Arbeitsmethode durchaus erfolgreich war und von den Vorgesetzten sehr positiv bewertet wurde. Die Kritik des Mobbers war also in keiner Weise gerechtfertigt und das defensive Rechtfertigen durch Anselm wurde als überflüssig eingeschätzt.
Als erste Form des Widerstands beschloß er, sich nicht mehr zu rechtfertigen, sondern die verbalen Attacken

ohne Gegenrede hinzunehmen und sich innerlich mit dem Satz zu stärken: »Du dummer Hund, hast selbst keine Ahnung.« Anselm fühlte sich mit dieser Verfahrensweise deutlich besser. Das Mobbing ließ jedoch nicht nach. In einer späteren Stufe der Gegenwehr, auf die er sich sorgfältig vorbereitet hatte, reagierte Anselm schließlich verbal und handlungsbereit: »Gut. Ich habe Sie verstanden. Alles, was ich hier mache, ist in Ihren Augen völliger Mist. Ich sehe das allerdings nicht so. Ich schlage Ihnen deshalb vor, daß wir jetzt sofort zu Herrn V. (der Vorgesetzte) gehen und ihn beurteilen lassen, ob Ihre oder meine Meinung in dieser Frage richtig ist.«

• **Unkonventionelle und überraschende Gegenwehr**
Die Gegenwehr auf verbale Mobbingattacken kann in unerwartet schlagfertigen Antworten bestehen, auf die sich der Mobbingbetroffene in der Beratung vorbereitet hat. Die Gegenwehr kann darin bestehen, daß auf jeden ungerechtfertigten Vorwurf sofort eine knappe schriftliche Klärung des Sachstands an Mobber und Vorgesetzte erfolgt. Die Gegenwehr kann aber auch in der ironischen Aufdeckung der Manöver des Mobbers bestehen. Sie kann darauf beruhen, daß soziale Unterstützer gefunden und in bestimmten Situationen mobilisiert werden, um den Mobber durch soziale Mißbilligung in die Schranken zu weisen. Für eine erfolgreiche Gegenwehr können gerade unkonventionelle Ideen entscheidend sein, durch welche der Mobber seinerseits überrascht wird.

 Fallbeispiel »Konrad«:
Der hochqualifizierte Facharbeiter Konrad war der verbalen Einschüchterung und Kritik eines Kollegen nicht gewachsen, weil er als Stotterer in seiner Ausdrucksweise behindert war. Der mobbende Kollege kam immer wie-

205

der überraschend am Arbeitsplatz von Konrad vorbei, kritisierte im Vorübergehen dessen Arbeitsorganisation und fand immer wieder herablassende Bemerkungen über die fertigen Werkteile von Konrad. Die Geschäftsleitung sei auch schon enttäuscht und würde Konrad sicher bald versetzen oder entlassen, so tönte der Kollege. Fachlich war an den Vorwürfen nichts dran, das wußte Konrad, aber die Vorgänge verunsicherten ihn doch sehr. Die Geschäftsleitung mauerte und kam seiner Beschwerde nicht nach.

Konrad hätte seinem Mobber gerne »das Passende« gesagt, aber sein Stottern ließ dies nicht zu. In der Beratung kam schließlich die Idee auf, die Schwachstelle des Mobbingbetroffenen zu kompensieren. Konrad fertigte ein Plakat, das er über seinem Arbeitsplatz aufhängte. Dort hieß es: »Mein Kollege hat mich heute ... mal kritisiert.« Für jede Mobbingattacke des Kollegen trug Konrad einen Strich in die entsprechende Tagesrubrik ein. Die Geschäftsleitung erklärte das Plakat für »Kindergarten«, während es in der Belegschaft positiv aufgenommen wurde. Binnen kurzer Zeit unterblieben die Attacken; der Mobber wurde zudem von der Geschäftsleitung versetzt.

Gegenwehr kann unterschiedliche Formen annehmen und in verschiedene Richtungen abzielen. In der Abb. 27 sind einige Anregungen gegeben.

• **Raten Sie, auf Respekt abzuzielen, nicht auf Verständnis**
Manche Mobbingbetroffene verstehen unter »Gegenwehr«, daß sie dem Mobber gegenüber die eigene Betroffenheit zum Ausdruck bringen. Sie wollen sozusagen offensiv zur Seele des Mobbers vordringen, um dabei Verständnis und Rücksichtnahme zu erreichen. Dieses Bestreben ist ihnen möglicherweise selbst gar nicht so deutlich, aber als Berater können Sie den

Abb. 27: Mögliche Formen der Gegenwehr für Mobbing-Betroffene

Beabsichtigte Wirkung auf den Mobber	Beispiele für das Vorgehen
● **Grenzen setzen**	– auf Anschreien symbolisch reagieren, z. B. Ohren zuhalten; – zurückschreien, ein Schild hochhalten mit der Aufschrift: »Ich bin nicht taub!« oder »Ruhe bewahren!«; – nach einer Schrei-Attacke sich das Schreien verbitten und um sachliche Äußerungen bitten;
● **Entmutigen**	– auf verbale Angriffe keine sichtbare Wirkung mehr zeigen; – verbale Angriffe schlagfertig zurückweisen; – verbale Angriffe auslachen; – die Angreifbarkeit bei den eigenen Schwachstellen mindern;
● **Versachlichen**	– den Willen zum Kompromiß zeigen; – auf Chancen eines fairen Interessenausgleichs hinweisen und auf Probleme orientieren, die beide Seiten gemeinsam haben;
● **Verunsichern**	– Demonstration der wachsenden sozialen Unterstützung; – bisher im Untergrund vorgetragene Angriffe (durch Kunstgriffe) öffentlich sichtbar machen;
● **Isolieren**	– durch Öffentlichkeitsarbeit im Betrieb dafür sorgen, daß die stillschweigende Duldung von Mobbing zurückgeht; – dafür sorgen, daß sich der Mobber selbst blamiert;
● **Einschüchtern**	– straf-, zivil- oder arbeitsrechtliche Schritte konkret benennen und ihre Durchführung glaubhaft ankündigen.

Eindruck gewinnen, daß es sich faktisch so verhält. Hier sind Wünsche nach Harmonie und Eintracht im Spiel, die von der Realität nicht bestätigt werden. Den Mobber interessiert die Betroffenheit seines »Opfers« im Detail überhaupt nicht, Hauptsache ist für ihn die Wirkung seines Vorgehens gegen den Betroffenen. Die Offenbarung von Schwäche bestärkt ihn höchstens.

Der Wunsch nach Verständnis und Rücksichtnahme ist verständlich, doch bietet dieser Wunsch keine realistische Perspektive im Umgang mit dem Mobber. Das Ziel kann nur sein, sich beim Mobber einen gewissen Respekt zu verschaffen. Der Mobbingbetroffene muß mit seiner Gegenwehr glaubwürdig signalisieren: Bis hierher und nicht weiter!

• Wehrhaftigkeit und Lösungsbereitschaft zugleich zeigen

Die Gegenwehr eines Mobbingbetroffenen löst Reaktionen beim Mobber aus – soviel ist sicher. Ob dies in der gewünschten Richtung verläuft, entscheidet sich im Einzelfall. Gegenwehr des Mobbingbetroffenen kann zu wütender oder fatalistischer Steigerung der Feindseligkeit führen, weil er in der Denkform »er oder ich« verhaftet ist und seine Felle davonschwimmen sieht. Grundsätzlich zielt ja die Feindseligkeit des Mobbers auf keine Lösung im mehrseitigen Interesse. Mobbing ist – darauf haben wir in Kapitel V. 5. hingewiesen – kompromißlos. Deswegen muß die erstarkende Wehrhaftigkeit des Mobbingbetroffenen immer auch mit Angeboten zu einer fairen Auseinandersetzung und Konfliktausgleich (als Ausweg vor blinder Eskalation des Konflikts) versehen sein. Während der Mobber nur Eskalation kennt, muß die Seite des wehrhaften Mobbingbetroffenen das Element der Verhandlung und des Interessenausgleichs in den Konflikt hineintragen.

4. Schlichtungsversuche des Betriebsrats

Betriebsräte sind verpflichtet, »darüber zu wachen, daß alle im Betrieb tätigen Personen nach den Grundsätzen von Recht und Billigkeit behandelt werden, insbesondere, daß jede unterschiedliche Behandlung von Personen wegen ihrer Abstammung, Religion, Nationalität, Herkunft, politischen oder gewerkschaftlichen Betätigung, Einstellung oder wegen ihres Geschlechts unterbleibt« (§ 75 Abs. 1 BetrVG). Weiter haben sie »die freie Entfaltung der Persönlichkeit der im Betrieb beschäftigten Arbeitnehmer zu schützen und zu fördern« (§ 75 Abs. 2 BetrVG).

Der Betriebsrat kann selbst als Schlichter auftreten (s. Abb. 28). Da die Mobberseite an einer Schlichtung zunächst nicht interessiert ist, muß die mögliche Schlichtung durch den Betriebsrat erst in Gesprächen angebahnt werden. Hierbei stellt die Sicherheit des Betriebsrats die wesentliche Voraussetzung für einen Schlichtungsversuch dar. Dazu gehört, daß er sich sachlich (Sicherheit, daß die Angriffe stattfinden) und moralisch (Sicherheit, daß es sich um Mobbing handelt) sattelfest fühlt. Diese Sattelfestigkeit kann nur Ergebnis einer guten Vorbereitung sein, und sie ist nötig, weil von der Mobberseite aus Gründen des Selbstschutzes Lügen, Verschleierung, Verharmlosung und Verdrehungen erwartet werden müssen.

Der Betriebsrat als Schlichter muß allerdings eine Doppelaufgabe erfüllen: Einerseits ist er Anwalt des Betroffenen, andererseits muß er die Rolle eines außenstehenden, neutralen Dritten glaubhaft ausfüllen, die das Anliegen beider Seiten angemessen würdigt. In der Anfangsphase sollte eine »Pendeldiplomatie« betrieben werden. Führen Sie ein erstes Gespräch mit dem Mobber, werten Sie das Gespräch gemeinsam mit dem Mobbingbetroffenen aus und bereiten Sie ein weiteres Gespräch vor, wenn dies sinnvoll erscheint.

**Abb. 28: Möglicher Ablauf eines Schlichtungs-
verfahrens durch den Mobbing-
Beauftragten des Betriebsrats**

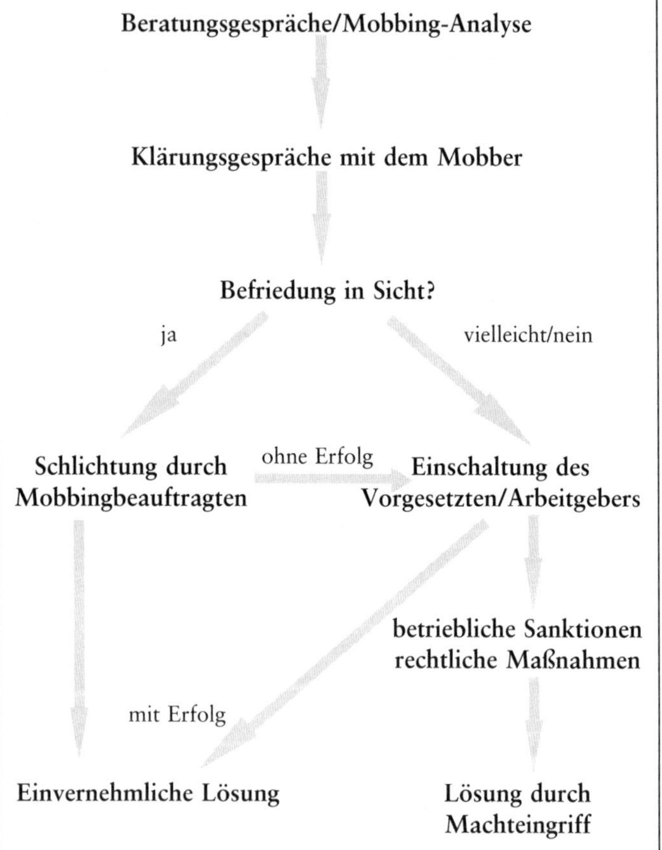

Beratungsgespräche/Mobbing-Analyse

Klärungsgespräche mit dem Mobber

Befriedung in Sicht?

ja   vielleicht/nein

Schlichtung durch   ohne Erfolg   Einschaltung des
Mobbingbeauftragten   Vorgesetzten/Arbeitgebers

                                          betriebliche Sanktionen
                                          rechtliche Maßnahmen

        mit Erfolg

Einvernehmliche Lösung   Lösung durch
                                          Machteingriff

> **!** **Wichtig:**
> Beginnen Sie mit Pendeldiplomatie; bitten Sie erst bei positiver Entwicklung »alle an einen Tisch«.

Wenn es sich um eine Gruppe von Mobbern handelt, versuchen Sie zunächst das Gespräch mit einzelnen aus der Gruppe. Ob es sich dabei um eine Randfigur, den »Sprecher« oder die »graue Eminenz« handeln soll, müssen Sie selbst abwägen.

Es ist nicht empfehlenswert, gleich zu Beginn alle, d. h. den Mobbingbetroffenen und den oder die Mobber, an einen Tisch bringen zu wollen. In einer solchen Runde würden die Emotionen hochkochen. Vorwürfe, Rechtfertigungen und Angriffe würden das Geschehen prägen und eine konstruktive Weiterentwicklung verbauen. »Alle an einen Tisch« gehört an das Ende einer Schlichtung, wenn vieles im Vorfeld geklärt werden konnte.

Nachdem Sie bisher ausgiebig mit dem Mobbingbetroffenen gesprochen haben und eine Vorgehensweise abgesprochen wurde, steht bei dem Versuch der Schlichtung das Gespräch mit dem Mobber im Vordergrund.

Solche Gespräche sind heikel, weil der Mobber schnell eine Verteidigungshaltung einnehmen bzw. zum Gegenangriff übergehen kann. Solange Sie eine Schlichtung oder eine einvernehmliche Lösung anstreben, kann Ihnen an vorzeitigem Abbruch oder einer Eskalation nicht gelegen sein.

Wir geben nun einige Hinweise, wie Sie solche Gespräche auf den Weg bringen und gestalten können und dabei ungewollte Eskalationen vermeiden. Wenn nach diesem vorsichtigen Vorgehen keine positive Resonanz erfolgt, dann können Sie mit innerer Sicherheit davon ausgehen, daß der Mobber eine Schlichtung (aus welchen Gründen auch immer) nicht will.

- **Sehen Sie den Mobber als Konfliktgegner, nicht als Feind**
Wenn Sie beabsichtigen, eine Mobbingsituation zu schlichten,
d. h. eine einvernehmliche Lösung anstreben, schließt das aus,
daß Sie den Mobber wie einen Straftäter betrachten. Wenn Sie
den Mobber tatsächlich für einen solchen halten, dann dürfen
Sie keine Schlichtung anstreben. Konsequenterweise müssen Sie
dann Beweise sichern und rechtliche Schritte einleiten. Daneben
sollten Sie dem Mobbingbetroffenen die nötige Unterstützung
geben und gegebenenfalls dafür Sorge tragen, daß er bis zur
juristischen Klärung aus dem Schußfeld kommt.

Wenn auch die Handlungen des Mobbers unakzeptabel sind,
müssen Sie beim Versuch einer Schlichtung dennoch beiden Seiten den Status einer Konfliktpartei einräumen. Beide Seite haben
trotz des Ungleichgewichts bei der Aggression das gleiche Recht
auf Gehör und Abwägung der Argumente usw. Man kann das
Mobben kritisieren, darf jedoch den Mobber nicht in jeder Hinsicht vorverurteilen und ihm nur schlechte Absichten unterstellen. Die moralische Abscheu gegenüber den Mobbinghandlungen kann dazu führen, daß man seinerseits den Mobber wie einen
Feind behandelt, dem jeglicher Schaden gegönnt wird. Mit dieser
Haltung kann man allerdings kaum schlichten und wird auch
dem Sachverhalt häufig nicht gerecht. Die Kunst der Schlichtung
besteht bei Mobbing darin, die unversöhnliche und kompromißlose persönliche Feindseligkeit in einen betrieblich zu lösenden,
soweit als möglich versachlichten Konflikt umzuformen.

> **!** **Wichtig:**
> Die Kunst der Schlichtung besteht bei Mobbing darin, die
> persönliche Feindseligkeit in einen lösbaren Konflikt um-
> zuformen.

Die Anerkennung des Mobbers als Konfliktpartei schließt den
Einsatz von Druckmitteln gegen ihn *nicht* aus. Man muß dem-

nach in der Schlichtung einerseits eine klare Linie gegen Mobbing in allen seinen Formen verfolgen, andererseits in der Lage sein, beiden Seiten legitime Interessen zuzubilligen. Ausgeschlossen muß jedoch sein, daß man mit dem Mobber faule Kompromisse eingeht, nur »um des lieben Friedens willen«.

- **Kündigen Sie ihren Gesprächswunsch an**
Geben Sie dem Mobber durchaus Gelegenheit, sich innerlich auf ein Gespräch mit Ihnen vorzubereiten. Sie können diese Ankündigung schriftlich oder mündlich übermitteln; gehen Sie dabei nicht ins Detail. Suchen Sie die Betreffenden an ihrem Arbeitsplatz auf. Lassen Sie sich eine Ablehnung des Gesprächswunsches begründen.

 Beispiel:
Sehr geehrter Herr Haudrauf,
wegen einer ernsten personellen Angelegenheit möchte ich mit Ihnen sprechen. Ich werde Sie am ... um ... an Ihrem Arbeitsplatz aufsuchen. Wenn Ihnen der Termin nicht gelegen ist, bitte ich um einen anderen Vorschlag.
Betriebsrat, M. Rettung

- **Sagen Sie dem Mobber, was Sie zu sagen haben**
Sie sollten im ersten Gespräch zügig zur Sache kommen. Stellen Sie den Sachverhalt deutlich und sachlich dar, aber vermeiden Sie verfrühte persönliche Vorwürfe. Geben Sie dem Mobbingsachverhalt eine »Überschrift«, auf die man sich im Gespräch immer wieder beziehen kann (z.B. »ungerechte Behandlung«, »verletzende Kritik«). Untermauern Sie ihre Darstellung damit, daß Sie eine ausgewählte Mobbingsituation, an welcher der Mobber beteiligt gewesen ist, als Beispiel anführen. Damit zeigen Sie, daß Sie gut informiert sind.

Wichtig:
Geben Sie den Mobbingvorwürfen eine sachliche Überschrift.

Wir raten Ihnen davon ab, das Verhalten des Mobbers in dieser Phase zu kritisieren. Wenn Sie das tun, wird der Mobber wahrscheinlich auf stur schalten. Sie sind zwar moralisch im Recht, doch Sie erreichen nichts. Tragen Sie lieber die klaren positiven Forderungen an den Mobber heran, die im dritten Analyseschritt entwickelt wurden (vgl. Kapitel IX. 1.). Sie können auch einzelne Überlegungen über die möglichen Motive und Probleme des Mobbers in das Gespräch einfließen lassen. Mit anderen Worten: Formulieren Sie lieber eine »Einladung« an den Mobber als eine »Vorladung«.

Provozieren Sie beim Mobber nicht nur Rechtfertigung, indem Sie fragen: »Was haben Sie sich dabei gedacht?« oder »Warum machen Sie das?«. Versuchen Sie eher, einen Bezug zur Zukunft herzustellen. Was könnte getan werden, damit es in Zukunft besser und friedlicher läuft? Lesen Sie hierzu das folgende Beispiel:

 Beispiel:
»Guten Tag, Herr Haudrauf. Sie ahnen wohl schon, weshalb ich zu Ihnen komme. Herr Müller ist zu mir gekommen und hat mir geschildert, was ihm in letzter Zeit in dieser Abteilung zugemutet wurde. Man kann das so zusammenfassen: Herr Müller wird mit Arbeiten überhäuft, die gar nicht in sein Gebiet gehören. Zugleich wird er unentwegt kritisiert und beleidigt, weil er diese ihm zugeschobene Arbeit nicht schafft. Ich halte das für eine ganz bedenkliche Entwicklung, die nicht weiter hingenommen werden kann. Das schadet auch unserem Betriebsklima.

Herr Müller möchte, daß in Zukunft Beleidigungen und unsachliche Kritik ganz aufhören und daß einmal gemeinsam überlegt wird, wie der Arbeitsanfall in der Abteilung ohne Streß aufgeteilt werden kann. Mich interessiert hierzu Ihre Meinung.

Wenn Sie durch Gegenargumente usw. unterbrochen werden, dann geben Sie Ihre Erklärung etappenweise ab. Stellen Sie sicher, daß der Mobber die wichtigsten Punkte Ihrer Botschaft auch tatsächlich zur Kenntnis genommen hat. Wenn nötig und sinnvoll, können Sie es ihm auch zusätzlich schriftlich geben. Trotz guter Einleitung kann das Gespräch einen negativen Verlauf nehmen. Seien Sie auch darauf vorbereitet. Im Prinzip gibt es drei typische Abwehrreaktionen, auf die Sie jeweils unterschiedlich reagieren können: Mauern, Gegenangriff und Jammern.

- **Der Mobber mauert**

Verschiedene Formen sind denkbar, wie der Mobber versuchen könnte, sich aus dieser für ihn unangenehmen Situation zu befreien:
- Der Mobber schweigt sich aus und verweigert ein Gespräch.
- Der Mobber streitet rigoros alles (z. B. als Hirngespinst) ab.
- Der Mobber zieht sich auf Belanglosigkeiten zurück.
- Der Mobber greift den Betriebsrat als Handlanger des Mobbingbetroffenen an.

Versuchen Sie hier nicht, eine positivere Reaktion zu erzwingen. Verschärfen Sie die Situation auch nicht, indem Sie ihn zu sehr in die Enge treiben. Betrachten Sie dieses erste Gespräch als eine Art »Probebohrung«. Räumen Sie dem Mobber ein, eine Nacht darüber zu schlafen. Betonen Sie, wenn der Mobber nicht auf das Mobbingthema eingeht, ein weiteres Mal die Forderung des Mobbingbetroffenen, und machen Sie deutlich, daß der Betriebsrat ein Auge auf den Fortgang der Dinge hat. Warnen Sie ihn, daß eine Fortsetzung des Mobbings negative Konsequenzen haben wird. Kündigen Sie an, daß Sie demnächst wieder vorbeischauen werden.

 Beispiel:

»Gut, Herr Haudrauf. Sie wollen jetzt dazu nichts sagen. Vielleicht wollen Sie das Gesagte auch erst einmal überschlafen. Ich möchte Ihnen zum Abschuß noch einmal sagen, daß ich die Situation sehr ernst nehme. Die Angriffe gegen Herrn Müller sind ganz und gar nicht so, wie Arbeitskollegen in unserem Betrieb miteinander umgehen sollten. Wer seine Mitarbeiter mit Beleidigungen und wüsten Beschimpfungen führen will, hat in Zukunft mit einer Abmahnung zu rechnen, da ist sich der Betriebsrat mit der Geschäftsleitung einig. Aber ich bin weiterhin offen, auch Ihre Sicht der Dinge kennenzulernen. Das gilt insbesondere für die Arbeitsbelastung in dieser Abteilung, die offenbar für viele ein Problem ist. Ich werde Sie auf jeden Fall Anfang des nächsten Monats noch einmal aufsuchen.«

● **Der Mobber geht inhaltlich zum Gegenangriff über**
Häufig wird sich der Mobber nicht schweigend zurückziehen, sondern seine Sache offensiv verteidigen, wie es seinem sonstigen Vorgehen entspricht. Als Gegenangriffe kommen unter anderem in Betracht:
– Er trägt Sünden des Mobbingbetroffenen vor.
– Er erklärt den Mobbingbetroffenen für überempfindlich.
– Er erklärt seine Angriffe für berechtigt oder für notwendig.

Viele Betriebsräte scheinen die Situation zu fürchten, daß sie in die Rolle des Schiedsrichters geraten könnten und Schuldzuweisungen vornehmen müßten. Derartige Zuweisungen sind aber gar nicht die Aufgabe eines Schlichters. Wenn die Mobbinganalyse gründlich war, dann haben Sie genug beweisbare Anhaltspunkte dafür, daß Mobbing vorliegt. Bei der Bekämpfung von Mobbing geht es ja gerade darum, diese zerstörerische *Form* von Konfliktführung auszuschalten. Es geht nicht darum, Konflikte überhaupt zu vermeiden. Wenn ein Mobber inhaltlich zum Gegenangriff übergeht, sich verteidigt oder rechtfertigt, dann haben Sie ihn eigentlich dort, wo Sie ihn haben wollten: im Gespräch! Nutzen Sie die Gelegenheit, sich umfassend über die Sichtweise der Mobberseite zu informieren. Vielleicht gibt es Anknüpfungspunkte für eine Schlichtung. Vielleicht stellt sich heraus, daß der Einsatz von Druckmitteln unumgänglich sein wird. Möglicherweise kommen betriebliche Mißstände ins Bild, die hinter der ganzen Misere stecken.

• **Der Mobber klagt über sein schweres Los**
Wenn der Mobber klagt, können Sie sich recht gute Chancen für die Schlichtung ausrechnen. Offenbar gibt es auch auf seiten des Mobbers einen hohen Leidensdruck. Mobbing diente wahrscheinlich lediglich als Ventil. Ein gangbarer alternativer Weg für die eigenen Interessen und Probleme dürfte daher auf Interesse stoßen.

 Wichtig:
Wenn der Mobber klagt und schimpft, haben Sie ihn dort, wo Sie in brauchen – im Gespräch.

• **Unterstellen Sie dem Mobber bessere Motive, als er hat**
Dies ist einer der wenigen Türöffner, mit dem Sie einen Mobber aus der Reserve locken können. Die begangenen Grausamkeiten, die Wahrung der eigenen Interessen und die Wahrung des Gesichts sprechen gegen ein Einlenken. Wenn Sie dem Mobber eine goldene Brücke bauen, geht er vielleicht über diese.

📑 **Beispiel für eine goldene Brücke des Betriebsrats:**
»Ich kann mir nicht vorstellen, daß Sie unter normalen Umständen so aggressiv (herablassend, unsolidarisch usw.) handeln würden. Es muß etwas Wichtiges für Sie dahinterstecken. Man kann über alles reden, aber Mobbing ist völlig unakzeptabel.«

- **Lassen Sie Gegensätze manchmal nebeneinanderstehen**

Versuchen Sie nicht, den Mobber von seiner eigenen Schlechtigkeit zu überzeugen. Gehen Sie auf seine inhaltlichen Argumente ein und stellen Sie sachlich Ihre eigene Sichtweise dagegen. Lassen Sie die unterschiedlichen Interpretationen von einzelnen Mobbingsituationen erst einmal nebeneinander stehen. Die Frage: »Wer hat angefangen?« ist ohnehin meist nicht zu klären und auch unerheblich. Betonen Sie statt dessen, daß das Mobbingverhalten wegen seiner gesundheitsgefährdenden Wirkung nicht gerechtfertigt und nicht akzeptabel ist.

- **Konfrontieren Sie den Mobber mit den negativen Konsequenzen für ihn**

Unser Schlichtungsmodell bietet dem Mobber viele Möglichkeiten zum Einlenken. Außerdem werden viele Anstrengungen unternommen, auch ihm gerecht zu werden. Damit diese Herangehensweise, deren Gebot die Fairneß ist, nicht als Schwäche interpretiert wird, müssen auch die Druckmittel und Sanktionen auf den Tisch. Mit ihnen muß gegen den Mobber vorgegangen werden, wenn er die Feindseligkeit ungebrochen weiterführt. Voraussetzung ist hierbei allerdings, daß sich der Betriebsrat in der Mobbinganalyse mit den Schwachpunkten der Mobberseite befaßt hat und auch sicher einschätzen kann, wozu die Geschäftsleitung bereit ist. Besser ist es natürlich, wenn bereits Absprachen mit dem Arbeitgeber über mögliche

Sanktionen bestehen. Die Palette der möglichen zivil- und strafrechtlichen sowie der betrieblichen Sanktionsmöglichkeiten
wird in den Kapiteln XI. bis XIII. ausführlich behandelt.
Die Teilnehmer eines unserer Mobbingseminare haben ein Stufenmodell der Gespräche mit Mobbern (einschließlich des Ein-
satzes von Sanktionen) erarbeitet (s. Abb 29).

- **Kündigen Sie verbindliche Nachfolgetreffen
  und Erfolgskontrolle an**
  Gönnen Sie keinem der Beteiligten Ruhe, bis wirklich Ruhe einge-
  kehrt ist. Kündigen Sie *immer* Folgetermine an, in denen Sie über
  die weitere Entwicklung informiert werden wollen und Hilfestel-
  lung zur Klärung weiterer Probleme anbieten können. Aber kündigen Sie keine Termine an, die Sie aufgrund Ihres begrenzten
  Zeitbudgets wahrscheinlich nicht wahrnehmen können.

- **Gönnen Sie dem Mobbing eventuell einen
  stillschweigenden Abschied**
  Sollte der Mobber seine Feindseligkeit im Zuge der Gespräche
  stillschweigend einstellen, dann müssen Sie nicht unbedingt auf
  einem offiziellen und demonstrativen Ende bestehen.

- **»Alle an einen Tisch« – erst am Schluß**
  Eine Schlichtung, an der alle an einem Tisch sitzen, sollte stets
  durchgeführt werden, wenn in den Einzelgesprächen genügend
  Bereitschaft und sachlicher Konfliktstoff erarbeitet worden ist
  – wenn also tatsächlich Aussicht auf eine Einigung oder einen
  Kompromiß besteht. In der Schlichtungssitzung sollte die Vergangenheitsbewältigung (Klage und Rechtfertigung bzw.
  Schuldeingeständnis) geringen Raum einnehmen. Ein zukunfts-
  orientiertes Vorgehen ist leichter. Beide Konfliktparteien sollen
  ihre Erwartungen an die andere Seite formulieren. Jede Seite
  soll konkret benennen, welche positiven Schritte sie in Zukunft
  unternehmen will. Nehmen Sie den Konfliktparteien nicht die

---

Abb. 29: Stufenfolge beim Einsatz von Sanktionen

Klärungsgespräch zwischen Betriebsrat und Mobber
(Mobbingbetroffener ist freiwillig anwesend)

Bekanntmachen möglicher Sanktionen

erfolgt keine positive Reaktion
des Mobbers

Konfliktgespräch zwischen Betriebsrat, Mobber und Vorgesetztem
(Mobbingbetroffener ist freiwillig anwesend)

Konkrete Androhung einer Sanktion (z.B. Abmahnung)

erfolgt keine positive Reaktion
des Mobbers

Vorladung des Mobbers beim Vorgesetzten
(Betriebsrat wohnt diesem Gespräch bei)

Durchführung der angedrohten Sanktion

Aufgabe ab, ihre Erwartungen und ihre Bereitschaft zum Entgegenkommen selbst in Worte zu fassen. Lassen Sie das erzielte Ergebnis durch Handschlag oder Unterschrift besiegeln.

5. Konfliktbereinigung und Machteingriff durch Vorgesetzte

In sehr vielen Mobbingfällen wird es sinnvoll sein bzw. ist es nicht zu umgehen, einen Vorgesetzten einzuschalten. Sie können sich beglückwünschen, wenn Ihr Arbeitgeber selbst ein Interesse an einem guten Betriebsklima hat und für das Thema sensibilisiert ist. Wenn dies noch nicht der Fall ist, versuchen Sie eine Sensibilisierung des Arbeitgebers und aller Beschäftigten in Leitungspositionen.

Der Weg über den unmittelbaren Vorgesetzten des Mobbingbetroffenen kann zusätzliche Probleme schaffen. Nicht wenige Vorgesetzte sind mit der Bereinigung von Konflikten der Mitarbeiter schlichtweg überfordert – sowohl von der verfügbaren Zeit und Aufgabenstellung als auch von ihrer sozialen Kompetenz her. Aus vielen Gründen kann der Einsatz eines Vorgesetzten für die Lösung von Mobbingkonflikten problematisch werden, insbesondere wenn der Vorgesetzte

– neu im Betrieb ist und sich erst orientiert,
– mit anderen Problemen überlastet ist,
– mit dem Mobber persönlich verbunden ist,
– den Mobber für betrieblich unersetzbar hält,
– sich in der Hierarchie nicht exponieren will,
– es allen recht machen möchte und Konflikte scheut,
– kein Geschick im Umgang mit Menschen hat,
– fürchtet, daß alles aus dem Ruder läuft,
– nur die »Holzhammer«-Methoden der Konfliktbearbeitung kennt.

Allen Bedenken und Schwachpunkten zum Trotz haben Vorgesetzte einen entscheidenden Pluspunkt: Sie besitzen Macht in Form des Weisungsrechts. Sie können Mobber, die nicht mit sich reden lassen wollen, machtvoll in die Schranken weisen.

 Wichtig:
Die Macht des Vorgesetzten in Form des Weisungsrechts ist ein Schwert gegen Mobbing, aber ein zweischneidiges.

Unbedacht und willkürlich eingesetzt, kann die Macht eines Vorgesetzten auch das Gegenteil von dem bewirken, was gewünscht ist. Vergessen wir nicht, daß in der späten Mobbing-phase oft falsche Entscheidungen der Hierarchie vorgekommen sind. Es kann also auch während der Mobbingbearbeitung zu völlig unangemessenen Anordnungen und Sanktionen kommen (sowohl gegen den Betroffenen als auch gegen den Mobber).

• **Suchen Sie den »richtigen« Vorgesetzten aus**
Adressat von Beschwerden ist grundsätzlich der unmittelbare Vorgesetzte. Dies hilft allerdings dann nicht weiter, wenn dieser selbst am Mobbing beteiligt ist. Es muß außerdem berücksichtigt werden, daß ohnehin nicht jeder unmittelbare Vorgesetzte zur Lösung von Mobbingkonflikten willens und geeignet ist. Am besten wäre es, wenn für solche Konflikte besonders qualifizierte Ansprechpartner in der betrieblichen Hierarchie existieren würden.
Sind keine Mobbingansprechpartner von seiten des Arbeitgebers benannt, können der Mobbingbetroffene sowie der Betriebsrat versuchen, einen ihnen kompetent erscheinenden Vorgesetzen direkt auf das Mobbingproblem anzusprechen und um Hilfe zu bitten. Dabei kann das Problem entstehen, daß sich der direkte Vorgesetzte übergangen fühlt. Wenn Sie mit der Geschäftsleitung im Vorfeld über Mobbing sprechen, können Sie sich grundsätzlich auf einen festen Ansprechpartner (z. B. aus der Personalabteilung) einigen und solche Unstimmigkeiten vermeiden.

• **Definieren Sie, was Sie vom Vorgesetzten wollen**
Es hängt von dem Willen des Vorgesetzten ab, wie er mit einem Mobbingkonflikt umgeht. Es macht für die Konfliktbereinigung einen großen Unterschied, ob Sie ihm als Betriebsrat einen Fall zur freien Verfügung übergeben oder ob Sie zugleich klare Erwartungen an den Verlauf und das Ergebnis formulieren. Der Vorgesetzte kann dann zwar von Ihren Vorschlägen abweichen, aber er wird es Ihnen gegenüber begründen müssen. In-

dem sich der Vorgesetzte mit den Vorgaben des Betriebsrats auseinandersetzen muß, wird er sich selbst intensiver mit dem Fall beschäftigen – und das kann nur ein Gewinn für die Qualität des Eingreifens sein.

Es ist oftmals zu beobachten, daß Mobbingbetroffene und Betriebsräte über die Vorgesetzten enttäuscht sind, weil diese nicht in der erwarteten Weise gehandelt haben. Es wird z. B. beklagt, daß der Vorgesetzte »nicht auf die einfachsten Dinge gekommen« sei. Auf die Idee, dem Vorgesetzten die eigenen Erwartungen deutlich mitzuteilen, waren die Interessenvertreter aber auch nicht gekommen, weil sie wie selbstverständlich davon ausgegangen waren, daß der Vorgesetzte das Problem ähnlich wie der Betriebsrat sehen müßte. Wenn die Behandlung des Mobbingkonflikts dann nicht erwartungsgemäß verlaufen ist, ist es kaum möglich, noch etwas nachzubessern.

● **Arbeiten Sie dem Vorgesetzten zu**

Es macht wenig Sinn, das Rad zweimal zu erfinden. So ähnlich wäre es, wenn Sie eine tiefgehende Mobbinganalyse gemacht, eigene Ideen zur Überwindungen des Konflikts erarbeitet und rechtliche Informationen eingeholt haben und nun darauf warten, daß sich der Vorgesetzte noch einmal dieselbe Mühe macht. Unterbreiten Sie ihm Vorschläge, wie das Verfahren ablaufen könnte. Formulieren Sie die minimalen Forderungen an das zukünftige Verhalten des Mobbers. Legen Sie Teile des Mobbingtagebuchs sowie ihre Überlegungen aus dem sechsten Analyseschritt vor. Geben Sie Argumentationshilfen. Ein Vorgesetzter möchte wahrscheinlich seine Unabhängigkeit bewahren und nicht als Anhängsel des gut präparierten Betriebsrats erscheinen. Machen Sie ihm die Position nicht streitig, arbeiten Sie ihm zu und gewinnen Sie Einfluß durch Sachkompetenz. Deswegen sollten der Betriebsrat bzw. der Mobbingbeauftragte dem mit dem Mobbingfall befaßten Vorgesetzten eine schriftliche Vorlage mit einer kurzen Falldarstellung, den daraus abgeleiteten Forderungen an den Mobber und den Wünschen zum Verfahren übergeben.

Schriftliche Vorlage für den Vorgesetzten:
- Kurze Beschreibung der Mobbingvorfälle,
- Zeugen und andere Beweismittel,
- Forderungen an den Mobber,
- Skizze eines möglichen gangbaren Weges für den Mobber,
- Erwartungen zum Verfahren,
- Vorschläge für möglicherweise erforderliche Sanktionen.

• **Greifen Sie unkonventionell ein**
Wenn sich verschiedene Vorgesetzte gegenseitig in notwendigen Entscheidungen blockieren, weil sie untereinander Konflikte vermeiden wollen, können Sie die Vorgesetzten darin unterstützen, indem Sie eine (gerichtliche) Entscheidung von außen herbeiführen. Damit aber bei Ihnen nicht der »schwarze Peter« hängenbleibt, teilen Sie allen Beteiligten offiziell mit, daß Sie das Gericht einschalten wollen, damit den Leitungskräften eine eigene Entscheidung erspart bleibt, die sie nur in Konflikte untereinander bringen könnte. Möglicherweise kommt dann doch noch eine interne Entscheidung zustande.

• **Sorgen Sie für Konsequenz und Verbindlichkeit**
Nehmen Sie sich vor, an allen Sitzungen und Treffen teilzunehmen, zu denen der Mobbingbetroffene eingeladen ist. Mahnen Sie beim Arbeitgeber die Androhung – und nachfolgend eventuell auch die Anwendung bzw. Verhängung – von Druckmitteln an, wenn sich die Mobber unnachgiebig zeigen. Machen Sie selber Druck, soweit das nötig ist. Verlangen Sie vom Vorgesetzten eine (schriftliche) inhaltliche Begründung, wenn er völlig andere Wege geht, als Sie vorgeschlagen haben. Tolerieren Sie kein unverbindliches und floskelhaftes Ende der Schlichtungssitzungen (Tenor: »Ich gehe mal davon aus, meine Herr-

schaften, daß das nun nicht wieder vorkommt. Das sind ja alles Kindereien. Damit ist die Sitzung beendet.«). Die beteiligten Konfliktparteien sollen sich selbst äußern und bekennen, wie sie in Zukunft zu handeln gedenken.

Spätestens nach der ersten intensiven Aussprache mit einem Vorgesetzten oder dem Mobbingbeauftragten kann sich der Mobber nicht mehr auf seine »naive Unschuld« berufen. Jedes fortgesetzte Mobbing darf deswegen als vorsätzlicher Angriff gewertet werden.

• Organisieren Sie eine Mobbing-Nachsorge

Sorgen Sie auch nach einer Schlichtung oder anderen Klärung des Problems dafür, daß der Bereich, in dem das Mobbing aufgetreten ist, unter Beobachtung bleibt. Sind Mobber und Mobbingbetroffener weiterhin im gleichen Arbeitsbereich tätig, vereinbaren Sie mindestens ein verbindliches Nachfolgetreffen innerhalb von drei Monaten. Steht das Schlichtungsergebnis auf wackeligen Füßen, sollten regelmäßige Nachfolgetreffen verbindlich angeordnet werden. Diese Treffen dienen der Erfolgskontrolle, aber auch als Warnung. Ein lascher Umgang mit solchen Gesprächen würde sich im Betrieb herumsprechen und die Wirksamkeit dieser Methode in anderen Fällen untergraben. Sorgen Sie deshalb dafür, daß man sich trifft, auch wenn scheinbar nichts mehr vorliegt.

Verabreden Sie sich – wenn möglich regelmäßig – mit dem ehemaligen Mobbingbetroffenen. Sorgen Sie außerdem dafür, daß sich auch der Arbeitgeber mit der jetzigen Lösung des Mobbingfalls nicht aus der Fürsorgepflicht entlassen fühlt.

6. Wann genau ist Mobbing erfolgreich überwunden?

Die Frage, wann genau Mobbing erfolgreich überwunden ist, läßt sich leider nicht so einfach beantworten, wie es auf den ersten Blick erscheint. Der Außenstehende möchte glauben, daß ein Mobbingkonflikt zu Ende ist, sobald sich sicherstellen läßt, daß der Mobber keine wirksamen Angriffe gegen den Mobbingbetroffenen mehr ausführen kann. Dieser Zustand kann z. B. durch Einsicht auf seiten des Mobbers, durch einvernehmliche Schlichtung, durch Druck und Sanktionen gegen den Mobber, durch organisatorische Trennung der Konfliktparteien (z. B. Versetzung) oder durch wirksame Gegenwehr des Mobbingbetroffenen erreicht werden.

Für viele Mobbingbetroffene bleibt zunächst einmal die Unsicherheit, ob die Mobbingangriffe wiederaufleben könnten, sobald der Druck auf den Mobber nachläßt. Aber selbst, wenn dies völlig ausgeschlossen ist, lasten die erlittene persönliche Demütigung, die gesundheitliche und psychische Belastung während des Mobbings und die mögliche Zerstörung des guten Rufs bei Arbeitskollegen und Vorgesetzten auch nach einer Beendigung der Angriffe unerträglich auf dem ehemals Mobbingbetroffenen. Schmach und Demütigung sind für ihn nicht dadurch beendet, daß die Angriffe abgestellt werden konnten. Neben der faktischen Beendigung des Mobbings strebt der Betroffene häufig auch eine symbolische Beendigung (z. B. Wiedergutmachung, Wiederherstellung der Ehre, Entschuldigung, Strafe) an. Nur wenn es lediglich einen alleinverantwortlichen Mobber gegeben hat, ließe sich das Mobbing faktisch und zugleich symbolisch durch die Entfernung des Mobbers erreichen. In den meisten Fällen sind Mobbingkonflikte komplizierter.

Tatsache ist, daß häufig die erreichte oder vorgeschlagene Lösung des Problems für den Betroffenen unbefriedigend ist. Dies kann daran liegen, daß tatsächlich nur ein »fauler« Kompromiß zustande gebracht wurde, oder daß der Betroffene nur eine bestimmte Form der Lösung für akzeptabel hält. Ein gefühlsmäßig wirklich befreiendes Ende des Mobbings würden viele Betroffene erst dann empfinden, wenn es zur Kündigung und zum Hinauswurf des jeweiligen Mobbers mit Schimpf und Schande kommen würde. Das Leid durch Mobbing ruft nach

Vergeltung. Manche gehen in ihren Phantasien noch entschieden weiter als hier geschildert. Mobbingbetroffene, denen die gegebenen Lösungen nicht ausreichen, äußern häufig den Satz: »Ich will doch nur Gerechtigkeit.« Hinter dieser Forderung verbergen sich allerdings einige große Probleme.

Wir haben herausgefunden, daß es zwei sehr unterschiedliche Möglichkeiten gibt, um nach der Beendigung des akuten Mobbings mit den zugefügten Schäden fertig zu werden. Die eine Möglichkeit ist mit dem Wort »Gerechtigkeit«, die andere mit dem Wort »Genugtuung« verbunden.

Mit dem Streben nach **Gerechtigkeit** wird versucht, das Gleichgewicht der Kräfte auf der sozialen Bühne wiederherzustellen. Mit dem Hoffen auf **Genugtuung** kann man versuchen, den inneren Frieden wiederzugewinnen.

! **Wichtig:**

Gerechtigkeit finden bedeutet, symbolisch das soziale Gleichgewicht wiederherzustellen. Genugtuung erleben bedeutet, das innere Gleichgewicht wiederzufinden.

- **Die äußere, soziale Balance wiederherstellen –**
  Gerechtigkeit finden

Nichts scheint verständlicher, als daß ein durch Mobbing geschädigter Mensch alles versucht, damit ihm Gerechtigkeit widerfährt. Natürlich halten wir es ebenfalls für gerechtfertigt und richtig, wenn der ungezügelten Aggression von Mobbern entsprechende Grenzen und Sanktionen entgegengesetzt werden. Wir erachten es ebenfalls für notwendig, daß tatenlos zuschauende Vorgesetzte und Arbeitgeber die Konsequenzen spüren müssen. Gerade aus diesem Grund haben die rechtlichen Erwägungen in diesem Buch einen so großen Stellenwert. Allerdings haben wir auch die Erfahrung gemacht, daß das Ziel

»Gerechtigkeit«, wenn es unerbittlich angestrebt wird, nicht selten in eine Sackgasse führt. Deswegen werden wir in diesem Abschnitt näher auf die Probleme eingehen, die im Zusammenhang mit unreflektierten Forderungen nach Gerechtigkeit stehen.

Ein Problem mit dem Streben nach »Gerechtigkeit« bei der Aufarbeitung von Mobbing entsteht, wenn Gleiches mit Gleichem vergolten werden soll. Der Betroffene wünscht sich beispielsweise, daß nun im nachhinein der Ruf und das Ansehen des Mobbers ruiniert werden, daß er gedemütigt wird, schlaflose Nächte verbringt oder Angst um seinen Arbeitsplatz haben muß. Es besteht die Vorstellung, daß der eigene Schaden, den der Mobbingbetroffene erlitten hat, dadurch wiedergutgemacht werden kann, indem der Verursacher selbst Schaden, Strafe und/oder soziale Ausgrenzung in zumindest ebenso großem Maße erleidet. So verständlich der Wunsch aufgrund der eigenen Verletzungen und Verbitterung im Einzelfall ist, bei der praktischen Umsetzung dieses Wunsches würden moralische und rechtliche Grenzen des Erlaubten bzw. Zulässigen überschritten. Außerdem fragt sich, ob durch den »Gegenschaden« das eigene Leid tatsächlich wiedergutgemacht werden kann. Teilweise schafft die Umsetzung der Vergeltungswünsche mehr Probleme, als sie zu lösen vermag.

Häufig ist eine Gerechtigkeit aus praktischen Gründen nicht erreichbar. Die Realisierung des Wunsches nach Sühne kann an mangelnder Beweisbarkeit oder schlicht an Machtkonstellationen scheitern. Manche Zeugen sind – aus welchen Gründen auch immer – nicht bereit, ihre Beobachtungen auch Dritten (z. B. dem Gericht) gegenüber kundzutun. So schwer das fällt, dem Betroffenen tut nur eine kühle Abwägung zwischen dem moralischen Anspruch und dem Vergeltungswunsch einerseits und dem real Umsetzbaren andererseits gut. Ansonsten besteht die Gefahr, daß der ehemalige Mobbingbetroffene zum Don Quichote wird, der gegen Windmühlenflügel kämpft.

Das Risiko strafrechtlichen Vorgehens besteht unter anderem darin, daß eine Vielzahl von Personen davon überzeugt werden muß, daß ein Verhalten des Mobbers vorliegt, das geahndet werden muß. Der Mobbingbetroffene wird für die Erreichung seines Ziels nach Gerechtigkeit von einer zunehmenden Anzahl von Personen abhängig. Das sind die eigenen Zeugen, der eigene Rechtsanwalt, der Rechtsanwalt der Gegenseite, der Mobber und dessen möglichen Zeugen, der Schiedsmann, die Richter, Bedienstete der Staatsanwaltschaft bzw. der Polizei. Neben diesen menschlichen Faktoren kommen noch weitere Umstände zum Tragen, wie etwa die Stichhaltigkeit von Beweisen, die Glaubwürdigkeit von Zeugenaussagen, die Einhaltung von Fristen oder die Regeln der Strafprozeßordnung.

Ähnliche Probleme können sich ergeben, wenn der Mobbingbetroffene etwa versucht, bestimmte arbeitsrechtliche Konsequenzen für den Mobber, die moralische Verurteilung des Mobbers auf einer Betriebsversammlung oder eine formale Entschuldigung zu erzwingen, weil ihm nur diese Form als gerechter Ausgleich erscheint. Die Festlegung auf eine bestimmte Form des gerechten Ausgleichs birgt die Gefahr, daß die Nichterreichung dieser gewünschten Maßnahme als weitere, unerträgliche Niederlage erlebt wird, während zugleich gute alternative Lösungen außer Betracht bleiben.

Das aus unserer Sicht zentrale Problem ist jedoch, daß ein Betroffener durch das unreflektierte Beharren auf der Umsetzung von Gerechtigkeit ungewollt sein eigenes Leid verlängern kann.

• **Mobbingbetroffene, die keine Ruhe finden können**

Wir wollen das schwierige Thema nicht ausklammern, daß das Streben nach einem gerechten Ausgleich zu einer Isolierung des Mobbingbetroffenen von den Menschen, die ihm helfen wollen, führen kann. Auch wir haben miterleben müssen, wie sich Mobbingbetroffene selbst der Möglichkeit beraubten, einen zufriedenstellenden Neuanfang zu starten, weil sie zu stark an die

Idee einer irgendwie gearteten Bestrafung des Mobbers und an die strikte Herstellung von »Gerechtigkeit« gebunden waren. Es gibt die paradoxe Situation, daß Mobbingbetroffene eine gute Chance zur Beendigung ihrer bedrückenden Situation ausschlagen (z. B. die Versetzung des Mobbers oder die eigene Beförderung). Sie wollten sich nicht um die ungewisse Chance bringen, es dem Mobber irgendwann einmal heimzahlen zu können.

Natürlich haben Außenstehende leicht reden, wenn sie eine bestimmte Lösung für tragbar halten, während der Betroffene in ihr eine weitere unerträgliche Demütigung sieht. Das Problem liegt unter anderen darin, daß der psychische Schaden in einem Mobbingkonflikt in objektiver Hinsicht kaum zu messen ist. Es läßt sich eventuell feststellen, wie oft jemand beleidigt wurde, aber nicht, wie »tief« die Beleidigung gegangen ist. Aber das Problem beruht nicht allein auf Mißverständnissen. Es gibt Mobbingbetroffene, die einfach keine Ruhe finden können und hartnäckig in jeder erdenklichen Weise versuchen, die Situation noch einmal grundlegend zu ihren eigenen Gunsten zu ändern. *Leymann* (1995) hat für die hier angesprochenen Verhaltensweisen den psychiatrischen Begriff der **Obsession** eingeführt, was soviel bedeutet wie zwanghafte Besessenheit. *Leymann* betont ausdrücklich, daß diese Obsessionen durch die besonders ausweglosen und gemeinen Mobbingsituationen zustande kommen, also äußere Ursachen haben. Dennoch hätte seine Einschätzung weitreichende Konsequenzen, wenn sie zutrifft. Denn regelrechte Obsessionen gelten in Fachkreisen als sehr schwer therapierbare psychische Störungen. Dementsprechend wären Mobbingberater also an dieser Stelle mit ihren Möglichkeiten definitiv am Ende. Wir glauben jedoch, daß ein gemeinsames Nachdenken über das Thema Gerechtigkeit und Genugtuung in vielen Fällen doch noch zu Lösungen führen kann.

Wir haben erwähnt, daß das Streben nach Gerechtigkeit der Versuch ist, das äußere, soziale Gleichgewicht wiederherzustellen. Während sich in der Mobbingphase die Macht, die Initiative des Handelns und der Erfolg auf der Seite des Mobbers befinden, soll dies im nachhinein wieder ausgeglichen werden. In Kapitel X. 1. hatten wir drei Wünsche genannt, die Mobbingbetroffene besonders bewegen: Erstens sollte das Mobbing schnellstens aufhören, zweitens sollten alle Umstehenden sehen, was für ein schlechter Mensch der Mobber ist, und drittens sollte der Mobber in irgendeiner Form bestraft werden. In der Phase nach dem akuten Mobbing kommt noch ein vierter wichtiger Wunsch nach Wiederherstellung des Ansehens in den eigenen und in den Augen des sozialen Umfelds hinzu. Auch wenn der Mobber unmoralisch und fies gehandelt hat, so ist doch der Umstand der eigenen Unterlegenheit, der Schwäche, der vorübergehenden Handlungsunfähigkeit und Niederlage des Mobbingbetroffenen nicht völlig auszublenden. Diese vermeintliche Erniedrigung schmerzt. Durch eine Bestrafung wird der Mobber nun seinerseits in die unterlegene Position gedrückt, in der er etwas Unangenehmes erdulden muß. Währenddessen wird der Mobbingbetroffene sozial erhöht. Das soziale Gleichgewicht neigt sich wieder zu seinen Gunsten. Darin liegt unserer Meinung nach das bestimmende Motiv eines Mobbingbetroffenen für dieses unerbittliche Streben nach Gerechtigkeit.

Wir glauben auch beobachten zu können, daß die Verbitterung und der hier diskutierte besondere Wunsch nach Gerechtigkeit bei solchen Mobbingbetroffenen besonders groß und dauerhaft sind, die immer versucht haben, besonders vorbildhaft durch das (Arbeits-)Leben zu gehen. Vielleicht ist es für diese Menschen eine sehr schmerzhafte Erfahrung, wenn sie durch Mobbing erfahren müssen, daß dieses »Gut-Sein« keine wirksame Garantie für die eigene soziale Sicherheit ist. Außerdem vermuten wir, daß der Ruf nach Gerechtigkeit manchmal vorgetragen wird, weil der Mobbingbetroffene selbst in die Konflikte, die dem Mobbing zugrunde lagen, verstrickt war und sich nicht sicher ist, inwieweit eigene Fehler und Versäumnisse zur Eskalation der Vorgänge beigetragen haben. Die eindeutige Verurteilung des Mobbers ermöglicht dann eine psychologische »Bereinigung« dieser inneren Unsicherheit.

Es wird von einer weiteren Form von Obsession berichtet, nämlich Menschen, die mit jedem und zu jeder Zeit ein Gespräch über das ihnen zugefügte Leid führen wollen. In Kapitel VIII. 2. (»Anforderungen an die Beratungsperson«) haben wir auf die immense Bedeutung hingewiesen, die ein ruhiger, geduldiger Zuhörer für einen Mobbingbetroffenen haben kann. Als Zuhörer können Sie aber im Einzelfall den Eindruck gewinnen, daß es dem Betroffenen überhaupt nicht mehr um die tatsächliche Verbesserung seiner Lage geht, sondern allein um das Erzählen und Klagen. Die Zuhörer scheinen bisweilen auch beliebig austauschbar zu sein. Hoffentlich gelingt es Ihnen, Ihren aufkeimenden Ärger nicht unkontrolliert auf den Mobbingbetroffenen abzuwälzen. Der Hintergrund für dieses Verhalten liegt oft darin, daß sich diese Menschen tatsächlich vollständig handlungsunfähig fühlen und von tiefer Hoffnungslosigkeit gebeugt sind. Das andauernde Klagen kann auch der unbeholfene Versuch sein, jemand anders dazu zu bewegen, stellvertretend für ihn eine Lösung herbeizuführen. In einer solchen Situation sollten Sie, wenn Sie sich als Vertrauensperson des Betroffenen fühlen, eine offene Aussprache führen.

Mit den hier angestellten Überlegungen geht es nicht darum, das Streben nach Gerechtigkeit und die Forderung nach Bestrafung von Mobbern grundsätzlich schlechtzumachen. Es geht vielmehr um die problematischen, möglicherweise selbst-schädigenden Handlungsweisen von Mobbingbetroffenen. Insbesondere kann die Hoffnung trügerisch sein, daß der innere Friede durch eine bestimmte äußere, symbolische Handlung erreicht wird.

● **Die innere Balance wiederherstellen – Genugtuung finden**

Wir haben einige Menschen kennengelernt, die Mobbing hauptsächlich aus eigener Kraft erfolgreich überwinden konnten. Es handelte sich dabei keineswegs um leichte Bagatellfälle. Es waren Mobbingsituationen, die teilweise Jahre andauerten und die beruflich und menschlich existenzbedrohlich waren. Die Betroffenen berichten alle von dem enorm wichtigen Faktor, daß es zumindest einen Menschen gegeben hat, der an sie glaubte und der sie persönlich unterstützt hatte. Es gab jedoch auch einen inneren Faktor, welcher für die schließlich erfolgreiche Überwindung des Mobbings verantwortlich gewesen ist. Dieser Faktor war der – zunächst durchaus schwache – Wille zur Selbstbehauptung und die Überzeugung, daß sie selbst etwas tun müßten, wenn sich ihre Lage zum Besseren ändern sollte. Rückblickend beurteilen diese Menschen ihre Erlebnisse ziemlich übereinstimmend mit etwa denselben Worten: »Es war eine sehr, sehr harte Erfahrung. Ich wünsche sie keinem. Ich möchte auch nicht unbedingt wieder so etwas auf diese brutale Weise lernen müssen. Aber, aus heutiger Sicht, muß ich sagen, diese Erfahrung hat mich auch stark gemacht.«

Das Überraschende war für uns, daß in keinem dieser erfolgreichen Fälle ein juristischer Schlußstrich unter die Angelegenheit zu verzeichnen war. Es war häufig nicht einmal zu einer Versetzung oder anderen arbeitsrechtlichen Konsequenz für den Mobber gekommen. Wie konnte es dann trotzdem zu einem befriedigenden Ende von Mobbing kommen?

Die Erklärung liegt darin, daß es den Betroffenen gelungen war, die belastenden Erfahrungen des Mobbings psychisch zu verarbeiten, so daß sie das Gefühl bekamen, erstarkt und gewachsen zu sein. Sie hatten das innere Gleichgewicht, den inneren Frieden wiederherstellen können. Nach den Gesprächen mit Betroffenen und aus eigenen Erfahrungen glauben wir, daß sich dieses Gefühl von Gleichgewicht eher plötzlich (z. B. beim Erleben einer bestimmten Situation oder während eines Gesprächs) einstellt. Dieses Gefühl läßt sich am besten mit dem Wort »Genugtuung« beschreiben.

 Beispiele für Genugtuung:

Simone B. hatte als nicht freigestelltes Betriebsratsmitglied unter dauerhaften Mobbingangriffen ihres Vorgesetzten zu leiden, der sie mit unsachlicher Kritik wegen angeblicher Schlechtleistung und zu häufiger Abwesenheit traktierte. Mit Unterstützung des Betriebsrats gelang es ihr immerhin, den Mobber zum Schweigen zu bringen. Dennoch wurmte sie die erlittene Demütigung weiterhin. Beinahe zwei Jahre später kam eben dieser Abteilungsleiter ins Betriebsratsbüro, um sich in einer persönlich wichtigen arbeitsrechtlichen Frage beraten zu lassen. Augenblicklich hatte Simone B. das Gefühl tiefer Genugtuung.

In einem anderen Fall hatte die gemobbte Kollegin Vera H. bereits ihren Arbeitsplatz aufgrund von Mobbing gekündigt. Der Geschäftsleiter, dem die Vorfälle erst im nachhinein bekanntwurden, entschuldigte sich nachträglich persönlich bei der Betroffenen und bot ihr eine Wiedereinstellung an. Sie empfand diese Geste des Geschäftsführers als persönlich außerordentlich befriedigend, auch wenn sie das Angebot nicht annahm. Für sie war das Kapitel Mobbing damit abgeschlossen.

Es kann keine allgemein verbindlichen Aussagen darüber geben, wie und wodurch jedem Mobbingbetroffenen das Gefühl der Genugtuung verschafft werden kann. Genugtuung ist ein höchst individuelles Erleben. Viele Betroffene sind dem Gedanken an Gerechtigkeit so stark verhaftet, daß sie sich womöglich kaum Gedanken darüber gemacht haben, auf welche Weise sie ihren inneren Frieden finden können. Deswegen erachten wir es für sinnvoll, eine Zusammenstellung von Beispielen zu veröffentlichen, aus welchen Anlässen Genugtuung erwachsen kann (vgl. Abb. 30). Fast überflüssig ist zu erwähnen, daß diese Liste nicht vollständig sein kann.

- **Mobbing verarbeiten**

Mobbing stellt eine schwere psychische, soziale und körperliche Beeinträchtigung dar. Es sollte darum klar sein, daß sich im Anschluß an akutes Mobbing eine längere Erholungs- und Verarbeitungsphase anschließen muß. Auch wenn das Mobbing letztlich erfolgreich überwunden werden konnte, sind höchste Anforderungen an die persönliche Kraft gestellt worden. Die existentielle Bedrohung durch Mobbing macht es wahrscheinlich, daß die Vorfälle immer wieder durchlebt, überdacht und nachgefühlt werden müssen. Betroffene fragen sich im nachhinein, was sie und andere hätten anders oder besser machen können. Es werden Pläne entwickelt, um zukünftigen Gefahren besser gegenübertreten zu können. Schuldzuweisungen werden erstellt und wieder verworfen. Wut, aber auch Verzweiflung und Trauer treten immer wieder auf. Überhaupt ist die Verarbeitung einer Mobbingerfahrung gut mit dem Prozeß des Trauerns zu vergleichen. Zwar ist kein nahestehender Mensch gestorben, doch wurde ein Teil der sozialen Sicherheit und des Vertrauens in ein neutrales bis wohlwollendes Verhalten der Mitmenschen grundlegend in Frage gestellt. Außerdem mußte der Betroffene miterleben, daß seine eigenen Fähigkeiten nur mit knapper Not ausreichten, um seine soziale Position zu verteidigen. Es ist also nur zu wahrscheinlich, daß sich ein Mobbingbetroffener noch lange Zeit an seinem Mobbingschicksal abarbeitet. Auch im Gespräch mit anderen wird dieses Thema immer wieder angesprochen werden. Schließlich sollte es aber gelingen, die gemachten Erfahrungen als Teil der eigenen Geschichte zu akzeptieren sowie Lehren und Einschätzung daraus

Abb. 30: Was einem Mobbing-Betroffenen Genugtuung bringen kann

Gestärktes Selbstwertgefühl

- Glauben an sich selbst bewahrt zu haben
- das Erlebnis, zur eigenen Stärke zurückgefunden zu haben
- das Gefühl, über sich selbst hinausgewachsen zu sein
- selbst gerecht und fair geblieben zu sein

Soziale Anerkennung und Unterstützung

- Solidarität durch die Arbeitskollegen erfahren zu haben
- Solidarität durch Familie und Freunde erfahren zu haben
- neue Freunde gefunden zu haben
- Meinungsumschwung im Betrieb bewirkt zu haben

Den moralischen Sieg davongetragen zu haben

- Ansehensverlust des Mobbers erlebt zu haben
- Sympathie der Belegschaft bzw. der Vorgesetzten gewonnen zu haben
- sicheres Gefühl gewonnen zu haben, daß man moralisch im Recht ist
- indirektes Schuldeingeständnis oder Kleinbeigeben des Mobbers zu erleben
- Entschuldigung des Mobbers erlebt zu haben

Persönliche Erfolge trotz Mobbing

- berufliches Fortkommen trotz Mobbing erfahren zu haben
- berufliche Anerkennung erfahren zu haben
- Situation erhobenen Hauptes überstanden zu haben

Hinter die Kulissen des Mobbers geschaut zu haben

- die schwachen, erbärmlichen Motive des Mobbers erkannt zu haben
- die innere Schwäche des Mobbers erkannt zu haben
- erlebt zu haben, daß der Mobber auch nur »mit Wasser kocht«
- entdeckt zu haben, daß der Mobber selbst Furcht hatte

Andere Erlebnisse, die das Gleichgewicht wiederherstellen können

- der ehemalige Mobber sucht selbst Hilfe und Rat
- der ehemalige Mobber wird selbst gemobbt
- in einer Selbsthilfegruppe erleben, daß auch andere »starke« Persönlichkeiten unter Mobbing gelitten haben

für die Zukunft zu ziehen. Betroffene und Helfer sollten hier die notwendige Geduld aufbringen.

Die innere Verarbeitung des Erlebten kann eigentlich erst einsetzen, wenn die Mobbingangriffe – aus welchen Gründen auch immer – zum Ende gekommen sind. Bei Mobbingbetroffenen, denen nichts übrig geblieben ist, als sich durch eigene Versetzung oder Kündigung aus der Schußlinie zu ziehen, dürfte dieser Prozeß schmerzhafter sein und länger dauern als bei denen, die aktiv und erfolgreich gegen das Mobbing vorgehen konnten. Eine innere Verarbeitung ist dennoch möglich. Schlimmer ist es für diejenigen, bei denen das Mobbing im wesentlichen nicht überwunden werden konnte und die mit völlig unzureichenden Lösungen »leben« müssen. Ihnen möchten wir raten, dringend externe Hilfe zu suchen.

XI. Rechtliche Bewertung von Mobbing am Arbeitsplatz

Regelmäßig stellt sich die Frage, wie Mobbing am Arbeitsplatz rechtlich zu bewerten ist und welche rechtlichen Handlungs- oder Sanktionsmöglichkeiten sich daraus ableiten lassen.

Die Schwierigkeit der rechtlichen Bewertung von Mobbing am Arbeitsplatz ist darin begründet, daß es eine nicht zu überblickende Vielzahl von Verhaltensweisen gibt, die unter Mobbing fallen. Zudem bezieht sich die rechtliche Würdigung nicht auf eine Gesamtschau eines einheitlichen Mobbingprozesses, der sich unter Umständen auf einen Zeitraum von mehreren Jahren erstreckt, sondern beschränkt sich auf eine Vielzahl einzelner in sich abgeschlossener Handlungen. Erst bei der Bestimmung des Sanktionsmittels (z.B. Geld- oder Freiheitsstrafe) sowie der Sanktionshöhe (z.B. 15 oder 20 Tagessätze Geldstrafe, drei oder fünf Monate Gefängnis) kommt dem Gesamtgeschehen eine – dann allerdings nicht zu unterschätzende – Bedeutung zu.

Zu beachten ist stets, daß sich Generalisierungen bei der rechtlichen Bewertung von Mobbing verbieten. Auch wenn zwei Handlungen auf den ersten Blick identisch erscheinen, so können die Ergebnisse höchst unterschiedlich ausfallen – der Teufel steckt halt im Detail. Maßgebend ist für die Bewertung stets der konkrete Einzelfall mit seinen höchst individuellen Besonderheiten. Wer sich mit Mobbing auseinandersetzen möchte, muß die Grundzüge einer rechtlichen Bewertung von Mobbing kennen. Dies ist sowohl für die Beratung von Mobbingbetroffenen erforderlich als auch für die erste Bewertung dessen, ob und gegebenenfalls welche rechtlichen Schritte eingeleitet werden können. Wer – in welcher Eigenschaft auch immer – in rechtlicher Hinsicht erfolgversprechend gegen Mobbing am Arbeitsplatz vorgehen möchte, sollte ferner auf fachkundige Juristen zurückgreifen. Stets ist es empfehlenswert, für strafrechtliche Fragen einen Strafrechtler, für zivilrechtliche Fragen einen Zi-

vilrechtler und für arbeitsrechtliche Fragen einen Arbeitsrecht-
ler (z. B. Fachanwalt für Arbeitsrecht, Rechtssekretär der DAG
bzw. des DGB) zu konsultieren.

> **!** **Wichtig:**
> Für die rechtliche Bewertung von Mobbing kommt es auf
> den konkreten Einzelfall mit seinen individuellen Beson-
> derheiten an. Generalisierungen sind fehl am Platz.

Die auf Seite 21 vorgestellte Mobbingdefinition beinhaltet den
Aspekt »des Ausstoßes aus dem Arbeitsverhältnis«. Rein rechtlich betrachtet dürfte man hierunter nur die Beendigung des
Arbeitsverhältnisses verstehen. Ein solches enges Begriffsverständnis würde allerdings weder der Definition noch dem Mobbingbetroffenen gerecht, da insbesondere die Versetzung nicht
von der Begrifflichkeit erfaßt würde. Daher muß der Aspekt des
Ausstoßes aus dem Arbeitsverhältnis in einem nichtjuristischen
sowie umfassenden Sinne verstanden werden: Er umfaßt nach
unserem Verständnis nicht nur die Beendigung des Arbeitsverhältnisses, sondern jede Form des Verlustes der bislang ausge-
übten Tätigkeit bzw. Position in funktionaler, zeitlicher und/
oder räumlicher Hinsicht. So verstanden wird aus dem Arbeitsverhältnis ebenfalls »ausgestoßen«, wer beispielsweise in eine
andere Abteilung oder in eine andere Schicht versetzt oder wem
eine bestimmte Aufgabe entzogen wird. Von diesem weiten
Begriffsverständnis wird bei den folgenden Ausführungen ausgegangen.

1. Rechtliche Bewertung des Verhaltens des Mobbers

In rechtlicher Hinsicht dürften sich in sehr vielen Fällen Sanktionen gegen den Mobber erübrigen. In den frühen Phasen von

Mobbing wird sich der Mobber regelmäßig im Rahmen des rechtlich Erlaubten bewegen. Schließlich muß der bloße Ausdruck von Mißachtung, Nichtachtung, Mißbilligung, Abneigung sowie die Austragung zwischenmenschlicher Konflikte als Bestandteil der sozialen Lebensgemeinschaft von jedem Mitglied der Gesellschaft hingenommen werden. Weiter wird der Mobber zunächst kaum vorsätzlich handeln. Nur selten wird er bereits zu Beginn mit seinen Handlungen beabsichtigen, dem Mobbingbetroffenen Schaden zuzufügen. Zunächst wird es der Mobber als »normal« ansehen, Konflikte am Arbeitsplatz auszutragen, indem er seinen Kontrahenten mit Mißachtung, Mißbilligung oder sozialer Ausgrenzung »bestraft«. Das Verhalten wird als rechtens, als sozialadäquat, betrachtet (s. a. *Däubler*, S. 79). Im Verlaufe des Mobbingprozesses werden rechtliche Konsequenzen immer wahrscheinlicher. Ab einem bestimmten Zeitpunkt schlägt das sozialadäquat Erlaubte in rechtlich zu sanktionierende Handlungen um. Es geht dem Mobber nun nur noch um die Verwirklichung seines Zieles – die »Beseitigung« seines Kontrahenten. Handlungen werden gezielt geplant und erreichen somit die Stufe des vorsätzlichen Handelns. Die Sanktion von Handlungen des Mobbers ist nunmehr möglich.

a) Strafrechtliche Aspekte

Um in strafrechtlicher Hinsicht zur Verantwortung gezogen werden zu können, muß der Mobber einen **Straftatbestand** in rechtswidriger Weise verwirklicht haben. Ferner wird verlangt, daß der Mobber **vorsätzlich** (d. h. nach einer im Strafrecht gebräuchlichen Kurzformel: mit Wissen und Wollen) gehandelt hat. **Fahrlässiges Handeln** (d. h. der Mobber verwirklicht einen Straftatbestand rechtswidrig und vorwerfbar, ohne die Verwirklichung zu erkennen oder zu wollen) ist hingegen nur strafbar, wenn das Gesetz ein solches ausdrücklich mit Strafe bedroht hat (vgl. § 15 StGB).

Als **rechtswidrig** wird die Verwirklichung eines Straftatbestandes bezeichnet, wenn sie der Rechtsordnung widerspricht – mithin in Widerspruch mit der Gesamtheit der Rechtsvorschriften steht, die die Rechtsgemeinschaft zur Regelung der Beziehungen untereinander getroffen hat.

In der frühen Phase von Mobbing wird es – wie bereits dargestellt – regelmäßig an der Rechtswidrigkeit ermangeln. Als gesellschaftlich zulässig und somit als **sozialadäquat** wird es betrachtet, wenn jemand von den Arbeitskollegen »geschnitten« wird. Weder die Bereitschaft zur Kommunikation noch die Verpflichtung zu korrektem sozialen Verhalten kann erzwungen werden (s. a. *Däubler,* S. 79). Sobald die Grenze dessen, was noch als sozialadäquat betrachtet und somit als rechtlich zulässig erachtet werden kann, allerdings überschritten wird, ist eine rechtswidrige Tatbestandsverwirklichung die Regel.

Mobbing ist – abstrakt betrachtet – geeignet, eine Reihe von Straftatbeständen zu verwirklichen. In Betracht kommen vor allem:

- Sachbeschädigung (§ 303 StGB);
- Vorsätzliche Körperverletzung (§ 223 StGB);
- Fahrlässige Körperverletzung (§ 229 StGB);
- Nötigung (§ 240 StGB);
- Beleidigung (§ 185 StGB);
- Üble Nachrede (§ 186 StGB);
- Verleumdung (§ 187 StGB);
- Beleidigung trotz Wahrheitsbeweises (§ 192 StGB);
- Straftaten gegen Betriebsverfassungsorgane und ihre Mitglieder (§ 119 BetrVG).

Nach § 303 Abs. 1 StGB wird bestraft, wer rechtswidrig eine fremde Sache beschädigt oder zerstört. Aber auch die versuchte Beschädigung bzw. Zerstörung einer fremden Sache ist gemäß § 303 Abs. 2 StGB mit Strafe bedroht. Relativ häufig dürfte eine Strafbarkeit des Mobbers nach dieser Vorschrift in Betracht kommen. Schließlich kann eine solche Tat am Arbeitsplatz recht leicht ausgeführt werden. Wer denkt schon daran oder rechnet damit, daß eine ihm gehörende Sache am Arbeitsplatz beschädigt oder im schlimmsten Fall sogar vollständig zerstört wird. Wer auf eine günstige Gelegenheit wartet sowie die Arglosigkeit des Mobbingbetroffenen ausnutzt, kann eine solche Tat ohne große Anstrengungen begehen.

 Beispiele für Sachbeschädigungen:
1. Meier ist über das Verhalten des Schmidt empört. Nach Beendigung der Spätschicht kommt er auf dem Firmenparkplatz zufällig an dem PKW des Schmidt vorbei. Meier nutzt die Dunkelheit aus und zieht seinen Wagenschlüssel, den er in der Hand hält, über den Lack des PKW. Tiefe Kratzer sind die Folge, die nur mittels Reparatur beseitigt werden können.
2. Müller hat Geburtstag. Aus diesem Grunde erhält er von seinen Arbeitskollegen eine Topfpflanze geschenkt. Während sich in der Mittagspause alle in der Kantine aufhalten, schleicht sich Schmidt in das Büro des Müller. Mit einem Taschenmesser schneidet er die Pflanze bis auf die Wurzeln ab und zerstört das Wurzelwerk. Da sich diese nicht mehr erholen wird, sieht sich der Meier gezwungen, sein Geburtstagsgeschenk in den Mülleimer zu werfen.

Setzt der Mobber sein Handeln bewußt ein, um den Mobbingbetroffenen in dessen Gesundheit zu schädigen, so ist Raum für eine Strafbarkeit wegen **vorsätzlicher Körperverletzung** gemäß § 223 Abs. 1 StBG, soweit durch die Handlung des Mobbers ein – wenn auch nur vorübergehender – pathologischer Zustand hervorgerufen oder gesteigert wird. Hierzu genügt eine psychische Einwirkung, wenn sie zu einer pathologischen Störung führt. Eine psychische Einwirkung, die hingegen nur das seelische Wohlbefinden berührt, ist hingegen nicht ausreichend (vgl. *Tröndle*, § 223 Rn. 6; Schönke/Schröder-Eser, § 223 Rn. 6). Die versuchte Körperverletzung ist gemäß § 223 Abs. 1 StGB ebenfalls strafbar.

Beispiel für eine nicht ausreichende Einwirkung:
Meier und Müller befinden sich auf Montage. Beide übernachten in einem Wohnwagen. Meier hindert den Müller eines Nachts am Schlafen, indem er sein Radio die ganze Nacht hindurch eingeschaltet läßt. Müller ist am nächsten Morgen unausgeschlafen und gereizt.

Beispiel für eine ausreichende Einwirkung:
Meier und Müller befinden sich auf Montage. Beide übernachten in einem Wohnwagen. Meier hindert den Müller viele Nächte am Schlafen, indem er ihn immer dann anschreit, sobald Müller eingeschlafen ist. Müller erleidet schließlich einen Nervenzusammenbruch.

Eine Strafbarkeit wegen **fahrlässiger Körperverletzung** (§ 230 StGB) kommt in Betracht, wenn der Mobber zwar nicht bewußt und gewollt den Körper oder die Gesundheit des Mobbingbetroffenen verletzt hat, er jedoch – in ihm vorwerfbarer Weise – damit rechnen konnte, daß der Mobbingbetroffene einen derartigen Schaden erleiden würde.

Wird Mobbing eingesetzt, um den Mobbingbetroffenen zu einer bestimmten Handlung (z. B. Niederlegung des Betriebsratsamtes, Kündigung des eigenen Arbeitsverhältnisses), Duldung oder zu einem Unterlassen (z. B. Nichtantritt zu einer Dienstreise, Verzicht auf die Stellung eines Strafantrages) zu bewegen, so kann eine Bestrafung wegen **Nötigung** (§ 240 StGB) in Frage kommen. Erforderlich ist der Einsatz des Nötigungsmittels »Gewalt« oder »Drohung mit einem empfindlichen Übel«. Gewalt in diesem Sinne ist der physisch (körperlich) vermittelte Zwang zur Überwindung eines geleisteten oder erwarteten Widerstandes. Drohung ist hingegen das Inaussichtstellen eines künftigen Übels, auf dessen Eintritt der Drohende Einfluß hat oder zu haben vorgibt. Ist dieses Übel von einer solchen Erheblichkeit, daß seine Ankündigung bereits geeignet erscheint, den Bedrohten im Sinne des Verlangens des Drohenden zu motivieren, ist die Drohung mit einem empfindlichen Übel versehen (vgl. *Tröndle*, § 240 Rn. 5, 15, 17).

Beispiele für Nötigungen durch den Einsatz von Gewalt:

1. Meier hält Müller fest, so daß dieser die Stempeluhr nicht mehr rechtzeitig bedienen kann.
2. Meier hindert Müller am Betreten des gemeinschaftlichen Büros, indem er diesen durch das Abmontieren des Türgriffs aussperrt.

Beispiele für Nötigungen durch das Drohen mit einem empfindlichen Übel:

1. Meier teilt Müller mit, daß er diesen »fertigmachen« werde, falls Müller sich für die Betriebsratswahl aufstellen lasse.
2. Meier teilt Müller mit, daß er einige »interessante« Geschichten aus dessen Leben im Betrieb erzählen werde, falls er an seine Bewerbung für die Stelle des Leiters der Abteilung Einkauf festhalte.

Eine Strafbarkeit wegen **Beleidigung** (§ 185 StGB) kommt in Betracht, wenn mit der Handlung des Mobbers eine Mißachtung oder Nichtachtung des Mobbingbetroffenen einhergeht, die seinen ethischen oder sozialen Wert betrifft. Für die Beantwortung der Frage, ob eine derartige Ehrverletzung vorliegt, ist maßgeblich, wie ein außenstehender Dritter die Handlung verstehen würde. Unerheblich ist hingegen, auf welche Weise die Miß- bzw. Nichtachtung zum Ausdruck gebracht wurde und wie der Mobbingbetroffene diese verstanden hat (vgl. *Tröndle*, § 185 Rn. 1, 7, 8; s. a. *Däubler*, S. 80).

 Beispiele für Beleidigungen:

1. Meier geht in die Kantine. Dort wird er, ohne hierzu einen Anlaß gegeben zu haben, von Müller angerempelt und wüst beschimpft. Der Angriff von Müller endet mit den Worten: »Du perverser Hurenbock.« Unzweifelhaft hat Müller den Meier mit seiner Äußerung beleidigt.

2. Meier ißt mittags stets in der Kantine. Seine Arbeitskollegen setzen sich nicht zu ihm, sondern suchen sich andere Plätze. Setzt sich Meier zu seinen Arbeitskollegen an den Tisch, stehen diese demonstrativ auf und suchen sich einen anderen Platz.

Niemand kann verlangen, daß Arbeitskollegen sich zu einem an den Tisch setzen. Auch kann man nicht verlangen, daß diese sitzen bleiben, sofern man sich zu ihnen an den Tisch setzt. Derartige Verhaltensweisen sind als sozialadäquates Verhalten hinzunehmen, auch wenn man es selbst vielleicht als einen persönlichen Angriff betrachtet. Von einem beleidigenden Verhalten kann jedoch nicht gesprochen werden.

Anders ist allerdings die Situation zu beurteilen, wenn jemand durch derartige Verhaltensweisen gezielt in der Ehre verletzt wird. Dies ist hier der Fall. Die Arbeitskollegen geben dem Meier durch ihr demonstratives Verhalten unmißverständlich zu verstehen, daß er ein Mensch ist, mit dem man sich nicht an einen Tisch setzen kann; er ist es nicht wert, daß man sich zu ihm an den Tisch setzt (s. a. *Däubler*, S. 80).

Abzugrenzen ist die Beleidigung von dem »**Kollegenscherz**«, der als solches der strafrechtlichen Sanktion entzogen ist. Er ist nur dann als Beleidigung strafbar, wenn der Scherz eingesetzt wird, um die Minderwertigkeit des Gefoppten zum Ausdruck zu bringen.

 Beispiele: Der »Kollegenscherz« und seine Abgrenzung zur Beleidigung:

1. Meier begrüßt Müller am Arbeitsplatz stets mit »Da kommt ja unsere alte Schwuchtel«. Müller antwortet mit »Tag Kanake«.
Auch wenn es sich nicht um die allerfeinsten Umgangsformen handelt, so handelt es sich bei den Äußerungen von Meier und Müller um in strafrechtlicher Hinsicht bedeutungslose »Kollegenscherze«.

2. Meier begrüßt den Müller – obwohl ihn der Betriebsrat bereits mehrfach gebeten hat, diese Form der Begrüßung zu unterlassen – am Arbeitsplatz stets mit demselben Scherz »Da kommt ja unsere Schwuchtel«.
Meier weiß, daß sein Scherz sowohl von Müller als auch vom Betriebsrat nicht als ein solcher gewertet wird. Seine Äußerungen sind unzweideutig als Beleidigungen aufzufassen, da er mit diesen gezielt eine Minderwertigkeit des Müller zum Ausdruck bringt. Von einem »Kollegenscherz« des Meier kann keine Rede sein.

Während sich die Beleidigung auf einer Ebene zwischen zwei Personen abspielt – die eine Person beleidigt, die andere Person wird beleidigt –, tritt bei der üblen Nachrede und bei der Verleumdung eine dritte Person hinzu. Der, um den es letztendlich geht, ist allerdings nicht »Ohrenzeuge« der Tat.

Verbreitet oder behauptet der Mobber gegenüber einem oder mehreren Dritten nachweislich unwahre Tatsachen über den Mobbingbetroffenen, die geeignet sind, diesen verächtlich zu machen, ist eine Strafbarkeit wegen **übler Nachrede** (§ 186 StGB) möglich.

Da es bei der Strafbarkeit wegen übler Nachrede nur darauf ankommt, ob die verbreitete bzw. behauptete Tatsache nachweislich unwahr ist (d. h. frei erfunden ist und somit nicht als wahr bewiesen werden kann), wird der Mobber gemäß § 186 StGB auch dann bestraft, wenn er die Unerweislichkeit der Tatsache nicht kennt – er also nicht weiß, daß die Tatsache frei erfunden und somit nicht als wahr bewiesen werden kann. Wird die Tatsache als wahr bewiesen, entfällt eine Strafbarkeit wegen übler Nachrede, da der Mobber ja dann etwas erzählt hat, was der Wahrheit entspricht. In diesem Fall könnte nur noch eine Strafbarkeit wegen **Beleidigung trotz Wahrheitsbeweises** (§ 192 StGB) in Frage kommen. Voraussetzung ist, daß das Vorhandensein einer Beleidigung aus der Form der Behauptung oder Verbreitung oder aus den Umständen, unter welchen sie geschah, hervorgeht. Strafrechtlich verboten ist insoweit die Behauptung bzw. Verbreitung einer wahren Tatsache in einer herabsetzenden verunglimpfenden Weise (vgl. *Tröndle,* § 192 Rn. 1; *Schönke/Schröder-Lenckner,* § 192 Rn. 1).

Kennt der Mobber die Unwahrheit der von ihm behaupteten oder verbreiteten Tatsache, ist eine Strafbarkeit wegen **Verleumdung** (§ 187 StGB) zu prüfen.

 Beispiel für eine üble Nachrede:
Meier erzählt in der Kantine, daß die Müller – was nachweislich nicht der Fall ist – außerhalb ihrer Arbeitszeit in der Nachbarstadt als Prostituierte tätig sei. Meier hat diese »Info« von Schmid erfahren; ob sie der Wahrheit entspricht, ist dem Meier nicht bekannt.

Beispiel für eine Verleumdung:

Meier erzählt in der Kantine aus verschmähter Liebe, daß die Müller außerhalb ihrer Arbeitszeit in der Nachbarstadt als Prostituierte tätig sei. Er weiß, daß dies nicht stimmt und er der Müller mit seinem Gerede Schaden zufügt.

 Beispiel für eine Beleidigung trotz Wahrheitsbeweises:

Müller ist vor einiger Zeit wegen falscher uneidlicher Aussage (vgl. § 153 StGB) verurteilt worden. Meier erzählt dies in der Kantine. Seinen Bericht beendet er mit folgenden Worten: »Wer einmal lügt, der lügt immer; und wer lügt, ist auch noch zu ganz anderen Sachen fähig. Denkt doch einmal an die von seinem LKW abhanden gekommenen Videorecorder. Ausgerechnet den wollt ihr in den Betriebsrat wählen?«

Richtet sich das Mobbing gegen ein **Mitglied bzw. Ersatzmitglied**

- des Betriebsrats,
- des Gesamtbetriebsrats,
- des Konzernbetriebsrats,
- der Jugend- und Auszubildendenvertretung,
- der Bordvertretung,
- des Seebetriebsrats,
- der in § 3 Abs. 1 Nr. 1 oder 2 BetrVG bezeichneten Vertretungen der Arbeitnehmer,
- der Einigungsstelle,
- der in § 76 Abs. 8 BetrVG bezeichneten Schlichtungsstelle,
- der in § 86 BetrVG bezeichneten betrieblichen Beschwerdestelle oder
- des Wirtschaftsausschusses

um seiner Tätigkeit willen, so ist eine Strafbarkeit gemäß § 119 Abs. 1 Nr. 3 BetrVG möglich.

Vergleichbares gilt, wenn das **Gremium,** dem das oben bezeichnete Mitglied bzw. Ersatzmitglied angehört, durch Mobbing in seiner Tätigkeit behindert oder gestört wird (vgl. § 119 Abs. 1 Nr. 2 BetrVG).

Führt Mobbing zu einer **Behinderung oder Beeinflussung der Wahl**

- des Betriebsrats,
- der Jugend- und Auszubildendenvertretung,
- der Bordvertretung,
- des Seebetriebsrats oder
- der in § 3 Abs. 1 Nr. 1 oder 2 BetrVG bezeichneten Vertretungen von Arbeitnehmern,

kommt eine Strafbarkeit wegen § 119 Abs. 1 Nr. 1 BetrVG in Betracht.

 Beispiele für Straftaten gegen Betriebsverfassungsorgane und ihre Mitglieder:

1. Auf Betriebsversammlungen wird jeder Redebeitrag des Betriebsratsvorsitzenden Meier von einem Teil der Belegschaft niedergebrüllt, so daß der Meier z.B. mündliche Tätigkeitsberichte des Betriebsrats nicht abgeben kann.
2. Müller behindert die Durchführung der Betriebsratswahl, indem er die Wahlunterlagen manipuliert.
3. Arbeitgeber Müller schikaniert den Betriebsratsvorsitzenden Meier, um diesen zur Niederlegung seines Amtes zu bewegen.

Liegt die Verwirklichung eines Straftatbestandes durch den Mobber nahe, so stellt sich die Frage nach den drei »w«: »Wer«

muß »was« »wie« tun, damit gegen den Mobber strafrechtliche Sanktionen verhängt werden können?

Um tätig werden zu können, müssen die Strafverfolgungsbehörden Kenntnis von dem strafrechtlich relevanten Verhalten erhalten. Dies kann auf zweierlei Weise geschehen – mittels Strafanzeige oder Strafantrag:

1. Bei der **Strafanzeige** handelt es sich um die Mitteilung des Verdachts einer Straftat versehen mit der Anregung, die Strafverfolgbarkeit zu prüfen. Strafanzeige kann jedermann bei der Staatsanwaltschaft, der Polizei sowie dem Amtsgericht erstatten, ohne allerdings hierzu rechtlich verpflichtet zu sein.

2. Der **Strafantrag** ist hingegen die Erklärung des Verletzten oder sonst gesetzlich dazu Berechtigten, daß er die Strafverfolgung wegen einer Straftat wünsche, deren Verfolgung das Gesetz von einem solchen Antrag abhängig macht.

   Der Strafantrag ist insoweit Prozeßvoraussetzung (vgl. §§ 194, 230, 303 c StGB, § 119 Abs. 2 BetrVG; sog. Antragsdelikte) für die

   - (versuchte) Sachbeschädigung (§ 303 StGB),
   - (versuchte) Körperverletzung (§ 223 StGB),
   - fahrlässige Körperverletzung (§ 229 StGB),
   - Beleidigung (§ 185 StGB),
   - üble Nachrede (§ 186 StGB),
   - Verleumdung (§ 187 StGB),
   - Beleidigung trotz Wahrheitsbeweises (§ 192 StGB),
   - Straftaten gegen Betriebsverfassungsorgane und ihre Mitglieder (§ 119 Abs. 1 BetrVG).

   Nur die bereits erwähnte Nötigung (§ 240 StGB; sog. Offizialdelikt) kann auch ohne Strafantrag verfolgt und bestraft werden.

Demgemäß bedarf es zur strafrechtlichen Sanktion von Mobbern regelmäßig eines Strafantrages, den grundsätzlich nur der Mobbingbetroffene selbst innerhalb von drei Monaten ab

Kenntniserlangung von der Tat stellen kann (§ 77b StGB; zu den Ausnahmen der Antragsberechtigung vgl. §§ 77 Abs. 2, Abs. 3, 77a StGB und § 119 Abs. 2 BetrVG).

Wird bedacht, daß der Mobbingbetroffene – sobald er die frühen Phasen des Mobbings durchlebt hat – häufig psychisch schwer angeschlagen ist, so wird er nur selten von der Möglichkeit Gebrauch machen und einen Strafantrag gegen den Mobber stellen. Schließlich wirft die Möglichkeit der Stellung eines Strafantrages für den Mobbingbetroffenen zahlreiche Fragen auf. Mögliche Fragen können etwa sein:

- Was geschieht, wenn der Mobber von dem Strafantrag erfährt; wird er mich in Ruhe lassen, oder wird alles nur noch schlimmer?
- Was geschieht, wenn der Mobber nicht sanktioniert wird; hat er dann einen Freibrief für sein Tun?
- Werden die Polizei, die Staatsanwaltschaft sowie das Gericht mir oder dem Mobber glauben?
- Kann ich das Tun des Mobbers beweisen?

Regelmäßig wird dem Mobbingbetroffenen die Kraft fehlen, aus eigenem Antrieb heraus tätig zu werden. Die psychische Belastung ist für ihn einfach zu groß. An einer juristischen Aufarbeitung wird er von sich aus häufig erst zu einem späteren Zeitpunkt Interesse haben, wenn er einen gewissen Abstand zu dem Geschehen (z. B. nach erfolgter Kündigung und Ausscheiden aus dem Betrieb oder nach einem längeren Klinikaufenthalt) hat und ein weiteres Mal in eine Auseinandersetzung mit dem Mobber – sei es auch nur aus Rachegefühlen heraus – eintreten kann. Nur wird es dann für die Stellung eines Strafantrags vielfach zu spät sein.

> **!** **Wichtig:**
> Um dem Mobber einer strafrechtlichen Sanktion zuführen zu können, bedarf es regelmäßig eines Strafantrages des Mobbingbetroffenen, der innerhalb einer Frist von drei Monaten ab Kenntniserlangung von der Straftat zu stellen ist.

Die Problematik, ob und inwieweit mit einer strafrechtlichen Sanktion des Mobbers tatsächlich zu rechnen ist, wird in Kapitel XII. behandelt.

b) Zivilrechtliche Aspekte

Zivilrechtlich betrachtet kommen schwerpunktmäßig als mögliche Sanktionen gegen den Mobber
- Schadensersatz wegen unerlaubter Handlung (§ 823 BGB),
- Widerruf und Unterlassung ehrverletzender Äußerungen (analog §§ 1004, 823 BGB),
- Unterlassung von Mobbinghandlungen (analog §§ 1004, 823 BGB)
- Schmerzensgeld (§ 847 BGB),
- Geldentschädigung wegen der Verletzung des allgemeinen Persönlichkeitsrechts (Art. 1 Abs. 1, Art. 2 Abs. 1 GG) und

in Betracht.

Nach § 823 Abs. 1 BGB ist unter anderem zum **Schadensersatz** verpflichtet, wer das Leben (sprich: Tötung; auch das Treiben in den Suizid gehört hierzu; vgl. MüKo-*Mertens*, § 823 Rn. 72), den Körper, die Gesundheit oder die Freiheit (gemeint ist die Entziehung der körperlichen Bewegungsfreiheit oder die Nötigung zu einer Handlung durch Drohung, Zwang oder Täuschung) eines anderen verletzt.
Erforderlich für die Schadensersatzpflicht des Mobbers ist eine

vorsätzliche oder fahrlässige Schadenszufügung. In dem frühen Stadium von Mobbing wird es regelmäßig am Vorsatz mangeln. Ob der Mobber später mit Vorsatz gehandelt hat, ist eine Frage der Beweisbarkeit, zu der wir später zurückkommen werden.

Wahrscheinlicher ist eine fahrlässige Deliktsverwirklichung. Gemäß der Legaldefinition in § 276 Abs. 1 Satz 2 BGB handelt in zivilrechtlicher Hinsicht fahrlässig, »wer die im Verkehr erforderliche Sorgfalt außer acht läßt«. Fahrlässig handelt in diesem Sinne sowohl derjenige, der den Schaden zwar voraussieht aber hofft, er werde nicht eintreten (sog. **bewußte Fahrlässigkeit**), als auch derjenige, der den Erfolg nicht voraussieht, ihn aber bei gehöriger Sorgfalt hätte voraussehen und verhindern können (sog. **unbewußte Fahrlässigkeit**). Anders als im Strafrecht stellt der zivilrechtliche Fahrlässigkeitsbegriff nicht auf die dem Täter zumutbare Einsichts- und Handlungsfähigkeit ab. Vielmehr wird ein objektiver Sorgfaltsmaßstab angelegt. Dieser beurteilt sich nach den Anforderungen (sprich typischen Kenntnissen und Fähigkeiten) der im engeren Verkehrskreis Beteiligten.

 Beispiele für fahrlässiges Verhalten in zivilrechtlicher Hinsicht:

1. Meier baut an seinem Arbeitsplatz eine Sicherungsvorrichtung ab, die es ihm ermöglicht, eine höhere Stückzahl herzustellen. Als er Schichtende hat, übergibt er die Maschine dem Müller, dem die Manipulation verborgen bleibt. Meier weiß, daß der Müller einem erhöhten Verletzungsrisiko ausgesetzt ist, hofft aber, daß diesem nichts geschehen werde. Müller erleidet in der Schicht einen Arbeitsunfall mit erheblichen Verletzungen. Meier hat bewußt fahrlässig gehandelt.

2. Meier hat während der Reparatur der Maschine des Müller eine Sicherungsvorrichtung ausgebaut. Die Si-

cherungsvorrichtung will er am nächsten Tag als erstes wieder einbauen, obwohl der Schichtbeginn von
Müller eine Stunde vor dem von Meier liegt. Müller
fährt am nächsten Tag zu Arbeitsbeginn seine Maschine an. Hierbei erleidet er wegen der fehlenden Sicherungsvorrichtung einen Arbeitsunfall mit erheblichen
Verletzungen. Meier hätte den Arbeitsunfall mittels
eines Hinweises an der Maschine verhindern können.
Meier hat unbewußt fahrlässig gehandelt.

Aufgrund der intensiven Diskussion über Mobbing, die ihren
Niederschlag in zahlreichen Publikationen, Fernseh- und Ra-
diosendungen, Seminaren usw. gefunden hat, ist davon auszu-
gehen, daß die möglichen Folgen von Mobbing wie Suizid,
Suizidversuche, Selbstverletzungen, Depressionen sowie statio-
näre Aufenthalte zur Wiedererlangung von Selbstachtung und
Selbstvertrauen allgemein bekannt sind. Auch wenn sich Mobber häufig nicht als solche betrachten und sie ihr Wirken mit
Floskeln wie »so schlimm ist es doch gar nicht, was ich mit dem
Meier anstelle« rechtfertigen, dürfte ihnen in zivilrechtlicher
Hinsicht in den wohl überwiegenden Fällen fahrlässiges Handeln – wenn auch in der Form der unbewußten Fahrlässigkeit –
vorgeworfen werden können.
Ob der Mobbingbetroffene tatsächlich Schadensersatz erhalten
wird, hängt maßgeblich davon ab, ob er die verletzende Handlung, das Verschulden des Mobbers, den Schadenseintritt sowie
die jeweilige Zurechenbarkeit bei Bedarf beweisen kann. Gelingt ihm das vor Gericht nicht, so verliert der Mobbingbetroffene den Prozeß und damit vielleicht auch den Rest seines
Selbstwertgefühls. Selbst wenn der Mobbingbetroffene den
Prozeß gewinnt, so ist damit nicht automatisch der Erhalt von
Schadensersatz gewährleistet. Schlimmstenfalls hält der obsiegende Mobbingbetroffene mit dem Urteil einen Titel in der
Hand, aus dem er erfolglos die Zwangsvollstreckung gegen den

unterlegenen Mobber zu betreiben versucht, weil der Mobber vermögenslos ist.

Neben der Erhebung einer Schadensersatzklage besteht für den Mobbingbetroffenen die Möglichkeit, den Mobber auf **Widerruf und Unterlassung ehrverletzender Äußerungen** bzw. **Unterlassung von Mobbinghandlungen** in Anspruch zu nehmen (analog §§ 1004, 823 BGB). Es darf nicht darüber hinweggesehen werden, daß den Mobbingbetroffenen auch in diesen Prozessen die Beweislast trifft. Doch kann er gegen den unterlegenen Mobber, der einer gerichtlich auferlegten Unterlassungspflicht zuwider handelt, durch das Gericht für jeden Fall der Zuwiderhandlung ein Ordnungsgeld (höchstens 500 DM je Zuwiderhandlung), und für den Fall, daß das Ordnungsgeld nicht beigetrieben werden kann, Ordnungshaft oder (direkt) Ordnungshaft von bis zu sechs Monaten (insgesamt aber nicht länger als zwei Jahre; vgl. § 890 ZPO) verhängen lassen.

Gemäß § 847 Abs. 1 BGB kann der Mobber insbesondere im Falle der Verletzung des Körpers oder der Gesundheit des Mobbingbetroffenen verpflichtet sein, wegen eines Schadens – der kein Vermögensschaden sein darf – **Schmerzensgeld** zu zahlen. Mit der Zahlung des Schmerzensgeldes soll dem Mobbingbetroffenen Genugtuung verschafft und ihm zudem ein Ausgleich dafür gewährt werden, daß seine Lebensqualität deutlich gemindert ist (vgl. *Däubler* ZR 2, Rn. 1311). Als Nichtvermögensschaden im Sinne des § 847 Abs. 1 BGB kommen vor allem nachteilige Folgen für die körperliche und seelische Verfassung des Mobbingbetroffenen (z. B. Schmerzen, Kummer, Sorgen, Wesensänderung, Schmälerung der Lebensfreude) in Betracht (s. a. *Palandt,* § 847 Rn. 8).

Bei Eingriffen in das allgemeine Persönlichkeitsrecht kann der Mobbingbetroffene einen Schadensersatzanspruch aus Art. 1 Abs. 1, 2 Abs. 1 GG haben (s. a. *Däubler* ZR 1 Rn. 79 f. u. ZR 2 Rn. 972 ff. u. 1344 ff.). Ein solcher wurde beispielsweise einer Anzeigenvertreterin zuerkannt, deren Arbeitgeber eine krankheitsbedingte Arbeitsunfähigkeit zum Anlaß genommen hatte, in seiner Stadtteilzeitung zu berichten, daß die Anzeigenvertreterin an »astraler Hypertrophie« (mithin unter einer eingebildeten Krankheit) leide und für lange Zeit nicht mehr tätig werden könne (Urteil des LAG Berlin vom 5. 3. 1997 – 13 Sa 137/96).

c) Arbeitsrechtliche Aspekte

Mobber beeinflussen durch ihr Verhalten das Betriebsklima in nicht zu unterschätzender Weise. Mobbing hat unter anderem Einfluß auf die Qualität der zu verrichtenden Arbeit sowie deren Ergebnisse und auf den Krankenstand – Aspekte, die von Betriebsräten und Arbeitgebern oftmals im gleichen Maße unterschätzt werden.

Mobber verstoßen mit ihrem Verhalten gegen ihre arbeitsvertraglichen Nebenpflichten – sich für die Interessen des Arbeitgebers sowie des Betriebes einzusetzen und alles zu unterlassen, was diese Interessen beeinträchtigen könnte –, indem sie ihrem Arbeitgeber einen finanziellen Schaden in unterschiedlichster Höhe zufügen – ein Schaden, der beispielsweise in krankheitsbedingten Lohnfortzahlungskosten oder (Gewährleistungs-)Ansprüchen Dritter besteht. Diese Nebenpflichtverletzung darf nicht zu gering bewertet werden. Allein die den Arbeitgebern entstehenden Ausfallkosten wegen mobbingbedingter Fehlzeiten werden in Deutschland auf über 30 Milliarden DM geschätzt (*Lindemeier*, S. 4).

Die durch Mobbing verursachten Nebenpflichtverletzungen können mit einer **Ermahnung**, einer **Abmahnung**, einer **Versetzung** und als letztes Mittel mit einer verhaltsbedingten ordentlichen oder außerordentlichen (**Änderungs-)Kündigung** sanktioniert werden, wobei sich ihre Rechtmäßigkeit nach allgemeinen arbeitsrechtlichen Grundsätzen richtet.

! **Wichtig:**

In arbeitsrechtlicher Hinsicht kommen für den Mobber als Sanktionsmöglichkeiten die Ermahnung, die Abmahnung, die Versetzung sowie die Kündigung in Betracht.

Mittels einer **Ermahnung,** die sowohl mündlich als auch schriftlich ausgesprochen werden kann, kann die Verletzung arbeitsvertraglicher Pflichten (z. B. unentschuldigtes Fehlen, verspätetes Erscheinen am Arbeitsplatz) gerügt und der Ermahnte zur Einhaltung seiner arbeitsvertraglichen Pflichten angehalten werden. Die Ermahnung setzt sich somit aus zwei Bestandteilen zusammen:

1. die Beschreibung einer Verletzung arbeitsvertraglicher Pflichten und
2. die Aufforderung zur Verhaltensänderung.

Wird diesem Sanktionsmittel ein dritter Bestandteil, die Androhung von Rechtsfolgen für den Fall der Zuwiderhandlung, hinzugefügt, so handelt es sich um eine **Abmahnung** (s. a. *Eichhorn/Steinmann*, S. 52). Die in Aussicht gestellte Rechtsfolge besteht in der Regel in der Androhung einer Kündigung des Arbeitsvertrages.

 Beispiel für eine Ermahnung:

Vorarbeiter Meier demütigt seinen Untergebenen Müller, indem er ihn vor allen Arbeitskollegen anweist, sich zu bücken und seine Schuhe zu küssen. Andernfalls werde Müller schon sehen, wer der Herr im Hause sei. Müller beugt sich dieser Anweisung. Arbeitgeber Schmitz sieht dies durch Zufall, spricht Meier auf diesen Vorfall an und erklärt ihm, daß er sein menschenverachtendes Verhalten nicht duldet. Anschließend fordert Schmitz den Meier auf, sein Verhalten gegenüber Untergebenen ab sofort und für die Zukunft zu ändern.

258

Beispiel für eine Abmahnung:
Meier äußert in der Kantine lauthals ausländerfeindliche Parolen gegenüber Yilmaz. Arbeitgeber Schmitz erfährt hiervon auf Grund einer Beschwerde des ausländischen Arbeitnehmers Yilmaz. Schmitz ruft Meier in sein Büro und weist ihn darauf hin, daß er es zu unterlassen habe, ausländerfeindliche Handlungen auf dem Betriebsgelände vorzunehmen. Sofern Meier sein Verhalten nicht ändere, habe er mit der Kündigung seines Arbeitsvertrages zu rechnen.

Da es im ersten Beispielsfall an der Androhung von rechtlichen Konsequenzen (Rechtsfolgen) fehlt, handelt es sich um eine Ermahnung. Demgegenüber werden im zweiten Beispielsfall Rechtsfolgen angedroht, so daß Schmitz hier eine Abmahnung ausgesprochen hat.

Dem Arbeitgeber steht es zur freien Disposition, ob er wegen einer Verletzung der arbeitsvertraglichen Pflichten von der Möglichkeit Gebrauch macht, eine Ermahnung oder eine Abmahnung auszusprechen. Möchte er über das Fehlverhalten hinwegsehen, so wird er auf den Ausspruch einer Abmahnung bzw. Ermahnung verzichten. Möchte er hingegen »erzieherische« Ziele verfolgen, so wird er am ehesten eine Abmahnung aussprechen. Schließlich stellt diese ein starkes Druckmittel dar, um den Betreffenden zu einer Änderung seines Verhaltens am Arbeitsplatz zu bewegen.

Bei der Kündigung handelt es sich um das schärfste Sanktionsmittel arbeitsvertraglicher Pflichtverletzungen, da sie auf die Beendigung des Arbeitsverhältnisses gerichtet ist. Bei Mobbing wird sie vom Arbeitgeber regelmäßig als verhaltensbedingte Kündigung – nach einer erneuten Pflichtverletzung trotz vorhergehender Abmahnung – unter Einhaltung der einzelvertraglich oder tarifvertraglich vereinbarten Kündigungsfrist als sogenannte **ordentliche (fristgemäße) Kündigung** ausgesprochen (vgl. § 622 BGB).

Nur wenn dem Arbeitgeber unter Berücksichtigung aller Umstände des Einzelfalles und unter Abwägung der Interessen sowohl des Arbeitgebers als auch des Arbeitnehmers die Fortsetzung des Arbeitsverhältnisses bis zum Ablauf der Kündigungsfrist nicht zuzumuten ist, kann vom Arbeitgeber eine **außerordentliche (fristlose) Kündigung** ausgesprochen werden (vgl. § 626 BGB). Beide Kündigungsarten sind sogenannte **Beendigungskündigungen,** da sie auf die Beendigung des Arbeitsverhältnisses gerichtet sind.

Die **Änderungskündigung** unterscheidet sich von der Beendigungskündigung dadurch, daß sie auf eine vertragliche Umgestaltung des Arbeitsverhältnisses gerichtet ist. Der Arbeitgeber spricht zwar die Kündigung des alten Arbeitsvertrages aus, bietet dem Arbeitnehmer jedoch den Abschluß eines neuen Arbeitsvertrages zu geänderten – in der Regel schlechteren – Bedingungen an.

 Beispiele für Kündigungen:

1. Nachdem Meier seine ausländerfeindliche Hetze gegen Yilmaz im Betrieb trotz erfolgter Abmahnung fortgesetzt hat, wird ihm – nach erfolgter Anhörung des Betriebsrats gemäß § 102 BetrVG – unter Einhaltung der sich aus dem einschlägigen Tarifvertrag ergebenden Kündigungsfrist gekündigt.
   Ausgesprochen wurde eine ordentliche Kündigung.

2. Das ausländerfeindliche Verhalten von Meier eskaliert eines Tages, indem er seinen ausländischen Arbeitskollegen ohne ersichtlichen Grund tätlich angreift und mit einem Messer verletzt. Um das Leben und die Gesundheit der übrigen ausländischen Beschäftigten besorgt, sieht Arbeitgeber Schmitz keine andere Wahl,

als dem Meier mit sofortiger Wirkung zu kündigen. Ausgesprochen wurde eine fristlose Kündigung.
3. Meier setzt seine ausländerfeindliche Hetze gegen Yilmaz fort. Da Schmitz einerseits nicht auf die Arbeitskraft des Meier verzichten möchte, andererseits Yilmaz vor den Angriffen von Meier schützen muß, spricht er dem Meier gegenüber die Kündigung des Arbeitsvertrages unter Beachtung der tarifvertraglich einzuhaltenden Kündigungsfrist aus, wobei er ihm gleichzeitig das Angebot unterbreitet, weiterhin für ihn in der 5 km entfernten Betriebsstätte zu gleichen arbeitsvertraglichen Bedingungen zu arbeiten. Ausgesprochen wurde eine Änderungskündigung.

Eine Änderungskündigung wird vor allem dann ausgesprochen, wenn eine **Versetzung** des Mobbers auf einen anderen Arbeitsplatz mittels Ausübung des Direktionsrechts (auch Weisungsrecht genannt) durch den Arbeitgeber nicht möglich ist. Dies ist etwa dann der Fall, wenn die zu verrichtende Tätigkeit des Mobbers im Arbeitsvertrag ganz genau festgelegt ist. Ist die vom Mobber zu verrichtende Tätigkeit hingegen nur grob umrissen, so kann eine Versetzung im Wege der Zuweisung eines anderen Arbeitsplatzes möglich sein.

 Beispiel für eine Versetzung durch Weisung:
Meier ist bei Müller als Sekretärin eingestellt. In ihrem Arbeitsvertrag hat sie sich bereit erklärt, jede ihrer Ausbildung entsprechende Tätigkeit zu verrichten. Müller möchte die Meier von der Abteilung A in die Abteilung B versetzen, wo sie eine vergleichbare Tätigkeit verrichten soll. Um die Versetzung zu erreichen, genügt eine entsprechende Weisung durch Müller.

Beispiel für eine Versetzung durch Änderungskündigung:
Meier ist als Sekretärin des Geschäftsführers Müller eingestellt. Dies steht auch so in ihrem Arbeitsvertrag. Möchte Müller der Meier einen anderen Arbeitsplatz in einer anderen Abteilung mit anderen Tätigkeiten zuweisen, so muß er eine Änderungskündigung aussprechen.

Mit seinem Urteil vom 24. 4. 1996 hat das BAG (5 AZR 1031/94) unmißverständlich klargestellt, daß ein Mobber seine Versetzung nicht dadurch verhindern kann, indem er von seinem Arbeitgeber den Ausspruch einer Abmahnung an Stelle der beabsichtigten Versetzung mit der Begründung verlangt, die Abmahnung stelle das mildere Mittel gegenüber der Versetzung dar. Schließlich – so das BAG – ist es Sache des Arbeitgebers zu entscheiden, wie er auf betriebliche Konfliktlagen (z. B. Spannungen zwischen Arbeitnehmern) reagieren will.

2. Rechtliche Bewertung des Verhaltens des Arbeitgebers

Mobbing am Arbeitsplatz kann auch für den Arbeitgeber mit Konsequenzen behaftet sein. So kann er selbst als Mobber auftreten. In diesem Fall unterfällt er den in Kapitel XI.1. aufgezeigten Sanktionsmöglichkeiten. Aber auch dann, wenn er nicht selbst aktiv als Mobber tätig wird, können sich für ihn strafrechtliche, zivilrechtliche und arbeitsrechtliche Konsequenzen ergeben.

a) Strafrechtliche Aspekte

Hat der Arbeitgeber einen anderen (z. B. Vorgesetzten oder Arbeitskollegen des Mobbingbetroffenen) zu einer vorsätzlich begangenen Tat bestimmt – in ihm den Entschluß zur Tatbegehung hervorgerufen –, so wird der Arbeitgeber gemäß § 26 StGB als **Anstifter** genau wie der Täter betraft.

 Beispiel für eine Anstiftung:
Arbeitgeber Meier möchte das Betriebsratsmitglied Müller »loswerden«. Meier überzeugt Müllers Vorgesetzten, diesen so lange psychisch unter Druck zu setzen, bis Müller selber kündigt. Daraufhin beginnt der Vorgesetzte, Müller psychisch unter Druck zu setzen.

Besteht das Tun des Arbeitgebers lediglich in einer vorsätzlichen Hilfeleistung (z. B. verbaler Beistand; Aushändigung eines Zimmerschlüssels, der es dem Mobber ermöglicht, seinen Arbeitskollegen am Arbeitsplatz ein- oder auszusperren) des Mobbers zu einer vorsätzlich begangen Tat, so ist dieser in strafrechtlicher Hinsicht Helfer und als solcher wegen **Beihilfe** (vgl. § 27 StGB) zu bestrafen.

 Beispiel für Beihilfe:
Arbeitgeber Meier weiß, daß Müller den Schmidt mobbt. Meier bittet Müller zu einem Gespräch. Im Verlaufe dieser Unterredung gibt Meier dem Müller unmißverständlich zu verstehen, daß Schmidt eine derartige Behandlung verdiene. Müller solle nur so weitermachen.

Eine Straftat kann nicht nur durch aktives Tun begangen werden. Auch ein Nichttätigwerden (sog. **Unterlassen**) kann strafbar sein (vgl. § 13 StGB). Voraussetzung ist allerdings, daß der Arbeitgeber rechtlich dafür einzustehen hat, daß die Schadensverursachung beim Mobbingbetroffenen nicht eintritt und die Unterlassung der Verwirklichung des gesetzlichen Tatbestandes durch ein Tun entspricht. Die Rechtspflicht des Arbeitgebers, dafür Sorge zu tragen, daß seine Beschäftigten im Betrieb nicht durch Handlungen Dritter Schaden an Leben, Gesundheit oder Eigentum erleiden, läßt sich aus der arbeitsvertraglichen Fürsorgepflicht des Arbeitgebers herleiten. So ist der Arbeitgeber gehalten, seine Beschäftigten vor tätlichen Angriffen seitens der Arbeitskollegen zu schützen sowie die freie Entfaltung der Persönlichkeit aller im Betrieb Beschäftigten sicherzustellen (s. a. § 75 Abs. 2 BetrVG).

Voraussetzung der Strafbarkeit wegen Unterlassens ist allerdings, daß der Arbeitgeber von solchen Mobbinghandlungen positive Kenntnis erlangt, aufgrund derer er eine strafrechtlich relevante Schadensverursachung vorhersieht und dennoch untätig bleibt, obwohl es ihm wegen seiner besonderen Stellung gegenüber der im Betrieb Beschäftigten ein leichtes ist, dem Mobbing und seinen Folgen ein Ende zu bereiten.

 Beispiel eines strafrechtlich relevanten Unterlassens:

Arbeitgeber Meier erfährt, daß der Müller von Schmidt gemobbt wird. Ihm ist bekannt, daß Müller bereits mehrfach in Tränen ausgebrochen ist und sich wegen der Mobbingangriffe bereits seit längerer Zeit in ärztlicher Behandlung befindet. Meier befürchtet eine Eskalation. Dennoch unternimmt er nichts. Kurze Zeit später erleidet Müller im Verlaufe einer Mobbingattacke einen Nervenzusammenbruch.

Eine Strafbarkeit des Arbeitgebers wegen **unterlassener Hilfeleistung** (vgl. § 323 c StGB) ist möglich, wenn dieser Zeuge eines Mobbingangriffes ist und nicht zur Abwendung eines Schadens beim Mobbingbetroffenen tätig wird, obwohl es ihm in zumutbarer Weise möglich ist.

264

Beispiel für eine unterlassene Hilfeleistung:
Meier sieht, wie Müller Schmidt wütend beschimpft, ihn regelrecht »fertigmacht«. Schmidt steht unmittelbar vor einem Nervenzusammenbruch. Meier greift weder ein noch unternimmt er etwas, sondern wendet sich ab und verläßt den Ort des Geschehens.

b) Arbeitsrechtliche Aspekte

Soweit der Arbeitgeber nicht selbst als Mobber handelt, ist an eine **Schadensersatzpflicht** des Arbeitgebers wegen der Verletzung seiner arbeitsvertraglich geschuldeten Fürsorgepflicht zu denken. Die **Fürsorgepflicht** verpflichtet den Arbeitgeber, für Leben und Gesundheit seiner Beschäftigten zu sorgen. Insoweit hat er seine Beschäftigten vor Beeinträchtigungen seelischer und körperlicher Art zu schützen. Wird durch Mobbing z. B. die Gesundheit des Mobbingbetroffenen in Mitleidenschaft gezogen, obwohl dem Arbeitgeber die Mobbingsituation bekannt ist und er diese in zumutbarer Weise – etwa aufgrund des ihm arbeitsvertraglich zustehenden Weisungsrechts – beseitigen kann, so hat er dem Mobbingbetroffenen den durch Mobbing verursachten Schaden (z. B. Heilungskosten, Differenz zwischen Entgelt und Krankengeld nach Ablauf der Entgeltfortzahlungspflicht) zu ersetzen.

Zu beachten ist hierbei, daß sich der Arbeitgeber auch das Verhalten solcher Personen zurechnen lassen muß, die als Personalleiter oder in einer Vorgesetztenfunktion an seiner Stelle handeln (vgl. § 278 BGB; s. a. *Däubler,* S. 83 f.).

Sofern der Arbeitgeber seine Fürsorgepflicht verletzt, kann er – was dem juristischen Laien auf den ersten Blick als unmöglich erscheint – deswegen vom Mobbingbetroffenen ermahnt und abgemahnt werden (s. a. Anhang Nr. 2). Allerdings kann sich dies – insoweit sei ein Vorgriff auf das Kapitel XII. 4. gestattet –

ein Arbeitnehmer in aller Regel nur dann erlauben, wenn er für seinen Arbeitgeber derart wichtig ist, daß dieser auf den sich wehrenden Arbeitnehmer nicht verzichten kann. Dies ist beispielsweise bei ausgewiesenen Experten ihrer Arbeitsmaterie der Fall. Je leichter es hingegen ist, Arbeitnehmer auszutauschen, desto unbeeindruckter wird ein Arbeitgeber letztendlich von einer **Ermahnung** bzw. **Abmahnung** durch den Mobbingbetroffenen sein. Der Arbeitgeber wird in diesem Fall den sich wehrenden Arbeitnehmer auf die Tatsache hinweisen, daß er »gehen« könne, wenn es ihm bei seinem Arbeitgeber nicht mehr gefalle. Gerade in Zeiten hoher Arbeitslosigkeit werden daher Arbeitnehmer von Ermahnungen und Abmahnungen – Ausnahmen bestätigen die Regel – kaum Gebrauch machen. Einen Sinn haben sie in den meisten Fällen letzten Endes nur, wenn sie zur Vorbereitung eines Schadensersatzprozesses gegen den Arbeitgeber ausgesprochen werden, um diese sodann in dem Schadensersatzprozeß als Beweismittel verwenden zu können. Aus Gründen ihrer Beweisbarkeit sollten Ermahnungen und Abmahnungen schriftlich ausgesprochen werden. Wegen ihrer rechtlichen Bedeutung (etwa bei Schadensersatzklagen, Kündigungen und Arbeitslosmeldungen) sollte zuvor stets ein Rechtsanwalt oder ein Gewerkschaftssekretär konsultiert werden. Eine Verwendung von Vordrucken sollte tunlichst vermieden werden.

Soweit dem Mobbingbetroffenen ein Festhalten an seinem Arbeitsverhältnis nicht mehr abverlangt werden kann, ist an eine **ordentliche (fristgemäße) Kündigung** unter Einhaltung der sich aus dem Arbeitsvertrag oder dem Tarifvertrag ergebenden Kündigungsfrist zu denken. Soweit dem Arbeitnehmer ein Abwarten bis zum Ablauf der Kündigungsfrist nicht zugemutet werden kann, ist der Ausspruch einer **außerordentlichen (fristlosen) Kündigung** des Arbeitsvertrages gemäß § 626 BGB möglich (zu den Möglichkeiten und Konsequenzen für Mobbingbetroffene vgl. Kapitel XII.). Der Arbeitnehmer kann mithin dem

Arbeitgeber kündigen, auch wenn nicht dieser – was allerdings des öfteren nützlich und auch richtig sein dürfte –, sondern der Arbeitnehmer selbst aus dem Arbeitsverhältnis ausscheidet.

 Wichtig:

Verletzt der Arbeitgeber seine Fürsorgepflicht gegenüber dem Mobbingbetroffenen, so kann er von diesem ermahnt und abgemahnt werden. Gegebenenfalls kann der Arbeitsvertrag (fristlos) gekündigt werden. Hiervon wird regelmäßig jedoch nur derjenige Gebrauch machen können, der in sozialer Hinsicht abgesichert ist oder auf den der Arbeitgeber – aus welchen Gründen auch immer – nicht verzichten kann.

3. Rechtliche Bewertung des Verhaltens des Betriebsrats

Sofern sich einzelne oder mehrere Betriebsratsmitglieder an Mobbing beteiligen, gelten für sie – rechtlich betrachtet – keine Besonderheiten. Je nach der Lage des konkreten Einzelfalls kann Mobbing den **Ausschluß** eines Mitglieds aus dem Betriebsrat oder – wenn alle Betriebsratsmitglieder mobben, was hoffentlich nur theoretisch vorstellbar ist – die **Auflösung des Betriebsrats** nach § 23 Abs. 1 BetrVG rechtfertigen. Voraussetzung ist hierfür eine grobe Verletzung der gesetzlichen Pflichten: Nach § 75 BetrVG ist unter anderem der Betriebsrat verpflichtet, darüber zu wachen, daß alle im Betrieb tätigen Personen nach den Grundsätzen von Recht und Billigkeit behandelt werden, insbesondere, daß jede unterschiedliche Behandlung wegen ihrer Abstammung, Religion, Nationalität, Herkunft, politischen oder gewerkschaftlichen Betätigung oder Einstellung oder wegen ihres Geschlechts unterbleibt (§ 75 Abs. 1 Satz 1 BetrVG). Der Betriebsrat hat darauf zu achten, daß Arbeitnehmer nicht wegen Überschreitung bestimmter Altersstufen benachteiligt werden (§ 75 Abs. 1 Satz 2 BetrVG). Ferner hat er die freie Entfaltung der Persönlichkeit der im Betrieb beschäftigten Arbeitnehmer zu schützen und zu fördern (§ 75 Abs. 2 BetrVG). An ihn gerichtete Beschwerden (vgl. § 85 Abs. 1 BetrVG) hat er nachzugehen; bei berechtigten Beschwerden hat er beim Arbeitgeber auf Abhilfe hinzuwirken. Kommt der Betriebsrat bzw. eines seiner Mitglieder den auferlegten Amtspflichten nicht nach oder verstößt er selbst gegen die in § 75 Abs. 1 BetrVG enthaltenen Grundsätze (z. B. durch absichtliches Untätigbleiben), so kann hierin die gemäß § 23 Abs. 1 BetrVG erforderliche Pflichtenverletzung liegen.

 Beispiele für eine grobe Pflichtverletzung des Betriebsrats:

1. Betriebsratsmitglied Meier hegt einen Haß gegen Ausländer. Seinen türkischen Arbeitskollegen konfrontiert er ständig mit diskriminierenden Äußerungen, Unterstellungen und »Kollegenscherzen«.

2. Müller fühlt sich von seinem Vorgesetzten ständig schikaniert und bloßgestellt. Er richtet daher mehrere Beschwerden an den Betriebsrat verbunden mit der Bitte, für Abhilfe zu sorgen. Der Betriebsrat, der sich mit solchem »Kleinkram« nicht belasten will, geht den Beschwerden nicht nach. Sie landen sofort nach Erhalt im Papierkorb.

XII. Rechtliche Handlungsmöglichkeiten des Mobbing-Betroffenen

Für den Mobbingbetroffenen stellt sich im Anschluß an die rechtliche Bewertung von Mobbing die Frage, was er konkret unternehmen kann, um sich mit rechtlichen Mitteln gegen Mobbing zur Wehr zu setzen, um Ersatz für erlittenen Schaden oder auch nur um Genugtuung für erlittenes Unrecht zu erlangen.

In rechtlicher Hinsicht stehen dem Mobbingbetroffenen – wie in den vorherigen Kapiteln bereits zum Teil angesprochen – je nach der Lage des konkreten Einzelfalls insbesondere folgende Handlungsmöglichkeiten zu Verfügung:

- Beschwerde an den Betriebsrat,
- Beschwerde an den Vorgesetzten bzw. Arbeitgeber,
- Ermahnung des Arbeitgebers,
- Abmahnung des Arbeitgebers,
- Kündigung des Arbeitsverhältnisses,
- Schadensersatzklage gegen den Arbeitgeber,
- Schadensersatzklage gegen den Mobber,
- Stellung eines Strafantrages,
- Sühneversuch vor der zuständigen Vergleichsbehörde (dies ist in der Regel der »Schiedsmann«; s. a. S. 273 f.),
- Privatklage gegen den Mobber.

Eine Warnung vorab: Der Ausgang eines strafrechtlichen, zivilrechtlichen oder arbeitsrechtlichen Verfahrens läßt sich nur äußerst schwer vorhersagen. Dafür gibt es zu viele Unwägbarkeiten, die bei der Verfahrenseinleitung nicht bedacht werden oder zu diesem Zeitpunkt nicht erkennbar waren. Da jeder Fall – mögen auch Gemeinsamkeiten oder Ähnlichkeiten vorliegen – aufgrund seiner Besonderheiten anders zu bewerten ist, verbieten sich Verallgemeinerungen. Insbesondere Zeitungsberichte und Erzählungen Dritter bieten keine Gewähr für Verallgemeinerungen oder die vollständige und richtige Berichterstattung.

»Recht haben« und »recht bekommen« sind zwei unterschiedliche Paar Schuhe. Stets müssen dem Mobber seine rechtlich relevanten Handlungen bewiesen werden. Hierin liegt häufig das Problem. Prozesse gehen häufig nur deswegen verloren, weil keine Beweise existieren bzw. aus Unachtsamkeit nicht in die gerichtliche Auseinandersetzung eingeführt worden sind. Um rechtlich bedeutsames Tun beweisen zu können – eine Pflicht, die regelmäßig den Mobbingbetroffenen trifft – bedarf es daher einer äußerst sorgfältigen Vorgehensweise. Eine sorgfältige und gut durchdachte Vorbereitung der gerichtlichen Auseinandersetzung ist häufig wichtiger als die eigentliche Prozeßführung. Mögliche **Zeugen** sollten im Vorfeld befragt werden, ob sie vor Gericht aussagen würden. Um sich auch noch nach längerer Zeit an einzelne Geschehnisse erinnern zu können, sollten aussagewillige Zeugen gebeten werden, den Geschehensverlauf schriftlich festzuhalten. **Beweise** (z. B. ärztliche Befunde, beleidigende Briefe) sollten sorgfältig aufbewahrt werden, um sie gegebenenfalls in das gerichtliche Verfahren einführen zu können. Insbesondere aus Gründen der Beweissicherung ist es für den Mobbingbetroffenen ratsam, ein Mobbingtagebuch (s. Kapitel IX.1.a, S. 144) zu führen. An Hand schriftlicher Aufzeichnungen lassen sich später einzelne Geschehensverläufe besser nachvollziehen und Lücken im Erinnerungsvermögen schließen.

! **Wichtig:**
Wer das Verhalten des Mobbers sanktioniert haben möchte, sollte zunächst umfassend Beweise sichern.

Wer rechtliche Schritte erwägt, sollte stets bedenken, welche Folgen sich für ihn aus einem negativen Verfahrensausgang ergeben können. Was ist, wenn der Mobber vor Gericht »gewinnt«; hat er dann nicht »Oberwasser« mit der Folge, daß der

Mobbingbetroffene noch intensiveren Mobbingangriffen ausgesetzt wird? Der vor Gericht obsiegende Mobber wird sich in seinem Handeln vielfach bestätigt fühlen, im Rahmen des gesetzlich Erlaubten zu handeln, und den Mobbingbetroffenen als persönliches »Freiwild« begreifen.

Aber auch der Mobbingbetroffene kann mit einem Sieg vor Gericht zwar die »Schlacht« gewinnen, den »Krieg« aber dennoch verlieren. Nicht selten geschieht es, daß der Täter zum Opfer stilisiert und dem eigentlichen Opfer die Schuld für bestimmte Ereignisse aufgebürdet wird.

 Wichtig:

Wer die Einleitung rechtlicher Schritte erwägt, sollte auch die Risiken bedenken.

1. Unterstützung der Unterstützer

Wir haben die Erfahrung gemacht, daß sich Mobbingbetroffene zwar an Mobbingbeauftragte, Rechtsanwälte, Ärzte, Psychologen etc. wenden, um von diesen Unterstützung zu erfahren, diese jedoch im Gegenzug häufig bei ihrer Arbeit nicht ausreichend unterstützen. Offensichtlich glaubt der eine oder andere Mobbingbetroffene, daß beispielsweise der von ihm beauftragte Rechtsanwalt schon alles richten wird, sobald man diesem das Mandat übertragen und ihm das Anliegen vorgetragen hat. Dies genügt jedoch leider nicht. Jeder Unterstützer braucht neben dem Vertrauen des Mobbingbetroffenen vor allem die für seine Arbeit erforderlichen Informationen, um überhaupt im Interesse des Mobbingbetroffenen tätig werden zu können. Wer dem Unterstützer dieses Wissen nicht vermittelt, kann nicht mit optimaler Hilfe rechnen.

Daß diese Wissensvermittlung für den Mobbingbetroffenen

nicht immer leicht ist, mußten wir des öfteren erfahren. Von Ängsten, Selbstzweifeln und Hilflosigkeit gelähmt, müssen Mobbingbetroffene oftmals ihre eigene Passivität überwinden, in die sie aufgrund der Mobbingangriffe geraten sind. Wer meint, vergleichbar einem Schiffbrüchigen ohne eigenes Zutun aus seiner Seenot gerettet werden zu müssen, wird keine erfolgversprechende Unterstützung erfahren können. Dies muß jedem Mobbingbetroffenen bewußt sein, bevor er sich an einen Unterstützer wendet.

Hilfreich ist es, insbesondere einem Rechtsanwalt vor dem ersten Gespräch eine schriftlich abgefaßte ausführliche Schilderung des Mobbingprozesses zur Verfügung zu stellen, die auch die Nennung möglicher Zeugen und anderer Beweismittel beinhalten sollte. Diese ermöglicht dem Unterstützer eine ausführliche Vorbereitung auf das erste Gespräch. Diese Vorgehensweise hat zwei weitere Vorteile. Zum einen kann man den Mobbingprozeß für sich selbst noch einmal in Ruhe aufarbeiten. Von Mobbingbetroffenen haben wir diesbezüglich erfahren, daß ihnen während des Aufschreibens vieles klar geworden wäre und die schriftliche Aufarbeitung ihrer Erlebnisse der erste Schritt zur Bewältigung ihres Mobbingproblems gewesen sei. Wer Geschehensabläufe in Ruhe in seine Erinnerung ruft und aufschreibt, wird zum anderen seltener wichtige Ereignisse, Beweismittel etc. übersehen, als es bei Gesprächen der Fall sein kann – zumal, wenn man die Erlebnisse zunächst einem Arzt, anschließend einem Rechtsanwalt und dann noch einem Psychologen erzählen muß. Einmal schriftlich niedergelegt, kann die Sachverhaltsschilderung nach Bedarf vervielfältigt und den unterschiedlichsten Unterstützern zur Verfügung gestellt werden.

2. Privatklage

Mit Ausnahme der Nötigung (§ 240 StGB) sowie der Straftaten gegen Betriebverfassungsorgane und ihre Mitglieder (§ 119 BetrVG) sind die (versuchte) Sachbeschädigung, die (versuchte) vorsätzliche und fahrlässige Körperverletzung, die Beleidigung, die üble Nachrede, die Verleumdung sowie die Beleidigung trotz Wahrheitsbeweises sogenannte **Privatklagedelikte**. Der Verletzte kann unter Umgehung der Staatsanwaltschaft Klage erheben (vgl. § 374 StPO). Voraussetzung ist jedoch, daß zuvor erfolglos die Sühne zwischen Täter und Opfer versucht worden ist. Zuständig für den **Sühneversuch** sind die von der jeweiligen Landesjustizverwaltung bezeichneten Vergleichsbehörden (vgl. § 380 StPO). Diese sind (vgl. *Kleinknecht/Meyer-Goßner,* § 380 Rn. 3) in:

- Baden-Württemberg die Gemeinden,
- Bayern die Gemeinden,
- Berlin der Schiedsmann,
- Brandenburg die Schiedsstelle,
- Bremen das Amtsgericht,
- Hamburg die öffentliche Rechtsauskunfts- und Vergleichsstelle,
- Hessen der Schiedsmann,
- Mecklenburg-Vorpommern die Schiedsstelle,
- Niedersachsen der Schiedsmann,
- Nordrhein-Westfalen der Schiedsmann,
- Rheinland-Pfalz der Schiedsmann,
- Saarland der Schiedsmann,
- Sachsen die Schiedsstelle,
- Sachsen-Anhalt die Schiedsstelle,
- Schleswig-Holstein der Schiedsmann,
- Thüringen die Schiedsstelle.

Die Staatsanwaltschaft selbst darf bei Privatklagedelikten öffentliche Klage nur erheben, wenn dies im öffentlichen Interesse ist (vgl. § 376 StPO). Dies ist dann der Fall, wenn der Rechtsfrieden über den Lebenskreis des Verletzten hinaus gestört und die Strafverfolgung ein gegenwärtiges Anliegen der Allgemeinheit ist (vgl. *Kleinknecht/Meyer-Goßner, § 376 Rn. 1).

Bei Mobbing am Arbeitsplatz dürfte die Staatsanwaltschaft ein öffentliches Interesse an der Strafverfolgung nur in den seltensten Fällen bejahen, so daß der Mobbingbetroffene in der Regel auf die Erhebung der Privatklage (beachte: Voraussetzung ist der erfolglose Sühneversuch) angewiesen ist. Ob die Erhebung einer Privatklage letztendlich zu einer für den Mobbingbetroffenen befriedigenden Problemlösung führen kann, ist fraglich. Lediglich 8 % aller Privatklagen führen zu einer Verurteilung. So ist es nicht verwunderlich, daß nur ca. 10 % der auf die Möglichkeit der Erhebung einer Privatklage verwiesenen Opfer überhaupt eine Privatklage erheben (vgl. *Roxin*, S. 449).

Weiter ist zu bedenken, daß das Verfahren durch das Gericht wegen geringer Schuld des Täters eingestellt werden kann (vgl. § 383 Abs. 2 StPO).

Ferner ist nicht auszuschließen, daß der Mobber in die »Offensive« geht und **Widerklage** (vgl. § 388 StPO) erhebt – was unweigerlich die seelisch angespannte Situation des Mobbingbetroffenen verschärft, da er jetzt gleichzeitig Kläger und Beklagter ist.

Beendet werden kann das Privatklageverfahren neben der Verurteilung oder der Einstellung durch Klagerücknahme oder durch gerichtlichen Vergleich. In dem Vergleich wird im Gegenzug zu der Zurücknahme der Privatklage meist von dem Angeklagten eine Ehrenerklärung abgegeben (s. a. *Roxin*, S. 453).

 Beispiel für eine Ehrenerklärung:
»Der Angeklagte nimmt seine beleidigenden Äußerungen mit Bedauern zurück.«

Dem Mobbingbetroffenen ist mit der Abgabe einer solchen Erklärung regelmäßig nicht gedient, da sie vor zukünftigen Mobbingangriffen kaum schützen kann. Soll eine Ehrenerklärung wirklich vor Mobbing schützen können, so muß sie weit gefaßt und mit der Möglichkeit der Sanktionierung von Fehlverhalten versehen sein. Ob sie im Vergleichswege durchgesetzt werden kann, hängt von den Umständen des konkreten Einzelfalls ab.

 Beispiel einer weit gefaßten Ehrenerklärung:
»Der Angeklagte nimmt seine beleidigenden Äußerungen mit Bedauern zurück. Er sichert zu, Äußerungen aller Art, die den Kläger beleidigen oder in sonstiger Form in seiner Ehre beeinträchtigen können, zu unterlassen. Für jeden Fall der Zuwiderhandlung wird der Angeklagte an das Deutsche Rote Kreuz eine Spende in Höhe von 1500,00 DM tätigen. Die Feststellung der Zuwiderhandlung obliegt dem für den Wohnsitz des Angeklagten zuständigen Schiedsmann Müller.

 Wichtig:
Nur eine gut durchdachte Ehrenerklärung kann den Mobbingbetroffenen vor weiteren Mobbingangriffen schützen.

3. Beschwerde

Sofern mit der Einlegung rechtlicher Schritte nicht eine »Vergangenheitsbewältigung« erreicht werden soll, müssen Mittel und Wege beschritten werden, die äußerst schnell zum erhofften Erfolg führen können, damit das »Werk« des Mobbers nicht vollendet werden kann.

Ein derartiges Mittel kann die **Beschwerde** sein. Gemäß § 84 BetrVG hat jeder Arbeitnehmer das Recht, »sich bei den zuständigen Stellen des Betriebes zu beschweren, wenn er sich vom Arbeitgeber oder von Arbeitnehmern des Betriebes benachteiligt oder ungerecht behandelt oder in sonstiger Weise beeinträchtigt fühlt«. Dieses Beschwerderecht gilt neben den normalen Beschäftigten auch für Leiharbeitnehmer und Auszubildende, nicht jedoch für leitende Angestellte (vgl. DKK-*Buschmann*, § 81 Rn. 3).

Aber auch dann, wenn es im Betrieb keinen Betriebsrat gibt, steht es dem Mobbingbetroffenen als Ausfluß arbeitsvertraglicher Beziehungen zu, Beschwerden an den Arbeitgeber zu richten (vgl. DKK-*Buschmann*, § 84 Rn. 2).

Zur Unterstützung oder Vermittlung kann der sich beschwerende Mobbingbetroffene – sofern vorhanden – ein Mitglied des Betriebsrats hinzuziehen (§ 84 Abs. 1 Satz 2 BetrVG), was stets anzuraten ist. Bei der Auswahl des hinzuziehenden Betriebsratsmitglieds ist der Mobbingbetroffene frei; der Betriebsrat selbst kann ihm weder ein Betriebsratsmitglied benennen noch ein bestimmtes Betriebsratsmitglied »vorschreiben«. Das Betriebsratsmitglied kann bei einem Gespräch mit dem Arbeitgeber z. B. die Moderatorenrolle übernehmen und dafür Sorge tragen, daß der Arbeitgeber nicht seinerseits durch Redewendungen wie »Na, sind Sie nicht an der Situation selber schuld?« oder »Da dürfen Sie nicht so kleinlich sein!« »in die Kerbe haut«.

Adressat der Beschwerde ist regelmäßig zunächst der unmittelbare Vorgesetzte. Wird dieser nicht tätig oder versagt dieser der Beschwerde den Erfolg, so kann der Mobbingbetroffene den betrieblichen Instanzenzug bis zum Arbeitgeber selbst beschreiten (s. a. *Haller/Koch*, S. 357 m. w. N).

Daneben kann sich der Mobbingbetroffene direkt an den Betriebsrat wenden, indem er seine Beschwerde an diesen richtet (§ 85 Abs.1 BetrVG). Er ist in seiner Entscheidung frei, ob er seine Beschwerde an den Arbeitgeber oder an den Betriebsrat richtet. Beide Beschwerdewege stehen gleichrangig nebeneinander.

Hält der Betriebsrat die an ihn gerichtete Beschwerde für berechtigt, so hat er beim Arbeitgeber auf Abhilfe hinzuwirken, was gegebenenfalls unter Einschaltung der Einigungsstelle erfolgen kann (§ 85 Abs. 1, 2 BetrVG; zu den Einzelheiten des Einigungsstellenverfahrens s. DKK-*Buschmann,* § 85 Rn. 7 ff.). Die Entscheidung, die Einigungsstelle anzurufen, beschließt der Betriebsrat nach pflichtgemäßem Ermessen. Es bedarf hierzu nicht der Zustimmung des sich Beschwerenden. Somit kann die Einigungsstelle auch gegen den ausdrücklich erklärten Willen des Mobbingbetroffenen angerufen werden.

Allerdings kann der Mobbingbetroffene dem Einigungsstellenverfahren die Grundlage entziehen, indem er die Beschwerde zurücknimmt. Hingegen kann der Mobbingbetroffene selbst nicht die Einigungsstelle anrufen (vgl. DKK-*Buschmann,* § 85 Rn. 7).

Wichtig ist, daß dem Opfer wegen der Erhebung der Beschwerde keine Nachteile entstehen dürfen(vgl. § 84 Abs. 3 BetrVG). Die Erhebung der Beschwerde kann in beiden Fällen form- und fristlos erfolgen. Lediglich tarifvertragliche Ausschlußfristen sind gegebenenfalls zu beachten (vgl. DKK-*Buschmann,* § 84 Rn. 3 u. § 85 Rn. 5). Mit der Erhebung der Beschwerde sollte nicht zu lange gewartet werden. Je später die Beschwerde erhoben wird, desto schwieriger wird es, den Sachverhalt aufzuklären sowie den Konflikt (möglichst in einem frühen Stadium) zu lösen.

Aus Gründen der Beweissicherung – damit später niemand sagen kann, es hätte keine Beschwerde gegeben – sollte die Beschwerde nicht mündlich, sondern stets schriftlich erhoben

Abb. 31: Verfahrensablauf einer Beschwer

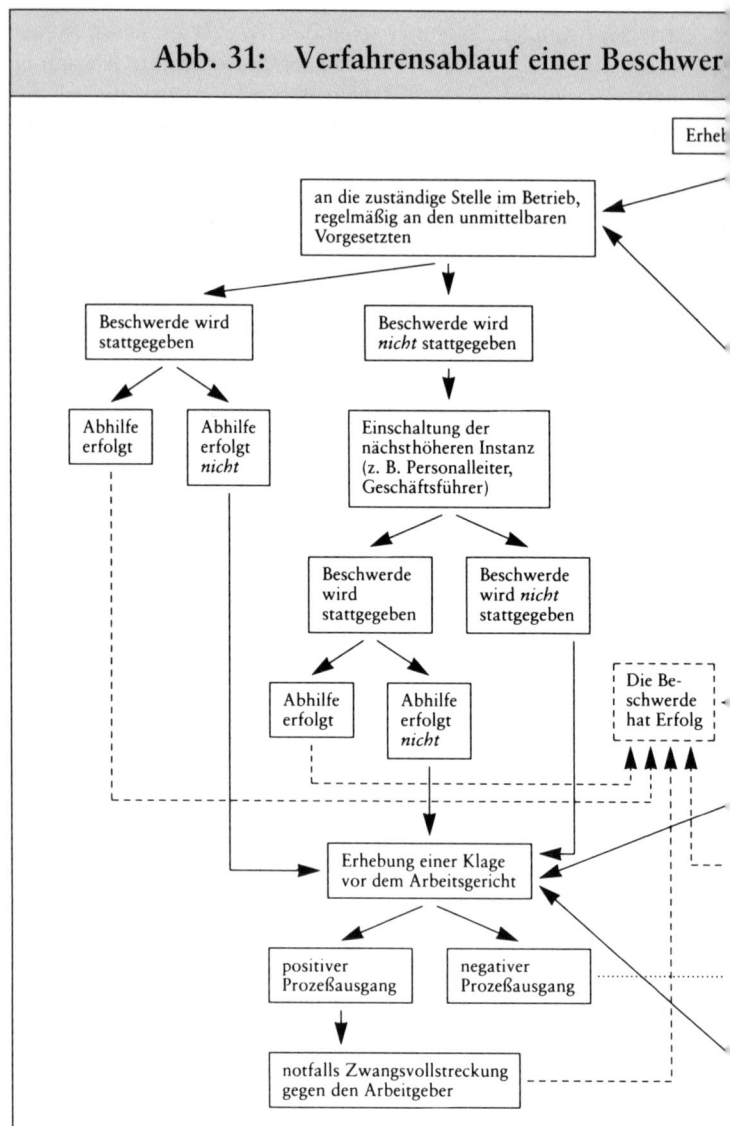

mäß §§ 84, 85 BetrVG:

Beschwerde

→ an den Betriebsrat

erachtet die Beschwerde *nicht* für berechtigt

erachtet die Beschwerde für berechtigt

Beschwerde kann nunmehr erneut erhoben werden

Intervention beim Arbeitgeber mit dem Ziel der Abhilfe

Arbeitgeber hält Beschwerde für berechtigt

Arbeitgeber hält die Beschwerde *nicht* für berechtigt

Abhilfe erfolgt

Abhilfe erfolgt *nicht*

Betriebsrat kann die Einigungsstelle anrufen

Einigungsstelle wird angerufen

Einigungsstelle wird *nicht* angerufen

Einigungsstelle[1] hält die Beschwerde für berechtigt

Einigungsstelle hält die Beschwerde *nicht* für berechtigt

Der Beschwerde ist der Erfolg versagt

Abhilfe erfolgt

Abhilfe erfolgt *nicht*

Nach h. M. entscheidet die Einigungsstelle dann nicht verbindlich über die Berechtigung einer Beschwerde, wenn sie einen Rechtsanspruch zum Gegenstand hat (vgl. DKK-*Buschmann*, § 85 Rn. 9 f.).

werden, wobei der Mobbingbetroffene eine Kopie des Briefes für sich behalten sollte.

Der Ausgang des Beschwerdeverfahrens ist dem Mobbingbetroffenen mitzuteilen.

Wird der Beschwerde stattgegeben, so ist in der den Mißstand anerkennenden Erklärung eine vertragliche Selbstbindung des Arbeitgebers zur Abhilfe zu erblicken (vgl. DKK-*Buschmann*, § 84 Rn. 17). Hilft der Arbeitgeber der Beschwerde nicht ab – was stets der Fall sein dürfte, wenn er selbst der Mobber bzw. Anstifter oder Helfer ist –, so kann der Mobbingbetroffene vor dem Arbeitsgericht im Urteilsverfahren auf Abhilfe klagen und im Falle des Obsiegens – soweit erforderlich – die Zwangsvollstreckung betreiben (s.a. DKK-*Buschmann*, § 84 Rn. 24).

Der Ausgang des Beschwerdeverfahrens ist von verschiedenen Faktoren abhängig. Handeln Vorgesetzte, Arbeitgeber und Betriebsrat ohne jedes Fingerspitzengefühl, so wird der Beschwerde jeder Erfolg versagt bleiben. Wohl durchdachtes Vorgehen und soziale Handlungskompetenz der beteiligten Personen sind gefordert (s. a. Abb. 31).

 Negatives Beispiel für den Umgang mit einer Beschwerde:

Nach Kenntniserlangung ruft der Vorgesetzte Meier den Müller in sein Büro, konfrontiert ihn mit dem Mobbingvorwurf und stellt diesem die Frage, ob er nun gemobbt habe. Müller wird allein schon aus Gründen des Selbstschutzes behaupten, daß von einem mobbenden Verhalten gar keine Rede sein könne; nicht er mobbe, vielmehr sei er der eigentliche Mobbingbetroffene, weil ... .

 Positives Beispiel für den Umgang mit einer Beschwerde:

Nach Kenntniserlangung ruft der Geschäftsführer Meier den Müller in sein Büro, entwickelt ein scheinbar belangloses Gespräch und stellt nebenbei (eher zufällig) die Frage, ob in der Abteilung alles laufe. Müller beginnt zu erzählen und nach einer Weile berichtet er, daß Schmidt, Bauer und Kaiser nur arbeiten würden, wenn er sie beaufsichtige. Sie würden seine Anweisungen nicht befolgen, unentschuldigt der Arbeit fern bleiben, ... Die betriebliche Problematik erscheint nun in einem anderen Bild; sie kann nun besser angegangen und bewältigt werden.

Auf das Verhalten von Vorgesetzten, des Arbeitgebers sowie des Betriebsrats hat der Mobbingbetroffene nur äußerst geringen Einfluß. Allerdings kann er, was wohl am ehesten beim Betriebsrat der Fall sein dürfte, versuchen, eine Sensibilisierung für das Problem (z. B. durch die Zurverfügungstellung von Literatur, die Nennung der Telefonnummer einer Selbsthilfegruppe) zu erreichen.

Damit der Beschwerde nicht von vornherein der Erfolg versagt bleibt, sollte sich der Mobbingbetroffene zunächst umfassend informieren und nach einer – hoffentlich umfassenden – Beratung entscheiden, »wie« er »was« »wann« anpackt.

 Wichtig:
Die Beschwerde an den Betriebsrat bzw. an den Vorgesetzten oder Arbeitgeber ist – wenn sie gut vorbereitet wird – ein erfolgversprechendes Mittel, gegen Mobbing anzugehen.

Sofern einer Beschwerde beim Arbeitgeber der Erfolg versagt bleibt oder die von diesem getroffenen Maßnahmen nicht ausreichen, um Sicherheit und Schutz der Gesundheit des Mobbingbetroffenen zu gewährleisten, kann der Mobbingbetroffene von seinem **außerbetrieblichen Beschwerderecht** gemäß § 17

Abs. 2 ArbSchG Gebrauch machen und sich an die für den Arbeitsschutz zuständige Aufsichtsbehörde wenden, ohne daß ihm aus der Wahrnehmung dieses Beschwerderechts Nachteile entstehen dürfen (vgl. *Kittner/Pieper*, § 17 Rn. 4 ff.).

4. Ermahnung, Abmahnung und Kündigung

Mobbt der Arbeitgeber selbst oder kommt er seiner Fürsorgepflicht nicht nach, so kann der Mobbingbetroffene den Arbeitgeber wegen dieses Verhaltens **ermahnen** oder **abmahnen** (vgl. *Eichhorn/Steinmann*, S. 44 ff.; s. a. die Muster im Anhang Nr. 2). Auch kann der Mobbingbetroffene im Einzelfall berechtigt sein, seine **Arbeitsleistung zurückzubehalten** (vgl. § 273 Abs. 1 BGB), mithin der Arbeit fernbleiben, ohne auf die ihm zustehende Vergütung verzichten zu müssen (s. a. *Kollmer*, S. 38). Soweit eine Verletzung der Fürsorgepflicht seitens des Arbeitgebers vorliegt, darf der Mobbingbetroffene von dem Zurückbehaltungsrecht erst dann Gebrauch machen, nachdem er den Arbeitgeber erfolglos auf die Fürsorgepflichtverletzung hingewiesen und ihm die Gelegenheit auch in zeitlicher Hinsicht eingeräumt hat, den beanstandeten Mißstand abzustellen (Hessisches LAG, Urteil vom 26. 8. 1997 – 5 Sa 535/97). Bei einer unzumutbaren Weiterbeschäftigung kann der Mobbingbetroffene das Arbeitsverhältnis fristlos **kündigen**. Dies ist gemäß § 626 Abs. 1 BGB dann der Fall, wenn dem Mobbingbetroffenen unter Berücksichtigung aller Umstände des Einzelfalles und unter Abwägung der Interessen sowohl des Mobbingbetroffenen als auch des Arbeitgebers die Fortsetzung des Arbeitsverhältnisses bis zum Ablauf der Kündigungsfrist oder – bei einem befristeten Beschäftigungsverhältnis – bis zur vereinbarten Beendigung des Arbeitsverhältnisses nicht zugemutet werden kann. Zu bedenken ist in diesem Zusammenhang, daß eine vom Arbeitgeber veranlaßte fristlose Kündigung den sich aus § 628 Abs. 2 BGB ergebenden **Schadensersatz**anspruch auslösen kann. Sofern dies der Fall ist, hat der Arbeitgeber dem Mobbingbetroffenen den »durch die Aufhebung des Dienstverhältnisses entstehenden Schaden« (z. B. entgangene Vergütung, Bewerbungskosten) zu ersetzen.

Der Ausspruch einer Ermahnung, einer Abmahnung (s. a. Anhang Nr. 2) oder einer Kündigung des Arbeitsverhältnisses sowie die Geltendmachung des Rechts der Zurückbehaltung der Arbeitsleistung tragen sicher dazu bei, Mobbing im Betrieb publik zu machen. Daher können diese rechtlichen Handlungsmöglichkeiten bei Bedarf zu betriebspolitischen Zwecken eingesetzt werden, was allerdings nicht der Regelfall sein dürfte. Stets muß bedacht werden, daß der Wert einer Ermahnung bzw. Abmahnung um so geringer ist, je eher der Mobbingbetroffene durch einen anderen Arbeitnehmer ausgetauscht werden kann. Insbesondere in Zeiten hoher Arbeitslosigkeit ist der Effekt einer Ermahnung bzw. Abmahnung für den überwiegenden Teil der Arbeitnehmer eher gering. Das Mittel der Ermahnung bzw. Abmahnung kann eher derjenige ausgewiesene Fachmann wirksam einsetzen, der von seinem Arbeitgeber benötigt und nur schwer ersetzt werden kann. Ebenfalls ist zu bedenken, daß der Wert einer Ermahnung bzw. Abmahnung von der Rolle des Arbeitgebers abhängt, die er bei dem Gesamtgeschehen inne hat. Eine Ermahnung kann den Arbeitgeber »wachrütteln«, der bislang passiv war und sich mit dem betrieblichen Problem nicht auseinandersetzen wollte. Toleriert oder unterstützt der Arbeitgeber hingegen das Mobbing, so wird einer Ermahnung jeder Erfolg verwehrt sein; eher ist mit weiteren Schikanen, gewissermaßen als Bumerang, zu rechnen. Ob eine Ermahnung bzw. Abmahnung des Arbeitgebers ausgesprochen werden soll, ist daher reiflich zu überlegen; die Chancen sind mit den möglichen Gefahren abzuwägen. Vergleichbares gilt für die Geltendmachung des Rechts bezüglich der Zurückbehaltung der Arbeitsleistung gemäß § 273 Abs. 1 BGB. Hier besteht die Gefahr, daß der Arbeitgeber das Fernbleiben von der Arbeit zum Anlaß nimmt, dem Mobbingbetroffenen wegen eigenmächtigen Fernbleibens von der Arbeit gemäß § 626 BGB fristlos zu kündigen.

Der Ausspruch einer Kündigung durch den Arbeitnehmer ist zwangsläufig mit dem Verlust des Arbeitsplatzes verbunden. Zudem hat sie regelmäßig die Verhängung einer **Sperrfrist** durch die Bundesanstalt für Arbeit (sprich: Arbeitsamt) zur Folge mit der Konsequenz, daß der Mobbingbetroffene für die Zeit der Sperrfrist keine Leistungen der Bundesanstalt für Arbeit erhält (vgl. § 144 Abs. 1 Nr. 1 SGB III).

Die Verhängung einer Sperrfrist durch die Bundesanstalt für Arbeit kann verhindert werden. Hierzu ist es erforderlich, sich **vor** dem Ausspruch der beabsichtigten Kündigung beim Arbeitsamt beraten zu lassen und die weiteren Schritte mit dem zuständigen Sachbearbeiter abzustimmen. Kann der Mobbingbetroffene etwa ärztliche Atteste, beleidigende Schreiben von Arbeitskollegen, schriftliche Ermahnungen sowie Abmahnungen des Arbeitgebers, schriftliche Aufzeichnungen von Arbeitskollegen oder des Betriebsrats vorlegen, die es dem Sachbearbeiter ermöglichen, das erlebte Trauma des Mobbingbetroffenen nachvollziehen und die Kündigung seines Arbeitsvertrages verstehen zu können, so ist die Verhängung einer Sperrfrist eher unwahrscheinlich. Auf jeden Fall ist es ratsam, Rechtsauskünfte bei einem Rechtsanwalt oder einem DGB-Rechtssekretär einzuholen. Auch wird es für sie aufgrund ihrer Rechtskunde leichter sein, die notwendigen Schritte mit dem Arbeitsamt abzustimmen.

Vergleichbares gilt für den Abschluß eines Vertrages, mit dem der Mobbingbetroffene und sein Arbeitgeber den Arbeitsvertrag aufheben (sog. **Aufhebungsvertrag**). Ein solcher Schritt ist möglich, sollte allerdings niemals ohne Beiziehung eines Rechtsanwaltes oder Gewerkschaftssekretärs erfolgen. Schließlich enthalten Aufhebungsverträge häufig an versteckter Stelle Klauseln, die zum Inhalt haben, daß der Mobbingbetroffene keinerlei Ansprüche (z.B. auf Restlohn, Urlaubsabgeltung, Zeugnis) mehr gegen den Arbeitgeber hat.

 Wichtig:

Wer seinen Arbeitsvertrag wegen Mobbing kündigen möchte, sollte diesen Schritt sorgfältig vorbereiten, um die Verhängung einer Sperrfrist durch das Arbeitsamt zu vermeiden. Hierzu gehört es, mögliche – vor allem schriftliche – Beweismittel zu sammeln, die dem Arbeitsamt jederzeit – am besten bereits vor oder mit der Arbeitslosmeldung (sprich Beantragung von Arbeitslosengeld oder -hilfe) – vorgelegt werden können und es erlauben, den Schritt des Mobbingbetroffenen nachvollziehen zu können.

XIII. Rechtliche Handlungsmöglichkeiten des Betriebsrats

Neben dem Mobbingbetroffenen hat auch der Betriebsrat die Möglichkeit, in rechtlicher Hinsicht gegen Mobbing am Arbeitsplatz vorzugehen. Unterteilen lassen sich diese in zweifacher Hinsicht – Handlungsmöglichkeiten gegenüber dem Mobber sowie gegenüber dem Arbeitgeber einerseits und kurzfristige sowie mittel- bis längerfristige Handlungsmöglichkeiten andererseits. Der Unterschied zwischen kurzfristigen und mittel- bis längerfristigen Handlungsmöglichkeiten des Betriebsrats besteht darin, daß kurzfristige Handlungen häufig reine Reaktionen sind, während mittel- bis längerfristiges Handeln ein Agieren, **ein Gestalten durch den Betriebsrat** beinhaltet. Ziel eines jeden Betriebsrats muß es sein, die Interessen der Beschäftigten – und somit auch die des Mobbingbetroffenen – wahrzunehmen. Um die rechtlichen sowie außerrechtlichen (betriebspolitischen) Handlungsmöglichkeiten zu erfahren, die der Betriebsrat bei Mobbing hat, muß er sich qualifizieren. Das BAG hat in seinem Beschluß vom 15. 1. 1997 (7 ABR 14/96 – AiB 1997, 410 mit einer Anmerkung von *Wolmerath*) festgestellt, daß die sachgerechte Behandlung von Beschwerden Kenntnisse über Ursachen und Verläufe von Mobbinggeschehen und das Wissen um konkrete Abhilfemöglichkeiten verlangt. Dieses kann er sich insbesondere durch das Lesen von Literatur und den Besuch von speziellen Schulungsveranstaltungen aneignen. Die Kosten für die erforderliche Literatur hat der Arbeitgeber gemäß § 40 Abs. 2 BetrVG zu tragen.

Die durch die **Teilnahme** von Betriebsratsmitgliedern **an einer Schulungsveranstaltung** entstehenden Kosten hat der Arbeitgeber gemäß § 37 Abs. 6 i. V. m. § 40 BetrVG zu tragen, sofern der Betriebsrat eine betriebliche Konfliktlage darlegt, aus der sich ein Schulungsbedarf für ihn ergibt und zu dessen Erledigung das auf dem Seminar vermittelte Wissen notwendig ist

(BAG, Beschluß vom 15. 1. 1997, a. a. O.). Hierfür ist ausreichend, wenn der Betriebsrat vorträgt, daß er aufgrund der ihm bekanntgewordenen Konflikte initiativ werden wolle, um etwa durch Verhandlungen mit dem Arbeitgeber über den Abschluß einer Betriebsvereinbarung weiteren Mobbingfällen im Betrieb entgegenzuwirken. Ebenfalls müßte es nach dieser Entscheidung des BAG genügen, wenn der Betriebsrat im Bedarfsfall gegenüber dem Arbeitgeber darlegt, daß sich Beschäftigte bei ihm beschwert bzw. einen Sachverhalt geschildert haben, wonach Mobbing im Betrieb existiert bzw. existieren kann (s. a. ArbG Kiel, Beschluß vom 27. 2. 1997 – H 5 d BV 41/96 – AiB 1997, 410). Diesbezüglich ist zu beachten, daß der Betriebsrat nicht verpflichtet ist, Namen zu nennen – was er im übrigen auch nicht im Interesse der Betroffenen tun sollte.

In diesem Zusammenhang ist ebenfalls zu beachten, daß der Arbeitgeber die Teilnahme an einer Schulungsveranstaltung nicht mittels eines Verweises auf das Studium von Mobbingliteratur verhindern kann (vgl. ArbG Frankfurt/Main, Beschluß vom 31. 1. 1996 – 7 BV 298/95 – AiB 1996, 557).

 **Wichtig:**

Nur der Betriebsrat, der handelt, kann gestaltenden Einfluß auf Konfliktsituationen im Betrieb nehmen.

1. Rechtliches Vorgehen gegen den Mobber

Rechtliche Handlungsmöglichkeiten gegen den Mobber bestehen insoweit, als der Betriebsrat wegen eines Sachverhaltes, der seiner Meinung nach Anlaß zur Strafverfolgung gibt, **Strafanzeige** (s. Kapitel XI.1.a) erstatten kann. Daneben kann er als Gremium gemäß § 119 Abs. 2 BetrVG **Strafantrag** (s. Kapitel XI.1.a) stellen, soweit er einen Straftatbestand des § 119 Abs. 1

BetrVG für begangen erachtet, der den Betriebsrat in seinen eigenen Rechten verletzt.

Sofern die Begehung einer Straftat durch den Mobber unmittelbar bevorsteht oder der Mobber mit der Ausführung einer solchen bereits begonnen hat, kann der Betriebsrat die **Polizei** einschalten und diese um Hilfe bitten.

 Beispiele für einen Grund zur Einschaltung der Polizei:

1. Meier möchte als Betriebsratsmitglied an einer Betriebsratssitzung teilnehmen, die in 10 Minuten beginnt. Müller möchte dies verhindern und versperrt ihm den Zugang zum Betriebsratsbüro.

2. Meier hört, wie Müller zu einem Arbeitskollegen sagt, daß er den Schmidt, der aufgrund mehrmonatiger Mobbingangriffe des Müller dem endgültigen körperlichen Zusammenbruch nahe ist, jetzt gleich ganz und gar fertigmachen wolle. Da Meier das Schlimmste befürchtet, ruft er die nächste Polizeidienststelle an und bittet um Einschreiten.

Wird durch Mobbing nachhaltig der Betriebsfrieden gestört (was häufig der Fall sein dürfte), so kann der Mobber im Rahmen des § **104 BetrVG** auf Verlangen des Betriebsrats versetzt und im schlimmsten Fall sogar entlassen werden. Voraussetzung ist, daß der Mobber durch sein gesetzwidriges Verhalten oder durch grobe Verletzung der in § 75 Abs. 1 BetrVG enthaltenen Grundsätze (s. hierzu Kapitel XI.3.) wiederholt in ihm vorwerfbarer Weise grob und ernstlich den Betriebsfrieden gestört hat (zu den Einzelheiten vgl. DKK-*Kittner,* § 104 Rn. 1 ff.).

Nicht zu verwechseln ist die in § 104 BetrVG geregelte »Entfernung betriebsstörender Arbeitnehmer« mit der sogenannten **Druckkündigung.** Als Druckkündigung wird eine Kündigung bezeichnet, bei der sich der Arbeitgeber dem »Druck« eines Dritten (dies können beispielsweise einzelne Arbeitnehmer, die gesamte Belegschaft und einzelne oder mehrere Vorgesetzte, aber auch Kunden und andere betriebsfremde Personen sein) beugt und die Kündigung, diesem Diktat folgend, ausspricht (zu den Einzelheiten der Druckkündigung sowie ihrer Rechtmäßigkeit vgl. *Kittner/ Trittin,* § 626 BGB Rn. 157 ff., § 1 KSchG Rn. 333 f.).

 Beispiel für eine Druckkündigung:
Meier, Müller und Schmidt fordern von ihrem Arbeitgeber die Kündigung ihres Arbeitskollegen Schulze, da dieser HIV-infiziert ist und sie Angst haben, sich mit dem Virus am Arbeitsplatz zu infizieren. Der Arbeitgeber könne wählen: Entweder er entlasse den Schulze, oder er müsse sich für die von Meier, Müller und Schmidt besetzten Positionen neue Arbeitnehmer suchen. Der Arbeitgeber folgt dem Druck von Meier, Müller und Schmidt, da er sie in seinem Betrieb zwingend benötigt, ihr Weggehen mit größeren Folgen behaftet wäre als das Ausscheiden des Schulze.

Ob die Ausübung von Druck auf den Arbeitgeber geeignet ist, Mobbing am Arbeitsplatz zu begegnen, läßt sich nicht pauschal beantworten. Sie ist ein typisches Beispiel für ein bloßes »Reagieren«. Es wird versucht, ein betriebliches Problem durch »Druck« zu lösen, ohne die Ursachen für das Problem an den Wurzeln zu packen. Die Gefahr ist groß, daß nicht der Mobber, sondern der Mobbingbetroffene unter dem Druck anderer aus dem Betrieb herausgedrängt wird.

2. Rechtliches Vorgehen gegen den Arbeitgeber

Soweit rechtliche Handlungsmöglichkeiten in bezug auf den Arbeitgeber in Betracht kommen, sind diese in kurzfristige und mittel- bis längerfristige zu unterscheiden.

Kurzfristige Handlungsmöglichkeiten sind auf die Erstattung einer Strafanzeige, der Stellung eines Strafantrages, der Ermahnung bzw. Abmahnung des Arbeitgebers (z. B. wegen Verstoßes gegen die in § 75 BetrVG aufgestellten Grundsätze für die Behandlung von Betriebsangehörigen) oder der Einleitung eines Verfahrens gemäß § 23 Abs. 3 BetrVG (zu den Einzelheiten vgl. DKK-*Trittin*, § 23 Rn. 67 ff.) beschränkt, soweit der Arbeitgeber selber mobbt.

Aber auch gegen den nicht mobbenden, aber untätig bleibenden Arbeitgeber sind rechtliche Schritte möglich. So kann er abgemahnt werden, wenn er den in § 75 BetrVG niedergelegten Grundsätzen für die Behandlung der Betriebsangehörigen verletzt. Tritt diese Verletzung wiederholt auf, so ist an eine Einleitung des Verfahrens wegen der Verletzung gesetzlicher Pflichten gemäß § 23 Abs. 3 BetrVG zu denken.

 Beispiel:

Der Betriebsrat hat den Arbeitgeber wiederholt auf den Umstand hingewiesen, daß Meier wegen seiner Zugehörigkeit zu einer Sekte gemobbt wird, und ihn um Intervention gebeten. Als der Arbeitgeber auf das dritte Abhilfeersuchen nicht reagiert, erhält er von dem Betriebsrat eine Abmahnung. Der Arbeitgeber reagiert nicht, auch als es zu weiteren Angriffen gegenüber Meier kommt. Daraufhin leitet der Betriebsrat gegen den Arbeitgeber ein Verfahren gemäß § 23 Abs. 3 BetrVG ein, um ein Tätigwerden des Arbeitgebers zu erreichen.

Mittel- bis längerfristige Handlungsmöglichkeiten sind nicht so sehr gegen den Arbeitgeber gerichtet, sondern sollten ihn in den Prozeß der Bewältigung sowie der Prävention von Mobbing am Arbeitsplatz einbeziehen. Zu diesen Aktionsmitteln gehören vor allem:

• der Abschluß einer Betriebsvereinbarung »Mobbing«,
• die Einrichtung eines betrieblichen Mobbingbeauftragten.

Beide Aspekte erscheinen uns derart wichtig, daß wir ihnen eigene Kapitel widmen (Kapitel XIV. und XV.).

 Wichtig:

Der Abschluß einer Betriebsvereinbarung »Mobbing« sowie die Installation eines betrieblichen Mobbingbeauftragten sind geeignete Mittel, um über die reine Konfliktbewältigung im konkreten Einzelfall hinaus generalpräventiv gegen Mobbing vorzugehen.

XIV. Betriebsvereinbarung »Mobbing«

Unter der Betriebsvereinbarung wird ein privatrechtlicher Normenvertrag verstanden (vgl. DKK-*Berg*, § 77 Rn. 8), der von Betriebsrat und Arbeitgeber gemeinsam geschlossen und schriftlich niedergelegt wird. Betriebsvereinbarungen gelten unmittelbar und zwingend (vgl. § 77 Abs. 4 Satz 1 BetrVG). Räumlich gilt die Betriebsvereinbarung nur für den oder die Betriebe, für die sie abgeschlossen wurde. Sie erfaßt – mit Ausnahme der in § 5 Abs. 2 und Abs. 3 BetrVG genannten Personenkreise und soweit sie nicht im persönlichen Geltungsbereich beschränkt ist – alle Arbeitnehmer des Betriebes (zu den Einzelheiten vgl. DKK-*Berg*, § 77 Rn. 1 ff.).

Ansatzpunkt für den Abschluß einer Betriebsvereinbarung »Mobbing« ist § 87 Abs. 1 Nr. 1 BetrVG. Danach hat der Betriebsrat – soweit eine gesetzliche oder tarifliche Regelung nicht besteht – bei Fragen der Ordnung des Betriebes und des Verhaltens der Arbeitnehmer im Betrieb mitzubestimmen. Mit der betrieblichen Ordnung ist in diesem Sinne die Sicherung eines ungestörten Arbeitsablaufes und des reibungslosen Zusammenlebens/Zusammenwirkens der Arbeitnehmer im Betrieb gemeint (DKK-*Klebe*, § 87 Rn. 42). Das Arbeitnehmerverhalten im Sinne dieser Vorschrift bezieht sich auf das Verhalten des einzelnen Arbeitnehmers selbst sowie das Verhalten des Arbeitnehmers gegenüber seinen Arbeitskollegen und seinem Arbeitgeber (*Schaub*, § 235.II.1.a).

Daß Mobbing die betriebliche Ordnung und das Verhalten der Arbeitnehmer im Betrieb betrifft, ist nicht zu bestreiten. Gesetzliche Regelungen zu Mobbing gibt es nicht, tarifvertragliche Regelungen zu Mobbing dürften die Ausnahme sein.

Ansatzpunkt für den Abschluß einer Betriebsvereinbarung »Mobbing« ist ferner das Arbeitsschutzgesetz nebst seinen Verordnungen. Bei ihnen handelt es sich um Rahmenvorschriften im Sinne des § 87 Abs. 1 Nr. 7 BetrVG, so daß dem Betriebsrat bei Maßnahmen des Arbeitsschutzes ein umfangreiches Mitbestimmungsrecht zusteht – zugleich aber auch die Verpflichtung des Betriebsrats gemäß § 80 Abs. 1 Nr. 1 BetrVG beinhaltet, über die Einhaltung von Vorschriften des Arbeitsschutzes zu wachen (vgl. *Kittner/Pieper,* GdA Rn. 102 f.). Wichtig ist in diesem Zusammenhang und insbesondere für eine Aufarbeitung von Mobbing zu wissen, daß der Arbeitsschutz gemäß seinem heutigen Verständnis auch den psychischen Schutz der Beschäftigten umfaßt (vgl. *Kittner/Pieper,* GdA Rn. 9 ff.). Dieser Umstand läßt sich insbesondere mittels der Bildschirmarbeitsverordnung belegen, die in ihrem § 3 erstmals den Begriff der psychischen Belastung erwähnt (der vollständige Wortlaut des § 3 BildscharbV sowie wesentliche Vorschriften des ArbSchG sind im Anhang Nr. 4 abgedruckt).

Da dem Betriebsrat in allen sich aus § 87 Abs. 1 BetrVG ergebenden mitbestimmungspflichtigen Angelegenheiten ein uneingeschränktes **Initiativrecht** eingeräumt ist (vgl. DKK-*Klebe,* § 87 Rn. 19), kann er von sich aus die Initiative ergreifen und vom Arbeitgeber den Abschluß einer Betriebsvereinbarung »Mobbing« sowohl gemäß § 87 Abs. 1 Nr. 1 BetrVG als auch gemäß § 87 Abs. 1 Nr. 7 BetrVG verlangen.

Sollte der Arbeitgeber hierzu nicht bereit sein, so kann der Betriebsrat das Zustandekommen der Betriebsvereinbarung im Wege des **Einigungsstellenverfahrens** erzwingen (vgl. § 87 Abs. 2 BetrVG). Geregelt ist das Einigungsstellenverfahren in § 76 BetrVG. Zu beachten ist, daß der Arbeitgeber die (d. h. alle) Kosten der Einigungsstelle gemäß § 76 a Abs. 1 BetrVG zu tragen hat (zu den Einzelheiten vgl. DKK-*Berg,* § 76 Rn. 1 ff. u. § 76 a Rn. 1 ff.; s. a. *Kraushaar,* 113 ff. u. 282 ff.).

 **Wichtig:**

Der Betriebsrat hat ein Initiativrecht zum Abschluß einer Betriebsvereinbarung »Mobbing«. Ihren Abschluß kann der Betriebsrat notfalls mit Hilfe der Einigungsstelle erzwingen.

Obwohl sich auch der Abschluß einer Betriebsvereinbarung »Mobbing« als äußerst kompliziert erweisen kann – das gilt unter anderem dann, wenn sich der Arbeitgeber mit Händen und Füßen wehrt, eine solche Betriebsvereinbarung abzuschließen und dem Betriebsrat alle möglichen Steine in den Weg legt –, liegen die Probleme in der Beantwortung der Frage, was Inhalt einer Betriebsvereinbarung »Mobbing« sein sollte. Eine Betriebsvereinbarung ist um so besser, je eher sie den konkreten betrieblichen Bedürfnissen gerecht wird. Pauschalierungen oder unumstößliche Verallgemeinerungen sind daher fehl am Platz. Wer es sich leicht macht und die Betriebsvereinbarung eines anderen Betriebes abschreibt, wird nicht das Optimale erreichen. Vielmehr ist von einer »Verschlimmbesserung« auszugehen.

Auf unseren Seminaren haben wir festgestellt, daß es einige Aspekte gibt, die Bestandteil einer jeden Betriebsvereinbarung sind. Andere Punkte sind dagegen höchst individuell auszugestalten, lassen Verallgemeinerungen wegen der konkreten betrieblichen Situation nicht zu. Ferner ist zu bedenken, daß die Ausgangslagen für die Verhandlungen sowie für den Abschluß einer Betriebsvereinbarung »Mobbing« höchst unterschiedlich sind. So kann es sein, daß der Betriebsrat des Betriebes A wegen der ablehnenden Haltung des Arbeitgebers nur minimale, der Betriebsrat des Betriebes B wegen der Aufgeschlossenheit und des Problembewußtseins seines Vertragspartners hingegen maximale Forderungen durchsetzen kann. Demgemäß sind die folgenden Eckpunkte einer Betriebsvereinbarung »Mobbing« lediglich als Anhaltspunkte sowie Orientierungshilfen zu begreifen. Eine erläuterte Mustervereinbarung ist in der Anlage Nr. 3 enthalten.

Eckpunkte einer Betriebsvereinbarung »Mobbing«:

Überschrift:

- z. B. »Betriebsvereinbarung zu sozialem Umgang im Betrieb« oder »Betriebsvereinbarung für ein partnerschaftliches Verhalten am Arbeitsplatz«

Präambel:

- Grund für den Abschluß der Betriebsvereinbarung
- Absichten und Ziele

Geltungsbereich:

- Räumlich: für welche(n) Betrieb(e), Abteilung(en) ...
- Persönlich: alle im Betrieb Tätigen (Stammbelegschaft, Fremdfirmenbeschäftigte, Geschäftsleitung, Abteilungsleiter ...)
- Zeitlich: sofern die Geltungsdauer der Betriebsvereinbarung (z. B. aus Gründen ihrer Erprobung) befristet sein soll

Begriffsklärung und Reichweite:

- Definition von Mobbing
- Aufzählung von Mobbinghandlungen (nicht abschließender Katalog, der bei Bedarf ergänzt werden kann)
- Abgrenzung von Verhaltensweisen, die nicht Mobbing sind
- Einbeziehung von Verhaltensweisen, die nicht Mobbing sind, allerdings wie Mobbing betrachtet werden

Verhaltenskodex:

- Aufzählung der einzelnen Verhaltensanforderungen
- Verbot unerwünschter Verhaltensweisen
- Umgang mit Problemen sowie Konfliktsituation im Betrieb

Betriebsklima:

- Festschreibung von Maßnahmen zur Verbesserung des Betriebsklimas

- Zeitpunkt, Ort und Art der Maßnahmen
- Freistellung für die Teilnahme an den Maßnahmen
- Kostentragung

Konfliktlösungsverfahren:
- Regelung das Verfahrens zur Bewältigung von Konfliktsituationen im Betrieb
- Maßnahmenkatalog/Stufenplan
- Einschaltung externer Personen (z. B. Selbsthilfegruppe, Arzt, Psychologe)

Hilfe für Mobbingbetroffene:
- Angebot von (therapeutischen) Maßnahmen und Hilfe (z. B. Gespräche, Vertrauen schaffen, Ängste abbauen)
- Zeitpunkt, Ort und Art der angebotenen Maßnahmen
- Freistellung für die Teilnahme an den Maßnahmen
- Kostentragung

Sanktionen (falls gewünscht):
- Aufzeigen der Sanktionsmittel (z. B. Ermahnung, Abmahnung, Geldbuße, Versetzung, Kündigung)
- Welche Sanktionsmittel kommen wann in Betracht
- Regelung des Verfahrens der Sanktionierung (z. B. Einschaltung des Betriebsrats, Anhörung des Betroffenen, Aufklärung des Sachverhalts, Anrufung der Schlichtungsstelle bei Meinungsverschiedenheiten)

Mobbingbeauftragter:
- Funktion und Aufgabe
- Stellung (Mitglied des Betriebsrats oder Beauftragung einer externen Person)
- Ausstattung (z. B. Büro, Bücher, PC, Schreibkraft)
- Hinzuziehung externer Personen (z. B. Rechtsanwälte, Ärzte, Sachverständige)

- Schulung und Bildung
- Kostentragung

Sensibilisierung und Qualifizierung:
- Maßnahmen zur Sensibilisierung und Qualifizierung von Vorgesetzten und Beschäftigten (z. B. Vorträge, Seminare)
- Zeitpunkt, Ort und Art der Durchführung der Maßnahmen
- Freistellung für die Teilnahme an den Maßnahmen
- Kostentragung

Schlichtungsstelle:
- Zuständigkeit (bei Meinungsverschiedenheiten zwischen Betriebsrat und Arbeitgeber, die sich aus der Anwendung der Betriebsvereinbarung ergeben)
- Besetzung
- Verfahren
- Hinzuziehung von Sachverständigen
- Kostentragung

Schlußbestimmungen:
- Information (Aushändigung der Betriebsvereinbarung an den Adressatenkreis, Aushang am schwarzen Brett, Erläuterung der Betriebsvereinbarung auf einer Betriebs-/Belegschaftsversammlung)
- Salvatorische Klausel
- Pflicht zur Fortschreibung der Betriebsvereinbarung im Bedarfsfall
- Inkrafttreten (einer unbefristeten Betriebsvereinbarung; s. a. den Eckpunkt »zeitlicher Geltungsbereich«), Kündigung und Nachwirkung der Betriebsvereinbarung

Einige Entwürfe von Betriebsvereinbarungen sowie bereits abgeschlossene Betriebsvereinbarungen, die wir bislang zu Gesicht bekamen, waren mit rechtlichen Feststellungen wie

»Mobbinghandlungen erfüllen strafrechtliche Tatbestände« versehen. Da weder der Betriebsrat noch der Arbeitgeber solche Feststellungen rechtsverbindlich treffen kann und es auch nicht deren Aufgabe ist, solche Wertungen abzugeben, sollte auf diese verzichtet werden. Sinnvoller und passender ist daher eher der Hinweis »Mobbinghandlungen *können* strafrechtliche Tatbestände erfüllen«.

Wichtig ist zu bedenken, daß die Arbeit des Betriebsrats mit dem Abschluß der Betriebsvereinbarung nicht beendet sein darf. Die Realität zeigt immer wieder, daß Betriebsräte verbissen um den Abschluß einer Betriebsvereinbarung kämpfen, diese dann anschließend im Betrieb nicht weiter beachten, ihre Umsetzung nicht weiter verfolgen. So meinen manche Betriebsräte, daß es z. B. Alkoholprobleme von Beschäftigten nicht mehr gibt, sobald sie eine Betriebsvereinbarung »Sucht« abgeschlossen haben. Vergleichbares gilt für Arbeitgeber. Wenn sie der Betriebsrat nicht drängt, »vergessen« sie leicht, ihrer sich aus § 77 Abs. 1 Satz 1 BetrVG ergebenden Pflicht nachzukommen und die Betriebsvereinbarung durchzuführen.

> **!** **Wichtig:**
> Mit dem Abschluß der Betriebsvereinbarung ist das Problem Mobbing nicht gelöst. Der Betriebsrat muß die Umsetzung der Betriebsvereinbarung verfolgen und diese bei Bedarf fortschreiben bzw. korrigieren.

Ein Ratschlag zu guter Letzt: Selbst gesteckte Ziele kann man – egal ob als Mobbingbetroffener oder als Betriebsrat(smitglied) – häufig nur dann verwirklichen, wenn man diese stets vor Augen hat. Hierzu ist es hilfreich, in regelmäßigen Abständen sowohl eine **Bestandsaufnahme** (s. a. Abb. 32) als auch eine **Erfolgskontrolle** (s. a. Abb. 33) durchzuführen. Gemäß der von uns gemachten Erfahrungen bedarf es hierfür nur wenige Minuten.

Abb. 32: Bestandsaufnahme zu Mobbing im Betrieb

Problem-beschreibung	Ursachen des Problems	Bisheriger Umgang mit dem Problem	Konsequenzen für den weiteren Umgang (meine nächsten Schritte)
			1.
			2.
			3.

Abb. 33: Erfolgskontrolle zu Mobbing im Betrieb

Ziel:
Kontrolle am: (z. B. nach vier Wochen)

Meine geplanten Schritte	angegangen und erledigt	angegangen und noch nicht erledigt (warum?)	nicht angegangen (warum?)	Konsequenzen für das weitere Vorgehen
1.				
2.				
3.				

XV. Der betriebliche Mobbing-Beauftragte

Um Mobbing am Arbeitsplatz auf Dauer wirksam in den Griff bekommen zu können, kann es ratsam und notwendig sein, einen betrieblichen Mobbingbeauftragten zu bestellen. Hierzu gibt es zwei Alternativen:

1. Jemand, der nicht Mitglied des Betriebsrats ist, wird mit dieser Aufgabe betraut (**der betriebsratsexterne Mobbingbeauftragte**);
2. Einem Mitglied des Betriebsrats wird diese Tätigkeit übertragen (**der betriebsratsinterne Mobbingbeauftragte**).

Für welche Alternative man sich entscheidet, ist eine Abwägungssache. In beiden Fällen wird jemand als Ansprechpartner für Mobbingbetroffene benannt. Beide Alternativen beinhalten sowohl Vorteile als auch Nachteile.

Wird einer dem Betriebsrat nicht angehörenden Person (z. B. Arzt) die Aufgabe des Mobbingbeauftragten übertragen (z. B. im Wege eines Dienstvertrages, im Wege einer befristen oder unbefristen Einstellung), so kann sich diese Person – von den allgemeinen Betriebsratsaufgaben unbelastet – auf ihre Aufgaben konzentrieren. Allerdings handelt es sich bei dieser Person eben nicht um ein Mitglied des Betriebsrats. Eine Teilnahme an Schulungs- und Bildungsveranstaltungen gemäß § 37 Abs. 6, Abs. 7 BetrVG ist ebenso ausgeschlossen wie der besondere Schutz von Betriebsratsmitgliedern vor Benachteiligungen und Kündigungen (vgl. §§ 37 Abs. 2, Abs. 3, Abs. 4, 78, 103 BetrVG, § 15 KSchG).

Mobbingbeauftragte, die Mitglied des Betriebsrats sind, besitzen den besonderen Schutz, den jedes Betriebsratsmitglied genießt (z. B. Befreiung von der beruflichen Tätigkeit für erforderliche Amtshandlungen ohne Minderung des Arbeitsentgelts, Schutz vor willkürlichen Kündigungen, vgl. §§ 37 Abs. 2, Abs. 3, Abs. 4, 78, 103 BetrVG, § 15 KSchG). Als Mitglied des Betriebsrats können sie im Rahmen des § 37 Abs. 6, Abs. 7

i. V. m. § 40 BetrVG auf Kosten des Arbeitgebers unter Fortzahlung ihres Entgeltes an speziellen Schulungs- und Bildungsmaßnahmen zu Mobbing teilnehmen. Dies ist spätestens seit dem Beschluß des BAG vom 15. 1. 1997 – 7 ABR 14/96 – AiB 1997, 410 (mit einer Anmerkung von *Wolmerath*) anerkannt (s. a. S. 287 f.). Der Betriebsrat kann Sachverständige (vgl. § 80 Abs. 3 BetrVG) hinzuziehen. Für erforderliche Sachmittel (z. B. Fachliteratur zu Mobbing, Mobbingtelefon) hat der Arbeitgeber die Kosten zu tragen (vgl. § 40 BetrVG).

Da der Betriebsrat über die erforderliche Nähe zur Belegschaft verfügt und über betriebliche Gegebenheiten wie kein anderer informiert ist, verfügt er über Grundlagen und Hintergrundwissen, die sich ein Dritter nur schwerlich verschaffen kann. Dafür ist der Mobbingbeauftragte, der Mitglied des Betriebsrats ist, neben der Mobbingproblematik mit allen übrigen betrieblichen Problemen belastet, mit denen sich jeder Betriebsrat auseinanderzusetzen hat.

Aus den dargelegten Gründen – weitere ließen sich anfügen – scheint uns der Mittelweg der praktikabelste zu sein. Ziel des Betriebsrats sollte es sein, einen speziellen Mobbingbeauftragten mit der Wahrnehmung der Tätigkeiten zu beauftragen, der allerdings (quasi als **Beschäftigter des Betriebsrats**) ausschließlich dem Betriebsrat untersteht und über die gleichen Rechte verfügen soll, wie sie Betriebsratsmitglieder haben, z. B. Anspruch auf Schulung und Bildung, Einschaltung von Sachverständigen, Einholung von Auskünften externer Stellen. Voraussetzung ist hierfür der Abschluß einer Betriebsvereinbarung, in der sich der Arbeitgeber verpflichtet, dem Betriebsrat die benötigten »Freiräume« zu schaffen (s. hierzu die Anlage Nr. 3).

> **! Wichtig:**
> Der Betriebsrat muß sorgfältig abwägen, wo der Mobbingbeauftragte in rechtlicher Hinsicht angesiedelt sein soll.

Da wir die betriebliche Realität kennen, wissen wir, daß der Mobbingbeauftragte der zuvor beschriebenen Art nicht in jedem Betrieb durchgesetzt werden kann. Die Größe des Betriebes, seine wirtschaftliche Situation und die sich daraus ergebenden finanziellen Möglichkeiten sowie die Einsichtsfähigkeit des Arbeitgebers sind Aspekte, die nicht übersehen werden dürfen. Trotzdem sollte zunächst versucht werden, das **Maximum durchzusetzen.** Abstriche können immer noch vorgenommen und Kompromisse eingegangen werden. Wer – weil nicht realisierbar – auf einen Mobbingbeauftragten der zuletzt beschriebenen Art verzichtet, bekommt vielleicht eine (zusätzliche) Freistellung für das Betriebsratsmitglied zugestanden, das die Aufgabe des Mobbingbeauftragten übernimmt.

Um Rechtsstreitigkeiten vorzubeugen, sollten in der abzuschließenden Betriebsvereinbarung auf jeden Fall die **Stellung und** die **Rechte des Mobbingbeauftragten** verankert sein. Gemäß dem Motto »neue Besen kehren gut« könnte es ansonsten geschehen, daß zum Beispiel ein Wechsel in der Geschäftsleitung dazu führt, daß die Arbeit des Mobbingbeauftragten erschwert oder untergraben wird.

 Wichtig:
Stellung und Rechte des Mobbingbeauftragten sollten in einer Betriebsvereinbarung festgeschrieben werden, um Rechtsstreitigkeiten vorzubeugen.

Der Begriff »Mobbingbeauftragter« kann insbesondere bei Mobbingbetroffenen Ängste schüren sowie Hemmschwellen und Vorurteile aufbauen. Wer sich an den Mobbingbeauftragten wendet, könnte hierdurch vielleicht Dritten zu verstehen geben, daß er mit Mobbing konfrontiert wird, Mobbingangriffen ausgesetzt ist ...

Um dieser mit dem – objektiv richtigen – Begriff verbundenen

Gefahr vorzubeugen, schlagen wir vor, einen Terminus zu wählen, der nicht mißverstanden werden kann, in der die Wortwahl eher positiv besetzt ist. Dies dürfte unter anderem für die Begriffe »**Konfliktbeauftragter**« und »**Betriebsklimabeauftragter**« gelten.

Anhang

1. Zwei Fragebogen zur Selbstklärung bei Mobbing

Im folgenden sind zwei Fragebogen abgedruckt. Der erste Fragebogen richtet sich an die Interessenvertretung sowie an interessierte Personen (z.B. Arbeitskollegen). Der zweite Fragebogen ist für Mobbingbetroffene bestimmt.

Die Fragen geben Anregungen zum Nachdenken über das eigene Engagement sowie die eigene Betroffenheit. Sie dienen ausschließlich der Selbstklärung. Aus diesem Grunde können vorformulierte Ergebnisse nicht erzielt werden.

a) Fragebogen für den engagierten Helfer

Häufig wird sich nicht die Zeit genommen, die notwendig ist, grundlegende Fragen sowie Probleme im erforderlichen Maße durchdenken zu können. Dieser Fragebogen soll Sie darin unterstützen, den eigenen Standpunkt zu Mobbing, Ihre konkrete betriebliche Situation und Ihre eigenen Möglichkeiten genauer unter die Lupe zu nehmen und weiter zu entwickeln. Nehmen Sie sich daher für die Beantwortung der Fragen ausreichend Zeit.

1. Wie definiere ich nach meinen persönlichen Eindrücken und nach meiner Überzeugung Mobbing? Wer, was und welche Situationen gehören dazu? (Eventuell später ergänzen, wenn Sie sich durch den ganzen Fragebogen durchgearbeitet haben).

2. Was unterscheidet Mobbing von anderen Formen unfreundlichen sozialen Umgangs?

3. Welche einzelnen Mobbinghandlungen habe ich persönlich beobachten können bzw. am eigenen Leib erfahren?

4. Welche Gründe und Motive haben Mobber für ihr Tun? Wenn ich mir nicht sicher bin, welche Motive vermute ich?

5. Welche »Schwachstellen« haben die mir bekannten Mobbingbetroffenen? Welche vermute ich?

6. Welche betrieblichen Situationen oder personellen Konstellationen begünstigen Mobbing?

7. Welches ist die *entscheidende* Schaltstelle im Betrieb, um Mobbing einzudämmen bzw. vorzubeugen?
   ○ Geschäftsführung ○ Betriebsrat
   ○ Mobbingbetroffener selbst ○ Belegschaft
   ○ je nachdem ○ alle zusammen
   ○ ...

8. Welches sind nach meiner Meinung die wichtigsten Gründe, daß es Mobbing in meinem Betrieb gibt bzw. daß Mobbing in meinem Betrieb zutage treten könnte?
   ○ schlechtes Betriebsklima ○ Engstirnigkeit
   ○ Konkurrenz ○ Jagdfieber
   ○ Aufstiegsprobleme ○ schlechte Arbeitsorganisation
   ○ Personalabbau nisation
   ○ Niedertracht ○ Überempfindlichkeit
   ○ Machtgelüste ○ Überforderung
   ○ Engherzigkeit ○ kein Mitgefühl
   ○ Arbeitshetze ○ machen sich keine Gedanken
   ○ Neid, Mißgunst danken
   ○ Niedergang des Betriebs ○ andere Gründe: ...
   ○ schlechtes Management

9. Ich fühle mich selbst aktuell Mobbingangriffen ausgesetzt.
   ○ Ja, stark   ○ Ja, manchmal bzw. zeitweilig
   ○ Nein   ○ Weiß nicht, ob man das Mobbing nennen soll

10. Ich bin in der Vergangenheit gemobbt worden.
    ○ Ja, stark   ○ Ja, manchmal bzw. zeitweilig
    ○ Nein   ○ Weiß nicht, ob man das Mobbing nennen soll

11. Für alle diejenigen, die selbst noch nicht gemobbt wurden: Kann ich mir vorstellen, daß ich unter bestimmten Umständen auch einmal die Zielscheibe von Mobbing werden könnte?
    ○ Ja, das könnte passieren, wenn ...
    ○ Nein, das könnte eigentlich nicht passieren, weil ...
    ○ Vielleicht, aber ich kann es mir nicht so recht vorstellen, weil ...

12. Wenn ich ehrlich bin, war ich selbst schon mal an Vorgängen beteiligt, die den Betroffenen als Mobbing vorgekommen sein mögen.
    ○ Ja   ○ Vielleicht   ○ Nein
    Wenn ja oder vielleicht, was ist geschehen?

13. Welche Eigenschaften und Fähigkeiten braucht ein Betriebsratsmitglied, um mit Mobbingbetroffenen gute Beratungsgespräche führen und sie unterstützen zu können?

14. Welche Eigenschaften und Fähigkeiten braucht ein Betriebsratsmitglied, um mit Mobbern Gespräche führen oder um in einer Abteilung, in der gemobbt wird, mit

allen Beteiligten die soziale Situation verbessern zu können?

15. Von welcher Seite im Betrieb kann ich kurzfristig/unmittelbar Unterstützung beim Vorgehen gegen Mobbing erwarten?
Personen:
Gremien/Funktionsträger:

16. Bei welche Personen(kreisen) und Gremien kann ich mir begründete Hoffnung machen, daß sie *langfristig* zu Bündnispartnern gegen Mobbing werden könnten? Oder sehe ich das eher sehr pessimistisch?

17. Von welcher Seite kommt (vermutlich) Widerstand/Gegnerschaft?
Personen:
Gremien/Funktionsträger:

18. Wer verhält sich (vermutlich) neutral/abwartend/ambivalent?
Personen:
Gremien/Funktionsträger:

19. Welche Personen/Gremien/Funktionsträger kann ich nicht richtig einschätzen?

zu 15 – 19:
Wenn ich mir vorstelle, daß das Kästchen meine Belegschaft symbolisiert (100 %), wie groß sind die Anteile der Unterstützer, Mobber, Neutralen usw.?

Beispiel: Situation im eigenen Betrieb:

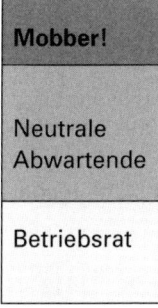   

20. Angenommen, ein Betriebsrat möchte den Arbeitgeber für Mobbing sensibilisieren und erwartet jedoch Unverständnis oder Unwillen von dieser Seite. Wie sollte der Betriebsrat die Maßnahme beginnen? Welche Verhandlungsstrategie gegenüber dem Arbeitgeber (z.B. um Verständnis werben, Druck machen, Belegschaft mobilisieren) sollte der Betriebsrat wählen, und auf welche Ziele sollte hingesteuert werden?
   a) Womit beginnen?
   b) Welche Verhandlungsstrategie?
   c) Welche Ziele?

21. Welche Handlungsstrategie des Betriebsrats halte ich in meinem Betrieb für erfolgversprechend?
   a) Beratung und Unterstützung für Mobbingbetroffene;
   b) persönliche Mobbing-Anlaufstelle/telefonische Mobbing-Hotline;
   c) Referat mit Experten auf der Betriebsversammlung;
   d) Verhandlungen mit Geschäftsleitung mit dem Ziel: besseres Management;
   e) Sanktionen, juristische Schritte gegen Mobber;
   f) Druckmittel, juristische Schritte gegen Arbeitgeber;

g) Konfliktmanagement durch Arbeitgeber in den betreffenden Abteilungen;

h) Konfliktmanagement durch Betriebsrat in den betreffenden Abteilungen;

i) Konfliktmanagement durch externe Fachleute;

j) Konfliktgespräche des Betriebsrats mit allen Beteiligten;

k) Konfliktgespräche Betriebsrat und Arbeitgeber mit allen Beteiligten;

l) ...

Weitere Pläne und Vorhaben:

22. Wo beginne ich? Welche Schritte leite ich innerhalb der nächsten Zeit ein, um meine Vorhaben gegen Mobbing umzusetzen?

b) Fragebogen für den Mobbingbetroffenen

Falls Sie selbst akut von Mobbing betroffen sind, ist es häufig schwer, sich allein von den quälenden, immer wiederkehrenden Gedanken zu befreien, die einem immer und immer wieder durch den Kopf gehen. Wenn Sie momentan keinen Gesprächspartner haben oder einmal ganz in Ruhe Ihre derzeitige Situation überdenken möchten, können Sie diesen Fragebogen zur Selbstklärung durcharbeiten. Vielleicht ergeben sich für Sie hieraus neue Anregungen zur Konfliktbewältigung.

1. Was ist genau geschehen bzw. geschieht zur Zeit?

2. Seit wann ist (mir) klar, daß es keine vorübergehende oder zufällige Sache ist?

3. Welche psychischen und physischen Verletzungen habe ich bisher hinnehmen müssen?

4. Was passiert, wenn der Prozeß so weiterläuft?

5. Welche Gefühle habe ich gegenüber dem Mobber?
   - ○ Haß
   - ○ Verachtung
   - ○ Schadenfreude
   - ○ Ohnmacht
   - ○ Gleichgültigkeit
   - ○ Wut
   - ○ Enttäuschung
   - ○ Resignation
   - ○ Angst, Furcht
   - ○ Rachedurst
   - ○ Neid
   - ○ Ekel
   - ○ Ärger
   - ○ andere Gefühle:...

6. Welche Gefühle hat der Mobber vermutlich mir gegenüber?

   ○ Haß   ○ Resignation
   ○ Verachtung   ○ Angst, Furcht
   ○ Schadenfreude   ○ Rachedurst
   ○ Ohnmacht   ○ Neid
   ○ Gleichgültigkeit   ○ Ekel
   ○ Wut   ○ Ärger
   ○ Enttäuschung   ○ andere Gefühle:...

7. Welche Motive vermute ich hinter dem Tun des Mobbers?

8. Wie und wann ist die Mobbingsituation entstanden (vor-
   her/nachher)? Kann ich einen konkreten Auslöser oder
   Anlaß erkennen?

9. Wer ist (war) der Hauptverantwortliche für die Mobbingangriffe?

10. Wer ist (war) bzw. sind (waren) Mitläufer und Mittäter?

11. Bin ich persönlich gemeint oder geht es eher um eine
    »Sündenbockrolle«? Bin ich nur zufällig in die Schußlinie
    geraten?

12. Welche Maßnahmen habe ich gegen das Mobbing er-
    griffen? Welche Maßnahmen sind wirkungslos geblie-
    ben, welche haben Teilerfolge gebracht? Welche Maß-
    nahmen haben gegebenenfalls das Gegenteil bewirkt?
    Welche Maßnahmen waren wirkungsvoll?

13. Welche Menschen würden mich unterstützen?
    a) im privaten Bereich:
    b) am Arbeitsplatz:
    c) professionelle Helfer:

14. Ist die Familie und der Freundeskreis überfordert? Haben wichtige private Bezugspersonen kein Verständnis?

15. Welche Personen habe ich nicht angesprochen, aus Furcht, sie würden verständnislos oder ebenfalls feindselig reagieren?

16. Von welchen Personen gab es kein Verständnis oder keine Unterstützung, obwohl darum gebeten wurde?

17. Manche Menschen, die gemobbt werden, räumen das Feld, um auf diese Weise die Angriffe zu beenden. Möchte ich aufgeben? Aus welchen Gründen möchte ich nicht aufgeben?

18. Lassen Sie Ihre Phantasie fliegen! Stellen Sie sich vor, in drei Monaten (oder sechs Monaten, wenn das für Sie realistischer klingt) wäre der ganze Spuk, der Sie bisher so belastet hat, vorbei. Lassen Sie mal beiseite, wie das im Einzelnen vor sich gegangen ist. Stellen Sie sich nur Ihre betriebliche Situation und Ihr dazu passendes Gefühlsleben, Ihre sozialen Beziehungen und Ihre Arbeit vor – zu dem Zeitpunkt, wenn es endlich vorbei ist. Machen Sie es so konkret wie möglich. Sie stehen morgens auf, Sie gehen zur Arbeit, treffen Arbeitskollegen ... Wie wäre es, wenn es optimal für Sie wäre?

19. Welche Form der Unterstützung möchte ich mir in der nächsten Zeit organisieren? Was fehlt mir, damit ich besser mit der Situation zurecht komme bzw. damit ich die Situation überwinden kann?

20. Was kann ich als nächstes praktisch tun?

2. Musterschreiben für Ermahnungen und Abmahnungen des Arbeitgebers

Jeder Mobbingbetroffene sowie jeder Betriebsrat kann den Arbeitgeber ermahnen und abmahnen, der entweder selber mobbt oder nichts zum Schutze des Betroffenen unternimmt, um dem Mobbing im Betrieb ein Ende zu bereiten. Voraussetzung hierfür ist, daß der Arbeitgeber gegen arbeitsvertraglich und/oder gesetzlich auferlegte Pflichten verstößt.

Ermahnungen und Abmahnungen sollten aus Gründen der Beweissicherung stets schriftlich ausgesprochen werden. Kopien der Schreiben sind ebenfalls sorgfältig aufzubewahren, um auf diese gegebenenfalls später zurückgreifen zu können. Ebenfalls sollte – um Rechtsverluste zu vermeiden – mit ihrem Ausspruch nicht allzulange gewartet werden, sofern man sich zu diesem Schritt entschließt. Schließlich sind stets auch die Risiken zu bedenken, die mit einer Ermahnung bzw. Abmahnung des Arbeitgebers verbunden sein können. Aus diesem Grunde sollte nicht leichtfertig und überhastet gehandelt werden. Ratsam ist es stets, sich zunächst umfassend durch einen Rechtsanwalt oder einen Gewerkschaftssekretär beraten zu lassen (zur Abmahnungsproblematik im allgemeinen vgl. *Eichhorn/Steinmann,* S. 1 ff.).

Im folgenden werden zwei Muster für eine Abmahnung des Arbeitgebers dargestellt. Zu bedenken ist stets, daß die Muster nur der Veranschaulichung dienen können. Ratsam kann es daher auf keinen Fall sein, sie unkritisch auf andere Fälle zu übertragen.

a) Abmahnung bzw. Ermahnung eines mobbenden Arbeitgebers

Sehr geehrter Herr Müller,
seit nunmehr zwei Monaten schikanieren Sie mich, wo Sie nur können. Offensichtlich hängt dies mit meiner Weigerung zusammen, bei Ihnen zu einem Lohn zu arbeiten, der um 4,00 DM/Stunde (brutto) unter dem Tariflohn liegt.
So haben Sie mir mein Gehalt für den Monat November 1999 nicht zum Fälligkeitstermin, sondern erst zwei Wochen später ausgezahlt. Ferner haben Sie mir 10 Überstunden nicht vergütet, die ich auf Ihren Wunsch hin erbracht habe. Ferner weigern Sie sich, mir für den Zeitraum zwischen Weihnachten und Neujahr Urlaub zu gewähren, obwohl dies zwischen uns schon seit mehr als einem halben Jahr abgesprochen ist und ich im Vertrauen darauf eine Urlaubsreise gebucht habe.
Heute, am Montag, dem 20. 12. 1999, haben Sie mich auf der Weihnachtsfeier im Beisein aller anwesenden Arbeitskollegen beleidigt, indem Sie lauthals verkündeten, daß Sie mit einem wie mir schon fertig würden, der nicht in der Lage sei, einen Sack Zement von einer Blondine zu unterscheiden. Ferner sei ich ein in Moskau zum »Betriebsterroristen« ausgebildetes Gewerkschaftsmitglied, das eher den Betrieb ruiniere als anständige Arbeit erbringe.
Ich weise Sie darauf hin, daß ich Ihre Unverschämtheiten nicht länger hinnehmen werde und fordere Sie hiermit auf, Ihre Schikanen und beleidigenden Äußerungen unverzüglich einzustellen. Hierzu sind Sie arbeitsvertraglich verpflichtet.

Sollten Sie meiner Aufforderung nicht unverzüglich nachkommen, so werde ich im Falle der Wiederholung beleidigender Äußerungen ein Verfahren vor dem Schiedsmann einleiten und gegebenenfalls Privatklage gegen Sie erheben. Auch behalte ich mir für den Fall weiterer Verstöße gegen Ihre arbeitsvertragli-

chen Pflichten vor, Sie auf Schadensersatz in Regreß zu nehmen und mein Arbeitsverhältnis bei Ihnen zu beenden.[1]

Hochachtungsvoll
Datum, Unterschrift

b) Abmahnung bzw. Ermahnung eines untätigen Arbeitgebers

Sehr geehrter Herr Müller,
bereits am Mittwoch, den 01. 12. 1999, hatte ich Sie im Beisein des Betriebsrats über die zahlreichen Schikanen und Gemeinheiten unterrichtet, denen ich in der Abteilung »Einkauf« seit meiner Versetzung in diese Abteilung, die am 01. 08. 1999 erfolgte, ausgesetzt bin.

Obwohl Sie in unserer Unterredung eine Intervention durch Ihre Person zugesagt hatten, haben Sie bislang nichts zur Beendigung der Angriffe gegen meine Person unternommen. Ihr untätiges Zuschauen hat dazu geführt, daß die Angriffe gegen meine Person weiter zugenommen haben.

Am 13. 12. 1999 fand ich den Bildschirmschoner meines PC mit dem Satz »Wir machen Dich alle« versehen vor.

Seit dem 15. 12. 1999 ist mein Bürostuhl spurlos verschwunden.

Am 16. 12. 1999 fand ich meine Arbeitsunterlagen nach der Mittagspause im Papierkorb vor.

Am 17. 12. 1999 war zu Arbeitsbeginn ein Galgenstrick über meinem Schreibtisch aufgehängt.

Am 20. 12. 1999 konnte ich meinen PC zu Arbeitsbeginn nicht bedienen, da er mit einem neuen Passwort versehen war.

---

1 Der kursiv gedruckte Text beinhaltet die Androhung konkreter arbeitsrechtlicher Konsequenzen für den Fall der Wiederholung. Mithin handelt es sich um eine Abmahnung. Sofern man auf die Androhung konkreter arbeitsrechtlicher Konsequenzen für den Wiederholungsfall verzichtet, handelt es sich hingegen um eine bloße Ermahnung.

Da ich die ständigen Angriffe nicht mehr verkraften kann und sie meine Gesundheit in Mitleidenschaft ziehen, mußte ich mich am 21. 12. 1999 in ärztliche Behandlung begeben.

Ich weise Sie nunmehr schriftlich darauf hin, daß Sie arbeitsvertraglich verpflichtet sind, dafür Sorge zu tragen, daß ich an meinem Arbeitsplatz keine gesundheitlichen Schäden erleide. Ferner haben Sie gemäß § 75 Abs. 1 BetrVG darüber zu wachen, daß auch ich an meinem Arbeitsplatz nach den Grundsätzen von Recht und Billigkeit behandelt werde. Nach § 75 Abs. 2 BetrVG sind Sie weiter verpflichtet, die freie Entfaltung meiner Persönlichkeit zu schützen.

Ich fordere Sie daher auf, unverzüglich dafür Sorge zu tragen, daß die Angriffe gegen meine Person eingestellt werden. Ich setze Ihnen hierzu eine Frist bis zum 31. 12. 1999.

Für den Fall, daß Sie auch über den 31. 12. 1999 hinaus untätig bleiben und den Angriffen gegen meine Person kein Ende bereiten, drohe ich Ihnen an, mein Arbeitsverhältnis zu beenden und Sie für die mir aus Ihrem Verhalten erwachsenen Schäden in Regreß zu nehmen.[2]

Hochachtungsvoll
Datum, Unterschrift

---

2 Der kursiv gedruckte Text beinhaltet die Androhung konkreter arbeitsrechtlicher Konsequenzen für den Fall der Wiederholung. Mithin handelt es sich um eine Abmahnung. Sofern man auf die Androhung konkreter arbeitsrechtlicher Konsequenzen für den Wiederholungsfall verzichtet, handelt es sich hingegen um eine bloße Ermahnung.

3. Musterbetriebsvereinbarung »Mobbing«

Die folgende Musterbetriebsvereinbarung ist lediglich als eine Anregung für den Abschluß einer Betriebsvereinbarung »Mobbing« gedacht. Mit ihrer Hilfe soll verdeutlicht werden, daß es durchaus möglich ist, die Problematik »Mobbing am Arbeitsplatz« mit einem ausgefeilten Regelungswerk anzugehen. Die Musterbetriebsvereinbarung erhebt nicht den Anspruch auf Vollständigkeit. Die einzelnen Regelungen bedürfen der konkreten Ausformulierung und Anpassung an die jeweiligen betrieblichen Gegebenheiten. Nicht alle Punkte unterliegen der pflichtigen Mitbestimmung des Betriebsrats, sondern können nur im Rahmen einer freiwilligen Übereinkunft vereinbart werden (vgl. zum betrieblichen Regelungsinstrument der Betriebsvereinbarung im einzelnen DKK-*Berg*, § 77 Rn. 1 ff.; *Eichhorn/Hickler/Steinmann*, Handbuch Betriebsvereinbarung, 2. Aufl., Frankfurt/Main 1998).

Gliederung:

1. Überschrift
2. Vertragsparteien
3. Präambel
4. Geltungsbereich
4.1. Räumlicher Geltungsbereich
4.2. Persönlicher Geltungsbereich
4.3. Zeitlicher Geltungsbereich
5. Begrifflichkeiten
5.1. Mobbing
5.2. Mobbingbetroffener
5.3. Mobber
6. Verhaltenskodex
7. Verbesserung des Betriebsklimas
8. Maßnahmen gegen Mobbing

9.   Konfliktlösungsverfahren
9.1. Information über Mobbing
9.2. Sachverhalt und Analyse
9.3. Schlichtung
9.4. Konfliktlösungskommission
10.   Hilfe für Mobbingbetroffene
11.   Sanktionen
12.   Konfliktbeauftragter
12.1. Stellung
12.2. Funktion
12.3. Aufgaben
12.4. Rechte
12.5. Materielle Ausstattung
12.6. Qualifizierung
12.7. Kostentragung
13.   Sensibilisierung und Qualifizierung
14.   Information der Belegschaft
15.   Rechte der Beschäftigten
16.   Inkrafttreten, Kündigung, Nachwirkung
17.   Umsetzung und Fortschreibung der
      Betriebsvereinbarung
18.   Meinungsverschiedenheiten
19.   Salvatorische Klausel
20.   Datum, Unterschriften

Wortlaut

Erläuterung

1. Überschrift

Betriebsvereinbarung zu
Mobbing am Arbeitsplatz

oder

Betriebsvereinbarung zu
sozialem Umgang im Betrieb

oder

Betriebsvereinbarung für ein
partnerschaftliches Verhalten am Arbeitsplatz

Viele Aspekte, die in einer
Betriebsvereinbarung »Mobbing« geregelt werden können, sind auch als Bestandteile einer Betriebsvereinbarung
»Sucht« oder »Sexuelle Belästigung« vorstellbar. Schließlich geht es in allen drei
Fällen um die Verbesserung
des sozialen Umgangs sowie
Verhaltens im Betrieb und
um den Abbau von psychischen Belastungen am Arbeitsplatz. Aus diesem Grunde bietet es sich an, eine
relativ weit gefaßte – möglichst positiv formulierte und
nicht vorverurteilende –
Überschrift zu wählen, um
mit dieser Betriebsvereinbarung neben Mobbing vielleicht auch andere mit Mobbing vergleichbare Problemsituationen zu erfassen.

2. Vertragsparteien

zwischen der
... *(Firma, Anschrift)* und
dem
Betriebsrat der ... *(Firma,
Anschrift)*

Am Anfang der Betriebsvereinbarung werden die vertragschließenden Parteien
mit vollständiger Bezeichnung sowie vollständiger

Wortlaut

Erläuterung

Anschrift aufgeführt. Dies
dient der Bestimmbarkeit
der Vertragsparteien. Zu-
gleich ist für jedermann
unmißverständlich feststell-
bar, ob er unter den Gel-
tungsbereich dieser Vereinbarung fällt (s. Ziffer 4.).

3. Präambel

Arbeitgeber und Betriebsrat
sind sich bewußt, daß feh-
lerhafter sozialer Umgang,
unsoziale Verhaltensweisen
und nicht gelöste Konflikte
das Betriebsklima nachteilig
beeinflussen, den Arbeits-
prozeß stören, die Produkti-
vität des Betriebs sowie die
Qualität der Arbeitsergeb-
nisse vermindern und man-
nigfaltige negative Auswirkungen für den Betrieb
sowie für die Belegschaft
mit sich bringen. Psychosomatische Beschwerden und
Erkrankungen, Depressio-
nen, Erschöpfungszustände,
Folgeerkrankungen infolge
mangelnder Abwehrkräfte,
Verzweiflung, Angstzustän-

In der Präambel können die
Betriebsparteien ihre Motive, Absichten sowie Ziele
zum Ausdruck bringen, die
Beweggrund für den Ab-
schluß der Betriebsvereinbarung waren. Da die Be-
triebsvereinbarung
jedermann zugänglich zu
machen ist (vgl. § 77 Abs. 2
Satz 3 BetrVG), ist die
Funktion der Präambel nicht
zu unterschätzen. Eine gut
ausformulierte Präambel
vermag Vorgesetzte und
Beschäftigte in gleicher
Weise für das Problem
»Mobbing am Arbeitsplatz«
zu sensibilisieren. Weiter
kann die Präambel bei nie
auszuschließenden

321

Wortlaut	Erläuterung
de und vieles mehr können Folge von Mobbing sein. Anliegen dieser Betriebsvereinbarung ist es insbesondere, das Betriebsklima und den sozialen Umgang aller im Betrieb tätigen Personen zu verbessern.	Meinungsstreitigkeiten wichtige Hinweise für die Auslegung einzelner Regelungen liefern.

4. Geltungsbereich

In dem Punkt Geltungsbereich wird festgelegt, für welchen Personenkreis die Betriebsvereinbarung gelten soll.

4.1. Räumlicher Geltungsbereich

Die Betriebsvereinbarung gilt für …

oder

für die Betriebsteile …

oder

für den Betrieb … mit Ausnahme der Abteilungen …

oder

…

Grundsätzlich gilt die Betriebsvereinbarung für den Betrieb, dem die Betriebsparteien angehören. Einzelne Abteilungen können allerdings ebenso aus dem Geltungsbereich herausgenommen werden, wie der Geltungsbereich auf einige Abteilungen beschränkt werden kann.

Wortlaut   **Erläuterung**

4.2. Persönlicher Geltungsbereich

Die Betriebsvereinbarung gilt für alle Beschäftigten der ...

Der persönliche Geltungsbereich erstreckt sich auf alle Arbeitnehmer des Betriebes einschließlich der in Heimarbeit Beschäftigten, die in der Hauptsache für den Betrieb arbeiten. Er kann auf bestimmte Arbeitnehmergruppen beschränkt werden.

Der Arbeitsgeber verpflichtet sich, auf die in § 5 Abs. 2 und 3 BetrVG genannten Personen in geeigneter Weise einzuwirken, daß sich diese gemäß dieser Betriebsvereinbarung verhalten.

Betriebsvereinbarungen gelten nicht für den in § 5 Abs. 2 und 3 BetrVG genannten Personenkreis. Da eine Betriebsvereinbarung »Mobbing« ohne die Einbeziehung dieses Personenkreises (z. B. leitende Angestellte) ihre Wirkungen zum Wohle aller nicht vollends entfalten kann, dieser von der Vereinbarung allerdings ebenso profitiert wie Arbeitnehmer es tun, müssen diese mit in die Betriebsvereinbarung »Mobbing« einbezogen werden. Dies kann allerdings nur über einen Umweg erreicht werden, indem sich der Arbeitgeber zu einer bestimmten Einwirkung auf den in § 5 Abs. 2 und 3 BetrVG genannten Personenkreis verpflichtet.

Sie findet ferner auf alle betriebsfremden Personen Anwendung, die – aus welchem Rechtsgrund auch immer – im Betrieb tätig werden. Insoweit hat die ... bei Vertragsschluß Sorge zu tragen, daß sich der jeweilige Vertragspartner verpflichtet, sich im Betrieb gemäß dieser Betriebsvereinbarung zu verhalten bzw. auf bei ihm Beschäftigte oder von ihm beauftragte Personen einzuwirken, daß sich diese im Betrieb gemäß dieser Betriebsvereinbarung verhalten. Verstöße gegen die in dieser Betriebsvereinbarung aufgestellten Verhaltensregeln sind insoweit zu sanktionieren, als der Vertragspartner auf den Verstoß hinzuweisen und im Wiederholungsfall bei der Auftragsvergabe nicht mehr zu berücksichtigen ist.

Da dem Betriebsrat die Legitimation fehlt, die Interessen betriebsfremder Personen wahrzunehmen, kann der persönliche Geltungsbereich nicht unmittelbar auf solche Personen erstreckt werden. Allerdings kann sich der Arbeitgeber verpflichten, Aufträge nur an solche Firmen oder Personen zu vergeben, die sich der Betriebsvereinbarung unterwerfen.

Wortlaut

Erläuterung

4.3. Zeitlicher Geltungsbereich

Diese Betriebsvereinbarung tritt am ... in Kraft und gilt bis einschließlich ...

In einer Betriebsvereinbarung kann der Geltungsbereich auch in zeitlicher Hinsicht bestimmt werden. Dies ist dann sinnvoll, wenn die Geltungsdauer der Betriebsvereinbarung (z. B. aus Gründen der Erprobung) in zeitlicher Hinsicht beschränkt sein soll. Regelmäßig wird sie jedoch auf unbestimmte Zeit geschlossen, so daß nur der Zeitpunkt des Inkrafttretens zu vereinbaren ist. Gibt es keine Klausel, so tritt die Betriebsvereinbarung mit ihrer Unterzeichnung in Kraft (s. a. die Ziffer 16.).

5. Begrifflichkeiten

5.1. Mobbing

Als Mobbing im Sinne dieser Betriebsvereinbarung werden alle persönlichen Auseinandersetzungen, aber auch ergänzende administrative Vorgänge und Konflikte verstanden, bei denen die Handlungs- und Entschei-

Obwohl das Wort »Mobbing« in aller Munde ist, wird dieser Begriff in unterschiedlichster Weise definiert. Aus diesem Grunde ist es notwendig, sowohl eine Begriffsbestimmung als auch eine Abgrenzung zu anderen

325

Wortlaut

dungsfreiheit einer Person,
seine Persönlichkeitsent-
wicklung und sein Selbst-
wertgefühl, seine soziale
Beziehungen, seine Würde
und sein soziales Ansehen
sowie die Möglichkeit, sich
sinnvoll in den Arbeitspro-
zeß des Betriebes einzuglie-
dern, immer wieder syste-
matisch angegriffen und
verletzt werden.
In Mobbingkonflikten wird
Ausgrenzung, Diskriminie-
rung sowie der Ausstoß
einer Person betrieben, eine
offene und faire Auseinandersetzung wird vermieden
und der angegriffenen Person wird eine faire Behandlung nicht zugebilligt.
Das Ziel von Mobbing
besteht in der Schwächung
der gegnerischen Person und
Position und nicht in dem
Auffinden von sachlich und
mitmenschlich akzeptablen
Lösungen. Mobbing tritt in
vielen Formen auf, die nicht
in allen Details aufgeführt
werden können. Beispiels-
weise können bestimmte

Erläuterung

Verhaltensweisen und Um-
gangsformen vorzunehmen.
Zugleich können hierdurch
spätere Meinungsverschie-
denheiten zwischen Betriebsrat und Arbeitgeber, die auf
einem unterschiedlichen
Verständnis von »Mobbing«
beruhen, vermieden werden.
Verhaltensweisen und Um-
gangsformen, die nicht unter
»Mobbing« zu subsumieren
sind, können als uner-
wünschte »mobbinggleiche«
Handlungen mit in die Be-
triebsvereinbarung einbezogen werden.

Wortlaut

Formen von permanenter,
überzogener, kränkender
und herablassender Kritik,
bei der keine Möglichkeit
zur Rechtfertigung gegeben
wird sowie ebenfalls keine
Verbesserungsvorschläge
und keine Ermutigung für
zukünftiges Handeln einbezogen sind, Mobbing sein.
Obwohl es sich bei den
folgenden Verhaltensweisen
nicht um Mobbing im ei-
gentlichen Sinne handelt,
werden diese wegen ihrer
negativen Auswirkungen mit
Mobbing gleichgesetzt und
als solche behandelt: . . .

5.2. Mobbingbetroffener

Mobbingbetroffener ist
derjenige, gegen den sich
Mobbingangriffe hauptsächlich richten, dessen persönliche Würde, dessen Arbeits-
und Wirkungsmöglichkeiten
am Arbeitsplatz gravierend
behindert, dessen soziale
Beziehungen untergraben,
dessen Persönlichkeitsentfal-
tung behindert, dem mit-

Erläuterung

In gleicher Weise ist es
erforderlich, die Begriffe
»Mobbingbetroffener« und
»Mobber« zu definieren.

327

Wortlaut   *Erläuterung*

menschlicher Respekt, das
Mitgefühl und jede Rück-
sicht verweigert sowie dessen sozialer Ausschluß betrieben wird.

5.3. Mobber

Ungeachtet der möglicher-
weise dahinterliegenden
berechtigten Interessen und
eigenen Verletzungen ist
Mobber, wer Mobbingan-
griffe mit einer gewissen
Regelmäßigkeit betreibt,
dabei Schäden für den Mobbingbetroffenen beabsichtigt
oder billigend in Kauf
nimmt oder Hilfe für einen
Mobbingbetroffenen unter-
läßt, obwohl ihm dieses
möglich und zuzumuten ist.

6. Verhaltenskodex

Soziale Umgangsformen   Unter der Überschrift »Ver-
beinhalten, daß jedermann   haltenskodex« sind die
Mitmenschen in der gleichen   Verhaltensanforderungen
Weise behandelt, wie er es   niederzulegen, denen sich
von diesen erwartet. Hierzu   jedermann (s. Ziffer 4.2.) zu
gehört unter anderem, daß   unterwerfen hat. Bei der
Probleme am Arbeitsplatz   Ausgestaltung dieser Bestim-
(z. B. Ärger mit Arbeitskolle- mung ist die Phantasie der

Wortlaut

gen, nicht gerechtfertigte Rügen durch Vorgesetzte) angesprochen sowie mögliche Wege zur Lösung des jeweiligen Problems gemeinsam gesucht und beschritten werden. Verhaltensweisen, die geeignet sind, andere zu verletzen bzw. in ihrem Ansehen herabzusetzen, sind zu unterlassen.

Es ist zu beachten, daß alle im Betrieb tätigen Personen nach den Grundsätzen von Recht und Billigkeit behandelt werden, insbesondere daß jede unterschiedliche Behandlung von Personen wegen ihrer Abstammung, Religion, Nationalität, Herkunft, politischen oder gewerkschaftlichen Betätigung oder Einstellung, oder wegen ihres Geschlechts, eine Benachteiligung wegen Überschreitung bestimmter Altersstufen unterbleibt. Die freie Entfaltung der Persönlichkeit ist zu schützen und zu fördern.

Erläuterung

Betriebsparteien gefragt – Wie soll das gewünschte Verhalten am Arbeitsplatz aussehen, wie sollen Menschen am Arbeitsplatz miteinander umgehen?

Diese Bestimmung entspricht dem Wortlaut des § 75 BetrVG, der nur den Betriebsrat und den Arbeitgeber verpflichtet. Durch eine entsprechende Aufnahme in die Betriebsvereinbarung wird eine Bindung des von ihr erfaßten Personenkreises erreicht.

7. Verbesserung des Betriebsklimas

Die Betriebsparteien stellen übereinstimmend fest, daß das allgemeine Betriebsklima/das Betriebsklima in der Abteilung ... verbesserungswürdig ist. Um dies zu erreichen, werden folgende Maßnahmen durchgeführt:
...
(Beispiele: In der Abteilung ... wird eine Vertretungsregelung getroffen; Personalausfälle werden durch die Beschäftigung von Aushilfen aufgefangen)

Mobbing und Betriebsklima stehen zueinander in einem gewissen Spannungsverhältnis. Mobbing kann zum einen das Betriebsklima verschlechtern. Zum anderen kann ein schlechtes Betriebsklima Mobbing begünstigen. Ist das Betriebsklima verbesserungswürdig, so sollten geeignete Maßnahmen zur Verbesserung desselben vereinbart werden, um im konkreten Einzelfall vielleicht die entscheidende Ursache für Mobbing am Arbeitsplatz auszuschalten.

8. Maßnahmen gegen Mobbing

Zu den erforderlichen Maßnahmen zur Bekämpfung bzw. Vermeidung von Mobbing gehört sowohl die Aufklärung des unter den Geltungsbereich dieser Betriebsvereinbarung fallenden Personen (s. Ziffern 4., 13.) als auch die Beseitigung betrieblicher Mängel und

Die Maßnahmen, die zur Bekämpfung bzw. Vermeidung von Mobbing in Betracht kommen können, werden hier in allgemeiner Form beschrieben, an anderer Stelle ausführlich niedergelegt.

Wortlaut

Erläuterung

Engpässe im Arbeitsablauf
sowie der Arbeitsorganisation, die erfahrungsgemäß
leicht zu persönlichen Auseinandersetzungen führen
können. Zur Lösung von
akuten Mobbingkonflikten
werden die Maßnahmen
gemäß der Ziffern 9.3. und
9.4. dieser Betriebsvereinbarung zur Anwendung ge-
bracht. Hier gilt das Prinzip,
daß zunächst immer nach
einvernehmlichen Lösungen
gesucht werden muß. Der
personenbezogene Konflikt
ist in einen sachlich zu lösenden Konflikt zu überführen.
Ist der Mobber auch nach
intensiven Bemühungen, eine
einvernehmliche Lösung
herbeizuführen, nicht willens, von Mobbing abzulassen oder war das Verhalten
des Mobbers strafrechtlich
relevant, sind die Verhängung betrieblicher Sanktionen gemäß der Ziffer 11.
dieser Betriebsvereinbarung
sowie die Einleitung rechtlicher Schritte durch den
Arbeitgeber gegen den Mobber in Erwägung zu ziehen.

Wortlaut	Erläuterung

9. Konfliktlösungsverfahren

9.1. Information über Mobbing

Der Konfliktbeauftragte (s. Ziffer 12.) ist über Konflikte und Problemsituationen, die Mobbing sind oder sein können, unverzüglich zu informieren.

9.2. Sachverhalt und Analyse

Nachdem der Konfliktbeauftragte von einer Konfliktsituation Kenntnis erlangt hat, führt er eine Klärung des Sachverhaltes und eine erste Analyse durch, die Klärungs- und Sondierungsgespräche beinhalten.

9.3. Schlichtung

Sofern die Bereitschaft zu einer einvernehmlichen Konfliktlösung zu erkennen ist, leitet und moderiert der Konfliktbeauftragte Gespräche zwischen dem Mobbingbetroffenen sowie dem Mobber. Auf Verlangen einer oder beider Seiten

Das Verfahren der Konfliktlösung kann unterschiedlich ausgestaltet werden: wann wird der Arbeitgeber, wann wird der Betriebsrat aktiv; wann finden Gespräche mit dem Betroffenen, wann mit dem Beschuldigten statt; wann gibt es ein Gespräch mit allen Beteiligten? Soweit es einen Konfliktbeauftragten (s. Ziffer 12.) gibt, ist zu regeln, zu welchem Zeitpunkt und in welcher Weise er in das Konfliktlösungsverfahren einbezogen werden soll. Vergleichbares gilt für die Einschaltung Externer (z.B. Ärzte, Psychologen, Selbsthilfegruppen oder auch Juristen).

Wortlaut

finden diese Gespräche im
Beisein des Betriebsrats
und/oder Arbeitgebers bzw.
Vorgesetzten statt.
Sofern eine einvernehmliche
Konfliktlösung erzielt wird,
ist diese dem Betriebsrat
und dem Arbeitgeber mitzuteilen, damit diese bei Bedarf in der erforderlichen
Weise tätig werden können.
Sofern eine einvernehmliche
Konfliktlösung nicht mög-
lich oder nicht zu erwarten
ist, ist in das Konfliktlösungsverfahren gemäß Ziffer
9.4. einzusteigen.

9.4. Konfliktlösungskommission

Erläuterung

Wenn eine einvernehmliche
Lösung des Konfliktes nicht
möglich oder eine solche
nicht zu erwarten ist, ist die
Konfliktlösungskommission
von dem Konfliktbeauftragten einzuberufen. Der Konfliktbeauftragte sitzt dieser
Kommission vor, die aus
dem Mobbingbetroffenen,
dem Mobber sowie je einem
Vertreter des Arbeitgebers

Die Konfliktlösungskommission bietet die Möglichkeit,
betriebsintern zu einer einvernehmlichen Lösung des
Konfliktes unter Ausschaltung etwaiger Sanktionen zu
gelangen. Damit am Ende
der Arbeit dieser Kommis-
sion ein Ergebnis erzielt
werden kann, darf diese
nicht unendlich lange tagen.
Bereits bei der Arbeitsauf-

333

Wortlaut

sowie des Betriebsrats besteht.
Die Konfliktlösungskommission findet sich zu maximal
drei Gesprächsrunden ein,
die in einem zeitlichen Abstand von drei Wochen
durchgeführt werden. Ziel
der Kommission ist die
Lösung des Konfliktes.
Dieses Ziel muß spätestens
am Ende der dritten Ge-
sprächsrunde erreicht sein.
In der ersten Gesprächs-
runde können Mobbingbe-
troffener und Mobber ihre
Auffassungen zu dem Kon-
flikt äußern. Beide haben
das Recht, ihre eigene Sichtweise im erforderlichen
Maße zu schildern. Der
Konfliktbeauftragte referiert
gegebenenfalls die Ergebnisse eigener Recherchen und
unterbreitet einen Vorschlag
zur Konfliktlösung. Ferner
zeigt er mögliche Konse-
quenzen und Sanktionen
von Mobbing auf.
In der zweite Gesprächs-
runde wird, aufbauend auf
der ersten Gesprächsrunde,

Erläuterung

nahme muß für jeden Beteiligten klar erkennbar sein,
daß die Kommission nur
begrenzt tagt und daß sie
selbst über geeignete Maßnahmen zur Beendigung des
Konfliktes befinden kann.

Wortlaut

versucht, eine einvernehmliche Lösung des Konfliktes
zu erzielen. Sofern eine
solche nicht gefunden werden kann, sind konkrete
Konsequenzen und Sanktio-
nen für den Fall anzudro-
hen, daß weiterhin Mobbing
betrieben wird.
Können auch in der dritten
Gesprächsrunde einver-
nehmliche Lösungen nicht
erzielt werden, so beschließt
die Kommission geeignete
Maßnahmen mit der Mehr-
heit der anwesenden Kom-
missionsmitglieder. Diese
sind, soweit erforderlich,
von dem Arbeitgeber unter
Beachtung der Mitbestim-
mungsrechte des Betriebsrats
umzusetzen.

10. Hilfe für Mobbingbetroffene

Jeder, der sich Mobbingangriffen ausgesetzt fühlt,
kann sich während der
Arbeitszeit unter Fortzahlung seines Entgeltes an den
Konfliktbeauftragten wen-
den und diesen um Hilfe

Erläuterung

Mobbingbetroffene befinden
sich in einer Konfliktsituation, in der sie der Hilfe
bedürfen. Daher ist es wichtig, diesen Punkt speziell in
der Betriebsvereinbarung
anzusprechen.

335

Wortlaut   *Erläuterung*

ersuchen. Hierzu stehen dem
Mobbingbetroffenen die
Sprechstunden des Konfliktbeauftragten zur Verfügung.
Der Konfliktbeauftragte hält
Anschriften von Selbsthilfegruppen, Einrichtungen,
außerbetrieblicher Bera-
tungsstellen, Ärzten, Rechtsanwälten ... bereit. Bei
Bedarf begleitet er den
Mobbingbetroffenen zu den
zuvor genannten Anlaufstel-
len.

11. Sanktionen

Konflikte sind zu lösen,
ohne daß es der Sanktion
des Verhaltens einzelner
oder mehrerer bedarf.
Soweit sich jemand bewußt
über die in dieser Betriebsvereinbarung niedergelegten
Verhaltensanforderungen
hinwegsetzt, ist er vom
Arbeitgeber im Beisein des
Betriebsrats unverzüglich
auf sein Verhalten anzusprechen und von diesem aufzu-
fordern, das beanstandete
Verhalten einzustellen. Bei

Ob die Betriebsvereinbarung
auch Bestimmungen über
Sanktionsmittel und die
Sanktion von Mobbing-
handlungen beinhalten soll,
müssen die Betriebsparteien
für sich entscheiden. Häufig
dürfte die Verhängung von
Sanktionsmitteln das letzte
Mittel sein, um Schlimmeres
zu verhindern. Wichtig ist
zu bedenken, daß viele
betriebliche Sanktionsmittel
auch ohne Aufnahme in der
Betriebsvereinbarung ver-

Wortlaut

diesem Gespräch ist er auf
mögliche Sanktionen hinzuweisen.

Setzt der Betreffende sein
Verhalten weiter fort, so ist
er nach Aufklärung des
konkreten Sachverhalts und
nach erfolgter Anhörung des
Betriebsrats schriftlich abzu-
mahnen. Dem Betriebsrat ist
eine Kopie der Abmahnung
auszuhändigen.

Ändert der Betreffende sein
Verhalten auch nach er-
folgter Abmahnung nicht, so
kann er wiederholt abge-
mahnt und bei Bedarf ver-
setzt werden. Notfalls ist
eine verhaltensbedingte
fristgemäße oder fristlose
Kündigung auszusprechen.
Die Notwendigkeit der
Verhängung einer Sanktion
schließt die Beachtung der
Beteiligungsrechte des Betriebsrats, die diesem nach
dem BetrVG zustehen, nicht
aus.

Erläuterung

hängt werden können. An-
dere, wie etwa die Betriebsbuße, müssen hingegen
speziell geregelt werden. Mit
Hilfe der Betriebsvereinbarung besteht die Möglich-
keit, dem Betriebsrat über
das BetrVG hinausgehende
Mitwirkungsrechte einzu-
räumen (z. B. Anhörung vor
Ausspruch einer Abmah-
nung, Aushändigung einer
Kopie der Abmahnung). Die
betrieblichen Sanktionsmittel stehen neben den staatlichen Sanktionsmöglichkei-
ten und sind von diesen
unabhängig. Die Verhän-
gung einer betrieblichen
Sanktion hat z. B. keinen
Einfluß auf ein Strafverfah-
ren.

Wortlaut

Erläuterung

12. Konfliktbeauftragter

Um Mobbingbetroffenen
den Weg zum Mobbingbe-
auftragten zu erleichtern
sowie möglichen Ängsten,
Vorurteilen und Hemm-
schwellen entgegenzuwirken,
schlagen wir vor, einen eher
neutralen Begriff wie den
des »Konfliktbeauftragten«
zu wählen.

12.1. Stellung

Der ... wird mit Wirkung
vom ... zum betrieblichen
Konfliktbeauftragten be-
stellt. Seine Arbeitszeit beträgt ... Stunden/Woche.
Soweit erforderlich, kann sie
auf bis zu ... Stunden/
Woche aufgestockt werden.

oder

Es wird unverzüglich die
Stelle eines betrieblichen
Konfliktbeauftragten eingerichtet. Hierzu hat der Arbeitgeber folgendes zu veranlassen: ...

Es gibt verschiedene Mög-
lichkeiten, einen betrieblichen Konfliktbeauftragten
zu installieren. Es kann sich
bei ihm um einen Externen,
um einen Internen oder um
ein Mitglied des Betriebsrats
handeln. Der Externe kann
auf der Arbeitgeberseite
oder als Beauftragter des
Betriebsrats tätig sein. Der
Konfliktbeauftragte kann
mit weitreichenden Kompe-
tenzen, aber auch nur mit
äußerst beschränkten Handlungsmöglichkeiten ausge-
stattet sein. Demgemäß

Wortlaut

Sämtliche Bewerbungsunter-
lagen sind dem Betriebsrat
vorzulegen. Bei den Aus-
wahlgesprächen ist der
Betriebsrat hinzuzuziehen.
Die Einstellung bedarf der
Zustimmung des Betriebs-
rats. Hiervon unberührt sind
die Rechte des Betriebsrats
nach dem BetrVG.

oder

Der Betriebsrat benennt aus
seiner Mitte eine Per-
son/den ... zum betrieb-
lichen Konfliktbeauftragten.
Die Arbeit des Konfliktbeauftragten zählt zur Arbeitszeit mit allen sich daraus
ergebenden Rechten und
Pflichten. Zur Ausübung
dieser Tätigkeit wird die
Person/der ... Stun-
den/Woche unter Fortzah-
lung des Arbeitsentgelts von
der Arbeit freigestellt.

oder

Dem Betriebsrat werden die
Dienste des ... ab dem ...

Erläuterung

kommt diesem Regelungs-
punkt eine nicht zu unterschätzende Rolle zu.

Wortlaut   *Erläuterung*

als Konfliktbeauftragter zur
Verfügung gestellt. Der ...
unterliegt in seiner Funktion
ausschließlich dem Wei-
sungsrecht des Betriebsrats.

12.2. Funktion

Der Konfliktbeauftragte hat   Da dem Konfliktbeauftrag-
die Funktion, Mobbingkon-   ten höchst unterschiedliche
flikte auf einvernehmliche   Funktionen zugedacht wer-
Weise zu lösen und Mob-   den können, ist es notwen-
bingprävention zu betreiben.   dig, diese schriftlich nieder-
                                    zulegen.

12.3. Aufgaben

Ausgehend von seinen Funk-   Die Aufgaben des Konflikt-
tionen hat der Konfliktbe-   beauftragten ergeben sich
auftragte insbesondere fol-   teilweise aus den ihm zuge-
gende Aufgaben: dachten Funktionen. Erst
1. Durchführung von vor-   wenn geklärt ist, welche
   beugenden Maßnahmen   Funktionen er im Betrieb
   gegen Mobbing;   haben soll, können seine
2. Durchführung von regel-   Aufgaben definiert werden.
   mäßig stattfindenden
   Sprechstunden (minde-
   stens eine Sprechstunde
   pro Woche);
3. Betreuung eines »Kum-
   merkastens«;
4. Beratung und Unterstützung von Mobbingbe-

Wortlaut   *Erläuterung*

troffenen bei der Lösung
ihrer Probleme;
5. Durchführung und Lei-
   tung von Gesprächen zur
   Konfliktlösung;
6. Einberufung und Leitung
   der Konfliktlösungskommission;
7. Fachlicher Austausch mit
   externen Mobbingein-
   richtungen;
8. ...

12.4. Rechte

Der Konfliktbeauftragte hat
einen Anspruch auf umfas-
sende Unterrichtung über
alle Konfliktsituationen im
Betrieb sowohl durch den
Arbeitgeber als auch durch
den Betriebsrat.
Der Konfliktbeauftragte hat
ein Zutrittsrecht zu allen
Arbeitsplätzen und kann mit
jedermann während der
Arbeitszeit Gespräche führen. Der Konfliktbeauftragte
kann sowohl dem Arbeitge-
ber als auch dem Betriebsrat
Maßnahmen zur Konfliktlö-
sung unterbreiten.

Wortlaut	*Erläuterung*

12.5. Materielle Ausstattung

Der Konfliktbeauftragte erhält folgende materielle Ausstattung:
- Dienstwagen;
- Schreibkraft, Sekretariatskraft;
- verschließbares Büro;
- verschließbare Büromöbel;
- PC oder Laptop;
- Kommunikationsmittel (z. B. Telefon, Anrufbeantworter, Fax, Modem, Handy);
- Literatur;
- ...

Um überhaupt tätig werden zu können, benötigt der Konfliktbeauftragte ein Mindestmaß an materieller Ausstattung. Hierzu gehört insbesondere ein eigenes Büro, um ungestört Sprechstunden und Gespräche führen zu können. Die räumliche Trennung vom Betriebsratsbüro ist sinnvoll, um nicht mit dem Betriebsrat gleichgesetzt oder sogar verwechselt zu werden. Welche materielle Ausstattung der Konfliktbeauftragte benötigt, ist von den örtlichen Gegebenheiten sowie der konkreten betrieblichen Situation abhängig.

12.6. Qualifizierung

Um eine sachgerechte Ausübung seiner Tätigkeit auf Dauer gewährleisten zu können, hat sich der Konfliktbeauftragte einer Supervision zu unterziehen und in geeigneter Form fortzubilden.

Die Teilnahme an Schulungs- und Bildungsveranstaltungen ist ebenso wie das Lesen der einschlägigen Lektüre notwendige Voraussetzung für die Tätigkeit des Konfliktbeauftragten. Soweit er nicht dem Betriebsrat

Wortlaut

Die Kosten hierfür sind vom Arbeitgeber zu tragen. Dem Arbeitgeber/Betriebsrat ist die Teilnahme an Supervisions-, Schulungs- und Bildungsmaßnahmen anzuzeigen.
Für die Teilnahme an Schulungs- und Bildungsmaßnahmen wird dem Konfliktbeauftragten ein Betrag in Höhe von ... DM/Jahr zur Verfügung gestellt, über den er frei verfügen kann. Nicht in Anspruch genommene Gelder sind auf das folgende Kalenderjahr zu übertragen.

oder

Hinsichtlich der Teilnahme an Schulungs- und Bildungsmaßnahmen finden § 37 Abs. 6, Abs. 7 BetrVG entsprechende Anwendung.

12.7. Kostentragung

Sämtliche durch die Tätigkeit des Konfliktbeauftragten entstehenden Kosten trägt der Arbeitgeber.

Erläuterung

angehört, ist sicherzustellen, daß ihm die Möglichkeit eingeräumt wird, auf Kosten des Arbeitgebers derartige Veranstaltungen zu besuchen.
Mehrere Möglichkeiten der Ausgestaltung sind denkbar. Insbesondere die Kostentragung des Arbeitgebers muß geregelt werden, da insbesondere die Begleichung der Teilnahmegebühr regelmäßig Gegenstand von Streitigkeiten ist.

Diese Bestimmung dient der Klarheit und kann Rechtsstreitigkeiten vermeiden helfen.

Wortlaut *Erläuterung*

13. Sensibilisierung und Qualifizierung

Alle im Betrieb tätigen Personen sind durch geeignete Maßnahmen, die von dem Konfliktbeauftragten vorbereitet und unter seiner Leitung durchgeführt werden, für die Problematik von Mobbing am Arbeitsplatz zu sensibilisieren. Ferner sind sie in geeigneter Weise zu qualifizieren und damit in die Lage zu versetzen, Konflikte im Betrieb offen, fair und konstruktiv unter Vermeidung von Mobbing zu lösen.

Arbeitgeber, Vorgesetzte und Beschäftigte müssen in gleicher Weise für Mobbing sensibilisiert werden. Sie müssen erfahren, was Mobbing ist, welche Folgen Mobbing haben kann und wie Konflikte unter Ausschaltung von Mobbinghandlungen gelöst werden können. Ansonsten besteht die Gefahr, daß die Bemühungen der Betriebsparteien ins Leere laufen, da die im Betrieb tätigen Personen die Betriebsvereinbarung nicht mittragen. Die Information der Belegschaft (s. Ziffer 14.) ist der erste Schritt zur Sensibilisierung.

14. Information der Belegschaft

Über Abschluß, Anlaß, Zweck und Inhalt dieser Vereinbarung ist die Belegschaft auf einer Betriebsversammlung zu informieren. Zu dieser Versammlung wird der Betriebsrat einen Referenten/den ... hinzuzie-

Da die Betriebsvereinbarung Wirkungen für die Beschäftigten entfaltet, ist es ratsam, diese möglichst umfassend über die Motive für den Abschluß, die beabsichtigten Ziele sowie den Inhalt der Betriebsvereinba-

Wortlaut

hen, der über das Thema »Mobbing am Arbeitsplatz« sprechen und Fragen der Teilnehmer beantworten wird.

Der Arbeitgeber verpflichtet sich, die in § 5 Abs. 2 und 3 BetrVG genannten Personen in geeigneter Weise über Abschluß, Anlaß, Zweck und Inhalt dieser Vereinbarung zu informieren.

Die Betriebsvereinbarung wird im Betrieb an folgenden Orten aufgehängt: . . .

Jeder Beschäftigte erhält eine Kopie der Vereinbarung. Neue Beschäftigte erhalten diese bei Abschluß des Arbeitsvertrages.

Erläuterung

rung zu informieren. Nirgendwo kann dies besser erfolgen als auf einer Betriebsversammlung. Insbesondere die Einladung eines Referenten, der über Mobbing am Arbeitsplatz spricht, kann zur Sensibilisierung der Belegschaft beitragen.

Entsprechendes gilt für die in § 5 Abs. 2 und 3 BetrVG genannten Personen.

Diese Bestimmung entspricht § 77 Abs. 2 Satz 3 BetrVG. Sie gewährleistet, daß jedermann von der Betriebsvereinbarung Kenntnis nehmen kann.

Die Aushändigung einer Kopie der Betriebsvereinbarung trägt dazu bei, daß sie bei den Beschäftigten nicht in Vergessenheit geraten und von diesen bei Bedarf zu jeder Zeit gelesen werden kann.

Wortlaut   *Erläuterung*

15. Rechte der Beschäftigten

Jede im Betrieb tätige Person hat das Recht, sich während der Arbeitszeit unter Fortzahlung der Vergütung bei dem Konfliktbeauftragten über diese Betriebsvereinbarung zu informieren, hierzu Fragen zu stellen und sich über Benachteiligungen, Schikanen, Belästigungen, Verunglimpfungen usw. zu beschweren. Hierzu soll er die Sprechstunden des Konfliktbeauftragten aufsuchen.

§ 39 Abs. 3 BetrVG bestimmt, daß die Sprechstunde des Betriebsrats ohne Minderung des Arbeitsentgeltes besucht werden kann. Eine solche Regelung gibt es hinsichtlich der Sprechstunde des Konfliktbeauftragten nicht. Aus diesem Grunde ist diese Regelung erforderlich.

Zeiten, die dazu verwendet werden, um Konflikte am Arbeitsplatz zu lösen, werden wie Arbeitszeit behandelt und entsprechend vergütet.

Um Streitigkeiten zwischen Arbeitgeber und Betriebsrat vorzubeugen ist es ratsam, die Entgeltfortzahlung zu regeln.

16. Inkrafttreten, Kündigung, Nachwirkung

Diese Vereinbarung tritt am ... in Kraft und kann mit einer Frist von ... Monaten zum Jahresschluß, erstmals zum 31.12. ... gekündigt werden.

Wird ein Zeitpunkt des Inkrafttretens nicht vereinbart, so tritt die Betriebsvereinbarung mit ihrer Unterzeichnung in Kraft. Wird die Betriebsvereinbarung nicht

Wortlaut

Erläuterung

befristet abgeschlossen (s. a.
Ziffer 4.3.), so kann sie
gekündigt werden. Die Be-
triebsparteien können vereinbaren, daß dies erstmals
zu einem bestimmten Zeit-
punkt möglich sein soll.

Vor einer Kündigung hat die
Partei, die die Kündigung
auszusprechen beabsichtigt,
die Schlichtungsstelle (s.
Ziffer 18.) anzurufen, damit
diese über den Kündigungsgrund tagen und Lösungen
finden kann, die den Aus-
spruch der Kündigung ent-
behrlich machen.

Manchmal sind es nur wichtige Anlässe, die eine Partei
dazu bewegen, eine Betriebsvereinbarung zu kündigen.
Mit Hilfe eines Vorschalt-
verfahrens kann der Aus-
spruch einer Kündigung im
Einzelfall verhindert werden.

Die gekündigte Betriebsvereinbarung wirkt so lange
nach, bis sie durch eine neue
Vereinbarung abgelöst wird.
Von der Nachwirkung wer-
den auch solche Personen
erfaßt, die erst nach er-
folgter Kündigung dieser
Vereinbarung in den Betrieb
eintreten bzw. tätig werden.

Damit alle Bestimmungen
der Betriebsvereinbarung so
lange weiter gelten bis sie
durch andere abgelöst werden, ist eine Nachwirkung
der Betriebsvereinbarung zu
vereinbaren (s. a. DKK-
Berg, § 77 Rn. 58 – 61).
Vergleichbares gilt für den
persönlichen Geltungsbe-
reich.

Wortlaut   *Erläuterung*

17. Umsetzung und Fortschreibung der Betriebsvereinbarung

Betriebsrat und Arbeitgeber verpflichten sich, die in dieser Vereinbarung festgeschriebenen Punkte umzusetzen, aufmerksam zu verfolgen und bei Bedarf fortzuschreiben. Dem Betriebsrat wird insoweit ein Initiativrecht eingeräumt, das die Anrufung der Schlichtungsstelle beinhaltet.

Betriebsrat und Arbeitgeber versäumen es häufig, abgeschlossene Betriebsvereinbarungen in die Praxis umzusetzen. Sie sind häufig der Ansicht, daß sie bereits mit dem Abschluß der Betriebsvereinbarung alles Notwendige getan haben.
Die Betriebsvereinbarung darf nicht in Vergessenheit geraten und muß, um auch in Zukunft noch von Bedeutung sein zu können, bei Bedarf überarbeitet und aktualisiert werden.

18. Meinungsverschiedenheiten

Bei Meinungsverschiedenheiten zwischen Betriebsrat und Arbeitgeber, die sich aus der Anwendung dieser Betriebsvereinbarung ergeben, ist eine Schlichtungsstelle zu bilden. Diese besteht aus einem Vorsitzenden/dem ... als Vorsitzenden sowie je zwei Vertretern des Betriebsrats sowie des Arbeitgebers.

Es ist nicht auszuschließen, daß es bei der Umsetzung der Betriebsvereinbarung zu Meinungsverschiedenheiten zwischen Arbeitgeber und Betriebsrat kommt. Diese klären zu helfen, ohne daß sofort die Kündigung der Betriebsvereinbarung ausgesprochen wird, ist die Aufgabe der Schlichtungsstelle.

Wortlaut

Erläuterung

Die Schlichtungsstelle soll unverzüglich, spätestens jedoch zwei Wochen nach Anrufung, tagen. Das Verfahren vor der Schlichtungsstelle entspricht dem des Einigungsstellenverfahrens gemäß §§ 76, 76 a BetrVG.

Diese ist der Einigungsstelle (vgl. §§ 76, 76 a BetrVG) nachgebildet. Auch hier gilt: Je mehr Mühe sich die Betriebsparteien bei der Ausgestaltung dieser Bestimmung machen, desto effektiver wird die Schlichtungsstelle arbeiten können. Wer sich bereits vor Abschluß der Betriebsvereinbarung Gedanken über den Vorsitzenden der Schlichtungsstelle macht, beugt späteren Streitigkeiten über die Besetzung des Vorsitzes der Schlichtungsstelle vor.

Die unterlegene Partei kann gegen die Entscheidung der Schlichtungsstelle das Arbeitsgericht anrufen.

Es entspricht rechtsstaatlichen Grundsätzen, Entscheidungen der Schlichtungsstelle gerichtlich überprüfen zu lassen (s. a. § 76 Abs. 5 Satz 4 BetrVG).

Der Arbeitgeber trägt die Kosten des Schlichtungsverfahrens.

Die Kostenbestimmung entspricht dem § 76 a Abs. 1 BetrVG.

Wortlaut

Erläuterung

19. Salvatorische Klausel

Sind einzelne Bestimmungen dieser Betriebsvereinbarung unwirksam, so berührt dies nicht die Wirksamkeit der übrigen Bestimmungen dieser Vereinbarung. Im Falle der Unwirksamkeit einer oder mehrerer Bestimmungen werden die Parteien eine der unwirksamen Regelung möglichst nahekommende rechtswirksame Ersatzregelung treffen.

Immer wieder kommt es vor, daß einzelne Bestimmungen einer Betriebsvereinbarung unwirksam sind. Mit der salvatorischen Klausel wird klargestellt, daß die Betriebsvereinbarung mit Ausnahme dieser unwirksamen Regelungen weiter Gültigkeit besitzt. Unwirksame Bestimmungen sind durch wirksame Regelungen zu ersetzen.

20. Datum, Unterschriften

Um wirksam werden zu können, bedarf es der Unterzeichnung der Betriebsvereinbarung durch die Betriebspartner. Die Datumsangabe ist für das Inkrafttreten der Vereinbarung von Bedeutung, sofern nicht hierzu eine Regelung (s. Ziffern 4.3., 16.) getroffen wurde.

4. Checkliste für handlungsorientierte Beratungsgespräche mit Mobbingbetroffenen

Jedes Beratungsgespräch mit einem Mobbingbetroffenen hat seine Besonderheit. Je nach der Situation und den Beteiligten werden sich Gespräche verschieden entwickeln. Deswegen wäre es irreführend, wenn wir ein Ablaufschema für solche Gespräche erstellen wollten. Aus Gesprächen mit Betriebs- und Personalratsmitgliedern, die solche Gespräche führen (wollen), hörten wir dennoch den Bedarf nach einer Checkliste heraus. Diesem Wunsch kommen wir mit der folgenden Checkliste nach. Sie soll es Ihnen als Berater ermöglichen, auch im »Eifer des Gefechts« einigermaßen den Überblick zu behalten. Beispielsweise könnte es zu Unstimmigkeiten kommen, wenn Sie vergessen, den Ratsuchenden nach seinem Einverständnis hinsichtlich der Anfertigung von Notizen zu fragen. Andererseits könnten Sie sich beim Überfliegen der Checkliste daran erinnern, daß es angesichts der zu erwartenden Menge an Informationen und deren Unübersichtlichkeit sinnvoll wäre, Notizen zu machen.

Checkliste für das Beratungsgespräch

1. Vor dem Gespräch
   - Kurze eigene Einstimmung auf das bevorstehende Gespräch
   - Störquellen möglichst ausschalten
   - angenehme Gesprächssituation schaffen
   - Sitzordnung weder zu distanziert noch zu vertraulich

2. Begrüßung
   - Wenige einleitende Worte: »Türöffner«
   - Getränk anbieten, soweit vorbereitet
   - Frage: »Darf ich Notizen machen?«
   - Zeitrahmen gemeinsam festlegen (nicht länger als 60 Minuten)
   - absolute Vertraulichkeit zusichern

3. Zielsetzung für dieses Beratungsgespräch erfragen
   - Frage: »Was ist für Sie das Ziel dieses Gesprächs?« oder »Welchen Wunsch haben Sie (heute) an mich?«

Fortsetzung: Checkliste für das Beratungsgespräch

4. **Schilderung des Problems**
   - Ratsuchenden frei aussprechen lassen; hören Sie zu, was ihn bewegt
   - Ratsuchenden als Person »annehmen«; keine Wertungen abgeben
   - mit Worten und Gesten zeigen, daß Sie zuhören; Ablenkungen vermeiden
   - nachfragen, um die Gefühle und Erlebnisse besser nachempfinden zu können
   - nachfragen, um den Sachverhalt und die Zusammenhänge besser verstehen zu können
   - abschließende Zusammenfassung des Problems

5. **Mögliche Lösungen prüfen**
   - Ziele, Erwartungen des Ratsuchenden erfragen: »Was möchten Sie erreichen?«
   - Lösungsvorstellungen des Ratsuchenden erfragen: »Welcher Weg schwebt Ihnen vor?«
   - Mögliche Lösungen und Unterstützung aus Sicht des Betriebsrats einbringen
   - keine Lösungen aufdrängen, nicht auf Vorschlägen beharren
   - gemeinsame Beratung möglicher Wege zur Verbesserung der Situation

6. **Schwierigkeiten einkalkulieren**
   - Nicht gegen unrealistische Ziele des Ratsuchenden argumentieren; statt dessen gemeinsam eine Pro/Kontra-Liste der möglichen Folgen erstellen
   - keine oberflächliche Ermutigung bei Angst und Zurückhaltung des Ratsuchenden; statt dessen vorsichtig die Konsequenzen des Nichthandelns besprechen
   - nicht in Unruhe kommen, wenn Sie als Berater ebenfalls keine Lösung wissen; statt dessen beiderseitige Bedenkzeit vereinbaren

7. **Auf Lösungen hinarbeiten, nicht bei Problemen stagnieren**
   - Lassen Sie sich nicht auf Dauer mit den Problemen im Kreis drehen
   - Auf einen »ersten (nächsten) Schritt« hinarbeiten
   - Vereinbarung treffen, was als Erstes getan werden soll

8. **Bündnis eingehen**
   - Gemeinsam festlegen, was getan werden soll
   - Arbeitsteilung zwischen Betroffenem und Berater
   - offen für spätere Gespräche bleiben, wenn der Ratsuchende nichts tun will

9. **Verbindlichkeit schaffen**
   - Folgetermin verbindlich absprechen
   - weiteres Vorgehen vereinbaren
   - gegenseitiges Informieren über Veränderungen absprechen
   - später: Erfolgskontrolle der eingeleiteten Maßnahmen

10. **Nach dem Gespräch**
    - Notizen nachbereiten; Gespräch nachfühlen und überdenken
    - Zusagen einhalten

5. Auszüge aus einschlägigen Gesetzen

Gliederung:

a) Betriebsverfassungsgesetz (BetrVG)
b) Arbeitsschutzgesetz (ArbSchG)
c) Bildschirmarbeitsverordnung (BildScharbV)
d) Bürgerliches Gesetzbuch (BGB)
e) Grundgesetz (GG)
f) Strafgesetzbuch (StGB)
g) Strafprozeßordnung (StPO)

a) Betriebsverfassungsgesetz

vom 15. Januar 1972 (BGBl. 1972, I 13), in der Fassung der Bekanntmachung vom 23. Dezember 1988 (BGBl. 1989, I 1, ber. BGBl. 1989 I, 902), zuletzt geändert durch das Gesetz vom 24. März 1997 (BGBl. 1997, I 594)

§ 23 Verletzung gesetzlicher Pflichten

(1) Mindestens ein Viertel der wahlberechtigten Arbeitnehmer, der Arbeitgeber oder eine im Betrieb vertretene Gewerkschaft können beim Arbeitsgericht den Ausschluß eines Mitglieds aus dem Betriebsrat oder die Auflösung des Betriebsrats wegen grober Verletzung seiner gesetzlichen Pflichten beantragen. Der Ausschluß eines Mitglieds kann auch vom Betriebsrat beantragt werden.

(2) Wird der Betriebsrat aufgelöst, so setzt das Arbeitsgericht unverzüglich einen Wahlvorstand für die Neuwahl ein. § 16 Abs. 2 gilt entsprechend.

(3) Der Betriebsrat oder eine im Betrieb vertretene Gewerkschaft können bei groben Verstößen des Arbeitgebers gegen seine Verpflichtungen aus diesem Gesetz beim Arbeitsgericht beantragen, dem Arbeitgeber aufzugeben, eine Handlung zu unterlassen, die Vornahme einer Handlung zu dulden oder eine

Handlung vorzunehmen. Handelt der Arbeitgeber der ihm durch rechtskräftige gerichtliche Entscheidung auferlegten Verpflichtung zuwider, eine Handlung zu unterlassen oder die Vornahme einer Handlung zu dulden, so ist er auf Antrag vom Arbeitsgericht wegen einer jeden Zuwiderhandlung nach vorheriger Androhung zu einem Ordnungsgeld zu verurteilen. Führt der Arbeitgeber die ihm durch eine rechtskräftige gerichtliche Entscheidung auferlegte Handlung nicht durch, so ist auf Antrag vom Arbeitsgericht zu erkennen, daß er zur Vornahme der Handlung durch Zwangsgeld anzuhalten sei. Antragsberechtigt sind der Betriebsrat oder eine im Betrieb vertretene Gewerkschaft. Das Höchstmaß des Ordnungsgeldes und Zwangsgeldes beträgt 20 000 Deutsche Mark.

§ 37 Ehrenamtliche Tätigkeit, Arbeitsversäumnis

(1) Die Mitglieder des Betriebsrats führen ihr Amt unentgeltlich als Ehrenamt.

(2) Mitglieder des Betriebsrats sind von ihrer beruflichen Tätigkeit ohne Minderung des Arbeitsentgelts zu befreien, wenn und soweit es nach Umfang und Art des Betriebs zur ordnungsgemäßen Durchführung ihrer Aufgaben erforderlich ist.

(3) Zum Ausgleich für Betriebsratstätigkeit, die aus betriebsbedingten Gründen außerhalb der Arbeitszeit durchzuführen ist, hat das Betriebsratsmitglied Anspruch auf entsprechende Arbeitsbefreiung unter Fortzahlung des Arbeitsentgelts. Die Arbeitsbefreiung ist vor Ablauf eines Monats zu gewähren; ist dies aus betriebsbedingten Gründen nicht möglich, so ist die aufgewendete Zeit wie Mehrarbeit zu vergüten.

(4) Das Arbeitsentgelt von Mitgliedern des Betriebsrats darf einschließlich eines Zeitraums von einem Jahr nach Beendigung der Amtszeit nicht geringer bemessen werden als das Arbeitsentgelt vergleichbarer Arbeitnehmer mit betriebsüblicher beruflicher Entwicklung. Dies gilt auch für allgemeine Zuwendungen des Arbeitgebers.

(5) Soweit nicht zwingende betriebliche Notwendigkeiten entgegenstehen, dürfen Mitglieder des Betriebsrats einschließlich eines Zeitraums von einem Jahr nach Beendigung der Amtszeit nur mit Tätigkeiten beschäftigt werden, die den Tätigkeiten der in Absatz 4 genannten Arbeitnehmer gleichwertig sind.

(6) Absatz 2 gilt entsprechend für die Teilnahme an Schulungs- und Bildungsveranstaltungen, soweit diese Kenntnisse vermitteln, die für die Arbeit des Betriebsrats erforderlich sind. Der Betriebsrat hat bei der Festlegung der zeitlichen Lage der Teilnahme an Schulungs- und Bildungsveranstaltungen die betrieblichen Notwendigkeiten zu berücksichtigen. Er hat dem Arbeitgeber die Teilnahme und die zeitliche Lage der Schulungs- und Bildungsveranstaltungen rechtzeitig bekanntzugeben. Hält der Arbeitgeber die betrieblichen Notwendigkeiten für nicht ausreichend berücksichtigt, so kann er die Einigungsstelle anrufen. Der Spruch der Einigungsstelle ersetzt die Einigung zwischen Arbeitgeber und Betriebsrat.

(7) Unbeschadet der Vorschrift des Absatzes 6 hat jedes Mitglied des Betriebsrats während seiner regelmäßigen Amtszeit Anspruch auf bezahlte Freistellung für insgesamt drei Wochen zur Teilnahme an Schulungs- und Bildungsveranstaltungen, die von der zuständigen obersten Arbeitsbehörde des Landes nach Beratung mit den Spitzenorganisationen der Gewerkschaften und der Arbeitgeberverbände als geeignet anerkannt sind. Der Anspruch nach Satz 1 erhöht sich für Arbeitnehmer, die erstmals das Amt eines Betriebsratsmitglieds übernehmen und auch nicht zuvor Jugend- und Auszubildendenvertreter waren, auf vier Wochen. Absatz 6 Satz 2 bis 5 findet Anwendung.

§ 40 Kosten und Sachaufwand des Betriebsrats

(1) Die durch die Tätigkeit des Betriebsrats entstehenden Kosten trägt der Arbeitgeber.

(2) Für die Sitzungen, die Sprechstunden und die laufende Geschäftsführung hat der Arbeitgeber in erforderlichem Umfang

Räume, sachliche Mittel und Büropersonal zur Verfügung zu stellen.

§ 75 Grundsätze für die Behandlung der Betriebsangehörigen
(1) Arbeitgeber und Betriebsrat haben darüber zu wachen, daß alle im Betrieb tätigen Personen nach den Grundsätzen von Recht und Billigkeit behandelt werden, insbesondere, daß jede unterschiedliche Behandlung von Personen wegen ihrer Abstammung, Religion, Nationalität, Herkunft, politischen oder gewerkschaftlichen Betätigung oder Einstellung oder wegen ihres Geschlechts unterbleibt. Sie haben darauf zu achten, daß Arbeitnehmer nicht wegen Überschreitung bestimmter Altersstufen benachteiligt werden.

(2) Arbeitgeber und Betriebsrat haben die freie Entfaltung der Persönlichkeit der im Betrieb beschäftigten Arbeitnehmer zu schützen und zu fördern.

§ 76 Einigungsstelle
(1) Zur Beilegung von Meinungsverschiedenheiten zwischen Arbeitgeber und Betriebsrat, Gesamtbetriebsrat oder Konzernbetriebsrat ist bei Bedarf eine Einigungsstelle zu bilden. Durch Betriebsvereinbarung kann eine ständige Einigungsstelle errichtet werden.

(2) Die Einigungsstelle besteht aus einer gleichen Anzahl von Beisitzern, die vom Arbeitgeber und Betriebsrat bestellt werden, und einem unparteiischen Vorsitzenden, auf dessen Person sich beide Seiten einigen müssen. Kommt eine Einigung über die Person des Vorsitzenden nicht zustande, so bestellt ihn das Arbeitsgericht. Dieses entscheidet auch, wenn kein Einverständnis über die Zahl der Beisitzer erzielt wird.

(3) Die Einigungsstelle faßt ihre Beschlüsse nach mündlicher Beratung mit Stimmenmehrheit. Bei der Beschlußfassung hat sich der Vorsitzende zunächst der Stimme zu enthalten; kommt eine Stimmenmehrheit nicht zustande, so nimmt der Vorsitzen-

de nach weiterer Beratung an der erneuten Beschlußfassung teil. Die Beschlüsse der Einigungsstelle sind schriftlich niederzulegen, vom Vorsitzenden zu unterschreiben und Arbeitgeber und Betriebsrat zuzuleiten.

(4) Durch Betriebsvereinbarung können weitere Einzelheiten des Verfahrens vor der Einigungsstelle geregelt werden.

(5) In den Fällen, in denen der Spruch der Einigungsstelle die Einigung zwischen Arbeitgeber und Betriebsrat ersetzt, wird die Einigungsstelle auf Antrag einer Seite tätig. Benennt eine Seite keine Mitglieder oder bleiben die von einer Seite genannten Mitglieder trotz rechtzeitiger Einladung der Sitzung fern, so entscheiden der Vorsitzende und die erschienenen Mitglieder nach Maßgabe des Absatzes 3 allein. Die Einigungsstelle faßt ihre Beschlüsse unter angemessener Berücksichtigung der Belange des Betriebs und der betroffenen Arbeitnehmer nach billigem Ermessen. Die Überschreitung der Grenzen des Ermessens kann durch den Arbeitgeber oder den Betriebsrat nur binnen einer Frist von zwei Wochen, vom Tage der Zuleitung des Beschlusses an gerechnet, beim Arbeitsgericht geltend gemacht werden.

(6) Im übrigen wird die Einigungsstelle nur tätig, wenn beide Seiten es beantragen oder mit ihrem Tätigwerden einverstanden sind. In diesen Fällen ersetzt ihr Spruch die Einigung zwischen Arbeitgeber und Betriebsrat nur, wenn beide Seiten sich dem Spruch im voraus unterworfen oder ihn nachträglich angenommen haben.

(7) Soweit nach anderen Vorschriften der Rechtsweg gegeben ist, wird er durch den Spruch der Einigungsstelle nicht ausgeschlossen.

(8) Durch Tarifvertrag kann bestimmt werden, daß an die Stelle der in Absatz 1 bezeichneten Einigungsstelle eine tarifliche Schlichtungsstelle tritt.

§ 76a Kosten der Einigungsstelle

(1) Die Kosten der Einigungsstelle trägt der Arbeitgeber.

(2) Die Beisitzer der Einigungsstelle, die dem Betrieb angehören, erhalten für ihre Tätigkeit keine Vergütung; § 37 Abs. 2 und 3 gilt entsprechend. Ist die Einigungsstelle zur Beilegung von Meinungsverschiedenheiten zwischen Arbeitgeber und Gesamtbetriebsrat oder Konzernbetriebsrat zu bilden, so gilt Satz 1 für die einem Betrieb des Unternehmens oder eines Konzernunternehmens angehörenden Beisitzer entsprechend.

(3) Der Vorsitzende und die Beisitzer der Einigungsstelle, die nicht zu den in Absatz 2 genannten Personen zählen, haben gegenüber dem Arbeitgeber Anspruch auf Vergütung ihrer Tätigkeit. Die Höhe der Vergütung richtet sich nach den Grundsätzen des Absatzes 4 Satz 3 bis 5.

(4) Der Bundesminister für Arbeit und Sozialordnung kann durch Rechtsverordnung die Vergütung nach Absatz 3 regeln. In der Vergütungsordnung sind Höchstsätze festzusetzen. Dabei sind insbesondere der erforderliche Zeitaufwand, die Schwierigkeit der Streitigkeit sowie ein Verdienstausfall zu berücksichtigen. Die Vergütung der Beisitzer ist niedriger zu bemessen als die des Vorsitzenden. Bei der Festsetzung der Höchstsätze ist den berechtigten Interessen der Mitglieder der Einigungsstelle und des Arbeitgebers Rechnung zu tragen.

(5) Von Absatz 3 und einer Vergütungsordnung nach Absatz 4 kann durch Tarifvertrag oder in einer Betriebsvereinbarung, wenn ein Tarifvertrag dies zuläßt oder eine tarifliche Regelung nicht besteht, abgewichen werden.

§ 77 Durchführung gemeinsamer Beschlüsse, Betriebsvereinbarungen

(1) Vereinbarungen zwischen Betriebsrat und Arbeitgeber, auch soweit sie auf einem Spruch der Einigungsstelle beruhen, führt der Arbeitgeber durch, es sei denn, daß im Einzelfall etwas

anderes vereinbart ist. Der Betriebsrat darf nicht durch einseitige Handlungen in die Leitung des Betriebs eingreifen.

(2) Betriebsvereinbarungen sind von Betriebsrat und Arbeitgeber gemeinsam zu beschließen und schriftlich niederzulegen. Sie sind von beiden Seiten zu unterzeichnen; dies gilt nicht, soweit Betriebsvereinbarungen auf einem Spruch der Einigungsstelle beruhen. Der Arbeitgeber hat die Betriebsvereinbarungen an geeigneter Stelle im Betrieb auszulegen.

(3) Arbeitsentgelte und sonstige Arbeitsbedingungen, die durch Tarifvertrag geregelt sind oder üblicherweise geregelt werden, können nicht Gegenstand einer Betriebsvereinbarung sein. Dies gilt nicht, wenn ein Tarifvertrag den Abschluß ergänzender Betriebsvereinbarungen ausdrücklich zuläßt.

(4) Betriebsvereinbarungen gelten unmittelbar und zwingend. Werden Arbeitnehmern durch die Betriebsvereinbarung Rechte eingeräumt, so ist ein Verzicht auf sie nur mit Zustimmung des Betriebsrats zulässig. Die Verwirkung dieser Rechte ist ausgeschlossen. Ausschlußfristen für ihre Geltendmachung sind nur insoweit zulässig, als sie in einem Tarifvertrag oder einer Betriebsvereinbarung vereinbart werden; dasselbe gilt für die Abkürzung der Verjährungsfristen.

(5) Betriebsvereinbarungen können, soweit nichts anderes vereinbart ist, mit einer Frist von drei Monaten gekündigt werden.

(6) Nach Ablauf einer Betriebsvereinbarung gelten ihre Regelungen in Angelegenheiten, in denen ein Spruch der Einigungsstelle die Einigung zwischen Arbeitgeber und Betriebsrat ersetzen kann, weiter, bis sie durch eine andere Abmachung ersetzt werden.

§ 80 Allgemeine Aufgaben

(1) Der Betriebsrat hat folgende allgemeine Aufgaben:

1. darüber zu wachen, daß die zugunsten der Arbeitnehmer geltenden Gesetze, Verordnungen, Unfallverhütungsvor-

schriften, Tarifverträge und Betriebsvereinbarungen durchgeführt werden;

2. Maßnahmen, die dem Betrieb und der Belegschaft dienen, beim Arbeitgeber zu beantragen;

2 a. die Durchsetzung der tatsächlichen Gleichberechtigung von Frauen und Männern, insbesondere bei der Einstellung, Beschäftigung, Aus-, Fort- und Weiterbildung und dem beruflichen Aufstieg, zu fördern;

3. Anregungen von Arbeitnehmern und der Jugend- und Auszubildendenvertretung entgegenzunehmen und, falls sie berechtigt erscheinen, durch Verhandlungen mit dem Arbeitgeber auf eine Erledigung hinzuwirken; er hat die betreffenden Arbeitnehmer über den Stand und das Ergebnis der Verhandlungen zu unterrichten;

4. die Eingliederung Schwerbehinderter und sonstiger besonders schutzbedürftiger Personen zu fördern;

5. die Wahl einer Jugend- und Auszubildendenvertretung vorzubereiten und durchzuführen und mit dieser zur Förderung der Belange der in § 60 Abs. 1 genannten Arbeitnehmer eng zusammenzuarbeiten; er kann von der Jugend- und Auszubildendenvertretung Vorschläge und Stellungnahmen anfordern;

6. die Beschäftigung älterer Arbeitnehmer im Betrieb zu fördern;

7. die Eingliederung ausländischer Arbeitnehmer im Betrieb und das Verständnis zwischen ihnen und den deutschen Arbeitnehmern zu fördern.

(2) Zur Durchführung seiner Aufgaben nach diesem Gesetz ist der Betriebsrat rechtzeitig und umfassend vom Arbeitgeber zu unterrichten. Ihm sind auf Verlangen jederzeit die zur Durchführung seiner Aufgaben erforderlichen Unterlagen zur Verfügung zu stellen; in diesem Rahmen ist der Betriebsausschuß oder ein nach § 28 gebildeter Ausschuß berechtigt, in die Listen über die Bruttolöhne und -gehälter Einblick zu nehmen.

(3) Der Betriebsrat kann bei der Durchführung seiner Aufgaben nach näherer Vereinbarung mit dem Arbeitgeber Sachverständige hinzuziehen, soweit dies zur ordnungsgemäßen Erfüllung seiner Aufgaben erforderlich ist. Für die Geheimhaltungspflicht der Sachverständigen gilt § 79 entsprechend.

§ 84 Beschwerderecht

(1) Jeder Arbeitnehmer hat das Recht, sich bei den zuständigen Stellen des Betriebs zu beschweren, wenn er sich vom Arbeitgeber oder von Arbeitnehmern des Betriebs benachteiligt oder ungerecht behandelt oder in sonstiger Weise beeinträchtigt fühlt. Er kann ein Mitglied des Betriebsrats zur Unterstützung oder Vermittlung hinzuziehen.

(2) Der Arbeitgeber hat den Arbeitnehmer über die Behandlung der Beschwerde zu bescheiden und, soweit er die Beschwerde für berechtigt erachtet, ihr abzuhelfen.

(3) Wegen der Erhebung einer Beschwerde dürfen dem Arbeitnehmer keine Nachteile entstehen.

§ 85 Behandlung von Beschwerden durch den Betriebsrat

(1) Der Betriebsrat hat Beschwerden von Arbeitnehmern entgegenzunehmen und, falls er sie für berechtigt erachtet, beim Arbeitgeber auf Abhilfe hinzuwirken.

(2) Bestehen zwischen Betriebsrat und Arbeitgeber Meinungsverschiedenheiten über die Berechtigung der Beschwerde, so kann der Betriebsrat die Einigungsstelle anrufen. Der Spruch der Einigungsstelle ersetzt die Einigung zwischen Arbeitgeber und Betriebsrat. Dies gilt nicht, soweit Gegenstand der Beschwerde ein Rechtsanspruch ist.

(3) Der Arbeitgeber hat den Betriebsrat über die Behandlung der Beschwerde zu unterrichten. § 84 Abs. 2 bleibt unberührt.

§ 86 Ergänzende Vereinbarungen

Durch Tarifvertrag oder Betriebsvereinbarung können die Einzelheiten des Beschwerdeverfahrens geregelt werden. Hierbei kann bestimmt werden, daß in den Fällen des § 85 Abs. 2 an die Stelle der Einigungsstelle eine betriebliche Beschwerdestelle tritt.

§ 87 Mitbestimmungsrechte

(1) Der Betriebsrat hat, soweit eine gesetzliche oder tarifliche Regelung nicht besteht, in folgenden Angelegenheiten mitzubestimmen:

1. Fragen der Ordnung des Betriebs und des Verhaltens der Arbeitnehmer im Betrieb;

2. Beginn und Ende der täglichen Arbeitszeit einschließlich der Pausen sowie Verteilung der Arbeitszeit auf die einzelnen Wochentage;

3. vorübergehende Verkürzung oder Verlängerung der betriebsüblichen Arbeitszeit;

4. Zeit, Ort und Art der Auszahlung der Arbeitsentgelte;

5. Aufstellung allgemeiner Urlaubsgrundsätze und des Urlaubsplans sowie die Festsetzung der zeitlichen Lage des Urlaubs für einzelne Arbeitnehmer, wenn zwischen dem Arbeitgeber und den beteiligten Arbeitnehmern kein Einverständnis erzielt wird;

6. Einführung und Anwendung von technischen Einrichtungen, die dazu bestimmt sind, das Verhalten oder die Leistung der Arbeitnehmer zu überwachen;

7. Regelungen über die Verhütung von Arbeitsunfällen und Berufskrankheiten sowie über den Gesundheitsschutz im Rahmen der gesetzlichen Vorschriften oder der Unfallverhütungsvorschriften;

8. Form, Ausgestaltung und Verwaltung von Sozialeinrichtungen, deren Wirkungsbereich auf den Betrieb, das Unternehmen oder den Konzern beschränkt ist;

9. Zuweisung und Kündigung von Wohnräumen, die den

Arbeitnehmern mit Rücksicht auf das Bestehen eines Arbeitsverhältnisses vermietet werden, sowie die allgemeine Festlegung der Nutzungsbedingungen;

10. Fragen der betrieblichen Lohngestaltung, insbesondere die Aufstellung von Entlohnungsgrundsätzen und die Einführung und Anwendung von neuen Entlohnungsmethoden sowie deren Änderung;

11. Festsetzung der Akkord- und Prämiensätze und vergleichbarer leistungsbezogener Entgelte, einschließlich der Geldfaktoren;

12. Grundsätze über das betriebliche Vorschlagswesen.

(2) Kommt eine Einigung über eine Angelegenheit nach Absatz 1 nicht zustande, so entscheidet die Einigungsstelle. Der Spruch der Einigungsstelle ersetzt die Einigung zwischen Arbeitgeber und Betriebsrat.

§ 88 Freiwillige Betriebsvereinbarungen

Durch Betriebsvereinbarung können insbesondere geregelt werden

1. zusätzliche Maßnahmen zur Verhütung von Arbeitsunfällen und Gesundheitsschädigungen;

2. die Errichtung von Sozialeinrichtungen, deren Wirkungsbereich auf den Betrieb, das Unternehmen oder den Konzern beschränkt ist;

3. Maßnahmen zur Förderung der Vermögensbildung.

§ 104 Entfernung betriebsstörender Arbeitnehmer

Hat ein Arbeitnehmer durch gesetzwidriges Verhalten oder durch grobe Verletzung der in § 75 Abs. 1 enthaltenen Grundsätze den Betriebsfrieden wiederholt ernstlich gestört, so kann der Betriebsrat vom Arbeitgeber die Entlassung oder Versetzung verlangen. Gibt das Arbeitsgericht einem Antrag des Betriebsrats statt, dem Arbeitgeber aufzugeben, die Entlassung oder Versetzung durchzuführen, und führt der Arbeitgeber die

363

Entlassung oder Versetzung einer rechtskräftigen gerichtlichen Entscheidung zuwider nicht durch, so ist auf Antrag des Betriebsrats vom Arbeitsgericht zu erkennen, daß er zur Vornahme der Entlassung oder Versetzung durch Zwangsgeld anzuhalten sei. Das Höchstmaß des Zwangsgeldes beträgt für jeden Tag der Zuwiderhandlung 500 Deutsche Mark.

§ 119 Straftaten gegen Betriebsverfassungsorgane und ihre Mitglieder

(1) Mit Freiheitsstrafe bis zu einem Jahr oder mit Geldstrafe wird bestraft, wer

1. eine Wahl des Betriebsrats, der Jugend- und Auszubildendenvertretung, der Bordvertretung, des Seebetriebsrats oder der in § 3 Abs. 1 Nr. 1 oder 2 bezeichneten Vertretungen der Arbeitnehmer behindert oder durch Zufügung oder Androhung von Nachteilen oder durch Gewährung oder Versprechen von Vorteilen beeinflußt,

2. die Tätigkeit des Betriebsrats, des Gesamtbetriebsrats, des Konzernbetriebsrats, der Jugend- und Auszubildendenvertretung, der Gesamt-Jugend- und Auszubildendenvertretung, der Bordvertretung, des Seebetriebsrats, der in § 3 Abs. 1 Nr. 1 oder 2 bezeichneten Vertretungen der Arbeitnehmer, der Einigungsstelle, der in § 76 Abs. 8 bezeichneten tariflichen Schlichtungsstelle, der in § 86 bezeichneten betrieblichen Beschwerdestellen oder des Wirtschaftsausschusses behindert oder stört oder

3. ein Mitglied oder ein Ersatzmitglied des Betriebsrats, des Gesamtbetriebsrats, des Konzernbetriebsrats, der Jugend- und Auszubildendenvertretung, der Gesamt-Jugend- und Auszubildendenvertretung, der Bordvertretung, des Seebetriebsrats, der in § 3 Abs. 1 Nr. 1 oder 2 bezeichneten Vertretungen der Arbeitnehmer, der Einigungsstelle, der in § 76 Abs. 8 bezeichneten Schlichtungsstelle, der in § 86 bezeichneten be-

trieblichen Beschwerdestelle oder des Wirtschaftsausschusses um seiner Tätigkeit willen benachteiligt oder begünstigt.

(2) Die Tat wird nur auf Antrag des Betriebsrats, des Gesamtbetriebsrats, des Konzernbetriebsrats, der Bordvertretung, des Seebetriebsrats, des Wahlvorstands, des Unternehmers oder einer im Betrieb vertretenen Gewerkschaft verfolgt.

b) Arbeitsschutzgesetz

vom 7. August 1996 (BGBl. 1996, I 1246), zuletzt geändert durch Gesetz vom 16. Dezember 1997 (BGBl. 1997, I 2970)

§ 1 Zielsetzung und Anwendungsbereich

(1) Dieses Gesetz dient dazu, Sicherheit und Gesundheitsschutz der Beschäftigten bei der Arbeit durch Maßnahmen des Arbeitsschutzes zu sichern und zu verbessern. Es gilt in allen Tätigkeitsbereichen.

(2) Dieses Gesetz gilt nicht für den Arbeitsschutz von Hausangestellten in privaten Haushalten. Es gilt nicht für den Arbeitsschutz von Beschäftigten auf Seeschiffen und in Betrieben, die dem Bundesberggesetz unterliegen, soweit dafür entsprechende Rechtsvorschriften bestehen.

(3) Pflichten, die die Arbeitgeber zur Gewährleistung von Sicherheit und Gesundheitsschutz der Beschäftigten bei der Arbeit nach sonstigen Rechtsvorschriften haben, bleiben unberührt. Satz 1 gilt entsprechend für Pflichten und Rechte der Beschäftigten. Unberührt bleiben Gesetze, die andere Personen als Arbeitgeber zu Maßnahmen des Arbeitsschutzes verpflichten.

(4) Bei öffentlich-rechtlichen Religionsgemeinschaften treten an die Stelle der Betriebs- oder Personalräte die Mitarbeitervertretungen entsprechend dem kirchlichen Recht.

§ 2 Begriffsbestimmungen

(1) Maßnahmen des Arbeitsschutzes im Sinne dieses Gesetzes sind Maßnahmen zur Verhütung von Unfällen bei der Arbeit und arbeitsbedingten Gesundheitsgefahren einschließlich Maßnahmen der menschengerechten Gestaltung der Arbeit.

(2) Beschäftigte im Sinne dieses Gesetzes sind:

1. Arbeitnehmerinnen und Arbeitnehmer,
2. die zu ihrer Berufsbildung Beschäftigten,
3. arbeitnehmerähnliche Personen im Sinne des § 5 Abs. 1 des Arbeitsgerichtsgesetzes, ausgenommen die in Heimarbeit Beschäftigten und die ihnen Gleichgestellten,
4. Beamtinnen und Beamte,
5. Richterinnen und Richter,
6. Soldatinnen und Soldaten,
7. die in Werkstätten für Behinderte Beschäftigten.

(3) Arbeitgeber im Sinne dieses Gesetzes sind natürliche und juristische Personen und rechtsfähige Personengesellschaften, die Personen nach Absatz 2 beschäftigen.

(4) Sonstige Rechtsvorschriften im Sinne dieses Gesetzes sind Regelungen über Maßnahmen des Arbeitsschutzes in anderen Gesetzen, in Rechtsverordnungen und Unfallverhütungsvorschriften.

(5) Als Betriebe im Sinne dieses Gesetzes gelten für den Bereich des öffentlichen Dienstes die Dienststellen. Dienststellen sind die einzelnen Behörden, Verwaltungsstellen und Betriebe der Verwaltungen des Bundes, der Länder, der Gemeinden und der sonstigen Körperschaften, Anstalten und Stiftungen des öffentlichen Rechts, die Gerichte des Bundes und der Länder sowie die entsprechenden Einrichtungen der Streitkräfte.

§ 3 Grundpflichten des Arbeitgebers

(1) Der Arbeitgeber ist verpflichtet, die erforderlichen Maßnahmen des Arbeitsschutzes unter Berücksichtigung der Umstände zu treffen, die Sicherheit und Gesundheit der Beschäftig-

ten bei der Arbeit beeinflussen. Er hat die Maßnahmen auf ihre Wirksamkeit zu überprüfen und erforderlichenfalls sich ändernden Gegebenheiten anzupassen. Dabei hat er eine Verbesserung von Sicherheit und Gesundheitsschutz der Beschäftigten anzustreben.

(2) Zur Planung und Durchführung der Maßnahmen nach Absatz 1 hat der Arbeitgeber unter Berücksichtigung der Art der Tätigkeiten und der Zahl der Beschäftigten

1. für eine geeignete Organisation zu sorgen und die erforderlichen Mittel bereitzustellen sowie

2. Vorkehrungen zu treffen, daß die Maßnahmen erforderlichenfalls bei allen Tätigkeiten und eingebunden in die betrieblichen Führungsstrukturen beachtet werden und die Beschäftigten ihren Mitwirkungspflichten nachkommen können.

(3) Kosten für Maßnahmen nach diesem Gesetz darf der Arbeitgeber nicht den Beschäftigten auferlegen.

§ 4 Allgemeine Grundsätze

Der Arbeitgeber hat bei Maßnahmen des Arbeitsschutzes von folgenden allgemeinen Grundsätzen auszugehen:

1. Die Arbeit ist so zu gestalten, daß eine Gefährdung für Leben und Gesundheit möglichst vermieden und die verbleibende Gefährdung möglichst gering gehalten wird;

2. Gefahren sind an ihrer Quelle zu bekämpfen;

3. bei den Maßnahmen sind der Stand von Technik, Arbeitsmedizin und Hygiene sowie sonstige gesicherte arbeitswissenschaftliche Erkenntnisse zu berücksichtigen;

4. Maßnahmen sind mit dem Ziel zu planen, Technik, Arbeitsorganisation, sonstige Arbeitsbedingungen, soziale Beziehungen und Einfluß der Umwelt auf den Arbeitsplatz sachgerecht zu verknüpfen;

5. individuelle Schutzmaßnahmen sind nachrangig zu anderen Maßnahmen;

6. spezielle Gefahren für besonders schutzbedürftige Beschäftigtengruppen sind zu berücksichtigen;
7. den Beschäftigten sind geeignete Anweisungen zu erteilen;
8. mittelbar oder unmittelbar geschlechtsspezifisch wirkende Regelungen sind nur zulässig, wenn dies aus biologischen Gründen zwingend geboten ist.

§ 5 Beurteilung der Arbeitsbedingungen

(1) Der Arbeitgeber hat durch eine Beurteilung der für die Beschäftigten mit ihrer Arbeit verbundenen Gefährdung zu ermitteln, welche Maßnahmen des Arbeitsschutzes erforderlich sind.

(2) Der Arbeitgeber hat die Beurteilung je nach Art der Tätigkeiten vorzunehmen. Bei gleichartigen Arbeitsbedingungen ist die Beurteilung eines Arbeitsplatzes oder einer Tätigkeit ausreichend.

(3) Eine Gefährdung kann sich insbesondere ergeben durch

1. die Gestaltung und die Einrichtung der Arbeitsstätte und des Arbeitsplatzes,
2. physikalische, chemische und biologische Einwirkungen,
3. die Gestaltung, die Auswahl und den Einsatz von Arbeitsmitteln, insbesondere von Arbeitsstoffen, Maschinen, Geräten und Anlagen sowie den Umgang damit,
4. die Gestaltung von Arbeits- und Fertigungsverfahren, Arbeitsabläufen und Arbeitszeit und deren Zusammenwirken,
5. unzureichende Qualifikation und Unterweisung der Beschäftigten.

§ 6 Dokumentation

(1) Der Arbeitgeber muß über die je nach Art der Tätigkeiten und der Zahl der Beschäftigten erforderlichen Unterlagen verfügen, aus denen das Ergebnis der Gefährdungsbeurteilung, die von ihm festgelegten Maßnahmen des Arbeitsschutzes und das Ergebnis ihrer Überprüfung ersichtlich sind. Bei gleichartiger

Gefährdungssituation ist es ausreichend, wenn die Unterlagen zusammengefaßte Angaben enthalten. Soweit in sonstigen Rechtsvorschriften nichts anderes bestimmt ist, gilt Satz 1 nicht für Arbeitgeber mit zehn oder weniger Beschäftigten; die zuständige Behörde kann, wenn besondere Gefährdungssituationen gegeben sind, anordnen, daß Unterlagen verfügbar sein müssen. Bei der Feststellung der Zahl der Beschäftigten nach Satz 3 sind Teilzeitbeschäftigte mit einer regelmäßigen wöchentlichen Arbeitszeit von nicht mehr als zehn Stunden mit 0,25, nicht mehr als 20 Stunden mit 0,5 und nicht mehr als 30 Stunden mit 0,75 zu berücksichtigen.

(2) Unfälle in seinem Betrieb, bei denen ein Beschäftigter getötet oder so verletzt wird, daß er stirbt oder für mehr als drei Tage völlig oder teilweise arbeits- oder dienstunfähig wird, hat der Arbeitgeber zu erfassen.

§ 17 Rechte der Beschäftigten

(1) Die Beschäftigten sind berechtigt, dem Arbeitgeber Vorschläge zu allen Fragen der Sicherheit und des Gesundheitsschutzes bei der Arbeit zu machen. Für Beamtinnen und Beamte des Bundes ist § 171 des Bundesbeamtengesetzes anzuwenden. § 60 des Beamtenrechtsrahmengesetzes und entsprechendes Landesrecht bleiben unberührt.

(2) Sind Beschäftigte auf Grund konkreter Anhaltspunkte der Auffassung, daß die vom Arbeitgeber getroffenen Maßnahmen und bereitgestellten Mittel nicht ausreichen, um die Sicherheit und den Gesundheitsschutz bei der Arbeit zu gewährleisten, und hilft der Arbeitgeber darauf gerichteten Beschwerden von Beschäftigten nicht ab, können sich diese an die zuständige Behörde wenden. Hierdurch dürfen den Beschäftigten keine Nachteile entstehen. Die in Absatz 1 Satz 2 und 3 genannten Vorschriften sowie die Vorschriften der Wehrbeschwerdeordnung und des Gesetzes über den Wehrbeauftragten des Deutschen Bundestages bleiben unberührt.

c) Bildschirmarbeitsverordnung

vom 4. Dezember 1996 (BGBl. 1996, I 1841)

§ 3 Beurteilung der Arbeitsbedingungen

Bei der Beurteilung der Arbeitsbedingungen nach § 5 des Arbeitsschutzgesetzes hat der Arbeitgeber bei Bildschirmarbeitsplätzen die Sicherheits- und Gesundheitsbedingungen insbesondere hinsichtlich einer möglichen Gefährdung des Sehvermögens sowie körperlicher Probleme und psychischer Belastung zu ermitteln und zu beurteilen.

d) Bürgerliches Gesetzbuch

vom 18. August 1896 (RGBl. III 400–2), zuletzt geändert durch Gesetz vom 25. August 1998 (BGBl. 1998, I 2489)

§ 622

(1) Das Arbeitsverhältnis eines Arbeiters oder eines Angestellten (Arbeitnehmers) kann mit einer Frist von vier Wochen zum Fünfzehnten oder zum Ende eines Kalendermonats gekündigt werden.

(2) Für eine Kündigung durch den Arbeitgeber beträgt die Kündigungsfrist, wenn das Arbeitsverhältnis in dem Betrieb oder Unternehmen

1. zwei Jahre bestanden hat, einen Monat zum Ende eines Kalendermonats,

2. fünf Jahre bestanden hat, zwei Monate zum Ende eines Kalendermonats,

3. acht Jahre bestanden hat, drei Monate zum Ende eines Kalendermonats,

4. zehn Jahre bestanden hat, vier Monate zum Ende eines Kalendermonats,

5. zwölf Jahre bestanden hat, fünf Monate zum Ende eines Kalendermonats,
6. fünfzehn Jahre bestanden hat, sechs Monate zum Ende eines Kalendermonats,
7. zwanzig Jahre bestanden hat, sieben Monate zum Ende eines Kalendermonats.

Bei der Berechnung der Beschäftigungsdauer werden Zeiten, die vor Vollendung des fünfundzwanzigsten Lebensjahres des Arbeitnehmers liegen, nicht berücksichtigt.

(3) Während einer vereinbarten Probezeit, längstens für die Dauer von sechs Monaten, kann das Arbeitsverhältnis mit einer Frist von zwei Wochen gekündigt werden.

(4) Von den Absätzen 1 bis 3 abweichende Regelungen können durch Tarifvertrag vereinbart werden. Im Geltungsbereich eines solchen Tarifvertrages gelten die abweichenden tarifvertraglichen Bestimmungen zwischen nichttarifgebundenen Arbeitgebern und Arbeitnehmern, wenn ihre Anwendung zwischen ihnen vereinbart ist.

(5) Einzelvertraglich kann eine kürzere als die in Absatz 1 genannte Kündigungsfrist nur vereinbart werden,

1. wenn ein Arbeitnehmer zur vorübergehenden Aushilfe eingestellt ist; dies gilt nicht, wenn das Arbeitsverhältnis über die Zeit von drei Monaten hinaus fortgesetzt wird;
2. wenn der Arbeitgeber in der Regel nicht mehr als zwanzig Arbeitnehmer ausschließlich der zu ihrer Berufsbildung Beschäftigten beschäftigt und die Kündigungsfrist vier Wochen nicht unterschreitet. Bei der Feststellung der Zahl der beschäftigten Arbeitnehmer sind teilzeitbeschäftigte Arbeitnehmer mit einer regelmäßigen wöchentlichen Arbeitszeit von nicht mehr als zehn Stunden mit 0,25, nicht mehr als 20 Stunden mit 0,5 und nicht mehr als 30 Stunden mit 0,75 zu berücksichtigen.

Die einzelvertragliche Vereinbarung längerer als der in den Absätzen 1–3 genannten Kündigungsfristen bleibt hiervon unberührt.

(6) Für die Kündigung des Arbeitsverhältnisses durch den Arbeitnehmer darf keine längere Frist vereinbart werden als für die Kündigung durch den Arbeitgeber.

§ 626

(1) Das Dienstverhältnis kann von jedem Vertragsteil aus wichtigem Grund ohne Einhaltung einer Kündigungsfrist gekündigt werden, wenn Tatsachen vorliegen, auf Grund derer dem Kündigenden unter Berücksichtigung aller Umstände des Einzelfalles und unter Abwägung der Interessen beider Vertragsteile die Fortsetzung des Dienstverhältnisses bis zum Ablauf der Kündigungsfrist oder bis zu der vereinbarten Beendigung des Dienstverhältnisses nicht zugemutet werden kann.

(2) Die Kündigung kann nur innerhalb von zwei Wochen erfolgen. Die Frist beginnt mit dem Zeitpunkt, in dem der Kündigungsberechtigte von den für die Kündigung maßgebenden Tatsachen Kenntnis erlangt. Der Kündigende muß dem anderen Teil auf Verlangen den Kündigungsgrund unverzüglich schriftlich mitteilen.

§ 628

(1) Wird nach dem Beginne der Dienstleistung das Dienstverhältnis auf Grund des § 626 oder des § 627 gekündigt, so kann der Verpflichtete einen seinen bisherigen Leistungen entsprechenden Teil der Vergütung verlangen. Kündigt er, ohne durch vertragswidriges Verhalten des anderen Teiles dazu veranlaßt zu sein, oder veranlaßt er durch sein vertragswidriges Verhalten die Kündigung des anderen Teiles, so steht ihm ein Anspruch auf die Vergütung insoweit nicht zu, als seine bisherigen Leistungen infolge der Kündigung für den anderen Teil kein Interesse haben. Ist die Vergütung für eine spätere Zeit im voraus entrichtet, so hat der Verpflichtete sich nach Maßgabe des § 347 oder, wenn die Kündigung wegen eines Umstandes erfolgt, den er nicht zu vertreten hat, nach den Vorschriften über

die Herausgabe einer ungerechtfertigten Bereicherung zurückzuerstatten.

(2) Wird die Kündigung durch vertragswidriges Verhalten des anderen Teiles veranlaßt, so ist dieser zum Ersatze des durch die Aufhebung des Dienstverhältnisses entstehenden Schadens verpflichtet.

§ 823

(1) Wer vorsätzlich oder fahrlässig das Leben, den Körper, die Gesundheit, die Freiheit, das Eigentum oder ein sonstiges Recht eines anderen widerrechtlich verletzt, ist dem anderen zum Ersatze des daraus entstehenden Schadens verpflichtet.

(2) Die gleiche Verpflichtung trifft denjenigen, welcher gegen ein den Schutz eines anderen bezweckendes Gesetz verstößt. Ist nach dem Inhalte des Gesetzes ein Verstoß gegen dieses auch ohne Verschulden möglich, so tritt die Ersatzpflicht nur im Falle des Verschuldens ein.

§ 847

(1) Im Falle der Verletzung des Körpers oder der Gesundheit sowie im Falle der Freiheitsentziehung kann der Verletzte auch wegen des Schadens, der nicht Vermögensschaden ist, eine billige Entschädigung in Geld verlangen.

(2) Ein gleicher Anspruch steht einer Frauensperson zu, gegen die ein Verbrechen oder Vergehen wider die Sittlichkeit begangen oder die durch Hinterlist, durch Drohung oder unter Mißbrauch eines Abhängigkeitsverhältnisses zur Gestattung der außerehelichen Beiwohnung bestimmt wird.

§ 1004

(1) Wird das Eigentum in anderer Weise als durch Entziehung oder Vorenthaltung des Besitzes beeinträchtigt, so kann der Eigentümer von dem Störer die Beseitigung der Beeinträchti-

gung verlangen. Sind weitere Beeinträchtigungen zu besorgen, so kann der Eigentümer auf Unterlassung klagen.

(2) Der Anspruch ist ausgeschlossen, wenn der Eigentümer zur Duldung verpflichtet ist.

e) Grundgesetz für die Bundesrepublik Deutschland

vom 23. Mai 1949 (BGBl. 1), zuletzt geändert durch Gesetz vom 16. Juli 1998 (BGBl. 1998, I 1822)

Art. 1

(1) Die Würde des Menschen ist unantastbar. Sie zu achten und zu schützen ist Verpflichtung aller staatlichen Gewalt.

(2) Das Deutsche Volk bekennt sich darum zu unverletzlichen und unveräußerlichen Menschenrechten als Grundlage jeder menschlichen Gemeinschaft, des Friedens und der Gerechtigkeit in der Welt.

(3) Die nachfolgenden Grundrechte binden Gesetzgebung, vollziehende Gewalt und Rechtsprechung als unmittelbar geltendes Recht.

Art. 2

(1) Jeder hat das Recht auf die freie Entfaltung seiner Persönlichkeit, soweit er nicht die Rechte anderer verletzt und nicht gegen die verfassungsmäßige Ordnung oder das Sittengesetz verstößt.

(2) Jeder hat das Recht auf Leben und körperliche Unversehrtheit. Die Freiheit der Person ist unverletzlich. In diese Rechte darf nur auf Grund eines Gesetzes eingegriffen werden.

f) Strafgesetzbuch

in der Fassung der Bekanntmachung vom 10. März 1987 (BGBl. 1987, I 945, ber. 1160), zuletzt geändert durch Gesetz vom 10. September 1998 (BGBl. 1998, II, 2340)

§ 77 Antragsberechtigte

(1) Ist die Tat nur auf Antrag verfolgbar, so kann, soweit das Gesetz nichts anderes bestimmt, der Verletzte den Antrag stellen.

(2) Stirbt der Verletzte, so geht sein Antragsrecht in den Fällen, die das Gesetz bestimmt, auf den Ehegatten und die Kinder über. Hat der Verletzte weder einen Ehegatten noch Kinder hinterlassen oder sind sie vor Ablauf der Antragsfrist gestorben, so geht das Antragsrecht auf die Eltern und, wenn auch sie vor Ablauf der Antragsfrist gestorben sind, auf die Geschwister und die Enkel über. Ist ein Angehöriger an der Tat beteiligt oder ist seine Verwandtschaft erloschen, so scheidet er bei dem Übergang des Antragsrechts aus. Das Antragsrecht geht nicht über, wenn die Verfolgung dem erklärten Willen des Verletzten widerspricht.

(3) Ist der Antragsberechtigte geschäftsunfähig oder beschränkt geschäftsfähig, so können der gesetzliche Vertreter in den persönlichen Angelegenheiten und derjenige, dem die Sorge für die Person des Antragsberechtigten zusteht, den Antrag stellen.

(4) Sind mehrere antragsberechtigt, so kann jeder den Antrag selbständig stellen.

§ 77a Antrag des Dienstvorgesetzten

(1) Ist die Tat von einem Amtsträger, einem für den öffentlichen Dienst besonders Verpflichteten oder einem Soldaten der Bundeswehr oder gegen ihn begangen und auf Antrag des Dienstvorgesetzten verfolgbar, so ist derjenige Dienstvorgeset-

te antragsberechtigt, dem der Betreffende zur Zeit der Tat unterstellt war.

(2) Bei Berufsrichtern ist an Stelle des Dienstvorgesetzten antragsberechtigt, wer die Dienstaufsicht über den Richter führt. Bei Soldaten ist Dienstvorgesetzter der Disziplinarvorgesetzte.

(3) Bei einem Amtsträger oder einem für den öffentlichen Dienst besonders Verpflichteten, der keinen Dienstvorgesetzten hat oder gehabt hat, kann die Dienststelle, für die er tätig war, den Antrag stellen. Leitet der Amtsträger oder der Verpflichtete selbst diese Dienststelle, so ist die staatliche Aufsichtsbehörde antragsberechtigt.

(4) Bei Mitgliedern der Bundesregierung ist die Bundesregierung, bei Mitgliedern einer Landesregierung die Landesregierung antragsberechtigt.

§ 77 b Antragsfrist

(1) Eine Tat, die nur auf Antrag verfolgbar ist, wird nicht verfolgt, wenn der Antragsberechtigte es unterläßt, den Antrag bis zum Ablauf einer Frist von drei Monaten zu stellen. Fällt das Ende der Frist auf einen Sonntag, einen allgemeinen Feiertag oder einen Sonnabend, so endet die Frist mit Ablauf des nächsten Werktags.

(2) Die Frist beginnt mit Ablauf des Tages, an dem der Berechtigte von der Tat und der Person des Täters Kenntnis erlangt. Hängt die Verfolgbarkeit der Tat auch von einer Entscheidung über die Nichtigkeit oder Auflösung einer Ehe ab, so beginnt die Frist nicht vor Ablauf des Tages, an dem der Berechtigte von der Rechtskraft der Entscheidung Kenntnis erlangt. Für den Antrag des gesetzlichen Vertreters und des Sorgeberechtigten kommt es auf dessen Kenntnis an.

(3) Sind mehrere antragsberechtigt oder mehrere an der Tat beteiligt, so läuft die Frist für und gegen jeden gesondert.

(4) Ist durch Tod des Verletzten das Antragsrecht auf Angehö-

rige übergegangen, so endet die Frist frühestens drei Monate und spätestens sechs Monate nach dem Tod des Verletzten.

(5) Der Lauf der Frist ruht, wenn ein Antrag auf Durchführung eines Sühneversuchs gemäß § 380 der Strafprozeßordnung bei der Vergleichsbehörde eingeht, bis zur Ausstellung der Bescheinigung nach § 380 Abs. 1 Satz 2 der Strafprozeßordnung.

§ 77 d Zurücknahme des Antrags

(1) Der Antrag kann zurückgenommen werden. Die Zurücknahme kann bis zum rechtskräftigen Abschluß des Strafverfahrens erklärt werden. Ein zurückgenommener Antrag kann nicht nochmals gestellt werden.

(2) Stirbt der Verletzte oder der im Falle seines Todes Berechtigte, nachdem er den Antrag gestellt hat, so können der Ehegatte, die Kinder, die Eltern, die Geschwister und die Enkel des Verletzten in der Rangfolge des § 77 Abs. 2 den Antrag zurücknehmen. Mehrere Angehörige des gleichen Ranges können das Recht nur gemeinsam ausüben. Wer an der Tat beteiligt ist, kann den Antrag nicht zurücknehmen.

§ 185 Beleidigung

Die Beleidigung wird mit Freiheitsstrafe bis zu einem Jahr oder mit Geldstrafe und, wenn die Beleidigung mittels einer Tätlichkeit begangen wird, mit Freiheitsstrafe bis zu zwei Jahren oder mit Geldstrafe bestraft.

§ 186 Üble Nachrede

Wer in Beziehung auf einen anderen eine Tatsache behauptet oder verbreitet, welche denselben verächtlich zu machen oder in der öffentlichen Meinung herabzuwürdigen geeignet ist, wird, wenn nicht diese Tatsache erweislich wahr ist, mit Freiheitsstrafe bis zu einem Jahr oder mit Geldstrafe und, wenn die Tat öffentlich oder durch Verbreiten von Schriften (§ 11 Abs. 3) begangen ist, mit Freiheitsstrafe bis zu zwei Jahren oder mit Geldstrafe bestraft.

§ 187 Verleumdung

Wer wider besseres Wissen in Beziehung auf einen anderen eine unwahre Tatsache behauptet oder verbreitet, welche denselben verächtlich zu machen oder in der öffentlichen Meinung herabzuwürdigen oder dessen Kredit zu gefährden geeignet ist, wird mit Freiheitsstrafe bis zu zwei Jahren oder mit Geldstrafe und, wenn die Tat öffentlich, in einer Versammlung oder durch Verbreiten von Schriften (§ 11 Abs. 3) begangen ist, mit Freiheitsstrafe bis zu fünf Jahren oder mit Geldstrafe bestraft.

§ 190 Wahrheitsbeweis durch Strafurteil

Ist die behauptete oder verbreitete Tatsache eine Straftat, so ist der Beweis der Wahrheit als erbracht anzusehen, wenn der Beleidigte wegen dieser Tat rechtskräftig verurteilt worden ist. Der Beweis der Wahrheit ist dagegen ausgeschlossen, wenn der Beleidigte vor der Behauptung oder Verbreitung rechtskräftig freigesprochen worden ist.

§ 192 Beleidigung trotz Wahrheitsbeweises

Der Beweis der Wahrheit der behaupteten oder verbreiteten Tatsache schließt die Bestrafung nach § 185 nicht aus, wenn das Vorhandensein einer Beleidigung aus der Form der Behauptung oder Verbreitung oder aus den Umständen, unter welchen sie geschah, hervorgeht.

§ 194 Strafantrag

(1) Die Beleidigung wird auf Antrag verfolgt. Ist die Tat durch Verbreiten oder öffentliches Zugänglichmachen einer Schrift (§ 11 Abs. 3), in einer Versammlung oder durch eine Darbietung im Rundfunk begangen, so ist ein Antrag nicht erforderlich, wenn der Verletzte als Angehöriger einer Gruppe unter der

nationalsozialistischen oder einer anderen Gewalt- und Willkürherrschaft verfolgt wurde, diese Gruppe Teil der Bevölkerung ist und die Beleidigung mit dieser Verfolgung zusammenhängt. Die Tat kann jedoch nicht von Amts wegen verfolgt werden, wenn der Verletzte widerspricht. Der Widerspruch kann nicht zurückgenommen werden. Stirbt der Verletzte, so gehen das Antragsrecht und das Widerspruchsrecht auf die in § 77 Abs. 2 bezeichneten Angehörigen über.

(2) ...

(3) Ist die Beleidigung gegen einen Amtsträger, einen für den öffentlichen Dienst besonders Verpflichteten oder einen Soldaten der Bundeswehr während der Ausübung seines Dienstes oder in Beziehung auf seinen Dienst begangen, so wird sie auch auf Antrag des Dienstvorgesetzten verfolgt. Richtet sich die Tat gegen eine Behörde oder eine sonstige Stelle, die Aufgaben der öffentlichen Verwaltung wahrnimmt, so wird sie auf Antrag des Behördenleiters oder des Leiters der aufsichtführenden Behörde verfolgt. Dasselbe gilt für Träger von Ämtern und für Behörden der Kirchen und anderen Religionsgesellschaften des öffentlichen Rechts.

(4) ...

§ 223 Körperverletzung

(1) Wer eine andere Person körperlich mißhandelt oder an der Gesundheit schädigt, wird mit Freiheitsstrafe bis zu fünf Jahren oder mit Geldstrafe bestraft.

(2) Der Versuch ist strafbar.

§ 229 Fahrlässige Körperverletzung

Wer durch Fahrlässigkeit die Körperverletzung einer anderen Person verursacht, wird mit Freiheitsstrafe bis zu drei Jahren oder mit Geldstrafe bestraft.

§ 230 Strafantrag

(1) Die vorsätzliche Körperverletzung nach § 223 und die fahrlässige Körperverletzung nach § 229 werden nur auf Antrag verfolgt, es sei denn, daß die Strafverfolgungsbehörde wegen des besonderen öffentlichen Interesses an der Strafverfolgung ein Einschreiten vom Amts wegen für geboten hält. Stirbt die verletzte Person, so geht bei vorsätzlicher Körperverletzung das Antragsrecht nach § 77 Abs. 2 auf die Angehörigen über.

(2) Ist die Tat gegen einen Amtsträger, einen für den öffentlichen Dienst besonders Verpflichteten oder einen Soldaten der Bundeswehr während der Ausübung seines Dienstes oder in Beziehung auf seinen Dienst begangen, so wird sie auch auf Antrag des Dienstvorgesetzten verfolgt. Dasselbe gilt für Träger von Ämtern der Kirchen und anderen Religionsgesellschaften des öffentlichen Rechts.

§ 240 Nötigung

(1) Wer einen Menschen rechtswidrig mit Gewalt oder durch Drohung mit einem empfindlichen Übel zu einer Handlung, Duldung oder Unterlassung nötigt, wird mit Freiheitsstrafe bis zu drei Jahren oder mit Geldstrafe bestraft.

(2) Rechtswidrig ist die Tat, wenn die Anwendung der Gewalt oder die Androhung des Übels zu dem angestrebten Zweck als verwerflich anzusehen ist.

(3) Der Versuch ist strafbar.

(4) In besonders schweren Fällen ist die Strafe Freiheitsstrafe von sechs Monaten bis zu fünf Jahren. Ein besonders schwerer Fall liegt in der Regel vor, wenn der Täter

1. eine andere Person zu einer sexuellen Handlung nötigt,

2. eine Schwangere zum Schwangerschaftsabbruch nötigt oder

3. seine Befugnisse oder seine Stellung als Amtsträger mißbraucht.

§ 303 Sachbeschädigung

(1) Wer rechtswidrig eine fremde Sache beschädigt oder zerstört, wird mit Freiheitsstrafe bis zu zwei Jahren oder mit Geldstrafe bestraft.

(2) Der Versuch ist strafbar.

§ 303 c Strafantrag

In den Fällen der §§ 303 bis 303 b wird die Tat nur auf Antrag verfolgt, es sei denn, daß die Strafverfolgungsbehörde wegen des besonderen öffentlichen Interesses an der Strafverfolgung ein Einschreiten von Amts wegen für geboten hält.

§ 323 c Unterlassene Hilfeleistung

Wer bei Unglücksfällen oder gemeiner Gefahr oder Not nicht Hilfe leistet, obwohl dies erforderlich und ihm den Umständen nach zuzumuten, insbesondere ohne erhebliche eigene Gefahr und ohne Verletzung anderer wichtiger Pflichten möglich ist, wird mit Freiheitsstrafe bis zu einem Jahr oder mit Geldstrafe bestraft.

g) Strafprozeßordnung

in der Fassung der Bekanntmachung vom 7. April 1987 (BGBl. 1987, I 1074, ber. 1319), zuletzt geändert durch Gesetz vom 7. September 1998 (BGBl. 1998, I 2646)

§ 374

(1) Im Wege der Privatklage können vom Verletzten verfolgt werden, ohne daß es einer vorgängigen Anrufung der Staatsanwaltschaft bedarf,

1. ein Hausfriedensbruch (§ 123 des Strafgesetzbuches),
2. eine Beleidigung (§§ 185 bis 189 des Strafgesetzbuches), wenn sie nicht gegen eine der in § 194 Abs. 4 des Strafgesetzbuches genannten politischen Körperschaften gerichtet ist,

3. eine Verletzung des Briefgeheimnisses (§ 202 des Strafgesetzbuches),

4. eine Körperverletzung (§§ 223 und 229 des Strafgesetzbuches),

5. eine Bedrohung (§ 241 des Strafgesetzbuches),

5a. eine Bestechlichkeit oder Bestechung im geschäftlichen Verkehr (§ 299 des Strafgesetzbuches),

6. eine Sachbeschädigung (§ 303 des Strafgesetzbuches),

7. eine Straftat nach den §§ 4, 6c, 15, 17, 18 und 20 des Gesetzes gegen den unlauteren Wertbewerb,

8. eine Straftat nach § 142 Abs. 1 des Patentgesetzes, § 25 Abs. 1 des Gebrauchsmustergesetzes, § 10 Abs. 1 des Halbleiterschutzgesetzes, § 39 Abs. 1 des Sortenschutzgesetzes, § 143 Abs. 1 und 1a und § 144 Abs. 1 und 2 des Markengesetzes, § 14 Abs. 1 des Geschmacksmustergesetzes, den §§ 106 bis 108 des Urheberrechtsgesetzes und § 33 des Gesetzes betreffend das Urheberrecht an Werken der bildenden Künste und der Photographie.

(2) Die Privatklage kann auch erheben, wer neben dem Verletzten oder an seiner Stelle berechtigt ist, Strafantrag zu stellen. Die in § 77 Abs. 2 des Strafgesetzbuches genannten Personen können die Privatklage auch dann erheben, wenn der vor ihnen Berechtigte den Strafantrag gestellt hat.

(3) Hat der Verletzte einen gesetzlichen Vertreter, so wird die Befugnis zur Erhebung der Privatklage durch diesen und, wenn Körperschaften, Gesellschaften und andere Personenvereine, die als solche in bürgerlichen Rechtsstreitigkeiten klagen können, die Verletzten sind, durch dieselben Personen wahrgenommen, durch die sie in bürgerlichen Rechtsstreitigkeiten vertreten werden.

§ 380

(1) Wegen Hausfriedensbruchs, Beleidigung, Verletzung des Briefgeheimnisses, Körperverletzung (§§ 223 und 229 des

Strafgesetzbuches), Bedrohung und Sachbeschädigung ist die Erhebung der Klage erst zulässig, nachdem von einer durch die Landesjustizverwaltung zu bezeichnenden Vergleichsbehörde die Sühne erfolglos versucht worden ist. Der Kläger hat die Bescheinigung hierüber mit der Klage einzureichen.

(2) Die Landesjustizverwaltung kann bestimmen, daß die Vergleichsbehörde ihre Tätigkeit von der Einzahlung eines angemessenen Kostenvorschusses abhängig machen darf.

(3) Die Vorschriften der Absätze 1 und 2 gelten nicht, wenn der amtliche Vorgesetzte nach § 194 Abs. 3 oder § 230 Abs. 2 des Strafgesetzesbuches befugt ist, Strafantrag zu stellen.

(4) Wohnen die Parteien nicht in demselben Gemeindebezirk, so kann nach näherer Anordnung der Landesjustizverwaltung von einem Sühneversuch abgesehen werden.

§ 381

Die Erhebung der Klage geschieht zu Protokoll der Geschäftsstelle oder durch Einreichung einer Anklageschrift. Die Klage muß den in § 200 Abs. 1 bezeichneten Erfordernissen entsprechen. Mit der Anklageschrift sind zwei Abschriften einzureichen.

§ 388

(1) Hat der Verletzte die Privatklage erhoben, so kann der Beschuldigte bis zur Beendigung des letzten Wortes (§ 258 Abs. 2 Halbsatz 2) im ersten Rechtszug mittels einer Widerklage die Bestrafung des Klägers beantragen, wenn er von diesem gleichfalls durch eine Straftat verletzt worden ist, die im Wege der Privatklage verfolgt werden kann und mit der den Gegenstand der Klage bildenden Straftat in Zusammenhang steht.

(2) Ist der Kläger nicht der Verletzte (§ 374 Abs. 2), so kann der Beschuldigte die Widerklage gegen den Verletzten erheben. In diesem Falle bedarf es der Zustellung der Widerklage an den Verletzten und dessen Ladung zur Hauptverhandlung, sofern

die Widerklage nicht in der Hauptverhandlung in Anwesenheit des Verletzten erhoben wird.

(3) Über Klage und Widerklage ist gleichzeitig zu erkennen.

(4) Die Zurücknahme der Klage ist auf das Verfahren über die Widerklage ohne Einfluß.

§ 391

(1) Die Privatklage kann in jeder Lage des Verfahrens zurückgenommen werden. Nach Beginn der Vernehmung des Angeklagten zur Sache in der Hauptverhandlung des ersten Rechtszuges bedarf die Zurücknahme der Zustimmung des Angeklagten.

(2) Als Zurücknahme gilt es im Verfahren des ersten Rechtszuges und, soweit der Angeklagte die Berufung eingelegt hat, im Verfahren des zweiten Rechtszuges, wenn der Privatkläger in der Hauptverhandlung weder erscheint noch durch einen Rechtsanwalt vertreten wird oder in der Hauptverhandlung oder einem anderen Termin ausbleibt, obwohl das Gericht sein persönliches Erscheinen angeordnet hatte, oder eine Frist nicht einhält, die ihm unter Androhung der Einstellung des Verfahrens gesetzt war.

(3) Soweit der Privatkläger die Berufung eingelegt hat, ist sie im Falle der vorbezeichneten Versäumungen unbeschadet der Vorschrift des § 301 sofort zu verwerfen.

(4) Der Privatkläger kann binnen einer Woche nach der Versäumung die Wiedereinsetzung in den vorigen Stand unter den in den §§ 44 und 45 bezeichneten Voraussetzungen beanspruchen.

§ 392

Die zurückgenommene Privatklage kann nicht von neuem erhoben werden.

§ 393

(1) Der Tod des Privatklägers hat die Einstellung des Verfahrens zur Folge.

(2) Die Privatklage kann jedoch nach dem Tode des Klägers von den nach § 374 Abs. 2 zur Erhebung der Privatklage Berechtigten fortgesetzt werden.

(3) Die Fortsetzung ist von dem Berechtigten bei Verlust des Rechts binnen zwei Monaten, vom Tode des Privatklägers an gerechnet, bei Gericht zu erklären.

6. Anschriftenverzeichnis zu Mobbing

Es gibt eine breite Palette von Mobbingtelefonen, Selbsthilfegruppen, Ärzten, Psychologen, Rechtsanwälten, Seminaranbie-
tern etc., an die sich interessierte Mobbingbetroffene sowie
Betriebs- und Personalräte wenden können. Anschriften und
Telefonnummern finden sich häufig in Tageszeitungen, insbesondere in den Wochenendausgaben. DAG, DGB, Gewerkschaften, kirchliche Einrichtungen sowie Krankenkassen sind
regelmäßig verläßliche Partner bei der Suche nach qualifizierten
Ansprechpersonen.

Da jedes Anschriftenverzeichnis nur eine auf den Zeitpunkt
seiner Erstellung bezogene und niemals vollständige Bestandsaufnahme sein kann, haben wir uns getreu dem Motto »Weniger ist mehr« dazu entschlossen, nur zentrale Einrichtungen
aufzulisten. Schließlich bieten diese noch am ehesten die Gewähr dafür, auch noch längerfristig unter den recherchierten
Anschriften erreichbar zu sein.

Mobbingtelefon
Mobbing-Beratungstelefon (gemeinsame Einrichtung von
DAG, kda und AOK Hamburg), Tel.: 0 40/20 23 02 09

Selbsthilfegruppen
Mobbing-Zentrale e. V., Fersenweg 553, 21037 Hamburg,
Tel.: 0 40/79 31 96 27

Therapeuten, Ärzte, Psychologen, Rechtsanwälte
Nach Auskunft der Mobbing-Zentrale verfügt diese über ein umfangreiches aktuelles Anschriftenverzeichnis, so daß insoweit auf
diese Einrichtung verwiesen werden kann (s. Selbsthilfegruppen).

Kirchliche Einrichtungen, Gewerkschaften
DAG (s. Mobbingtelefon)

DGB-Bundesvorstand, Angestelltensekretariat,
Hans-Böckler-Straße 39, 40476 Düsseldorf,
Tel.: 02 11/43 01-3 45, -3 47, Fax: 02 11/43 01-5 38

Kirchlicher Dienst in der Arbeitswelt (kda), Industrie- und
Sozialarbeit in der EKD, Blumenstraße 1, 73087 Boll,
Tel.: 0 71 64/90 21 00, Fax: 0 71 64/90 21 01

Für Leser in Österreich:
Wolfgang Liepold, Kammer für Arbeiter und Angestellte
für Salzburg, Referat Neue Technologien,
Markus-Sittikus-Straße 10, 5020 Salzburg,
Tel.: 06 62/86 87-414, Fax: 06 62/86 87-460,
e-mail: w.Liepold@ak-sbg.at

Mobbingberatung Tirol, ÖGB Tirol, Südtiroler Platz 14–16,
6020 Innsbruck, Tel.: 05 12/5 97 77-203 (Montags 17–19
Uhr)

Arbeitsmedizinischer Dienst Salzburg, Dr. Anna Coman-
Miko, Tel.: 06 62/64 23 83; Fax: 06 62/64 23 83-16

Seminare
Speziell für die Interessenvertretungen in den Betrieben und
Dienststellen führt die »Arbeitsrecht im Betrieb« Verlags-
gesellschaft mbH, Postfach 90 08 40, 51118 Köln,
Tel.: 0 22 03/9 35 25-42, -46, Fax: 0 22 03/9 35 25-41,
e-mail: aib@aib-verlag.de, die unter anderem die Fachzeit-
schriften »Arbeitsrecht im Betrieb« sowie »Der Personalrat«
verlegt, in regelmäßigen Abständen Schulungsveranstaltungen
zu Mobbing gemäß § 37 Abs. 6 BetrVG bzw. § 46 Abs. 6
BPersVG bzw. den entsprechenden Vorschriften der Landes-
personalvertretungsgesetze – sowie auf Wunsch auch
Inhouse-Seminare – durch.

Forschung

Prof. Dr. Dieter Zapf, Johann-Wolfgang-Goethe-Universität
Frankfurt, Institut für Psychologie, Mertonstraße 17,
60054 Frankfurt/Main, Tel.: 0 69/7 98 23-7 86,
Fax: 0 69/7 98 23-8 47, e-mail: d.zapf@psych.uni-frankfurt.de
und dieter.zapf@t-online.de

Stichwortverzeichnis

Abgrenzung 34 f.
Abmahnung 257 ff., 266, 269, 282, 314 ff.
Adressenliste 105, 386 f.
Allgemeines Persönlichkeitsrecht 253, 256, 374
Änderungskündigung 260 ff.
Analyse 45, 49, 60 f., 139 ff.
Angriffe gegen das soziale Gefüge 82 f.
Angriffe gegen die Person 82 f.
Angriffsformen 26 f., 82
Angriffskategorien 82
Anstifter 263
Anstiftung 263
Antipathie-Falle 135
Antragsdelikt 251
Arbeitsamt 284
Arbeitsschutzgesetz 365 ff.
Arbeitsunfähigkeit 31
Arzt 45, 46
Aufhebungsvertrag 284
Aufklärung 99 f., 102 ff., 107 f., 191
Aufsichtsbehörde 282
Ausgrenzung 29, 79 f., 81 ff., 241
Ausstoß aus dem Arbeitsverhältnis 21, 240
Außerordentliche Kündigung 260 f., 266, 282, 372 f.
Auszubildende 276

Bausteine des Mobbing 25
Beendigungskündigung 260
Begriff 19 ff.
Beihilfe 263
Beleidigung 245 ff., 377

Beleidigung trotz Wahrheitsbeweises 248 f., 378
Berater 117 ff.
Beratung 39, 105, 113 ff., 136 ff., 191
Beratungsgespräch 351 f.
Beratungsstellen 107, 386 f.
Beschwerde 269, 275 ff., 361 f.
Bestandsaufnahme 299 f.
Betriebsfrieden 289, 363
Betriebsklima 100, 108, 296, 330
Betriebsrat 17, 21, 35, 36, 39, 44, 51 ff., 75, 89, 95 ff., 101 ff., 113 ff., 123, 142 ff., 151, 191, 197, 203, 209 ff., 249 f., 267 f., 276 ff., 287 ff., 293 ff., 301 ff., 318 ff., 351 ff.
Betriebsvereinbarung 111, 191, 292, 293 ff., 318
Betriebsversammlung 102, 108
Bezugsgründe des Mobbers 151, 293 ff.
Beweise 143 f., 270
Beweislage 52 f.
Beweismittel 266, 284
Bewußte Fahrlässigkeit 254 f.
Bildschirmarbeitsverordnung 370
Bordvertretung 249, 364
Bündnispartner 43

Checkliste für das Beratungsgespräch 351 f.

Definition 20 ff., 81
Direktionsrecht 221, 261 f.
Drama-Falle 136
Drehtür-Falle 135

389

Druckkündigung 289 f.
Druckmittel 212

Eckpunkte einer Betriebsvereinba-
rung 296 ff.
Eckpunkte für eine Intervention
197 ff.
Ehrenerklärung 274 f.
Eigeninteressen 91
Einigungsstelle 249, 277, 294,
356 ff.
Erfolgskontrolle 219 f., 299 f.
Ermahnung 257 f., 266, 269, 282,
314 ff.
Erstgespräch 121 ff.
Eskalation 123, 142, 208, 211
Eskalationsstufen 79

Fachliche Macht 164
Fahrlässige Körperverletzung 244,
379
Fahrlässigkeit 241, 254 f.
Familie 39, 44, 125
Feindseligkeit 20 f., 79 ff., 212
Fragebogen 305 ff.
Freunde 39, 44, 125
45er-Liste 24 ff., 26 f., 52, 67
Fürsorgepflicht 264

Gegenmacht 167
Gegenmobbing 200 f.
Gegenwehr 21, 41, 125, 191,
202 ff.
Geldentschädigung 253
Genugtuung 168 ff., 230, 233 ff.,
236
Gerechtigkeit 168 ff., 227
Gesamtbetriebsrat 249, 364 f.
Gesprächskreis 43 f.

Glaubwürdigkeit 52 f.
Graue Eminenzen 172, 211
Gruppendynamik 168

Handlungsfähigkeit 58 ff.
Handlungsmöglichkeiten 39 ff.,
49, 106
Heckenschützen 172
Helfer 263

Information 110, 125, 142
Initiativrecht 294
Interessengegensätze 62
Interessenvertretung
(s. Betriebsrat)
Intervention 171 ff., 195, 204 ff.
Intrigant 157

Ja, aber...-Falle 131 ff.
Jugend- und Auszubildendenvertretung 249, 364

Knecht 155 ff.
Körperverletzung 243 f., 379
Kollegen 44, 125
Kollegenscherz 247
Konflikt 54, 62, 75 ff., 85, 130
Konfliktbearbeitung 191
Konfliktbeauftragter (s. Mobbing-
beauftragter)
Konfliktempfinden 77
Konzernbetriebsrat 249, 364 f.
Kosten/Nutzen-Bilanz 162
Kosten/Nutzen-Rechnung 153,
159 ff., 188 f.
Krankenkasse 45
Kündigung 259 ff., 269, 282, 289,
370 ff.
Kumpel 155 ff.

Leidensweg 28 ff.
Leiharbeitnehmer 276
Leitende Angestellte 276, 323
Literatur 105, 110, 124
Lösungsstrategien 35
Loyalität 57 f.

Macher 155 ff.
Macht 164, 167
Machteingriff 54, 62, 154, 191,
    210, 220
Meister 155 ff.
Mitbestimmungsrechte 362 f.
Mitläufer 172
Mobben 24
Mobber 153
Mobbingbeauftragter 75, 97, 111,
    191, 292, 297, 301 ff.
Mobbingbetroffene 28 ff., 39 ff.,
    202, 207
Mobbingbüro 110
Mobbinghandlungen 24 ff., 67
Mobbing-Intervention 191 ff., 195
Mobbingkalender 146
Mobbinglandkarte 146 f., 149
Mobbingopfer 28 ff., 37
Mobbingtagebuch 46, 48, 144 f.,
    223, 270
Moralische Bedenken 91
Moralisierung 200
Motive 88 ff., 151 ff., 217 f.
Mülleimer-Falle 134
Musterbetriebsvereinbarung 318 ff.
Musterschreiben 314 ff.

Nachsorge 225
Nebenpflichtverletzung 256, 265
Neid 88 ff.

Nichtvermögensschaden 256
Nötigung 245, 380

Obsession 29, 230
Offener Konflikt 76
Offizialdelikt 251
Ohnmacht 163 ff.
Opfer/Täter-Schema 36
Ordentliche Kündigung 260 f., 266
Ordnungsgeld 256
Ordnungshaft 256

Pendeldiplomatie 209, 211
Perfektionist 157
Persönliche Voraussetzungen für
    Mobbing 85 ff., 92 ff.
Personalrat (s. Betriebsrat)
Phasenmodell 21 ff.
Prävention 35, 95, 99 ff., 291
Privatklage 269, 273 ff., 381 ff.
Privatklagedelikte 273, 381 f.
Psychologische Macht 164

Qualifizierung 106, 110, 298

Ratschläge 44, 126, 130
Rechtswidrigkeit 242
Referent 110

Sachbeschädigung 242
Sanktionen 151, 239, 297, 336
Sanktionshöhe 239
Sanktionsmittel 239
Schadensersatz 252 f., 255, 256,
    265, 282, 373
Schadensersatzklage 373
Schadensersatzpflicht 265, 373
Schadensersatzprozeß 373
Scherzbold 157

Schiedsmann 273
Schiedsstelle 273
Schlichtung 58, 90, 154, 209 ff.
Schlichtungsstelle 249, 298
Schmerzensgeld 253, 256, 373
Schuld 57 f.
Schulung/Qualifizierung 110
Schulung des Betriebsrats 287 ff., 355
Seebetriebsrat 249, 364 f.
Selbsthilfegruppe 43, 105, 386
Sensibilisierung 35, 104, 110, 221, 281, 298
Sozialadäquanz 241, 246
Soziale Kompetenz 58 ff.
Soziale Unterstützung 125
Sperrfrist 284
Sprecher 211
Sprechstunde 97, 109, 113
Strafantrag 251 f., 269, 288, 375 ff.
Strafanzeige 251, 288
Straftatbestand 241
Straftaten gegen Betriebsverfassungsorgane und ihre Mitglieder 250 f., 289, 364 f.
Strategie 47
Streit 78
Strukturelle Gewalt 35
Stufenmodell 220
Sühneversuch 269, 273
Sündenbock 171
Suizid 255
Supervision 58, 191 f.

Tyrann 157

Üble Nachrede 247, 377 f.
Umfrage 109

Unbewußte Fahrlässigkeit 254 f.
Unterlassen 263 f.
Unterlassene Hilfeleistung 264 f., 381
Unterlassung 253, 256
Unterstützung 38 f., 41, 271
Ursachen für Mobbing 32

Verdeckter Konflikt 77
Verhältnisprävention 99
Verhaltensbedingte Kündigung 259 f.
Verhaltenskodex 296
Verhaltensprävention 99
Verleumdung 249, 378
Vermeidungsverhalten 48
Vernetzung 105
Versetzung 257 f., 261, 289
Verwandte 125
Vorgesetzte 220 f., 280 f.
Vorsätzliche Körperverletzung 243
Vorsatz 241, 254

Weisungsrecht 221, 261 f.
Widerklage 274, 383 f.
Widerruf 253, 256
Wirtschaftsausschuß 249
Wortführer 172

Zeugen 270
Zurückbehaltung der Arbeitsleistung 282 f.
Zwangsvollstreckung 255, 280
Zweckgemeinschaft 172